"十三五"国家重点图书出版规划项目

重大工程建设关键技术研究
总主编　孙　钧

复杂地质与环境条件下隧道建设关键技术丛书

暗挖异形断面隧道技术

杨志豪　朱雁飞　曹文宏
主编

上海科学技术出版社

图书在版编目(CIP)数据

暗挖异形断面隧道技术／杨志豪，朱雁飞，曹文宏主编. —上海：上海科学技术出版社，2019.9
(复杂地质与环境条件下隧道建设关键技术丛书)
ISBN 978-7-5478-4488-5

Ⅰ. ①暗… Ⅱ. ①杨… ②朱… ③曹… Ⅲ. ①隧道施工—盾构法—研究 Ⅳ. ①U455.43

中国版本图书馆 CIP 数据核字(2019)第 111768 号

暗挖异形断面隧道技术

杨志豪　朱雁飞　曹文宏　主编

上海世纪出版(集团)有限公司
上 海 科 学 技 术 出 版 社 出版、发行
(上海钦州南路 71 号　邮政编码 200235　www.sstp.cn)
上海盛通时代印刷有限公司印刷
开本 787×1092　1/16　印张 16.5　插页 4
字数 300 千字
2019 年 9 月第 1 版　2019 年 9 月第 1 次印刷
ISBN 978-7-5478-4488-5/U·90
定价：115.00 元

内容提要

本书以国内近年来应用异形断面隧道技术的三个工程案例为基础,分别从结构设计、掘进机研制、隧道施工和结构试验等方面,系统总结、论述了异形断面隧道的整体技术路线和关键技术。

全书共分为6章:第1章介绍了异形断面隧道的需求、异形盾构隧道工法的应用与研究现状;第2章概要介绍了国际上异形掘进机暗挖隧道新技术;第3章以上海地铁8号线双圆区间隧道工程为例,重点介绍了衬砌结构研究、结构试验、适合双圆隧道工程的车站建筑设计及环控系统等内容;第4章以郑州市下穿中州大道隧道工程为例,重点介绍了工法比选、矩形顶管段的结构设计、大断面矩形顶管机的研制、施工关键技术等内容;第5章以宁波地铁3号线出入段线隧道工程为例,重点介绍了工法比选、类矩形隧道结构设计、结构试验、类矩形盾构机的研制、施工关键技术等内容;第6章归纳、介绍了异形隧道断面选择、异形掘进机的研发和隧道结构设计的原则等。

本书可供盾构工程建设人员借鉴,也可供从事地下工程的相关设计、施工、管理的人员及高校相关专业师生参考学习。

注:本书中带"*"符号的插图可扫描封底二维码查看相应彩图。

重大工程建设关键技术研究

复杂地质与环境条件下隧道建设关键技术丛书

编委会

总 序

近年来,我国各项基础设施建设的发展如火如荼,“一带一路”建设持续推进,许多重大工程项目如雨后春笋般蓬勃兴建,诸如三峡工程、青藏铁路、南水北调、三纵四横高铁网、港珠澳大桥、上海中心大厦,以及由我国援建的雅万高铁、中老铁路、中泰铁路、瓜达尔港、比雷埃夫斯港,等等,不一而足。毋庸置疑,我国已成为世界上建设重大工程最多的国家之一。这些重大工程项目就其建设规模、技术难度和资金投入等而言,不仅在国内,即使在全球范围也都位居前茅,甚至名列世界第一。在这些工程的建设过程中涌现的一系列重大关键性技术难题,通过分析探索创新,很多都得到了很好的优化和解决,有的甚至在原来的理论、技术基础上创造出了新的技术手段和方法,申请了大量的技术专利。例如,632 m 的上海中心大厦,作为世界最高的绿色建筑,其建设在超高层设计、绿色施工、施工监理、建筑信息化模型(BIM)技术等多方面取得了多项科研成果,申请到 8 项发明专利、授权 12 项实用新型技术。仅在结构工程方面,就应用到了超深基坑支护技术、超高泵送混凝土技术、复杂钢结构安装技术以及结构裂缝控制技术等许多创新性的技术革新成果,有的达到了世界水平。这些优化、突破和创新,对我国工程技术人员将是非常宝贵的参考和借鉴。

在 2016 年 3 月初召开的全国人大全体会议期间,很多代表谈到,极大量的技术创新与发展是“十三五”时期我国宏观经济实现战略性调整的一项关键性驱动因素,是实现国家总体布局下全面发展的根本支撑和关键动力。

同时，在新一轮科技革命的机遇面前，也只有在关键核心技术上一个个地进行创新突破，才能实现社会生产力的全面跃升，使我国的科研成果和工程技术掌控两者的水平和能力尽早、尽快地全面进入发达国家行列，从而在国际上不断提升技术竞争力，而国力将更加强大！当前，许多工程技术创新得到了广泛的认可，但在创新成果的推广应用中却还存在不少问题。在重大工程建设领域，关键工程技术难题在实践中得到突破和解决后，需要把新的理论或方法进一步梳理总结，再一次次地广泛应用于生产实践，反过来又将再次推动技术的更进一步的创新和发展，是为技术的可持续发展之巨大推动力。将创新成果进行系统总结，出版一套有分量的技术专著是最有成效的一个方面。这也是出版“重大工程建设关键技术研究”丛书的意义之所在。以推广学术上的创新为主要目标，“重大工程建设关键技术研究”丛书主要具有以下几方面的特色：

1. 聚焦重大工程和关键项目。目前，我国基础设施建设在各个领域蓬勃开展，各类工程项目不断上马，从项目体量和技术难度的角度，我们选择了若干重大工程和关键项目，以此为基础，总结其中的专业理论和专业技术使之编纂成书。由于各类工程涉及领域和专业门类众多，专业学科之间又有相互交叉和融合，难以单用某个专业来设定系列丛书，所以仍然以工程大类为基本主线，初步拟定了隧道与地下工程、桥梁工程、铁道工程、公路工程、超高层与大型公共建筑、水利工程、港口工程、城市规划与建筑共八个领域撰写成系列丛书，基本涵盖了我国工程建设的主要领域，以期为未来的重大工程建设提供专业技术参考指导。由于涉及领域和专业多，技术相互之间既有相通之处，也存在各自间的不同，在交叉技术领域又根据具体情况做了处理，以避免内容上的重复和脱节。

2. 突出共性技术和创新成果，侧重应用技术理论化。系列丛书围绕近年来重大工程中出现的一系列关键技术难题，以项目取得的创新成果和技术突破为基础，有针对性地梳理各个系列中的共性、关键或有重大推广价值的技术经验和科研成果，从技术方法和工程实践经验的角度进行深入、系统而又详尽的分析和阐述，为同类难题的解决和技术的提高提供切实的理论依据和应用参考。在“复杂地质与环境条件下隧道建设关键技术丛书”(钱七虎院士任编委会主任)中，对当前隧道与地下工程施工建设中出现的关键问题进行了系统阐述并形成相应的专业技术理论体系，包括深长隧道重大突涌水灾害预测预警与风险控制、盾构工程遇地层软硬不均与极软地层的处理、类矩形盾构法、水下盾构隧道、地面出入式盾构法隧道、特长公路隧道、隧道地质三维探测、盾构隧道病害快速检测、隧道及地下工程数字化、软岩大变形隧道新型锚固材料等，使得关键问题在研究中得到了不同程度的解决和在后续工程中的有效实施。

3. 注重工程实用价值。系列丛书涉及的技术成果要求在国内已多次采用，实践证明是可靠的、有效的，有的还获得了技术专利。系列丛书强调以理论为引领，以应用为重点，以案例为说明，所有技术成果均要求以工程项目为背景，以生产实践为依托，使丛书既富有学术内涵，又具有重要的工程应用价值。如“长大桥梁建养关键技术丛书”(郑皆连院士任编委会主任、陈政清院士任副主任)，围绕特大跨度悬索桥、跨海长大桥梁、多塔斜拉桥、特大跨径钢管混凝土拱桥、大跨度人行桥、大比例变宽度空间索面悬索桥等重大桥梁工程，聚焦长大桥梁的设计创新理论、施工创新技术、建设难点的技术突破、桥梁结构健康监测与状态评估、运营期维修养护等，主要内容包括大型钢管混凝土结构真空辅助灌注技术、大比例变宽度空间索面悬索桥体系、新型电涡流阻尼减振技术、长大桥梁的缆索吊装和斜拉扣挂施工、超大型深水基础超高组合桥塔、变形智能监测、基于 BIM 的建养一体化等。这些技术的提出以重大工程建设项目为依托，包括合江长江一桥、合江长江二桥、巫山长江大桥、桂广铁路南盘江大桥、张家界大峡谷桥、西堠门大桥、嘉绍大桥、港珠澳大桥、虎门二桥等，书中对涉及具体工程案例的相关内容进行了详尽分析，具有很好的应用参考价值。

4. 聚焦热点，关注风险分析、防灾减灾、健康检测、工程数字化等近年来出现的新兴分支学科。在绿色、可持续发展原则指导下，近年来基础建设领域的技术创新在节能减排、低碳环保、绿色土木、风险分析、防灾减灾、健康检测(远程无线视频监控)、工程使用全寿命周期内的安全与经济、可靠性和耐久性、施工技术组织与管理、数字化等方面均有较多成果和实例说明，系列丛书在这些方面也都有一定体现，以求尽可能地发挥丛书对推动重大工程建设的长期、绿色、可持续发展的作用。

5. 设立开放式框架。由于上述的一些特性，使系列丛书各分册的进展快慢不一，所以采用了开放式框架，并在后续系列丛书各分册的设定上，采用灵活的分阶段付梓出版的方式。

6. 主编作者具备一流学术水平，从而为丛书内容的学术质量打下了坚实的基础。各个系列丛书的主编均是该领域的学术权威，在该领域具有重要的学术地位和影响力。如陈政清教授，中国工程院院士，“985”工程首席科学家，桥梁结构与风工程专家；郑皆连教授，中国工程院院士，桥梁设计施工专家；钱七虎教授，中国工程院院士，防护与地下工程专家;吴志强教授,中国工程院院士,城市规划与建设专家;等等。而参与写作的主要作者都是活跃在我国基础设施建设科研、教育和工程的一线人员,承担过重大工程建设项目或国家级重大科研项目,他们主要来自中铁隧道局集团有限公司、中交隧道工程局有限公司、中铁十四局集团有限公司、中交第一公路工程局有限公司、青岛地铁集团有限公司、上海城建集团、中交公路规划设计院有限公司、陆军研究院工程设计研究所、招商局重庆交通科研设计院有限公司、天津城建集团有限公司、浙江省交通规划设计研究院、江苏交通科学研究院有限公司、同济大学、河海大学、西南交通大学、湖南大学、山东大学等。各位专家在承担繁重的工程建设和科研教学任务之余,奉献了自己的智慧、学识和汗水,为我国的工程技术进步做出了贡献,在此谨代表丛书总编委对各位的辛劳表示衷心的感谢和敬意。

当前,不仅国内的各项基础建设事业方兴未艾,在"一带一路"倡议下,我国在海外的重大工程项目建设也正蓬勃发展,对高水平工程科技的需求日益迫切。相信系列丛书的出版能为我国重大工程建设的开展和创新科技的进步提供一定的助力。

2017 年 12 月,于上海

孙钧先生,同济大学一级荣誉教授,中国科学院资深院士,岩土力学与工程国内外知名专家。"重大工程建设关键技术研究"系列丛书总主编。

序

进入21世纪以来,随着经济的持续发展、综合国力的不断提升及高新技术的不断应用,我国隧道及地下工程得到了前所未有的迅速发展。我国已成为世界上隧道及地下工程规模最大、数量最多、地质条件和结构形式最复杂、修建技术发展速度最快的国家。同时,随着城市地铁建设力度的不断加大,跨江越海隧道工程数量不断增加,国家的重点建设项目如长距离供水、水下交通、西气东输等工程都将涉及穿越江河的问题,铁路、公路、市政、供水、供气、防洪、水电等隧道工程的建设都使隧道的数量大幅度增多。

在隧道建设技术方面,高速铁路隧道技术体系已基本形成;艰险山区复杂地质条件长大隧道建造技术不断取得进步;大断面软弱围岩隧道建造技术取得了很大进展;城市大跨浅埋隧道、越江跨河水下隧道的建造技术都已取得突破;隧道掘进机研发与制造取得了很大进步,这些都标志着我国隧道建设技术达到了一个新的发展水平。尤其是我国幅员辽阔,地质条件复杂,极端复杂的地质条件是制约隧道安全、高效建设的主要因素,是公认的隧道建设难点。依托一大批重难点工程,如青藏铁路关角隧道、兰渝铁路西秦岭隧道、港珠澳大桥沉管隧道、大瑞铁路高黎贡山隧道、武汉三阳路长江隧道等的相继贯通,我国在隧道及地下工程尤其是复杂地质与环境条件下的隧道工程建设方面,取得了很大成就和较多创新成果。为此,针对地形与地貌类型复杂、地质构造复杂、岩土体工程地质不良等复杂地质条件,以重难点工程的突破创新成果为基础，丛书编委会与上海科学技术出版社共同策划了本丛书。

丛书从地质探测、预警与风险控制、设计、施工、数字化应用等角度，系统梳理了山岭、水下、软硬不均地层等复杂地质与环境条件下隧道的建设关键技术，以学术专著的形式，介绍了近年来在复杂地质隧道建设过程中形成的创新成果和核心技术。丛书中涉及和介绍的创新成果与技术在国内属于领先水平，有的已形成具有自主知识产权的核心技术，且均已在重大工程中得到了应用，使得丛书具有前沿性、原创性、创新性、引领性的特点。例如，洪开荣的《软硬不均与极软地层盾构处理技术》，从理论上、技术上、工程案例上阐述软硬不均地层与水下隧道极软地层的盾构处理技术，代表了软硬不均地层隧道及地下工程的最新理论与实践；曹国侯、刘浩的《隧道地质三维探测技术》，依托作者主持的科研项目"国防工程地质预测及质量无损检测系统"，并结合团队多年的研究和应用成果，全面介绍了隧道复杂地质地球物理探测的新理论、新方法与新技术；李术才的《隧道突涌水监测方法与预警技术》，依托国家重大科研仪器设备研制专项"用于掘进机施工的隧道不良地质定量超前预报综合地球物理探测仪器"、国家自然科学基金优秀青年科学基金项目"隧道突水突泥机理与灾害控制"等重大科研项目，介绍了在复杂地质隧道突水突泥灾害源超前预报技术及其在大型隧道工程中的应用；等等。丛书中涉及的工程应用案例还包括四川成兰铁路跃龙门隧道、济南黄河隧道工程、鄂西高速齐岳山隧道、青岛胶州湾隧道、南京长江隧道、武汉地铁8号线过江隧道等一批重难点工程。

在国家大力推进"一带一路"建设、实施创新驱动发展战略、建设交通强国的战略背景下，希望丛书的出版不仅能够更好地总结上述技术成果、推动创新技术的推广应用，更希望能在基础理论研究和共性关键技术的突破方面起到促进作用，在技术创新模式的培育、专业人才的培养方面能够起到积极的作用。丛书在研讨策划、组织、编写和审稿的过程中得到了相关大型企业、高校、研究机构和学会、协会的大力支持，许多专家在百忙之中给丛书提出了很多非常好的建议和想法，在此一并表示感谢。

钱七虎

2018年8月

钱七虎先生，中国人民解放军陆军工程大学教授，中国工程院院士。"复杂地质与环境条件下隧道建设关键技术丛书"编委会主任。

前　言

盾构工法自19世纪初由法国工程师发明以来，经历了近两百年的技术发展，已逐渐成为应用最广泛的暗挖工法。我国的盾构工法起步于20世纪50年代，在2000年以后，盾构工法的应用广度和深度获得了跨越式发展，越来越多的工程师掌握了盾构工法的设计、施工和管理方面的技术。

随着盾构技术的不断进步，工程师们逐渐将盾构断面的多样化纳入工程视野。上海隧道界的工程师率先于20世纪90年代在过街通道项目的工程实践中，提出了矩形顶管工法，并付诸工程实践；同时，通过近20年的持续技术发展，开发了成系列的矩形顶管机。

21世纪初，上海地铁经过十多年的发展，已有地铁1号线、2号线、3号线、5号线等相继建成通车，初步进入了网络化运营时代。为了打破单圆隧道"一统天下"的格局，提高地铁线路选线的自由度，减少区间隧道的占地宽度，上海地铁的建设者在借鉴、引进日本双圆隧道土建技术的基础上，首次在国内地铁工程中开发并再创新了双圆盾构隧道的成套技术，并成功应用于上海地铁8号线、6号线、2号线东延伸段及10号线等工程中，依托工程开展的"双圆盾构隧道工程综合技术研究"，先后获得了2006年度上海市科学技术进步二等奖和2006年"中国建筑设计研究院CADG杯"华夏建设科学技术二等奖。

采用明挖法修建城市道路下立交时，工程师们通常会面临建筑物拆迁、道路翻交、地下管线迁改等诸多难题。在郑州下穿中州大道下立交工程规划阶段，工程师就提出了大断面矩形顶管的设计理念，并在后续的工程施工中，一步步付诸实践，相继攻克了超大断面矩形顶管机的研制、矩形顶管结构设计、超大断面矩形顶管施工等一系列难题，相继建成了纬四路隧道和沈庄北路—商鼎路隧道，相关工程荣获了第十五届中国土木工程詹天佑奖。“超大断面矩形顶管法隧道建造成套关键技术及应用”获 2016 年上海市科技进步二等奖。

双圆盾构隧道技术在后期的工程实践中，逐渐暴露出盾构顶部易背土、积浆等问题，导致地表沉降控制困难、隧道施工效率降低等，对工程质量和进度造成了很大的影响。有鉴于此，土木工程师和机械工程师联手研发了类矩形盾构法隧道成套技术，并在宁波市地铁 3 号线、4 号线等工程中进行了应用，解决了城市旧城区及建筑密集区地下空间应用的难题。“异形断面隧道掘进机系列化自主研制与应用”获 2017 年上海市科技进步一等奖。

本书是工作在工程一线的设计、施工和科研人员的理论、技术和经验的总结。在编写过程中，主要参考了国内上述 3 项典型工程的科研成果、设计和施工总结等内容，并进行了整理、归纳、分析、提炼。

本书由杨志豪担任主编，朱雁飞、曹文宏担任副主编。具体编写分工如下：杨志豪编写第 1 章；管攀峰、沈张勇、沈婕青编写第 2 章；杨志豪、陈海龙、顾春华编写第 3 章；顾闻、石元奇、李刚、徐薇娜、张一晴、赵琼编写第 4 章；沈张勇、柳献、石元奇、黄德中、李刚、寇晓勇编写第 5 章；杨志豪编写第 6 章。在本书编写过程中还得到了许多专家和技术人员的支持与帮助，主要包括袁金荣、杨思勤、王旋东、李晓春、刘喜东，在此一并表示感谢。

本书在编写过程中参考了大量的技术文献，引用了国内外许多工程的设计资料。在有关项目的设计、施工和课题研究中，得到了上海申通地铁集团有限公司、宁波市轨道交通集团有限公司、同济大学等单位的大力协助，在此一并表示最诚挚的谢意。由于作者水平有限，书中难免有差错、遗漏，恳请读者提出批评和建议。

作　者

2019 年 5 月

目　录

第1章

绪　论

盾构工法最早出现在英国伦敦，经过近两百年的技术发展，具有施工过程机械化和自动化程度高、环境影响小、施工速度快、施工安全等优势，受到了越来越多工程师的青睐，在城市道路、铁路、轨道交通、电力、水务等基础设施领域得到了广泛应用，我国也成为世界上盾构工法应用最为广泛的国家。

1.1　盾构隧道概述

所谓盾构法，就是在盾构的钢壳之内保持开挖面土体稳定，同时进行开挖、推进，并在盾壳内拼装管片，然后用千斤顶顶住已拼装完成的衬砌，利用其反力进行盾构推进。

盾构法是法国工程师 Mare Isambard Brunel 发明的，并首次在横穿泰晤士河的水下隧道中进行了应用(1825—1843 年)，这条隧道的盾构外形尺寸(宽×高)为 11.43 m×6.78 m。其后，盾构法经过了一系列的技术革新，在欧美国家(如英国、法国、德国、美国等)和日本得到了大量的应用。后相继出现了气压式、泥水加压式和土压平衡式等新型盾构机，以及相应的工艺和配套设备，目前盾构工法已进入了多样化时代。

我国在第一个五年计划期间，东北阜新煤矿用直径 2.6 m 盾构及小型混凝土预制块修建了输水隧道。1957 年在北京下水道工程中应用了直径为 2.0 m 和 2.6 m 的盾构。1963 年上海开始进行直径为 4.2 m 的盾构隧道工程试验；1967—1970 年，采用直径为 10 m 的网格式盾构建成了国内第一条越江隧道——打浦路越江隧道。20 世纪 70 年代以后，上海相继在电厂取排水隧道、合流污水总管、电缆隧道、地铁区间隧道等工程中应用了盾构法，国内其他城市也用盾构法修建了不同类型的隧道。进入 21 世纪后，随着城市地铁隧道、越江跨海交通隧道、水利水电隧道、市政公用隧道、高铁隧道的陆续建设，盾构法技术在上述领域中得到了广泛应用，取得了长足的发展。

盾构隧道的断面形状基本上都为圆形，主要原因为：一是相同的外荷载作用下，圆形断面的截面内力最小；二是圆形断面的盾构机刀盘切削率最大；三是容易处理施工时盾构机产生的侧倾。

但随着城市地下空间不断地开发，可供利用的工程条件越发苛刻，特别是在高楼林立、街道狭窄、地下管线密集的地段建造盾构隧道，或在原有地下构筑物附近（如多条地铁线路交汇的枢纽站处）建造有上下方向制约的地铁区间隧道、车站等工程中，异形断面的盾构隧道由于具有断面有效利用率高、对环境影响小、占用地下空间小等优点，工程需求越来越多且越发迫切，应用前景广阔。

1.2 异形盾构隧道工法的应用与研究现状

1.2.1 国内外异形盾构隧道实例

由于条件的限制和工程的需求，日本从 20 世纪 80 年代开始研究异形断面盾构工法，先后开发应用了复合圆盾构、椭圆形盾构、矩形盾构、马蹄形盾构等多种类型，并完成了多条人行隧道、公路隧道、铁路隧道、地铁隧道、排水隧道、市政共同沟隧道等项目，使盾构技术向多样化、多领域方向进行了快速发展(图 1－1)。

中国于 20 世纪 90 年代开始研究矩形隧道掘进机，分别研发制造了 2.5 m×2.5 m 可变网格式矩形顶管掘进机、3.8 m×3.8 m 组合刀盘矩形顶管掘进机和 3.8 m×3.8 m 组合刀盘式矩形掘进机，主要应用于过街人行地道的施工。2004 年，上海隧道股份有限公司(以下简

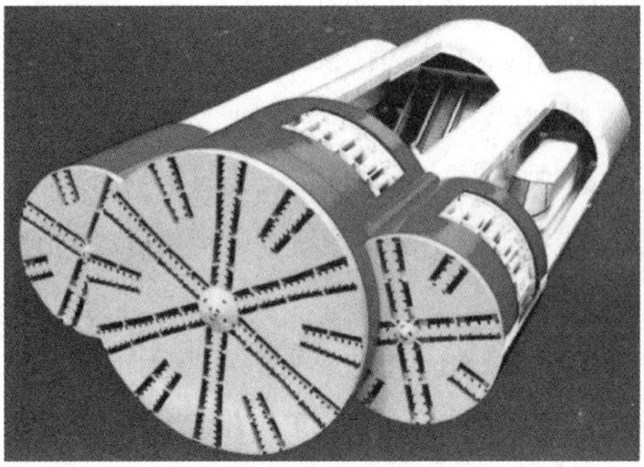

(a) MF工法盾构机

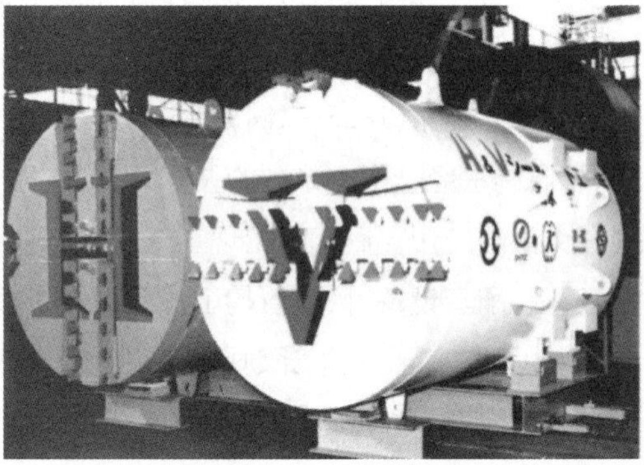

(b) H&V工法盾构机

(c) 2.67 m×3.17 m矩形掘进机

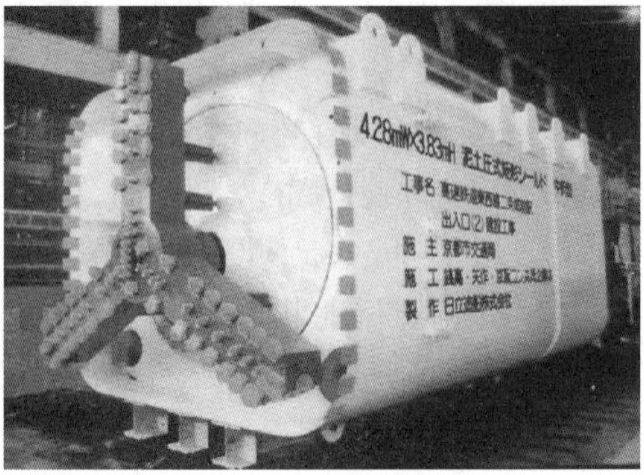

(d) 4.29 m×3.09 m矩形掘进机

(e) 4.38 m×3.09 m DPLEX矩形掘进机

(f) 1.06 m×1.06 m矩形掘进机

(g) 2.85 m×6.245 m MMB工法矩形掘进机

(h) 8 m×3 m矩形掘进机

图 1-1 日本异形断面隧道

称“上海隧道”)通过与日本企业的技术合作,引进了双圆隧道盾构机和相关技术,应用于上海地铁 8 号线中三段区间隧道的建设。2014 年,上海隧道和中铁隧道股份有限公司分别研发了国内最大断面(10.4 m×7.5 m)的矩形顶管机,应用于郑州中州大道下立交的施工。国内其他单位相继研发了土压平衡式矩形盾构、马蹄形盾构机和类矩形盾构机,用于地下连接通道、铁路隧道和地铁区间隧道的施工(图 1-2~图 1-4)。

(a) 3.8 m×3.8 m顶管机

(b) 4.0 m×6.0 m 顶管机

(c) 4.2 m×6.9 m 顶管机　　(a) 地铁双圆盾构机

图 1－2　组合刀盘矩形顶管掘进机

(b) 10.4 m×7.5 m矩形顶管机　　(c) 10.1 m×5.3 m矩形顶管机

图 1－3　异形大断面掘进机

(a) 11.9 m×10.95 m马蹄形盾构机　　(b) 11.83 m×7.27 m类矩形盾构机

图 1－4　异形大断面盾构机

1.2.2　国内异形断面隧道衬砌结构受力特征

经过近 200 年的研究和发展，圆形隧道衬砌结构已有成熟的设计理论和计算模型，国际隧道协会（ITA）在研究报告——《盾构隧道衬砌设计指南（草案）》中推荐的计算模型主要有匀质圆环模型、弹性地基刚架模型和有限元法。

异形断面隧道由于几何形态的不同，目前还没有形成公认的计算模型，一般都采用有限元法进行计算。国内工程界在此方面进行了多年的探索和研究，取得的主要成果如下。

宋博(2003)运用梁-弹簧模型对双圆隧道衬砌在上海特定的水文、工程地质条件下的力学特性进行计算，并针对实际选用的管片形式进行了1∶1的模型试验，试验中测定了管片混凝土的变形、管片接缝张开角的变化及管片的整体变形情况。试验证明，混凝土管片的强度、接头形式及环的整体刚度满足设计要求。

楼葭菲(2004)针对异形盾构隧道衬砌管片的结构特点和使用阶段的受荷情况，推导出用自由变形的均质圆环模型计算异形盾构法隧道衬砌内力的解析公式，结合有限元法和相关模型试验资料分析管片形式、管片外形特征等参数对衬砌内力的影响规律。

袁金荣等(2005)采用修正惯用法与梁-弹簧模型对上海地铁杨浦线实际工程采用的双圆隧道衬砌进行了分析对比，重点讨论了计算中各种设计参数对计算结果的敏感性。结果表明，不同的设计参数对结构计算结果的影响程度各不相同，对于中浅埋双圆隧道，拱背土压力的影响不能忽略，否则计算结果将偏于不安全。

胡欣雨、张子新(2007)对目前国内所采用的双圆隧道衬砌内力计算模型(自由变形均质圆环模型、梁-弹簧模型)进行综合分析，并进行了对称荷载作用下荷载结构法与地层结构法的对比。计算表明，最大负弯矩出现在中间立柱上、下方的两圆交接处或横向宽度最大处，最大的正弯矩出现在结构上、下方竖径最大处附近，中间立柱受轴力最大，结构受剪力较小。

1.3 异形断面隧道成套技术的开发难点和技术路线

1.3.1 隧道结构设计的难点

圆形隧道(或双圆隧道)的结构形式具有较好的成拱效果，但缺点是开挖断面利用率较低；在相同工况下，异形断面隧道能够有效地提高开挖断面利用率，但结构内力相应增大。所以在进行异形隧道结构断面设计时，需要在结构内力和开挖断面利用率之间寻求平衡，最终获得性价比较优的隧道结构断面。

异形隧道结构的受力规律有别于圆形隧道，特别是接头的计算参数、刚度有效率、接头弯矩传递系数等重要的参数，需要结合1∶1整环结构试验和接头试验等确定。

异形隧道衬砌分块需要根据内力分布规律、接头承载能力、封顶块构造、立柱拼装形式等各方面因素综合考虑，确定最优的分块形式。

1.3.2 隧道掘进机研制的难点

异形断面隧道掘进机的研制主要有以下难点：

(1) 异形刀盘的布置方式，尽可能实现全断面切削的要求。

(2) 异形断面盾构铰接装置的设计。

(3) 多自由度异形盾构管片的拼装系统。

(4) 异形断面盾构的推进系统和螺旋机出土系统。

1.3.3 隧道施工技术的主要难点

因为异形隧道断面结构形式的特殊性,同时考虑实际工程周边环境复杂、隧道开挖土层灵敏度高等特点,需从盾构的"推、拼、压"、盾构施工的环境影响和综合管控等方面分析施工的主要难点。

(1) 隧道开挖面稳定难度大。异形盾构开挖面的土压力分布形式不明,土舱压力设定难;断面底部呈平底状,渣土流动性差,局部易淤积,而且对于双螺旋机的出土模式,土舱压力保持难。

(2) 管片拼装难度高。异形隧道的管片结构外形尺寸普遍特殊,且拼装机结构功能特殊、拼装区域空间小,没有成熟的拼装质量控制标准和拼装工艺。

(3) 隧道轴线控制复杂。异形隧道管片结构拼装精度控制难,施工轴线控制复杂;除常规的水平和俯仰纠偏外,还需面临转角纠偏的问题。

(4) 施工环境影响控制难。异形盾构隧道施工引发地层变形的影响因素和机理不明,地表沉降槽(横向、纵向)形态和范围的计算预测缺乏相关的理论和实践经验;异形断面隧道收敛和地面沉降变形控制尚无标准可循。

(5) 施工数据管理难度大。异形盾构隧道的施工数据包含盾构机运行参数、自动导向系统、出土称量系统、盾尾间隙测量系统、周边环境监测和隧道变形监测等众多方面,数据的现场管理难度大;另外,施工数据规模大、种类多、信息关联性强,数据的远程管理复杂。

1.3.4 研究的技术路线

根据异形断面隧道成套技术研发的主要难题,研究的技术路线主要从总体方案,设计、装备、施工关键技术,示范工程应用及推广等方面展开,具体如图 1-5 所示。

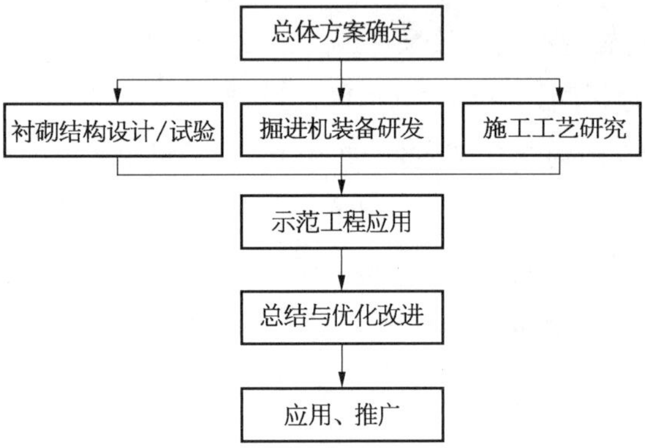

图 1-5 研究的主要技术路线

第2章

异形掘进机暗挖隧道新技术及应用

为了有效地利用地下空间,大量的新型盾构施工技术应运而生。本章主要对国际上已有的异形暗挖隧道新技术做概要介绍,主要包括多圆隧道,多联体隧道,矩形隧道,椭圆形隧道,对接隧道,合体、分离隧道,MMST 工法等,其中重点介绍掘进机的特点、衬砌结构设计要点、适用范围和主要优缺点。

2.1 双圆隧道、多联体隧道

2.1.1 工法概况

为了有效地利用地下空间,工程师们提出了各种各样的方案。在 20 世纪中叶,以日本为代表,为满足在城市繁华地区施工及一些特殊工程的需求,大量的新型盾构施工技术应运而生,这些新技术主要反映在以圆形为基本断面,向双圆形、多圆形断面发展。MF(multi-circular face, MF)工法就是解决开发地下空间问题的一种组合盾构工法,将具有丰富经验的圆形截面的土压平衡盾构连接在一起,构成特殊截面来建造异形圆截面的隧道。该工法能够在地下构筑物密集的道路下,有限的地下空间里,修建不同断面的地铁或其他地下设施。

多圆组合分离合体型隧道,采用三联拱盾构修建地铁车站,两侧小盾构可以拆卸,中间大盾构继续推进施工区间隧道。

双圆盾构(double-o-tube, DOT)工法能够将多个圆形断面按上下、左右组合而形成隧道结构。DOT 工法亦属于多圆盾构工法的一种。

DOT 工法是指采用在同一平面上配置了多个刀盘的多圆形加泥土压平衡盾构机,和在圆形断面连接部的相对位置上设置有 Y 形(飞鸟形)管片来构筑多圆形隧道的施工方法总称。

DOT 工法不仅能代替以往地铁隧道和地下高速公路等一直使用的大断面圆形盾构构筑的单线(双向)隧道及单圆形盾构构筑的双线(单向)隧道。同时根据施工条件等因素，可对隧道形状进行各种选择和变化，是一种自由度较大的施工方法，如图 2－1 所示。

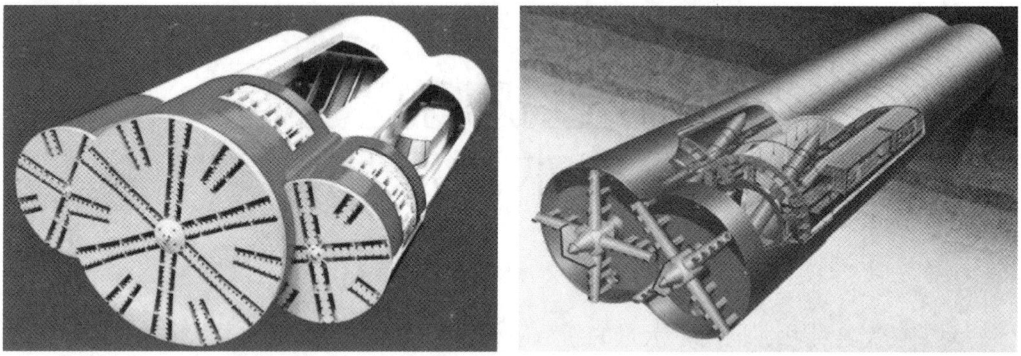

(a) 三联拱盾构机　　(b) 双圆盾构机

图 2－1　多圆盾构机

2.1.2　掘进机特点

MF 工法是将多只圆形断面盾构机刀盘按前后错开、部分重叠的方式构造的多圆形断面工法，可以选择前后开挖面型或前后独立开挖面型的掘削方式。其中，采用前后独立开挖面型的掘削方式，由于密封舱是独立的，可以根据不同的地质情况进行独立的开挖面掘削管理。此外，还可以灵活地变换刀盘的转动方向与转动速度的组合。

双圆隧道属于将两个圆形断面做左右组合的双圆形(横式)盾构隧道，在同一平面上配置两个如同齿轮一样咬合的加劲肋(辐条)型的切削刀盘，两个刀盘进行同步控制，相互以相同速度并始终保持一致的相位角进行反方向旋转，以避免两者之间发生接触和碰撞，如图 2－2 和图 2－3 所示。

图 2－2　双圆盾构机

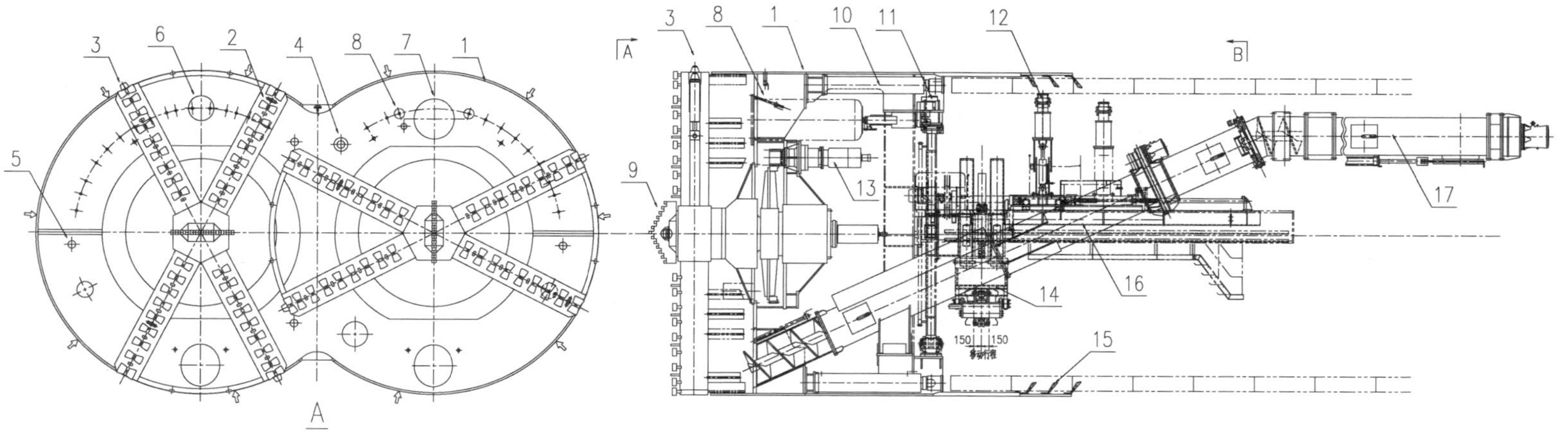

图2-3　双圆盾构机构造图

1—盾壳;2—刀盘;3—仿形刀;4—可更换土压计;5—固定土压计;6—观测孔;7—人行闸; 8—球形注射管;9—中心刀头;10—推进油缸;11—管片顶托装置;12—真圆保持器;13—刀盘驱动;14—拼装机;15—盾尾密封装置;16—1号螺旋机;17—2号螺旋机

2.1.3 隧道衬砌结构设计要点

MF工法衬砌结构比单圆工法衬砌结构构件形式更为复杂,既有不同直径的圆弧形管片,也有两个圆环之间类似Y形的飞鸟块,还有连接上下飞鸟块的立柱。

1) 衬砌环的分块

多圆或双圆盾构法隧道衬砌环的分块主要由管片制作、防水、运输、拼装、结构受力性能等因素确定。一般来讲,一环衬砌有三种类型管片:标准管片、翼形管片和中间立柱管片。以地铁双圆盾构区间隧道管片为例,一般分11分块,其中含2块翼块、8块标准块和1块中间立柱。

2) 衬砌环拼装形式

双圆衬砌管片结构的总体刚度较普通单圆隧道要弱,因此一般采取错缝拼装,提高隧道整体抗变形能力。

3) 衬砌管片接缝形式

为了提高双圆盾构管片环向接缝刚度,同时也为了施工时管片拼装连接,操作方便、快捷,双圆区间隧道管片采用的接头形式一般采用预埋铸铁件+短直螺栓型接头形式。

2.1.4 施工要点

MF盾构由多个独立控制的圆形断面组成,可根据不同地质条件进行土体开挖,通过调整各刀盘的转速和转向,利用开挖时作用在盾构上的反力可有效控制盾构机的姿态,纠偏相对比较容易。

双圆盾构工法是把原来的土压平衡或泥水平衡盾构进行复式组合,并且在两圆形断面结合处使用Y形(飞鸟块)管片进行连接,从而一次性进行两条隧道掘进的隧道施工工法。从掘进原理和开挖面稳定机理来看,双圆盾构工法和单圆盾构工法差别不大。但是,由于双圆盾构机体型的变化及配置设备的不同,造成了两者施工方式上的差异。

1) 正面土压力控制

双圆盾构采用辐条式刀盘,隔舱壁上设置土压力传感器,由土压力的大小通过电信号控制螺旋运输机的转速,来维持土舱内的恒定土压力值,达到维护开挖面稳定、控制地面沉降的目的。盾构掘进时,两刀盘以某一固定的相位差进行同步转动,这样可以使两刀盘相互不接触,同时使土舱中的泥土可以被充分均匀地搅拌。

2) 隧道轴线的控制

由于双圆盾构机宽度相对较大,在同样的纠偏角度下所造成的额外超挖或欠挖均要大于单圆盾构。由于两刀盘接触的土质和承受的附加荷载不一样,易造成盾构机的旋转,在左右侧千斤顶推力差相同的情况下产生的力矩也就更大。为此,盾构平面控制的灵敏度较高,故在工程施工过程中需对盾构平面姿态随时监控并不断调整。

在左右圆隧道高程差(即盾构转角)较大时,盾构高程轴线控制情况相对较差,故在控制时需对盾构高程和盾构转角两个因素进行综合考虑。

3）盾构机转角控制

盾构机内提前放置一定量的压铁。盾构发生偏转时,对盾构单侧增加重物,实现盾构抗旋转。盾构机的单侧压重可通过盾壳内单侧压重物,还可以在推进时在盾构机单边拼装机上和单、双轨梁吊挂管片等措施。

4）背部土体改良

由于双圆盾构本身的构造特征,该区段特殊工况下盾构上部中间存在凹槽容易产生背土现象,为了阻止盾构背土对地面沉降的影响,切口进入该区域前利用盾构中心顶部的注浆孔及时填充润滑材料、膨润土(或陶土粉)和水的混合物,减少凹槽处的背土现象。

2.1.5　适用范围和优缺点

2.1.5.1　适用范围

1）轨道交通车站

日本采用双圆和三圆盾构法断面建设轨道交通车站的案例较多,名古屋高速铁路 4 号线采用了双圆盾构法实施茶屋坂公园车站;东京地铁 7 号线白金台站首次利用可分离式三圆盾构机实施了地铁车站及两侧的区间,三圆盾构由一台大直径盾构和两侧的小直径盾构组合而成,车站断面一次开挖成型,中间较大直径的盾构开挖出来的断面可作为双线车辆通过断面,两侧较小直径的盾构开挖出来的断面分别作为两侧的站台空间。两侧的小盾构还可以拆卸下来,大盾构继续推进单洞双线区间隧道。东京地铁 11 号线饭田桥站则采用了固定式三联拱盾构机施工,中间为站台,两侧分别为车辆通行区;之后东京地铁 11 号线、12 号线、大阪地铁 7 号线陆续采用了不同尺寸断面的三圆盾构法实施的地铁车站,断面形式根据各个车站的条件均有所不同,如图 2 - 4 所示。

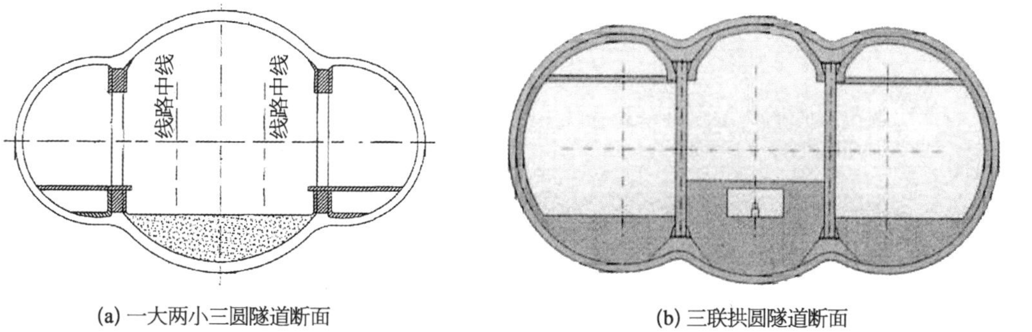

(a) 一大两小三圆隧道断面　　(b) 三联拱圆隧道断面

图 2 - 4　三圆盾构机

2）轨道交通区间隧道

20世纪80年代，日本最早开始采用DOT工法实施双圆盾构法隧道。鉴于上海越来越紧张的地下空间，1995年上海地铁也开始了双圆盾构隧道工程技术的引进、消化、开发与应用。2003—2006年，上海地铁8号线工程有三段区间（开鲁路站—嫩江路站—翔殷路站—黄兴绿地站）隧道首次采用了DOT工法施工，如图2-5所示。随后在上海地铁6号线、10号线等工程中均有部分区间隧道采用了DOT工法施工。

图2-5　上海地铁双圆区间隧道

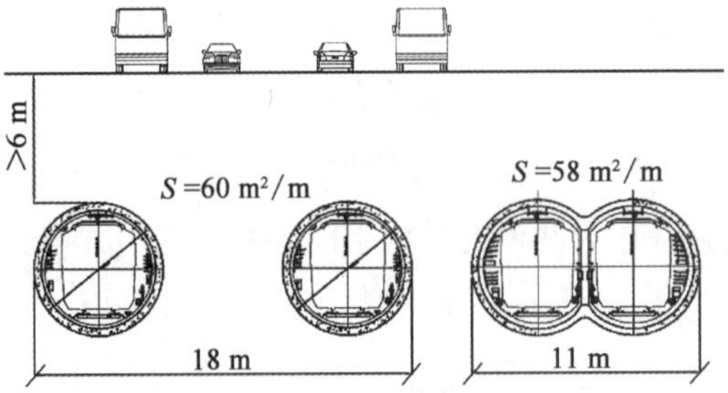

图2-6　单圆隧道与双圆隧道的断面比较

按照两隧道之间安全距离取1D（D为隧道直径）考虑的话，两条单圆区间占地宽度约18 m，而双圆区间仅需11 m，如图2-6所示。这对于市中心道路红线狭窄的区段，特别是中心城区、老城区，红线两侧建筑物年代较早，道路下方管线错综复杂，对盾构施工敏感，采用双圆区间对于轨道交通线路设置有较大的灵活性，从空间上减小了对既有环境的影响。

2.1.5.2　优缺点比较

1）优点

（1）双圆或多圆盾构法区间隧道线路定线自由度较大，对道路两侧地块影响小，地下空间利用率高。

（2）双圆盾构法可使两条隧道合二为一，从轨道交通规模上讲，可减少区间土建工程量10%～15%。

（3）双圆盾构法区间隧道防灾、救灾能力强，并可节省联络通道的工程费用。

（4）两条隧道合二为一或车站区间同步施工，整体上讲施工效率高，工程进度快。

2）缺点

(1) 双圆或多圆盾构法一次开挖面断面较单条单圆区间断面大，对土体扰动相对较大。

(2) 双圆或多圆盾构机采用辐条式刀盘，设备复杂，对正面土压力的控制较难。

(3) 盾构机设备体型较大，姿态难控制，易造成超挖或欠挖。

(4) 国内仅上海在局部城区区段应用过双圆盾构法，而双圆或多圆盾构法施工技术较复杂，施工经验较缺乏，对各种复杂地质条件的适应性尚未完全掌握。

2.2　矩形隧道、椭圆形隧道

2.2.1　工法概况

矩形断面相对于圆形断面，空间利用率高。明挖法、沉管法隧道或箱涵顶进地下通道等工法一般采用矩形断面，相比而言，矩形断面的顶管法、盾构法隧道应用较少。因为从结构受力和施工便利的角度出发，圆形断面无疑是暗挖法隧道的首选，特别是盾构法隧道。随着城市地下空间的开发，越来越需要提高地下空间的有效利用率，同时为了尽可能地减小对地下环境的影响，需要不同用途的隧道合建，因此异形断面暗挖隧道的开发也日渐增多。在日本东京、大阪等城市因土地资源紧张，除了采用双圆、三圆等组合圆形断面外，也有椭圆形、马蹄形、矩形等隧道断面。

与国外在异形断面地下暗挖建造技术上已取得巨大发展相比，我国在该领域尚处于起步发展阶段。但是在我国城市化进程快速发展的背景下，严重的交通拥堵与地面道路发展到极限的矛盾，对建造不同类型的地下暗挖通道提出了迫切的需求。特别是在上海及沿海周边城市，中心城区地上空间的开发接近饱和，地下空间的利用日渐趋于紧张。因此，近年来国内轨道交通、地下道路、城市管廊等行业均在积极探索更加节约地下空间的暗挖断面形式。地铁隧道采用双圆盾构法隧道及类矩形盾构法隧道已有成功案例，大矩形断面顶管法隧道也在郑州、上海等地成功运用。椭圆形隧道(或称为“类矩形隧道”)其实是矩形隧道的一种断面优化形式，目的是使大断面矩形隧道的受力更加趋于合理，减小结构的断面。

2.2.2　掘进机特点

1）矩形顶管掘进机

在 20 世纪 90 年代，上海隧道公司开始矩形顶管机的研发应用，国内首台矩形隧道掘进机，断面尺寸 2.5 m×2.5 m(内净尺寸 2 m×2 m)为可变网格式矩形隧道掘进机，进行了 60 m 的试验隧道推进(国内首条矩形隧道)，为今后的工程应用打下了基础。目前已发展到第四代土压平衡式机型，先后在上海、南京、武汉、郑州等多个城市的市政管廊、轨道交通、道路隧道工程领域中得到了成功应用。近几年来，局部气压式、泥水加压式和土压平衡式等新型掘进机技术也用到了顶管掘进机领域；刀盘也有反铲式、条幅式、面板式、大刀盘式、多刀盘式、组合刀盘式、滚刀式和偏心多轴式等多种类型，广泛应用于各类地层及工程环境条件下。

图 2-7 和图 2-8 是不同类型的矩形顶管掘进机。

(a) 掘进机

(b) 矩形隧道

图 2-7　国内首台矩形隧道掘进机及矩形隧道

(a) 3.8 m×3.8 m矩形顶管机

(b) 4 m×6 m矩形顶管机

(c) 4.2 m×6.9 m矩形顶管机

(d) 4.2 m×6.9 m行星号矩形顶管机

图 2-8　不同断面矩形顶管机

以 4.2 m×6.9 m 行星号矩形顶管机为例，矩形顶管掘进机包括主机、纠偏中继间及其液压系统、顶进中继间（两套）及其液压系统、主顶进系统、液压系统和电气控制系统。其中主机包括壳体、大刀盘及其变频驱动系统、小刀盘及其变频驱动系统、螺旋机系统及其液压系统、铰接系统及其液压系统、干油密封系统、稀油润滑系统、泡沫和加水系统、泥浆套系统。

2013 年 12 月，由上海隧道公司自主研发制造的当时世界最大矩形顶管机（宽 10.4 m、高 7.5 m）下线，应用于郑州中州大道下穿隧道施工，2014 年 3 月第一条隧道贯通，110 m 长隧道掘进工期为 69 天，这标志着我国在矩形顶管技术领域已处于国际领先水平。

2）矩形盾构掘进机

20 世纪 60 年代，日本名古屋和东京采用 4.29 m×3.09 m 手掘式矩形盾构分别掘进 2 条长 534 m 和 298 m 的共同沟。1981 年，日本名古屋中部电力公司采用 5.23 m×4.38 m 的手掘式矩形盾构掘进 1 条长 374 m 电力隧道。1995 年，大丰建设采用 1 台 4.38 m×3.98 m 的 DPLEX 矩形盾构，在千叶县习志野市菊田川 2 号干线掘进 2 条并列的矩形排水隧道，如图 2－9 所示。

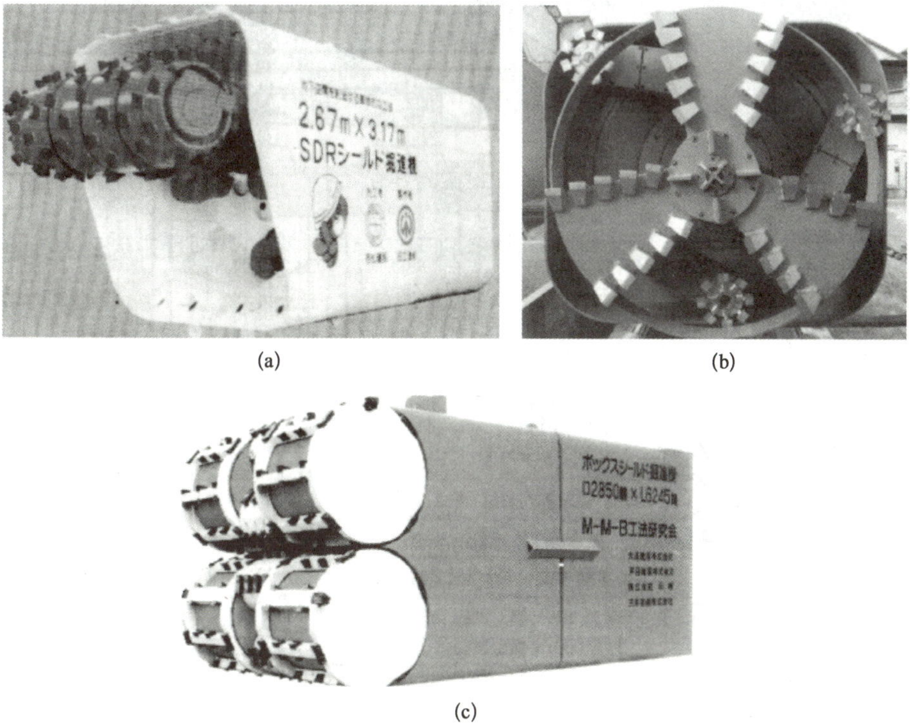

(a)　(b)　(c)

图 2－9　日本早期矩形盾构掘进机

日本 2003 年建成的京都市高速铁道东西线醍醐—六地藏区间延伸工程首次采用了大型矩形盾构机施工，如图 2－10 所示。醍醐—石田区间为渡线段、一般段两种矩形断面，渡

图 2-10　京都市高速铁道东西线矩形盾构机

线段、一般段矩形隧道截面尺寸(宽×高)均为 9.9 m×6.5 m，渡线段中间无立柱，一般段中间设置立柱。渡线段衬砌厚度 0.5 m，一般段衬砌厚度为 0.35 m。

日本用于东京富多新线的 APoRo (all potential rotary)Cutter 工法也是矩形盾构工法，2013 年建成通车。矩形隧道截面尺寸(宽×高)为 10.3 m×7.1 m，衬砌厚度 0.4 m，环宽 1.1 m，为单洞双线隧道，如图 2-11 所示。

(a)　　　　(b)

图 2-11　APoRo 工法盾构机

2011 年大林组采用三菱重工制造的复合拱形盾构施工了相模纵贯川尻隧道。矩形盾构机尺寸(宽×高×长)为 11.96 m ×8.24 m×11.95 m，隧道断面尺寸 11.80 m×8.08 m，采用钢纤维增强高流动混凝土管片，如图 2-12 所示。

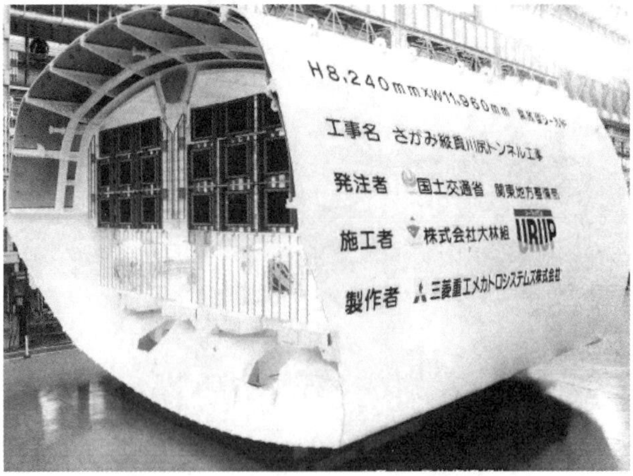

图 2-12　川尻隧道复合拱形盾构

2016 年，宁波市地铁 3 号线一期工程出入段线首次采用了土压平衡类矩形盾构掘进机（11.83 m×7.27 m）完成了单洞双线矩形区间隧道，如图 2－13 所示。

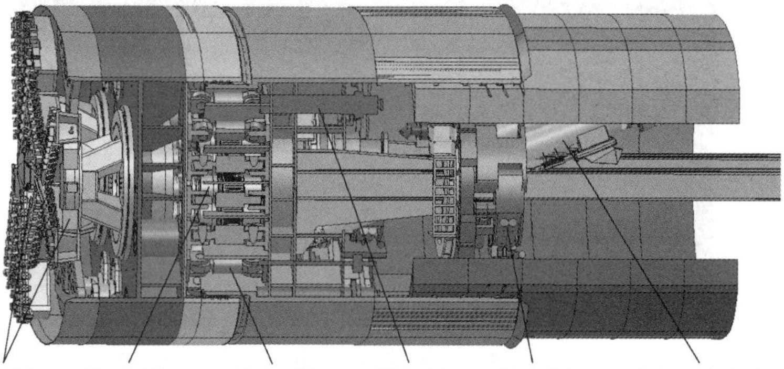

图 2－13　宁波地铁 3 号线矩形盾构机"阳明号"

2.2.3　隧道衬砌结构设计要点

1）矩形顶管隧道管节结构设计

（1）在满足工程使用、结构受力、防水和耐久性等要求的前提下，顶管管节结构宜选用预制钢筋混凝土管节。

（2）矩形顶管管节采用平面框架模型计算内力和变形。

（3）顶管管节整节预制，因此需要控制单节管节重量，在管节的宽度设计上要考虑吊装、运输等因素。若场地条件、机械吊装能力不足，亦可将整环管节"一分为二"分片预制、吊装，到井下进行现场拼装。

（4）一般小断面的顶管管节采用比较标准的矩形断面，当断面比较大的时候，为了优化结构的受力性能，需要采用类椭圆形断面的管节断面设计，如图 2－14 和图 2－15 所示。

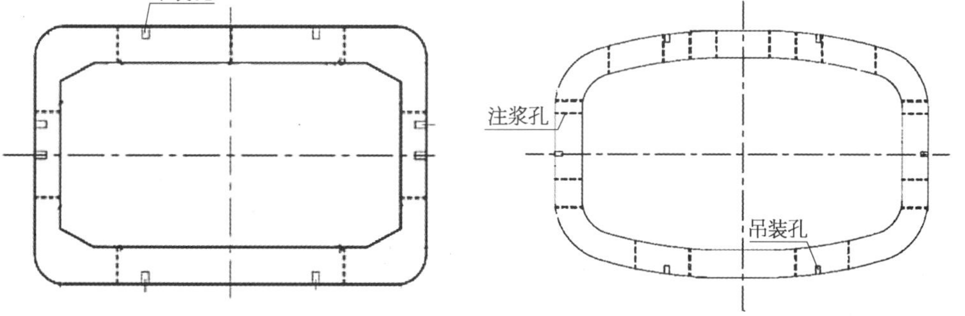

(a) 矩形顶管管节结构断面　　(b) 类椭圆形顶管管节结构断面

图 2－14　矩形(类椭圆形)顶管管节结构断面

图 2-15　类椭圆形顶管管节

(5) 顶管管节接头一般采用 F 形钢套环接头，以楔形橡胶止水圈作为接缝防水措施。钢套环环面上设置兜绕成环的遇水膨胀橡胶条。钢套环管节端头预留一沟槽，灌注低模量聚氨酯密封胶。管节之间设置胶合板衬垫材料。当整条顶管隧道施工完毕后，管节接头之间的嵌缝沟槽内嵌填高模量聚氨酯密封胶，如图 2-16 所示。

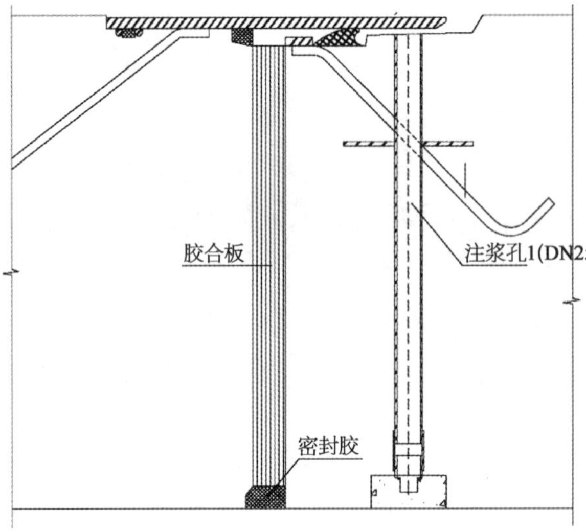

图 2-16　顶管管节接缝防水构造图

2) 矩形盾构法隧道衬砌结构设计

(1) 矩形盾构法隧道应根据断面大小、受力条件、所处环境和使用要求，以及结合其可靠性、耐久性和经济性选用不同衬砌结构材质。衬砌结构可采用钢筋混凝土结构、钢结构、铸铁结构，必要时也可采用复合结构。

(2) 矩形盾构法隧道的结构形式应根据使用功能、结构受力、防水要求、耐久性和技术经济等综合因素进行比选,可采用单层衬砌、双层衬砌的形式,宜优先采用单层装配式管片衬砌结构。

(3) 衬砌断面周边外轮廓宜圆顺,可由若干段圆弧组成,顶、底面宜起拱,如图 2-17 所示。

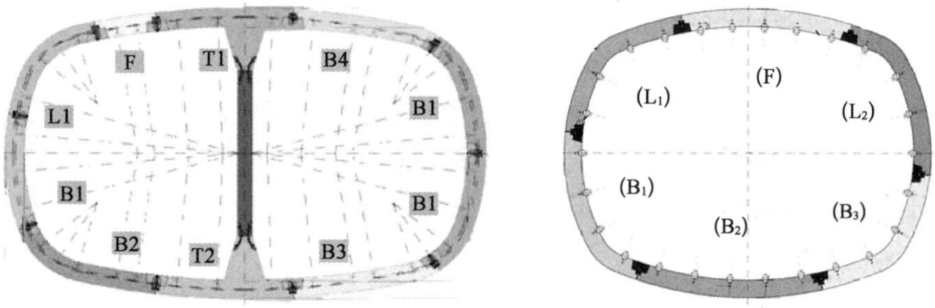

(a) 带立柱矩形盾构法衬砌结构断面　　(b) 无立柱矩形盾构法衬砌结构断面

图 2-17　矩形盾构法衬砌结构断面

(4) 衬砌管片块与块、环与环间宜采用螺栓连接。

(5) 衬砌环封顶块拼装方式宜采用全纵向插入、半纵向插入,插入长度应与盾构设计、施工相配合,综合考虑拼装设备、千斤顶顶进行程、实践经验等因素选用。

(6) 带立柱的衬砌环可根据施工经验,确定封顶块与立柱拼装先后次序;无立柱的衬砌环在拼装时宜设置临时支撑,同步注浆完成后拆除临时支撑。

(7) 管片应根据连接方式、起吊方式、拼装方式、注浆要求及结构受力等因素合理确定螺栓手孔、定位孔、起吊孔、注浆孔的位置与尺寸。

(8) 矩形盾构隧道接缝防水的首道防线是预制成框、能适应较大的接缝张开量的弹性橡胶密封垫,其断面为中孔型,材质为三元乙丙橡胶。

2.2.4　施工要点

2.2.4.1　矩形顶管隧道施工要点

1) 土体改良技术

(1) 加水:提高土体塑流性。

(2) 加膨润土泥浆:提高塑流性、提高防渗性。

(3) 加泡沫剂:提高塑流性、均匀性、降低内摩擦角。

2) 减摩泥浆技术

(1) 高黏度、低滤失率的泥浆能降低混凝土管节与周围土体在顶进施工过程中的摩阻力。

(2) 一定压力的泥浆注入建筑空隙,可以有效降低地层损失,防止周围土体变形。

3）顶管姿态和沉降控制技术

解决开挖面的稳定和土体改良，配以适宜的纠偏，可以实现顶管姿态的控制。平面偏差可以控制在±50 mm以内。

通过控制开挖面的稳定和顶管姿态，配以减摩泥浆保压，控制地面沉降。最大沉降可以控制在30 mm以内。矩形顶管机地层变形控制技术措施有：

(1) 根据不同土质合理选择工具管。

(2) 掘进过程中，根据地下水压力的变化及时采取相应的措施和对策。

(3) 加强管理，严格避免人为的超量出泥。

(4) 尽量避免大角度纠偏。

(5) 减少触变泥浆套的厚度，顶进结束后采用双液浆对触变泥浆进行置换。

4）矩形顶管机进出洞施工

(1) 对洞口土体进行加固。

(2) 凿除封门前需确认外部土体的加固效果，矩形顶管在进入加固土体时可适当降低土压力。

(3) 矩形顶管机进洞在接收井封门被破坏后工具管应迅速、连续顶进管节，尽快缩短工具管进洞时间。

(4) 动态油脂压注，起到洞圈保压功能。

2.2.4.2 矩形盾构法隧道施工要点

1）切削排土改良施工技术

相比圆形隧道盾构，矩形盾构断面底部呈平底状，渣土的流动性差，局部易产生淤积；刀盘结构和切削方式特殊，渣土流动形式不明，且不稳定。因此，要结合盾构刀盘切削方式、掘削土体在土舱中的运动规律等优化新型土体改良添加剂配合比和土体改良技术。

2）盾构轴线控制技术

矩形隧道的断面高宽不同；盾构含有多刀盘和双螺旋机，正面土压力分布形式不明，且不稳定；矩形管片拼装空间小，拼装难度较高；在地层软弱、灵敏性高的地区盾构机姿态和隧道轴线控制难度较大。

应用矩形盾构机纠偏功能，研究矩形盾构机在曲线段掘进的状态及对轴线的影响，采用趋势化控制技术。

采用矩形盾构机姿态自动采集系统，重点掌控转角测量精度和频率；利用图形解析和摄影测量的原理，通过高分辨率的摄像机实时测定盾尾间隙；结合理论分析指导矩形盾构机姿态和转角控制。

3）管片拼装技术

矩形隧道管片结构外形尺寸较为特殊，不规则，拼装顺序多样化，拼装过程稳定性控制难度大，环高差、张角控制难度大，拼装机构造功能特殊，相比圆形隧道拼装难度大。因此要掌握以下技术：

(1) 拼装机、管片稳定装置等应用技术。

(2) 研究合理的管片拼装顺序，分别通过管片水平拼装、拼装机试拼装、工程负环拼装，得出最合理管片拼装顺序。

(3) 弧形管片和立柱管片的高精度定位技术。

(4) 拼装过程中的管片稳定性技术。

(5) 拼装质量控制及防水技术。

4) 注浆技术

矩形盾构的顶部和底部建筑空隙呈水平状，浆液注入的流淌性、充填率和均匀性都较圆形隧道不利。同时，在大断面工况下，注浆控制不利易引起地表变形，进而引起隧道变形。因此，需要针对矩形盾构重点研究注浆孔位布置、浆液材料、配套设备和压注工艺。

2.2.5　适用范围和优缺点

2.2.5.1　适用范围

在道路狭窄、建筑物拥挤、地下管线密集的市区，以及地下工程并行、交错的地段，隧道的宽度和高度受到限制时，采用矩形断面隧道可以更加经济地利用地下空间，减小相邻地下工程的矛盾。矩形盾构隧道可广泛应用于轨道交通车站、区间、城市下立交、快速路、过街人行通道、各类地下管线共同沟等地下工程项目。

1) 轨道交通车站、区间隧道工程

上海、宁波等地轨道交通出入口通道通过交通繁忙的道路或因技术经济原因，不宜采用明、盖挖法施工的时候，多采用矩形顶管或管幕等暗挖方法施工。

宁波市地铁 3 号线一期工程出入段线在国内首次采用了类矩形盾构施工单洞双线区间隧道，断面外包尺寸为 11.2 m×6.94 m，区间长度约 392 m，如图 2－18 所示。衬砌环分为 10 块(不含中间立柱)，由 1 块封顶块、1 块邻接块、6 块标准块、2 块 T 形块构成。区间隧道所在场地为典型的高压缩性、高含水量的软弱地层。

2) 城市道路下立交工程

(1) 上海淞沪路—三门路下立交工程。该工程位于上海市东北部淞沪路及闸殷路下方，需下穿 9.85 m×4.4 m 合流污水管，且要为规划地铁 17 号线预留穿越条件。采用矩形顶管可有效减小对淞沪路交通的影响及保护合流污水管，与合流污水管的最小竖向净距约为 4.0 m；与规划地铁 17 号线竖向净距约为 4.3 m，满足穿越条件。顶管管节采用钢筋混凝土管节，整节预制，外包尺寸为 6.3 m×9.8 m，管节宽度为 1.5 m，单节管节重量约为 68 t，如图 2－19 所示。

图 2-18　宁波市地铁 3 号线一期工程出入段线区间

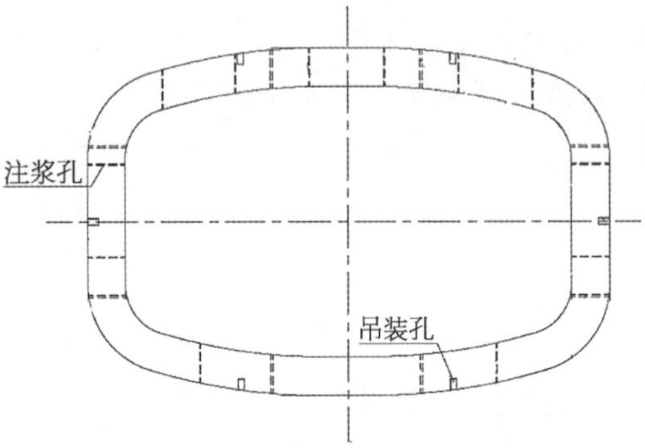

(a) 管节图

(b) 顶管机

图 2-19　淞沪路—三门路下立交矩形顶管管节图及顶管机

(2) 郑州市纬四路下穿中州大道隧道工程。该工程顶管段位于郑州中心城区东部，四条顶管法隧道均自商务区工作井出发向纬四路工作井顶进，下穿中州大道。中州大道是贯穿城市南北向的一条重要快速通道，纬四路规划为东西向城市支路。工程周边道路两侧多为商铺及居民住宅楼等，建筑多为多层+高层建筑，均有地下室，地基采用复合地基或桩基。现有地面道路内地下市政设施众多，分布复杂。4 条顶管法隧道为 2 条机动车道、2 条非机动车道，机动车道隧道断面外包尺寸为 10.4 m×7.5 m，节宽为 1.5 m，单节管节重量约为 73 t。非机动车道隧道断面外包尺寸为 6.9 m×4.2 m，节宽为 1.5 m，单节管节重量约为 42 t，如图 2-20 所示。

3) 地下商业街

新疆辰野名品地下商业街位于乌鲁木齐市中心道路下方，商业街长 328 m、宽 19.8 m、高 6 m，顶覆土 4.75 m，采用 20 m×6.2 m 大断面三联体矩形盾构+ECL 工法施工，用现浇钢筋混凝土结构代替传统的预制管片衬砌结构。在盾构尾部壳体内利用钢模板作为支撑系统现浇钢筋混凝土结构，如图 2-21 所示。

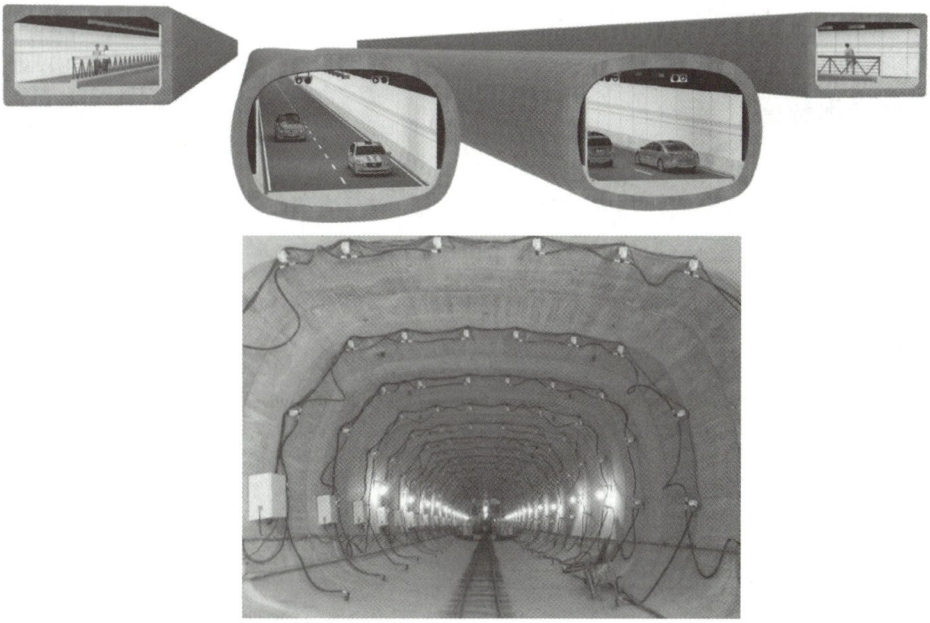

图 2－20　国内最大断面矩形顶管隧道——郑州中州大道下立交*

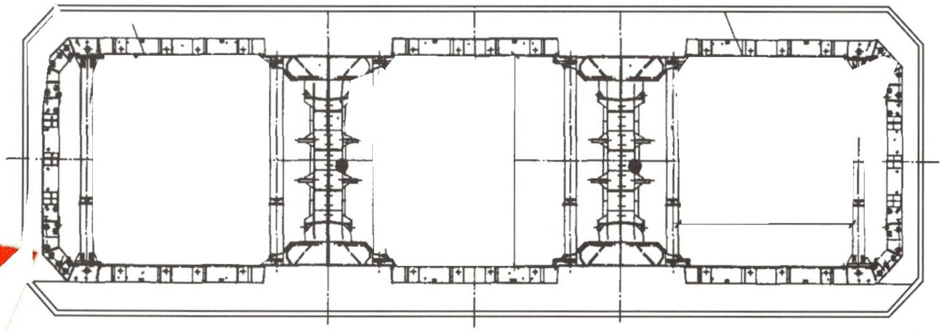

图 2－21　新疆辰野名品地下商业街大断面三联体矩形盾构隧道

4）各类地下管线共同沟等

地下管线埋深要求比较浅，过去多采用开槽埋管或明挖法施工，近年来许多大型电缆专用隧道、污水隧道等由于管径大，在市中心长距离穿行，采用盾构法、顶管法施工的案例越来越多。由于施工设备及工艺的原因，也基本采用圆形断面。作为地下管线隧道来讲，内部设施比较少，采用圆形断面，仅利用了中部空间，下部空间则采用了混凝土填充，上部空间难以利用。矩形断面隧道对于此类地下管线专用隧道或者管线共同沟隧道来讲，是非常合适的。

2.2.5.2　优缺点比较

1）优点

(1) 矩形隧道断面的空间利用率较圆形隧道大，在地下空间受限的情况下优势较明显。

(2) 矩形隧道所需的敷设空间较小,增大隧道与周边建筑物的距离,减小对周边敏感建筑的影响,而且矩形隧道上、下行线一次掘进完成,较单圆单洞隧道减少了二次扰动,对周边环境影响范围小。

(3) 矩形隧道施工对周边环境的影响可以控制在允许范围内。

(4) 矩形隧道开挖断面较同等功能的圆形隧道小,土方量少。

(5) 矩形隧道不仅可应用于一般正线地段,在出入段线、渡线段等配线区间段应用更加凸显其空间利用率高的特点。

2) 缺点

(1) 矩形断面受力比圆形断面不利,特别是断面尺寸大的情况,结构厚度不甚经济,衬砌变形较大,一般适用于道路两车道或轨道交通双线区间。

(2) 由于矩形盾构机盾尾间隙大,隧道上浮空间大;盾构推力、注浆压力对结构影响也较大。成型隧道易产生上浮、变形大等不良现象。

(3) 国内虽然已采用矩形盾构进行区间隧道施工,但总体来说,只是在周边环境特别复杂(主要为两侧建筑物密集)、地下空间受限的情况下才使用,并且只在上海、宁波等软黏土地层地区使用,尚未得到大范围的推广应用。

(4) 矩形盾构与圆形盾构相比,管片扭转后纠偏不易,盾构姿态和隧道轴线控制难度极大。如发生较大偏转后将侵入限界,影响列车运营。

(5) 矩形顶管适用于短距离、直线段隧道,矩形盾构虽然可以掘进较长距离,也可以小半径曲线转弯,但是掘进速度尚不能与圆形隧道相比,因此施工工期相对较长。

(6) 矩形隧道掘进机机械较复杂,衬砌结构厚度较大,综合造价相对较高。

2.3 对接隧道

2.3.1 工法概况

盾构法隧道地中对接有两种情况: ① 2 台盾构分别从两端相向掘进,在地中对接点进行正面对接;② 从侧向将新建隧道接到已建隧道上。正面地中对接方法有两种: 一种是辅助加固对接法,另一种是机械式地中对接法。20 世纪举世瞩目的英法海峡隧道、日本东京湾公路隧道、丹麦斯多贝尔特铁路隧道及我国的广深港高铁狮子洋隧道都采用了辅助加固对接法。本节将主要介绍机械式地中对接工法。

机械式地下直接对接(MSD)工法是对 2 台盾构机作机械、正面接合的工法。MSD 工法所有的作业都在地层中进行,不需要采用辅助工法,不影响地面交通和地下构筑物,地层适应能力较大,如图 2 - 22 所示。

采用 MSD 工法实施对接作业时,2 台盾构机从两侧相向掘进到指定的对接处,缩小 2 台

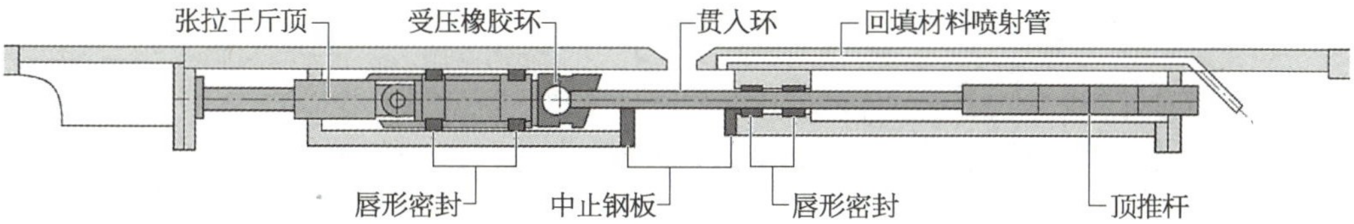

图 2－22　对接示意图

盾构机的切削刀盘直径，将贯入侧盾构机内的钢贯入环插入接受侧盾构机的受压橡胶止水条至贯入室，使 2 台盾构机机械地接合成为一个整体构造。对接作业可大致分为以下三个步骤。

1）盾构刀盘缩小

相向掘进的 2 台盾构机的盾构刀盘在指定地点停止切削转动，以盾构机密闭舱内泥土压力或泥水压力维持对开挖面的作用状态，同时缩小盾构刀盘的外径，如图 2－23 所示。

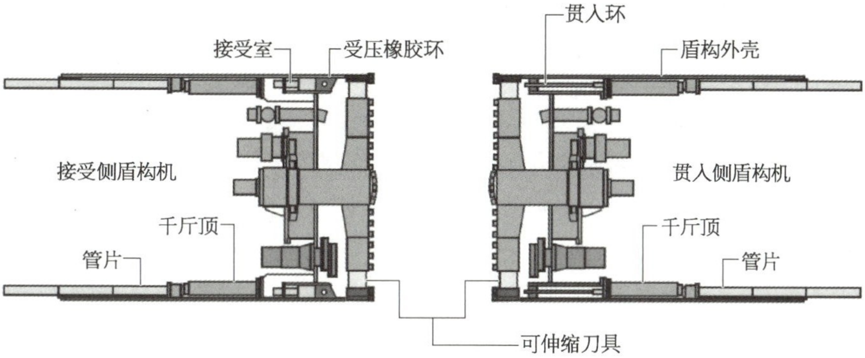

图 2－23　盾构刀盘缩小

2）盾构对接

在盾构刀盘外径缩小后，将贯入侧盾构机的贯入环插入到接受侧盾构机的受压橡胶止水条至贯入室内，进行机械对接，通过贯入环的贯入力和本身的构件强度抵抗水土压力，如图 2－24 所示。

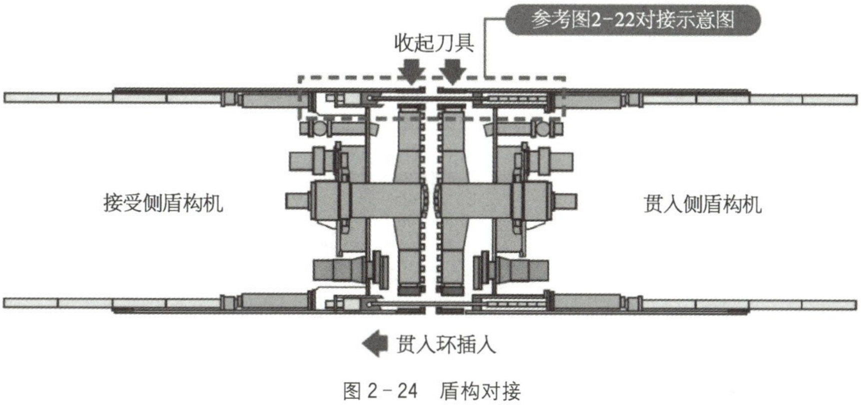

图 2－24　盾构对接

3）闭合作业

在2台盾构机的对接部分，在贯入环内周焊接钢板，使2台盾构机壳体成为整体。最后对盾构内部设备进行解体后，进行二次衬砌或做内部整修，如图2-25所示。

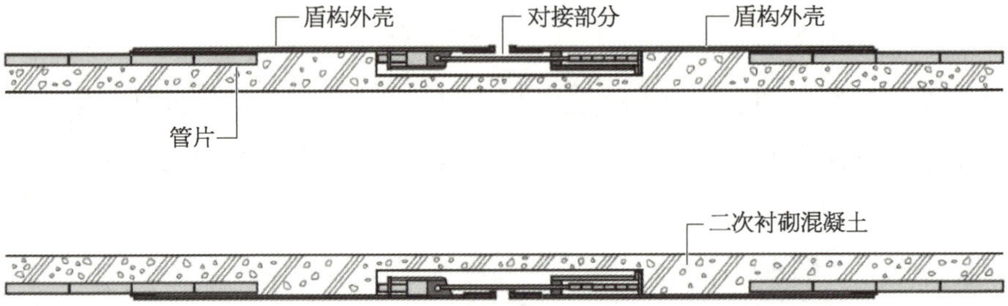

图2-25　闭合作业

2.3.2　掘进机特点

贯入侧盾构机的主要装置是贯入环室，由贯入环、贯入环支承、止水密封、推出千斤顶等组成。贯入环的两个面采用止水密封填塞，成为防止向盾构机内漏水的构造，图2-26所示为其构造简图。

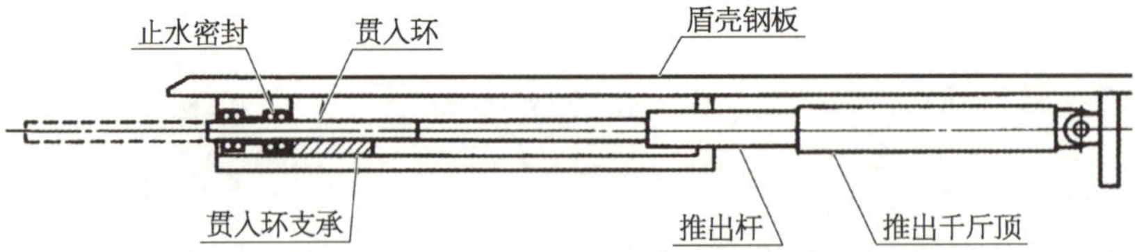

图2-26　贯入环室构造图

接受侧盾构机的主要装置是贯入室，其由受压橡胶环、密封机构、牵引千斤顶所组成。贯入室和贯入环室一样，是防止向盾构机内漏水的构造，其构造简图如图2-27所示。

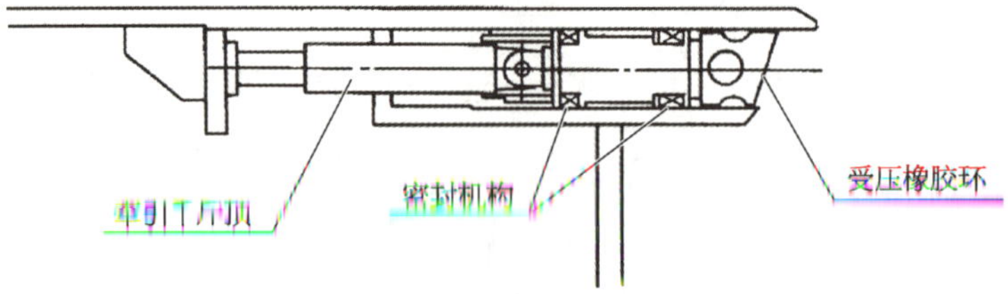

图2-27　贯入室构造图

盾构机作对接时，贯入环通过将伸缩轮辐部分推压出，伸缩轮辐可通过千斤顶实现伸缩，其构造简图如图2-28所示。

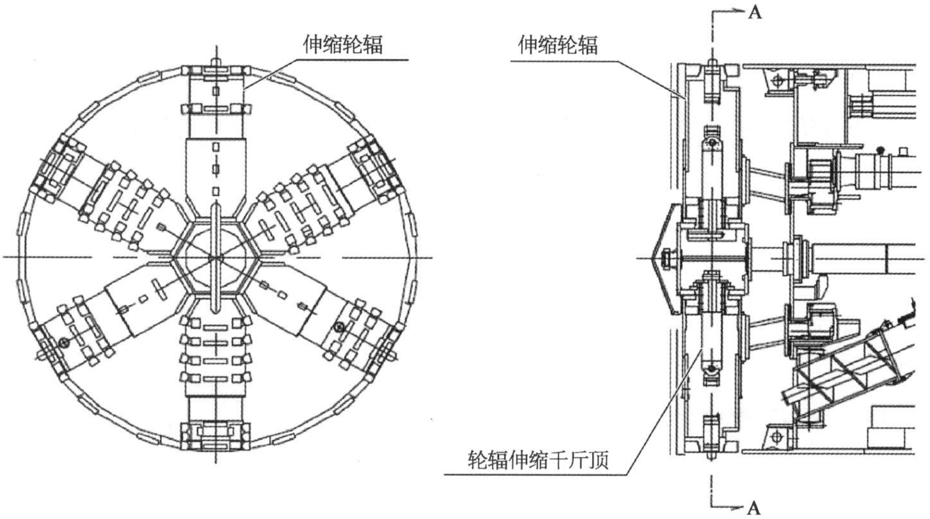

图 2－28　伸缩轮辐构造图

不带有外周环的盾构机,是以具有切削刀盘滑动机构作为标准的。在进行接合时,2 台盾构机的外壳钢板靠地越近越好,以使切削刀盘整体被收纳在盾构机密闭室内的机构,其构造简图如图 2－29 所示。

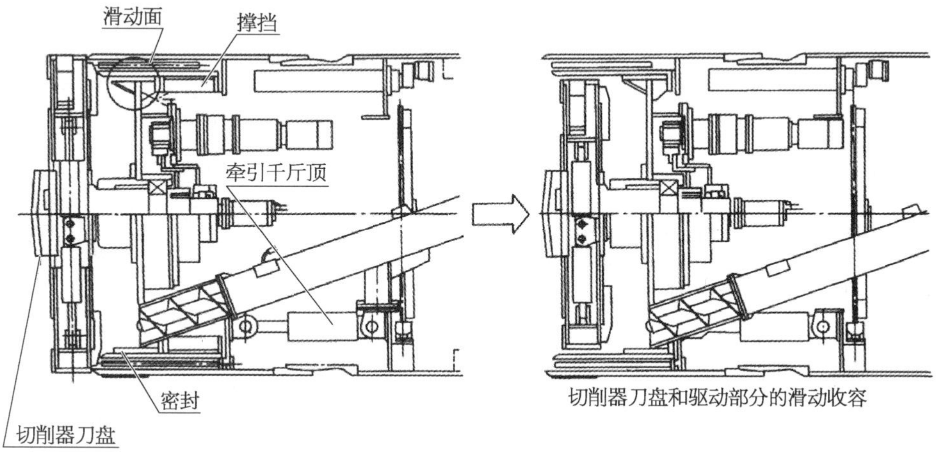

图 2－29　盾构刀盘滑动机构构造图

2.3.3　施工要点

1）可以施工的最小规格盾构机

MSD 盾构机,由于要沿着盾构机外径配置贯入/接收装置,对于小直径规格盾构机而言,往往要受到驱动齿轮直径、马达安装位置、螺旋输送机直径、位置等制约。因此,不受普通性功能制约、可施工的盾构机最小直径标准为:泥水式盾构机 ϕ2 480 mm,土压式盾构机 ϕ2 680 mm。

2）路线线形

MSD盾构机和通常盾构机一样可以进行曲线施工。但施工小半径曲线段时，考虑到中间转弯装置和超挖量，MSD盾构机的机身比通常的盾构机长，因此盾构机选型需要结合隧道线形考虑。

3）MSD工法适用的地层

MSD盾构机原则上适用于冲积黏性土、砂质土、洪积黏性土、砂质土（硬黏土）和掺混有小砾块、中砾块的地层。

2.3.4 适用范围和优缺点

2.3.4.1 适用范围

MSD工法用途广泛，可用于上、下水道工程、电力隧道、铁路隧道、共同沟等；地下接合位置可选择在路面交通量较多、地下管线多的主干道下方，或海底、具有较大覆土位置进行施工。

1992年9月，MSD工法首次成功应用于东京都水道局东南干线，迄今为止日本已有近20项地下工程采用了MSD工法。采用MSD工法的部分工程案例见表2－1。

表2－1 工程案例表

序号	工程名称	工程位置	长度(m)	盾　构	对接处的地质	对接时间
1 2	26号浪速共同沟工程 26号住之江共同沟工程	大阪府 大阪市	2 887 2 830	泥水式 ϕ8.10 m 泥水式 ϕ8.08 m	洪积黏性土、砂质土、砂砾	2003.6
3 4	印旛沾流域下水道管道筑造（101工区） 印旛沾流域下水道管道筑造（301工区）	千叶县船桥市	1 724 2 430	泥水式 ϕ2.69 m	砂质土	2003.4
5	内径1 650 m米利美多引水管布设工程（之2） 内径1 650 m米利美多引水管布设工程（之3）	神奈川县厚木市	2 276 1 963	泥水压力式 ϕ2.63 m	细砂、砂砾	2003.9
6 7	小田井贮留管筑造工程（之2） 小田井贮留管筑造工程（之3）	爱知县名古屋市	2 388 1 620	泥水压力式 ϕ5.24 m	细砂、砂质土、砂砾	2003.2
8 9	町田市小山町2215号—八王子市献沢三段隧道筑造工程 小山给水站—町田市小山町2215号送水管道用竖井和隧道工程	东京都町田市	1 306 1 215	泥水式 ϕ2.48 m	黏性土	2004.5

以新名古屋火力发电厂7号系列煤气导管工程（2、3工区）为例。该工程采用泥水式盾构机施工，海中段施工长度约1.5 km、隧道外径4.10 m、内径3.20 m。盾构段隧道分两个工

区施工，其中 2 工区长 808 m、3 工区长 707 m，在接合点采用 MSD 工法实现海底对接。隧道施工采用 2 台 MSD 盾构机，如图 2－30 和图 2－31 所示。

图 2－30　贯入侧盾构机*

图 2－31　接受侧盾构机*

工程区域位于海域围填区。盾构掘进深度处的土质：3 工区位于第三纪常滑层，2 工区则位于冲积层；而地下接合点位于稳定的第三纪常滑层中。

在地下对接工序之前，要对 2 台盾构机的相对位置作量测。为确保接合精度，须进行水平钻孔。在接合点靠近 20 m 和 3 m 处的进行 2 次贯通水平钻孔。在靠近 20 m 处进行第 1 次钻孔，确认其误差、决定修正掘进量；在靠近 3 m 处进行第 2 次钻孔，目的是最终确认对接点。测量结果表明 2 台盾构机的相对偏移在 30 mm 左右。

对接作业中的主要工序是连结销的切削、盾构刀盘轮辐的缩小和贯入环的贯入。

1）切削连结销

连结销是盾构刀盘外周环和盾构刀盘轮辐连结的销子。施工时采用岩芯钻机从盾构机内朝外切削连结销。在 4 根轮辐中，每根有 2 枚销子，总共要切削掉 8 枚。

2）缩小盾构刀盘轮辐

为了确保贯入环的通过空间，用内藏的千斤顶缩小盾构刀盘轮辐。4 根盾构刀盘滑动轮辐千斤顶，通过油量计的钢索控制轮辐回缩量。

3）顶进贯入环

一方面，使用千斤顶将贯入环向着接受侧推进。另一方面，接受侧盾构机的受压橡胶材料，由贯入前伸出 100 mm 回缩至 50 mm。受压千斤顶的冲程变为 0 mm 后，贯入千斤顶的压力上升到指定值，贯入工序完成。

4）确认止水后，打开密闭舱

将贯入环以 14 MPa 的压力贯入到受压橡胶体上，形成承受 0.6 MPa 水压力状态。其后，进行密闭舱内的排水，在确认达到止水效果后，打开密闭舱门。密闭舱打开时的漏水量在 100 mL/min 左右，不久便几乎不漏水了。

5）对接作业的天数

从到达对接地点开始，至压入贯入环，确认达到止水效果，包括休息天数在内共为 10 d。

2.3.4.2 优缺点分析

1）优点

(1) 不受地面上条件的限制，可以自由地选择接合的地点。

(2) 无须采用地基加固或降低水位的辅助工法。

(3) 作为接合工序，地面上没有配合性作业，也就不妨碍地面交通，对居民环境无影响。

(4) 可适用于广大范围的土质地层中。

(5) 由于以钢制圆环直接支承地层的土压力、水压力，施工方法安全、可靠。

(6) 接合时，对地面上和地层中已有的构筑物，没有影响。

(7) 接合作业可在短期内完成，由此可减少整个掘进工期。

(8) 钢制的贯入环可以作为隧道构造的一部分。

(9) 可以适用在泥水式或者土压式任意一种盾构机工法。

2）缺点

MSD 工法作为可靠的机械方式地下接合的工法已得到了广泛的验证。在迎接盾构机长距离化时代，需要提高地下接合盾构机装置的耐磨性、耐久性。

2.4 合体、分离隧道

2.4.1 工法概况

城市中构筑物密集，为了有效利用地下空间，日本在 1989 年研发了 H&V 盾构工法，拟通过合理的断面形状、分岔、自由的线形（螺旋形）等在城市地下空间中建设高自由度的隧道。

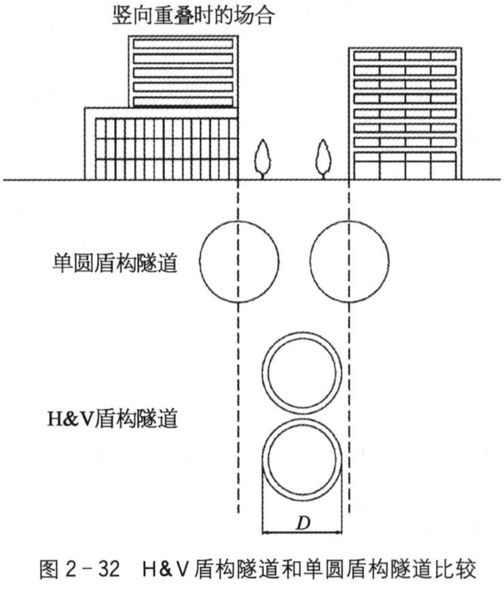

图 2-32 H&V 盾构隧道和单圆盾构隧道比较

H&V (horizontal variation & vertical variation) 盾构工法通过使用特殊铰接机构，能够将二联型、三联型和大小不同的圆形断面在竖向和横向叠合，从而构筑起具有单圆以外的多样化断面的隧道；同时，通过盾构机分离，从双圆形隧道分岔成单圆形断面隧道；还能够将 2 条超邻接隧道，从竖向至横向，或者从横向至竖向，扭转成螺旋形，如图 2-32 和图 2-33 所示。

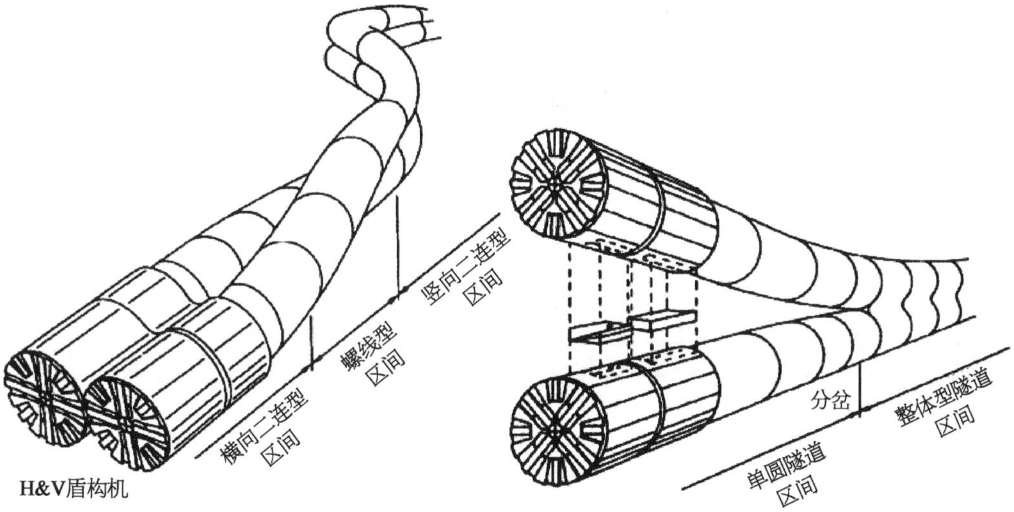

图 2－33　螺旋形隧道和分岔隧道的构筑

2.4.2　隧道衬砌结构设计要点

H&V 盾构工法使用的管片，分为传统圆形隧道所采用的分离型管片和整体型管片两种类型。

分离型管片能够建造超邻近的隧道，可以从二联圆形断面隧道向着单圆断面隧道做分岔，能通过标准管片和楔形管片组合构筑螺旋形隧道。分离型管片使用传统的圆形结构，由 A 型、B 型、K 型管片构成，如图 2－34 所示。

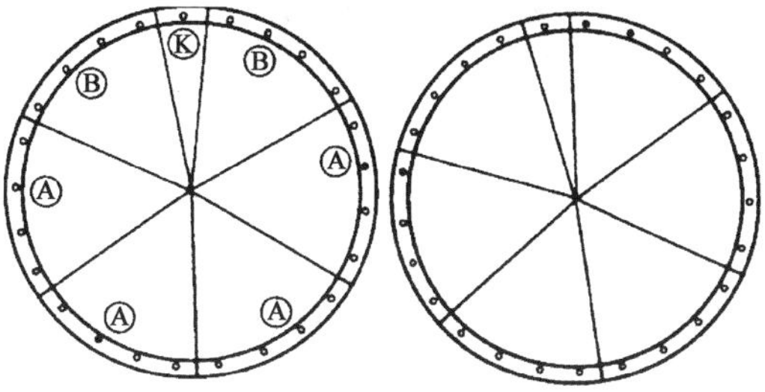

图 2－34　分离型隧道管片（二联型）

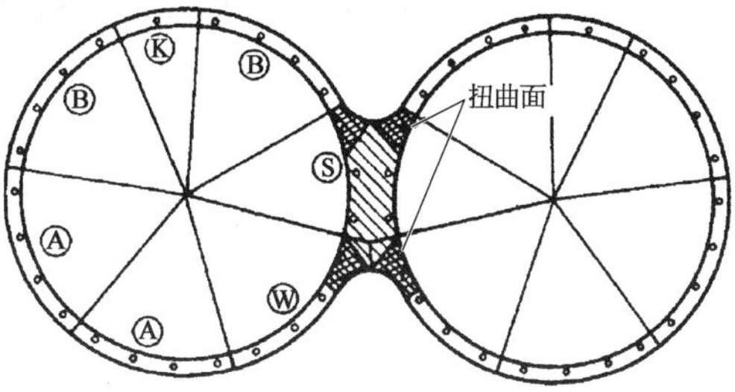

图 2－35　整体型隧道管片（二联型）

整体型管片可用于合体隧道、螺旋形隧道区段，也可以用于隧道之间的联络通道等结构。

整体型管片由 W 型、S 型、A 型、B 型、K 型分块组成。在螺旋形区段，隧道中心轴不平行，环间连接方向是各自不同的方向。由此，在中央部分的接合部（W 型、S 型管片）需要作扭曲加工，如图 2－35～图 2－37 所示。

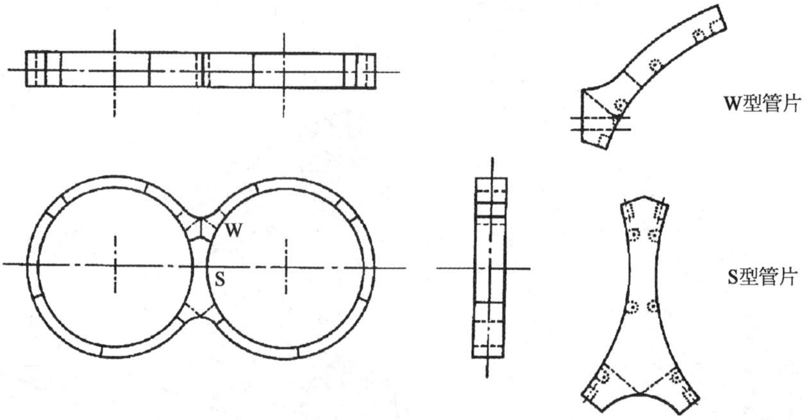

图 2-36　整体型隧道管片(二联型)构造图

图 2-37　整体型隧道管片现场照片*

2.4.3　工法应用

根据 H&V 盾构工法的特征,可以施工以下隧道。

1) 超邻近隧道

使用单圆盾构机施工超邻近隧道时,需充分考虑后建隧道对先建隧道的不利影响。而对于 H&V 盾构工法,消除了 2 台单圆盾构机作同时掘进时所存在的问题,可以实现邻近和超邻近隧道施工。

2002—2005 年建设完成的吉见净水厂引水隧道工程,长约 2 564 m,采用横向二联型分离式盾构机(ϕ2 090 mm×2 联型)施工。隧道覆土 9～18 m,两条隧道中间间隔仅为 190 mm,如图 2-38～图 2-40 所示。

图 2－38　盾构机照片*

图 2－39　隧道施工现场*

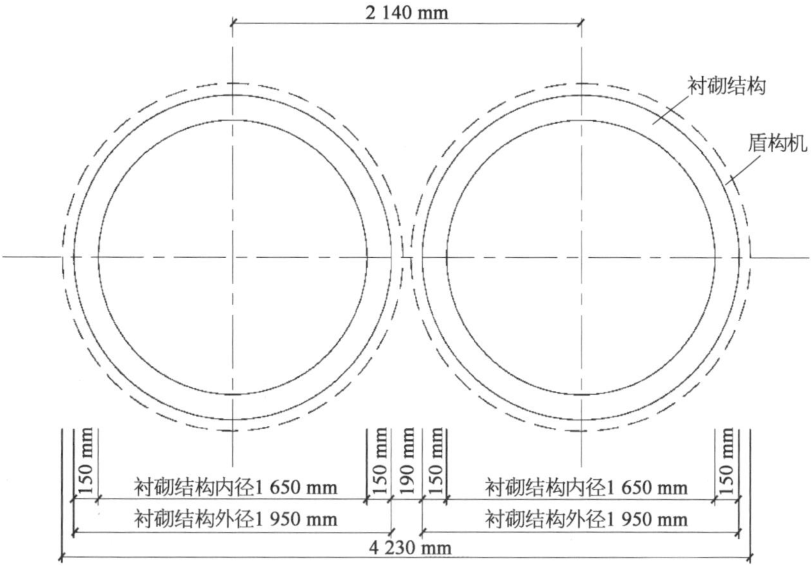

图 2－40　超邻近隧道断面(吉见净水厂引水隧道工程)

2）分岔隧道

对于1999—2000年建成的南台干线工程来说，由于采用了H&V盾构工法而省去了分岔工作井。工程主线隧道长728 m，覆土15～24 m；支线隧道923 m，覆土18～27 m。工程概念图如图2-41所示。

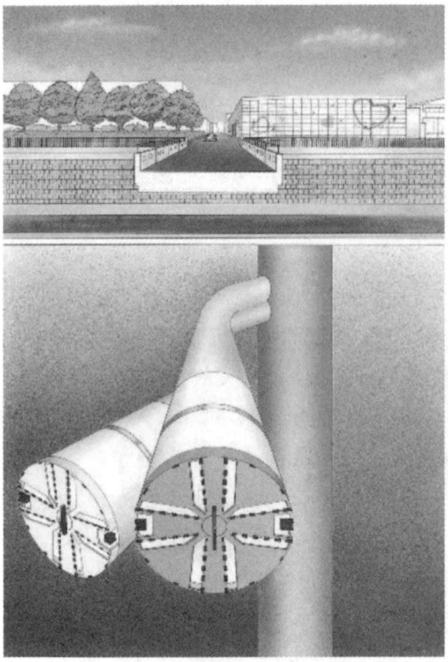

图2-41　工程概念图*

图2-42　盾构机照片*

竖向二联型盾构机(图2-42)从始发工作井开始掘进约150 m之后，在分岔点处分成主线(完工后内径 ϕ2 400 mm)和支线(完工后内径 ϕ2 200 mm)，分别施工了574 m、769 m。在竖向二联型状态下还进行了 R=15 m小半径曲线段的施工。

3）螺旋形隧道

H&V盾构工法的特征是通过交错连接机构和用于辅助此机构的螺旋千斤顶，提供盾构机的旋转力，并且使用仿形切削器掘削旋转方向的地层土，就可以构筑成螺旋形隧道。

2016年6月，立会川干线雨水放流管2期工程开始建设。该工程全长1 512 m、覆土11.4～23.7 m，拟建成2条内径5 000 mm的雨水隧道。

由于工程邻近品川综合管廊等诸多重要地下构筑物，纵断面上需要与胜岛运河护岸基础桩保持最小1.5 m的间距；同时，工程下游670 m的樱桥附近S形弯两侧为私有土地，也必须确保一定间距。

基于以上纵断面和平面两方面的条件，立会川雨水隧道可施工规模受到限制。最终，决定采用H&V横纵螺旋式掘进、双圆铰接式泥水式盾构，并实施螺旋掘进的方式，克服隧道线型上的局限。

2.5　暗挖 MMST 工法及工程应用

2.5.1　工法概况

MMST(multi-mico shield tunnel)工法是通过多台小断面矩形微型盾构机,预先掘削主体隧道的外壳部位(外围的围护部位),逐次形成由钢壳、钢筋混凝土复合成的单体隧道,然后把它们相互连接起来,围合成地下主体结构的外壳(相当于主体结构外围的封闭围护结构),再在其内暗挖土砂,构筑所需大断面隧道主体结构的方法,工法概要及施工步骤如图 2 - 43 和图 2 - 44 所示。

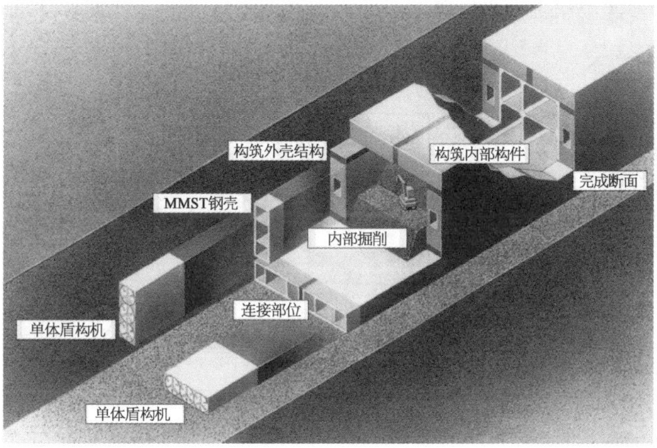

图 2 - 43　MMST 工法概要

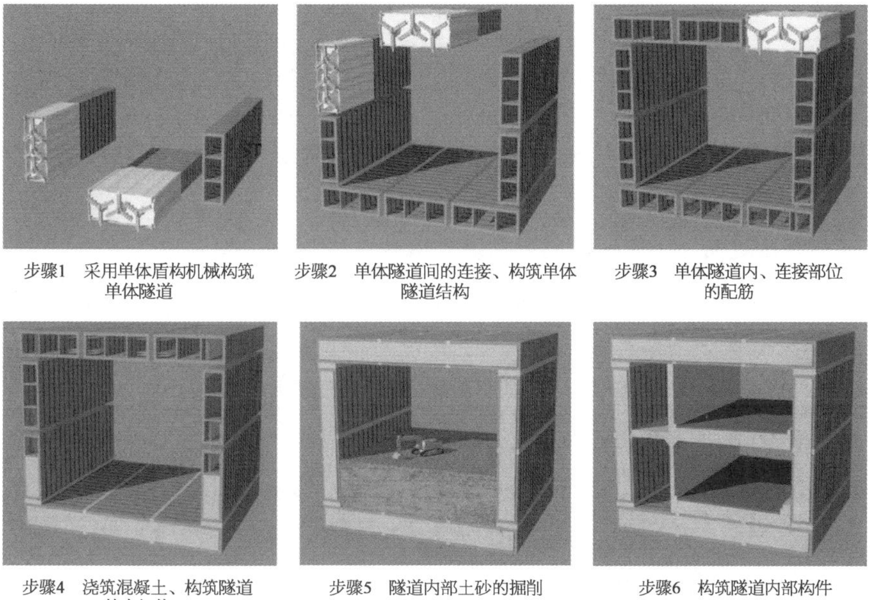

图 2 - 44　MMST 工法施工顺序

2.5.2 工法特征

本工法与明挖法和传统盾构法相比具有以下特征，如图 2－45 所示：

(1) 与明挖法相比，本工法不需要从地面进行支护结构施工，可减少对地面交通的影响，地下管线迁改量也大幅减小。

(2) 隧道掘进机断面较小，工作井规模也相应减少，可适应覆土厚度较小的区段。

(3) 通过调整小断面盾构间连接部分的间距，就可以增大或缩小隧道断面。

(4) 内部土体采用挖掘机挖掘，可以大大减少废弃泥浆量。

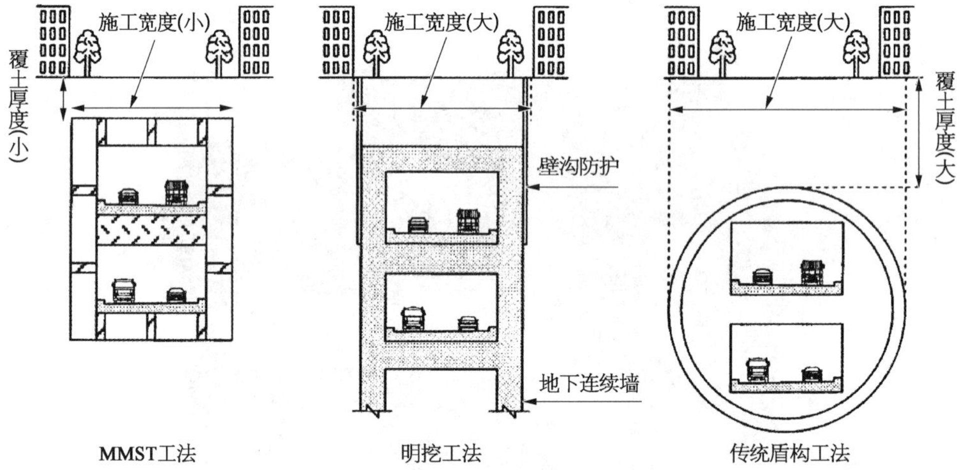

图 2－45　MMST 工法和传统工法比较

2.5.3 工程实例

由日本首都高速道路公团承担的“纵贯高速川崎线”的隧道区间中，经对施工条件、用地可能、环境影响评估后，对无法采用明挖法或通常非明挖工法的大师隧道区间采用了 MMST 工法。

1) 大师隧道概况

日本高速神奈川 6 号川崎线大师隧道建于靠近川崎大师的大师河原。高速川崎纵贯线的施工需确保宽 25 m 的 409 号国道的交通，因此不能使用以往的明挖法，且工程断面为上下两层布置，埋深也较浅，因而很难使用常规的圆形盾构机进行施工。故从高速川崎纵贯线的大师立交枢纽到殿町的 540 m 区间采用了 MMST 工法。

大师隧道受用地宽度(最小宽幅 29 m)、浅覆土(最小覆土 4.8 m)和道路线形等多种条件的制约，通过 MMST 施工法的开发使用，成功构筑了内净最大高度约 18 m、最大宽幅约 23 m 的矩形大断面隧道，如图 2－46 所示。

隧道断面面积 594～671 m^2，隧道内掘削断面面积 353～413 m^2；覆土厚度 4.8～12.6 m；

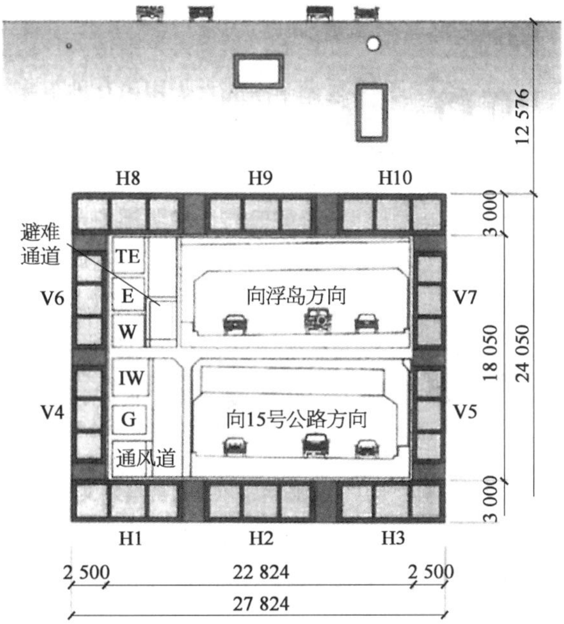

图 2-46　隧道断面图(单位: mm)

平面线形: $R=280\sim\infty$ m,纵断面线形: $R=700\sim\infty$ m。工程于 2010 年建成。

2) 盾构机械

在正线工程中为满足矩形单体盾构施工之需,制作了竖向型盾构和横向型盾构各 2 台,如图 2-47 和图 2-48 所示。盾构盾尾空隙为 45 mm,采用壁后同步注浆。

图 2-47　横向型盾构掘削机

图 2-48　竖向性盾构掘削机

横向型盾构机由前机体、中机体、后机体所组成,竖向型盾构机由前机体上部、下部和后机体部分组成,装备有各种姿态控制装置。

3) 钢壳设计

单体隧道采用钢壳结构,如图 2-49 所示。1 环钢壳的宽度为 1.2 m,由 3 根主梁、纵肋

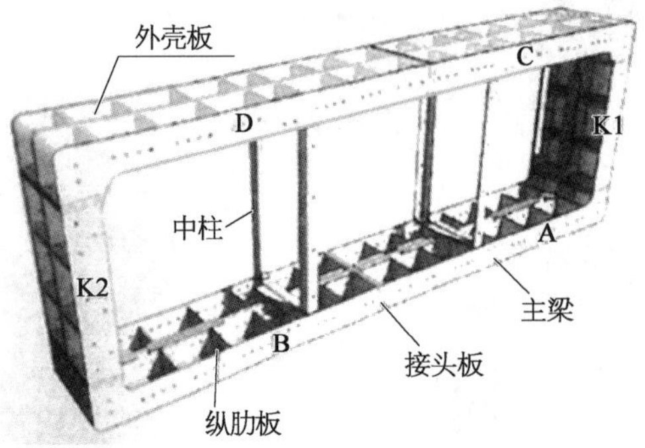

图 2-49 钢壳结构(卧式)

板、面板及中柱组成,有卧式(高 3.0 m×横向宽 8.2 m)及立式(高 8.2 m×横向宽 2.5 m)两种矩形断面。1 环钢壳分割成 6 块,为了尽量减少接头数量、提高混凝土的充填性,纵肋板配置间隔进行了加宽设定。外壳结构顶板、底板厚 3.0 m、侧墙厚 2.5 m。

4) 外壳构筑

掘削邻近钢壳之间的连接段时,先对连接段周边的止水辅助注浆进行地基改良,到达土体的稳定。随后,拆除部分钢壳端部的钢板,并进行连接段内部土砂的掘削(总掘削土砂量 13 000 m^3)、配筋(异形钢筋 D41 mm×4 根~D51 mm×6 根),并采用环氧树脂充填。钢壳内则完全充填密实的混凝土。由于顶板、底板及拐角部位无法捣实,故使用了充填性较好的高流动性混凝土。除此以外的侧墙部位使用高性能 AE 减水剂混凝土。

5) 壳内开挖及隧道主体结构构筑

采用一般的掘削机械进行内部空间的土方开挖。由于大师隧道是由上下 2 层结构向左右并列的结构过渡,故道路的纵横断面线形及断面形状发生了复杂的变化。主结构中采用钢制梁、立柱及半预制的结构,确保坑内作业空间及施工用通道,并能展开数个工作面同时施工。

2.6 局部扩大隧道

2.6.1 工法概况

所谓局部扩大盾构法就是在隧道的任意位置对局部断面进行扩大的一种施工方法,如图 2-50 所示。其施工原理如下:

(1) 正常段施工:首先进行等断面正常段隧道的施工,在局部断面扩大部分设置特殊管片,在正常段和特殊段管片之间同时设置导向环。

(2) 圆周盾构反力支墩施工:拆除特殊段下部的预制扇形衬砌块,设置围护结构后进行土体开挖,必要时可对局部土体进行加固,浇注圆周盾构掘进时的反力支墩。

(3) 扩大部盾构的反力承台制作:在扩大部基础内的导向环上安装圆周盾构后,边掘进边拼装圆周管片,最后形成扩大部盾构的反力承台(始发基地)。

(4) 扩大部盾构安装和掘进:在始发基地内安装扩大部盾构,进行扩大部隧道的开挖。

根据隧道扩大段的长度可以选择如下三种方法中的一种进行施工。

第一种:圆周盾构机结合扩大盾构机施工。

第二种:圆周盾构机结合断面扩大开挖施工。

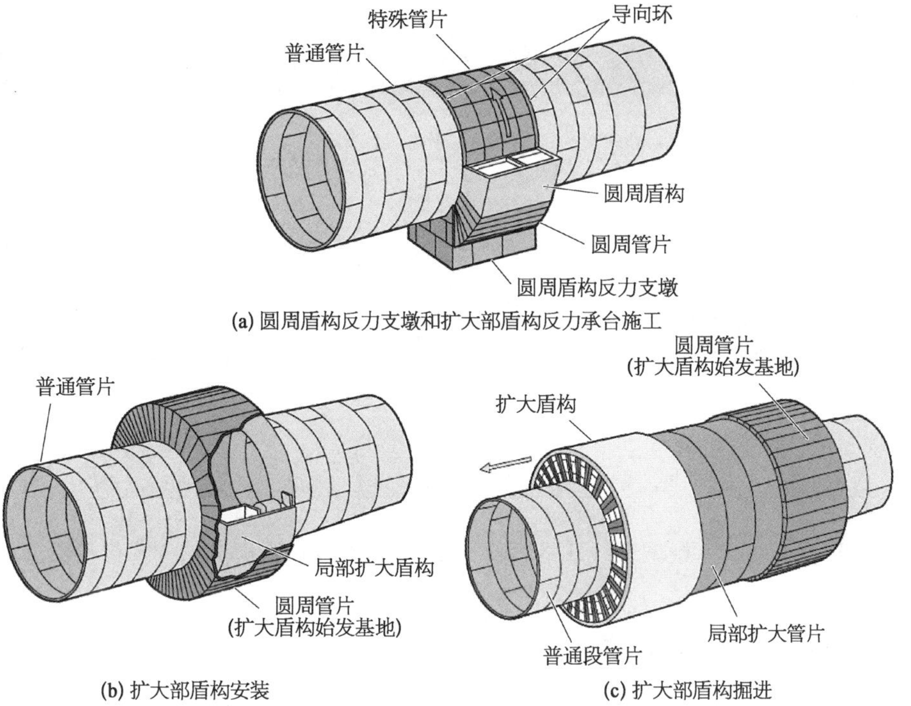

图 2 - 50　土压平衡盾构法施工原理示意图

第三种：仅使用圆周盾构机。

2.6.2　施工要点

(1) 应尽可能缩短盾构机长以缩小始发基地的规模。

(2) 应合理划分开挖面作业空间，一般需确保 30 cm 以上的最小开挖空间，以提高盾构开挖作业效率。

(3) 应配备效率较高的原有特殊管片拆卸装置和扩大断面管片组装设备，从而提高施工效率，保证施工安全。因为在拆除原有管片修建扩大断面盾构始发基地时，将导致原有隧道的结构作用荷载和应力发生改变，所以除需在原有隧道开孔部及其附近加固隧道外，还需通过监测掌握衬砌应力，以监测数据指导施工。

2.6.3　适用范围和工法特点

2.6.3.1　适用范围

局部扩大盾构法可运用于各种地下工程的扩大开挖，从施工实例看，工程扩大段断面均比较小，见表 2 - 2。

表 2-2　施工实例一览表

工程序号	隧道外径(m)		扩大段施工延长(m)	用　途
	普通段	扩大段		
1	6.60	7.80	24.10	电力线人孔
2	2.00	3.15	6.55	电力线人孔
3	6.60	9.20	29.50	共同沟分岔段
4	2.00	3.15	2.62	管路合流段
5	1.90	3.90	8.50	电力线人孔
6	1.95	3.90	8.50	电力线人孔
7	2.75	3.90	25.35	电缆连接段
8	6.00	8.71	11.25	输水隧道合流段
9	4.65	7.2	40.50	共同沟分岔段

2017 年开通的日本横滨环线道路北段工程中，采用圆周盾构机结合管幕工法施工隧道匝道，扩大段断面最大面积达到 125 m^2，接近于盾构主隧道。

1）横滨环线道路北段工程概况

日本横滨环线道路北段工程长 8.2 km，连接 Keihin 三路 Kohoku 立交和横滨—羽田机场线的 Namamugi 交通枢纽。在北段工程中，70％的线路采用盾构法施工。两管平行隧道长 5.5 km，且大多位于私人用地下方，其间共设置了 4 个分合流区段。工程概要见表 2-3。分合流区地下拓宽段简图如图 2-51 所示。

表 2-3　工程概要

项　目		性　能　参　数
工程名称		横滨环状北线盾构隧道工程
盾构隧道全长		约 5.5 km
盾构机		外径 12 490 mm、泥水平衡盾构
管片外径		12 300 mm
管片类型	盾构区间	钢筋混凝土管片：宽 2 000 mm、厚 400 mm 钢管片：宽 2 000 mm、1 500 mm、1 200 mm、1 000 mm；厚 400 mm
	扩大区段	复合(钢筋混凝土＋合成＋钢制)管片：宽 2 000 mm、厚 400 mm 钢管片：宽 2 000 mm、厚 400 mm
扩大区段长度		(内环)A 匝道：约 205 m；B 匝道：约 157 m (外环)C 匝道：约 212 m；D 匝道：约 149 m

2）工程地质

隧道的覆土深度为 16～56 m。隧道主要穿越土层为泥岩(Km)、砂质泥岩(Kms)、砂和

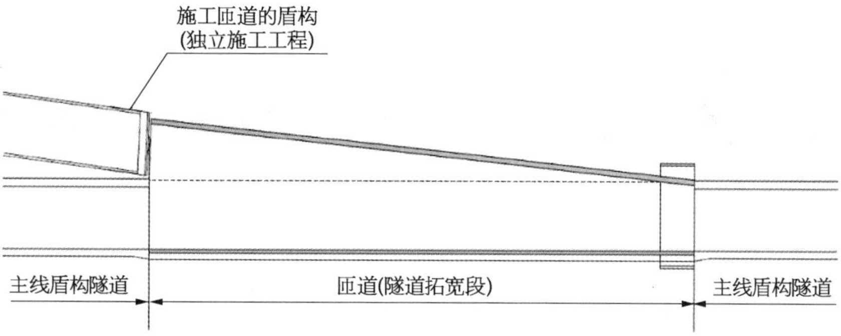

图 2-51　地下扩大段简图

砂岩(Ks),这些地层的 N 值均大于或等于 50。泥岩和砂质泥岩的单轴抗压强度大于等于 1 000 kN/m²。以上均为硬土层。靠近 Tsurumi 河和 1 号国道处,隧道顶部冲积层的 N 值约等于 3。砂岩(Ks)层的承压水最大水压力为 0.5 MPa,渗透系数 1×10^{-3} cm/s。

盾构隧道上、下行线在 Kohoku、Namamugi 两地各设置 2 个分合流区段。Kohoku 处覆土深度为 32～54 m;Namamugi 处覆土深度为 28～43 m。需开挖的土体为硬土,主要是泥岩(Km)、砂质泥岩(Kms)、砂和砂岩(Ks)。砂岩(Ks)层的承压水最大水压力为 0.5 MPa。Namamugi 侧砂岩(Ks)层的水压与 Iriegawa 冲积层连通。如果降低砂岩(Ks)层的孔隙水压力可能会导致 Iriegawa 冲积层发生沉降。

3) 分合流段工程结构

由于分合流区段位于私人土地下方,故从地面开挖不可行,只能采取在盾构隧道内部进行开挖拓宽的方法。分合流段结构一般会采用衬砌环作为一部分框架的做法,如图 2-52 所示。这种结构断面最大的优点是开挖量小。但是,在衬砌环与矩形框架连接部位,结构受力和防水复杂。衬砌环局部位置会发生应力集中,受力以弯矩为主,因此需要加大构件的厚度。由于本工程位于私人土地下方且地下水压力为 0.5 MPa,故本工程衬砌结构设计中,基本原则是要求结构耐久、防水可靠。因此,本工程采用了椭圆形断面(图 2-53),这样就能避免发生应力集中,受力以轴力为主。如果框架厚 800 mm,框架顶部变形也能控制在 17 mm。而

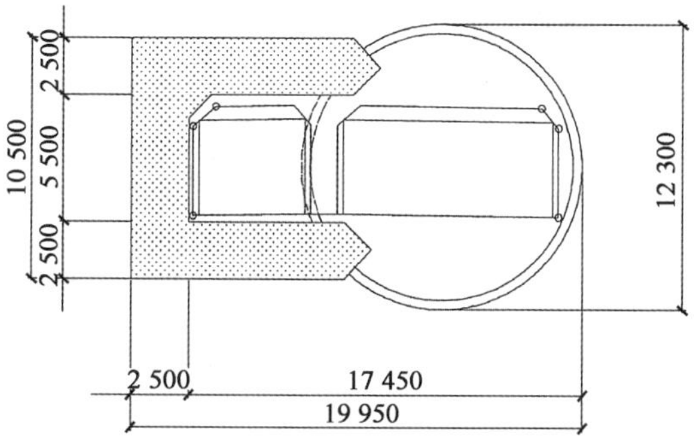

图 2-52　分合流段的传统结构(单位: mm)

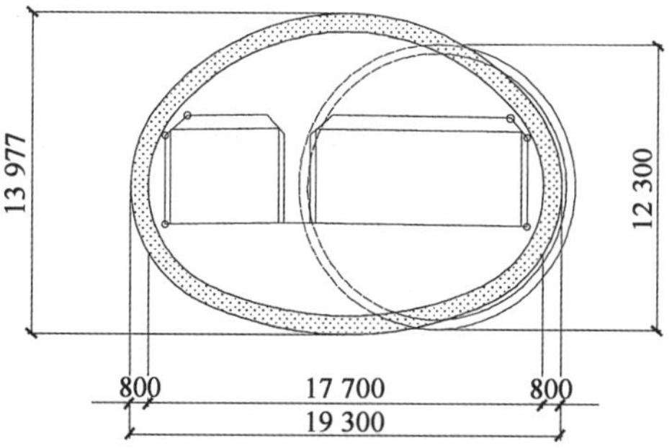

图 2-53　本工程分合流段结构(单位: mm)

在图 2-52 对应的传统结构中，即使框架厚度达到 2 500 mm，框架顶部变形仍将达到 36 mm。

4）分合流段施工

在隧道内部开挖可以采取新奥法，但是为了控制土体变形、地下水位下降，需要采用更为安全、可靠的施工方法。具体的施工对策是：

(1) 通过增加土体支撑材料的刚性来控制土体变形，从而减少隧道变形；施工过程中在土体围护施工前，减少地面应力释放。

(2) 不完全依赖地基改良来确保防水，若发生渗漏情况尽早采取措施。分合流段的施工步骤，如图 2-54 所示。通过计算分析，隧道拱顶处土体变形可减小至 10 mm。

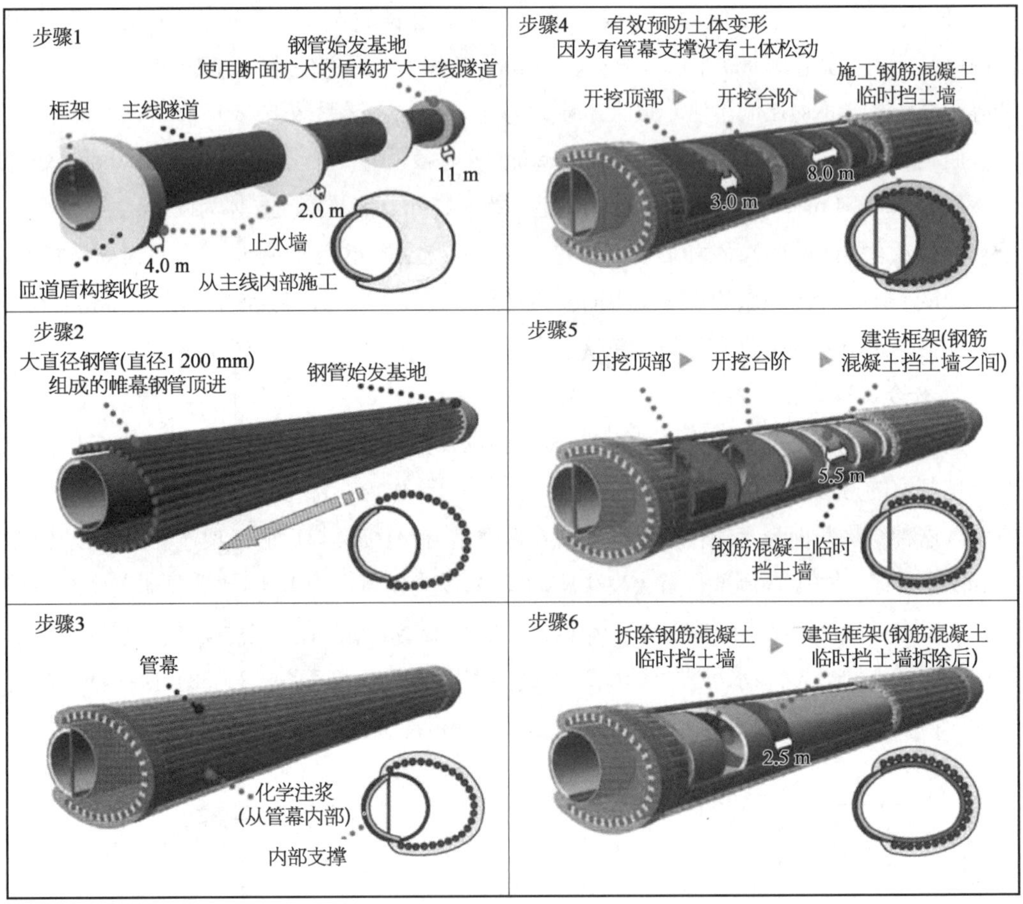

图 2-54　施工步骤图

如图 2-54 中步骤 1 所示，地下扩大段开始部分采用局部扩大盾构机(圆周盾构机，见图 2-55)施工，挖掘主线隧道外周，以此作为管幕施工顶管始发基地。在主线盾构隧道下方修建圆周盾构反力支墩，然后在其中组装圆周盾构机，在主线隧道外围进行圆周式挖掘。在圆周盾构机进行施工的部分，事先进行化学注浆保证防水性。

图 2 - 55　盾构机照片*

圆周盾构机每一片圆周为 10°，由 36 片组成一圆环，在反力支墩内一环一环拼接，一边控制方向一边用推进千斤顶推进。圆周盾构从始发到到达的施工概要如图 2 - 56 所示，到达情况如图 2 - 57 所示。

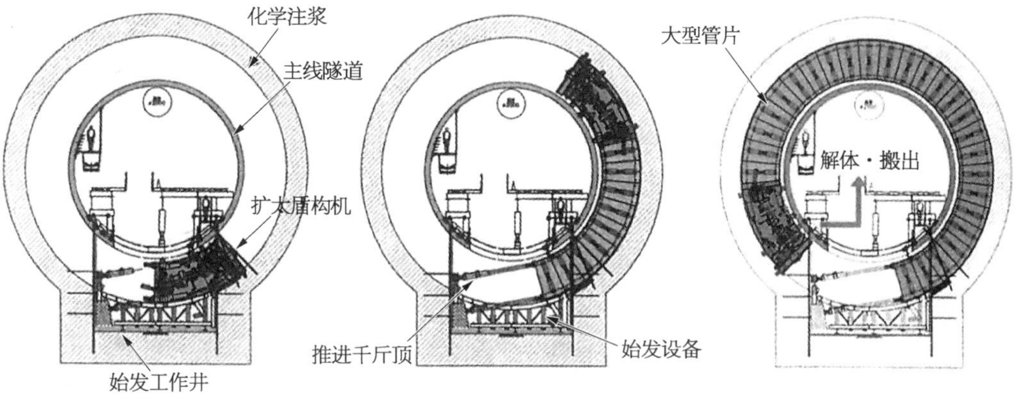

图 2 - 56　圆周盾构机施工概要图

以圆周盾构机挖掘完成的空间作为管幕施工顶管始发基地，用大直径管幕(27 根 ϕ1 200 mm)进行施工。从顶管内对管幕之间的土体进行化学注浆，主线盾构隧道、形成管幕的顶管内、管幕之间加固后的土体，以及加固后的地下扩大尾部和止水墙构成防水区域。

防水区域完成后，进行宽度 4 m 的扩大挖掘施工。在扩大挖掘部分采用钢筋混凝土管片，在确保必要的强度后对下一个区域进行挖掘。

图 2-57　管片拼装*

2.6.3.2　工法特点

局部扩大盾构法具有以下特点：

(1) 可根据用途在任何位置以任意长度对隧道进行局部扩大。

(2) 局部扩大后的断面形状仍然是圆形,故其力学性能可以保持圆形断面的良好特性。

(3) 也可进行左右和上下全方位偏心局部扩大。

(4) 与开挖式施工法相比,工程费用和工期都可以在一定程度上减少。

(5) 无须设置施工场地和工作井,对周边环境的影响小。

第3章

上海地铁8号线双圆区间隧道工程

我国的城市轨道交通工程大都采用圆形盾构工法施工区间隧道，在道路狭窄、建筑林立的城市中心区，一般会碰到两条单圆隧道敷设宽度不够的问题。本章主要介绍在上海地铁8号线工程中，通过对日本DOT技术的引进和技术再创新，在地铁车站、环控系统、双圆盾构施工技术等方面取得的专有技术。

3.1 工程概况

3.1.1 问题的提出

随着经济的发展，我国需要修建轨道交通的城市已越来越多。目前，我国已有二十多个城市正在兴建地铁和轻轨，地铁和轻轨建设的高潮正在到来。上海市已决定将发展轨道交通作为解决城市交通的一个重要战略举措，截至2018年底，已建成总长超过660 km的轨道交通路网。为了高质量、高标准地修建轨道交通，其中重要的一条就是坚持技术进步和科技创新，要解放思想，不因循守旧，要寻找突破口，不失时机地、稳妥地开发应用一些重大的、先进的、经济效益和社会效益俱佳的新技术、新设备、新工艺和新材料。在上海地铁8号线的方案研究中，根据线路选线和控制土建规模的要求，上海市隧道工程轨道交通设计研究院率先提出了在开鲁路站—黄兴绿地站的三段盾构法区间采用双圆盾构法施工。这是国内首次研发应用双圆盾构隧道技术，标志着我国在盾构法隧道领域从传统的单圆隧道向多圆盾构隧道的迈进。

3.1.2 双圆盾构隧道发展历史

世界上第一台双圆盾构(DOT)，于1990年由日本石川岛播磨和日立建机联合制造，首次应用于广岛的新交通系统。经过十多年的发展，双圆盾构的设计、制造技术日益完善，在日本已先后建造了11台双圆盾构、6条双圆隧道轨道交通线，见表3-1。

表 3-1 日本双圆盾构法工程一览表

发包方	工程名称	盾构形式	盾构外径(m)	隧道长度(m)	覆土厚(m)	地 质	建造时间
东日本旅客铁道	京叶线京桥隧道	泥水式	7.43×12.19	619	23.0～26.5	砂层、黏性土	1988
建设省广岛国道工事事务所	广岛新交通系统鲤城隧道	土压式	6.09×10.69	850	5.0～8.3	硬黏土、黏土、砂	1989—1994
日本下水道事业团	习志野市菊田川2号干线管渠3号标	土压式	4.45×7.65	585	2.2～9.0	细砂、黏性土、腐殖土	1990—1994
东京临海副都心建设	有明北地区供给管共同沟1号标	土压式	9.36×15.86	249	13.5～17.5	黏性土、砂砾土	1990—1995
神户交通局	神户地铁海岸线	土压式	5.48×9.76	303.5	11.1～15.7	黏性土、砂砾土	1995—1999
名古屋市交通局	地铁4号线	土压式	6.52×11.12	6 636.8,共7段区间	9.3～32.3	黏性土、砂砾土	1999—2003

3.1.3 双圆盾构隧道特点

双圆盾构由两个圆形(相割)联体盾构组成,对地铁区间隧道而言,从空间开发、施工及造价方面考虑,在同样敷设双线轨道的前提下,双圆盾构隧道与一条大型单圆隧道或两条单圆隧道相比,具有以下特点:

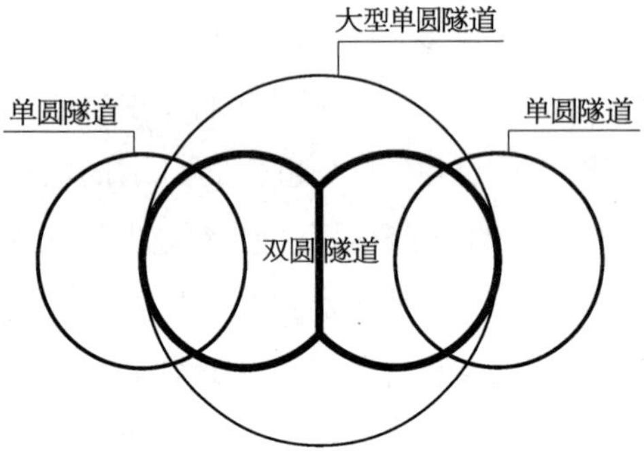

图 3-1 横断面比较图

(1) 双圆隧道开挖横断面积最小,如图 3-1 所示,可最大幅度地减小土体开挖量。

(2) 双圆区间隧道宽度仅为 10.9 m,可在狭窄的地下空间走廊内穿越,且区间隧道沿线地面道路规划红线控制宽度大大缩小,有利于城市用地的合理安排。

(3) 双圆盾构隧道的开挖面可以左右或上下任意安排,工作环境适应性极强,为线路的选线提供了多种可行的实施方案,使线路定线自由度增加,有利于获得最佳线路方案。

(4) 两条区间隧道合二为一,有利于提高抗震、救灾能力。同时区间隧道连接通道能方便地形成,避免了传统连接通道的施工风险,且使用更为便捷、安全。

(5) 从经济方面,由于双圆盾构隧道集其他两种隧道形式的优点于一身,可减小区间隧道和相邻车站的工程量。

因此,开发应用双圆隧道技术具有重要意义,是我国地铁建设所迫切需要的。

3.2　双圆隧道衬砌结构

3.2.1　衬砌结构选型

双圆隧道内径的确定主要取决于地下铁道的限界(包括车辆限界、设备限界、受电弓限界、建筑限界),同时还要考虑施工误差、测量误差、线路拟合误差、不均匀沉降等因素。双圆区间隧道的建筑限界由 2 个 ϕ5 200 mm 相交的圆组成,线间距为 4 600 mm。根据建筑限界,同时根据可能采用的盾构机形式,设计有两种衬砌结构方案。

(1) 方案一: 双圆隧道衬砌的横径为 9 800 mm、纵径为 6 200 mm。环间采用错缝拼装方式。为了减少对管片有效高度的削弱,环与环、块与块间均采用弯螺栓连接。

(2) 方案二: 考虑引进日本名古屋地铁双圆隧道的技术,确定双圆隧道衬砌的横径为 10 900 mm、纵径为 6 300 mm,错缝拼装,接缝形式采用预埋螺栓型接头形式。

由于双圆盾构隧道在中国还刚刚起步,且设计方案中双圆隧道仅用于 3 个区间段。从经济和技术角度考虑,工程引进日本名古屋已有盾构机的可行性较大,因此设计研究以方案二的衬砌结构为主,如图 3 - 2 所示。

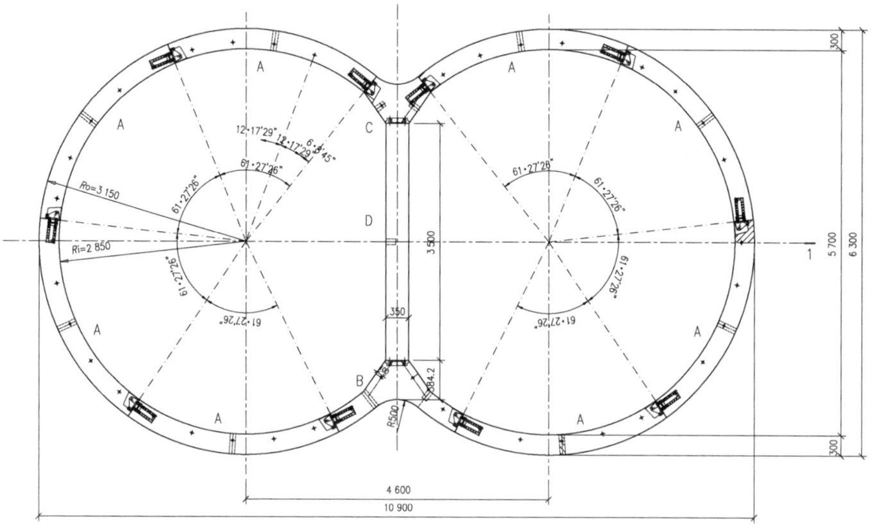

图 3 - 2　双圆隧道衬砌分块图(单位: mm)

3.2.2　管片厚度的确定

管片厚度的选取必须综合考虑沿线的工程水文地质情况、隧道的顶覆土厚度及各种设计荷载(如施工荷载和地震荷载),根据线路纵断面设计,隧道顶覆土最大不超过 15 m,经初步计算后,采用 30 cm 厚的管片。

3.2.3 管片宽度的确定

根据线路设计方案最小的曲线半径为 500 m,同时考虑管片的制造、运输、施工速度、防水质量、工程质量及设备投资等因素后,确定采用环宽为 1.2 m。

3.2.4 衬砌环的分块

衬砌环的分块主要由管片制作、防水、运输、拼装、结构受力性能等因素确定。本次双圆地铁盾构区间隧道管片共分 11 小块,其中 2 块翼块、8 块标准块、1 块中间立柱。环间与块间均采用螺栓连接。施工时可通过上下交替 2 块翼块的拼装位置,实现衬砌圆环错缝拼装。

3.2.5 管片环、纵接缝形式设计

借鉴日本名古屋地铁双圆隧道的技术,衬砌环采用预埋螺栓型接头形式,如图 3-3、图 3-4 所示。块与块间由两组环向直螺栓连接,每组含 3 个单头螺栓,呈品字型布置,全环共 60 个环向螺栓。环与环间采用 46 个纵向螺栓连接。所有手孔盒及预埋螺母均采用铸铁材料。环面利用预埋钢盒构造特点,设有 46 个剪切圆榫。在管片外弧侧设置弹性密封垫槽,满足衬砌结构的防水效果。

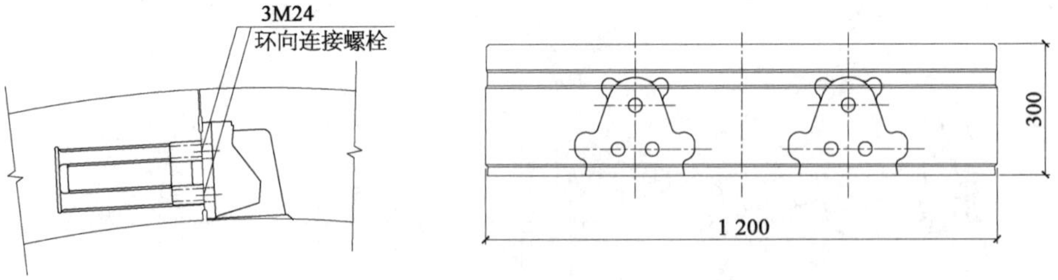

图 3-3 环向连接螺栓布置图

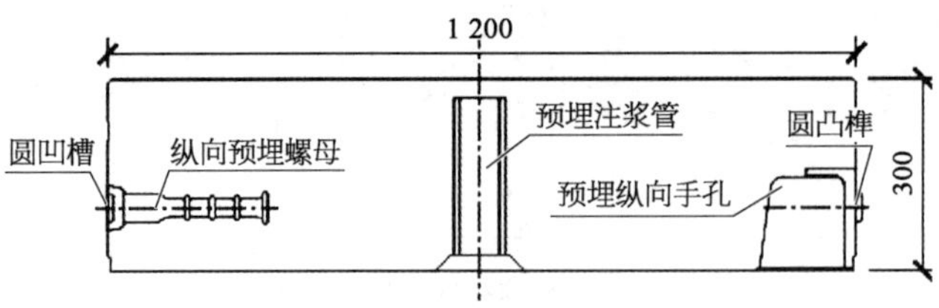

图 3-4 纵向连接螺栓布置图(单位: mm)

3.2.6 管片拼装形式及管片成型精度要求

根据双圆隧道衬砌环的构造,其结构的总体刚度较普通单圆隧道要弱,因此有必要采取错缝拼装提高隧道整体抗变形能力。从施工角度看,错缝拼装对管片制作精度及施工中管

片拼装质量要求较高，推进过程中如发生环面不平整，管片易产生裂缝。因此，为保证装配式结构良好的受力性能，提供符合计算假定的条件，衬砌制作和拼装必须达到以下精度。

(1) 单块管片制作的允许误差：宽度±0.5 mm；弧、弦长±1.0 mm；外半径$^{+2}_{-0}$ mm；内半径±1 mm；螺栓孔径及孔位±1.0 mm。

(2) 整环拼装的允许误差：相邻环的环面间隙≤1.0 mm；纵缝相邻块块间间隙为≤±1.5 mm。

3.2.7　区间废水泵站设计

根据《地铁设计规范》(GB 50157)第13.3.4条的规定："区间隧道主排水泵站应设在线路实际坡度最低点，主要排除结构渗水、冲洗及消防废水。"第13.4.6条的规定："排水泵站(房)的集水池有效容积按下列原则确定：3 其他各类排水泵站(房)的集水池有效容积，不得小于最大一台排水泵15～20 min的出水量。"

1) 区间废水泵站形式

根据给排水专业的工艺要求，双圆隧道的结构特点及运营维护的便利性，同时考虑上海已有类似工程的实践经验，将废水泵站布置在隧道的一侧，另一管隧道的废水通过预埋的铸铁管排入泵站，如图3-5所示。

2) 实施方案的优选

根据上海地铁1号线、2号线旁通道、泵站的成功实施经验，同时结合区间泵站所处地点的周围环境，推荐采用类矿山法施工泵站。采用类矿山法修建泵站，为保证泵站施工的安全、迅捷，减少对区间隧道的影响，需对一定范围内的土体进行地基改良，经加固后的土体要有良好的自立性、止水性及必要的强度，其无侧限抗压强度q_u≥0.8 MPa(桩间交接处无侧限抗压强度q_u>0.5 MPa，达不到者应予注浆)，土体渗透系数≤1×10^{-7} cm/s。

3) 泵站处特殊衬砌环的设计

区间隧道泵站处特殊管片，由两环钢和混凝土互拼的复合管片构成。两环复合管片衬砌[DTZ1][DTZ2]环的宽取为1.2 m，通道一侧的标准块分为$(K_1)^T$～$(K_4)^T$等几个小块。通道一侧的标准块与两块翼块为钢管片，其余为钢筋混凝土管片，如图3-6所示。

3.2.8　区间联络通道设计

根据《地铁设计规范》(GB 50157)第19.1.22条的规定："两条单线区间隧道之间，当隧道连贯长度大于600 m时，应设联络通道，并在通道两端设双向开启的甲级防火门。"根据双圆隧道的衬砌结构特点，将需设联络通道处相邻两环的立柱改为钢立柱，形状为"]"，中间的门洞宽1.2 m，如图3-7所示。

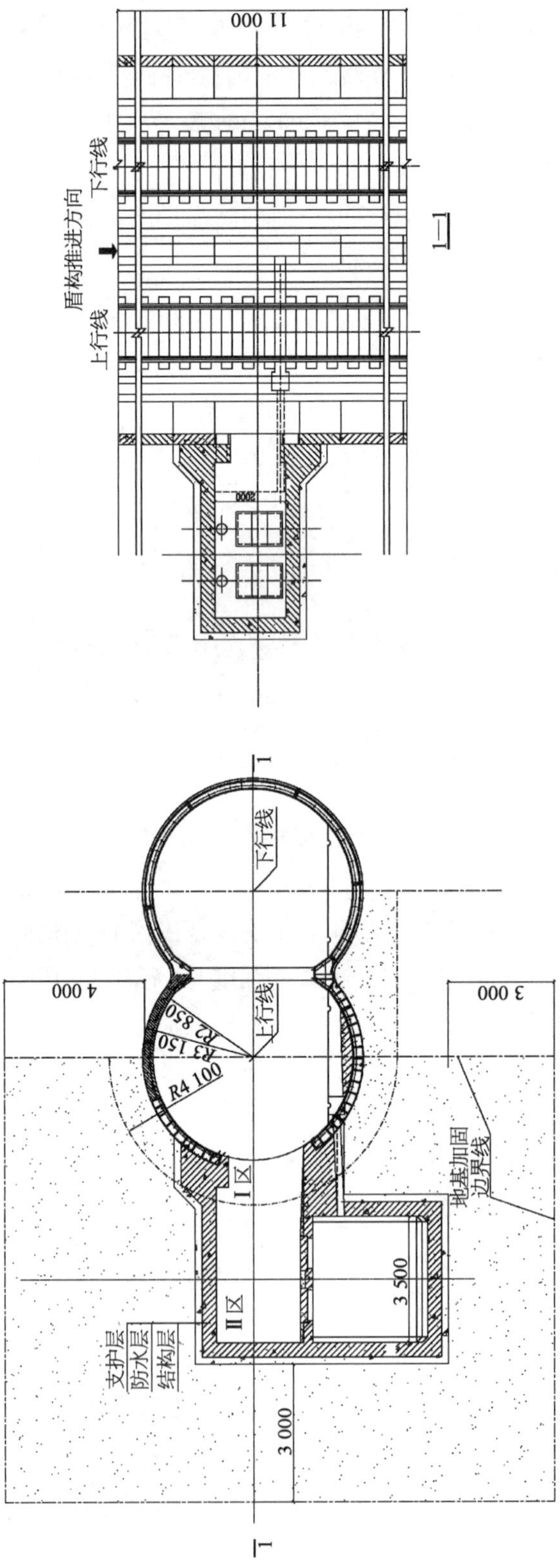

图 3－5　区间废水泵站结构图(单位：mm)

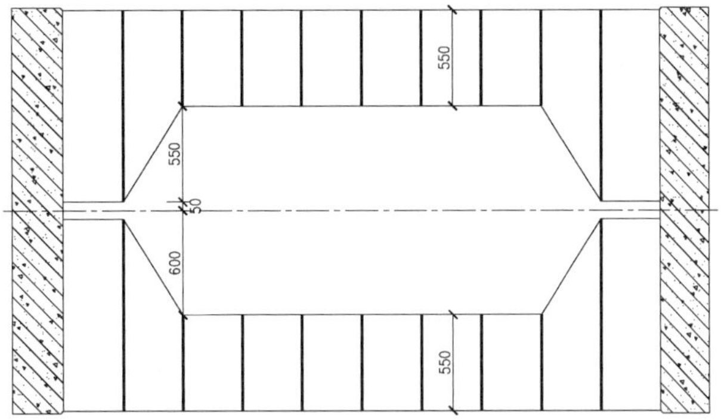

图 3－7　联络通道处立柱结构图（单位：mm）

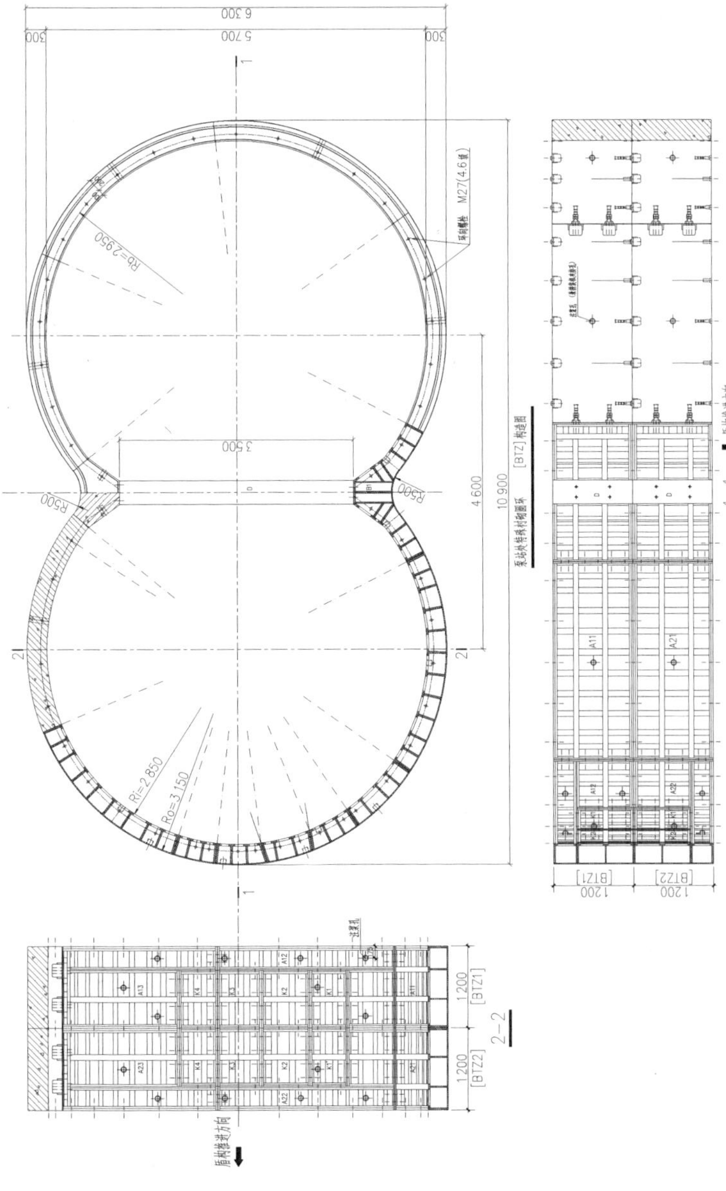

图 3－6　废水泵站处特殊衬砌环结构图（单位：mm）

3.3 衬砌环 1∶1 结构试验

3.3.1 试验设计

3.3.1.1 试验方案

本次试验采用原型管片作 1∶1 整环试验，其混凝土强度等级和钢材性能均与实际使用的管片相同。

受试验条件、加载条件等限制，要在试验室完全再现工程现场的荷载条件是不可能的，为此必须按照相似原理对试件和荷载条件进行必要的简化和处理，其原则是在试验室条件下用等效荷载代替实际荷载，使得衬砌环中关键部位的内力十分接近实际荷载作用下的内力。

从地铁衬砌的工作状态来看，理应将衬砌试验环竖立起来，在周边布置千斤顶，然而这给设计反力装置、安装千斤顶、固定测量传感器等带来很大的困难。为了试验方便，衬砌试验环水平安置在反力装置上进行试验。

本次试验，为了更真实地模拟隧道衬砌的受力情况，采用 1∶1 足尺水平整环试验，试验采用与上海地铁 8 号线双圆盾构区间相同的衬砌环，外直径为 6.3 m、管片厚度为 30 cm、环宽为 1.2 m，试验采用两环(一个整环和两个半环)进行错缝拼装，28 组集中加载方式。为减少底部摩擦对试验的影响，衬砌圆环底部与试验室地面之间设置了减摩装置。

3.3.1.2 试验工况

上海地铁 8 号线双圆盾构隧道最大埋深约 12 m，为了使试验更具针对性，同时考虑试验成果为以后工程实践提供指导作用，根据实际工程情况，将衬砌环顶部覆土厚度定为 12 m 和 15 m 两种工况。在此基础上，确定以下三个试验工况。

(1) 工况一：按埋深 12 m 进行等效荷载加载，只考虑单圆加载方式，即试验时，只在整环上施加荷载，目的是考察双圆盾构衬砌结构在该覆土深度下的受力、变形和裂缝开展情况，并考察环与环之间纵向螺栓的受力情况。

(2) 工况二：按埋深 15 m 进行等效荷载加载，两个半环和中间全环同时加载，考察衬砌结构在该深度条件下的受力、变形和裂缝开展情况，以及错缝拼装对结构受力的影响。

(3) 工况三：在工况二基础上，单侧施加 20 kN/m^2的偏载，以模拟实际情况下有偏载的受力情况。

3.3.1.3 试验荷载

试验荷载根据前述三种工况下实际埋深情况，由计算荷载所得出结构内力，再用等效荷载替代计算荷载，使得某些部位的内力十分接近，此时的等效荷载即为试验荷载。

1）计算荷载

工况一：隧道上方覆土厚 12 m，考虑超载 20 kN/ m^2，采用修正惯用法计算，计算模型如图 3-8 所示。

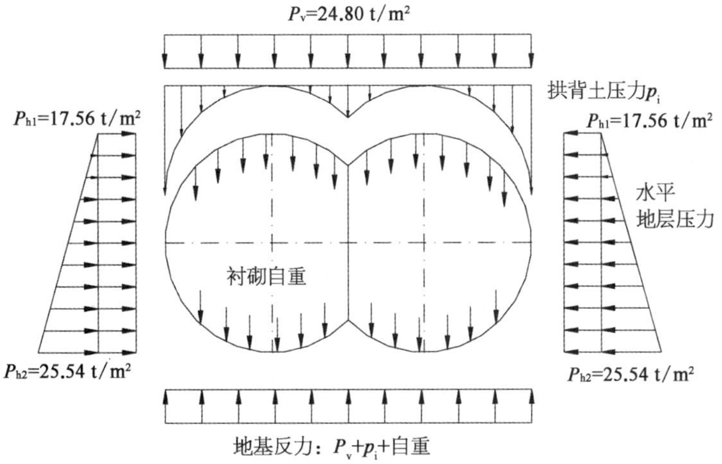

图 3-8　工况一计算模型

工况二：隧道上方覆土厚 15 m，考虑超载 20 kN / m^2，计算模型如图 3-9 所示。

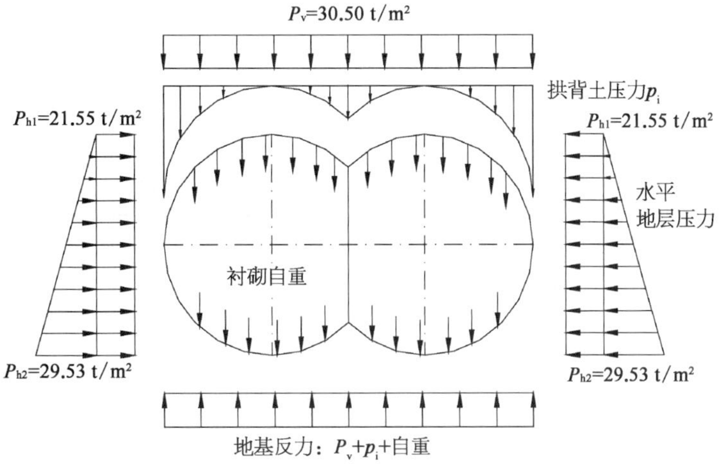

图 3-9　工况二计算模型

工况三：在工况二基础上，单侧施加 20 kN / m^2 超载，计算模型如图 3-10 所示。

2）盾构千斤顶顶力的模拟

由于衬砌结构的实际受力状况非常复杂，即使是前述经简化处理的计算荷载模型，也不可能在试验室实施，因此在满足试验目的的前提下，根据不同工况的埋深条件和荷载形式，在衬砌环环向设计采用 28 组千斤顶来模拟衬砌环所受的水土压力，每只千斤顶的最大顶力

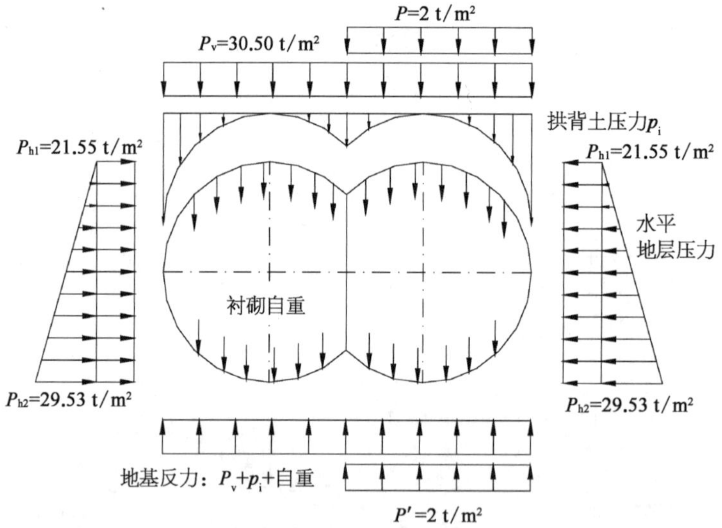

图 3-10　工况三计算模型

为 1 000 kN，近于等角度布置(约 19.46°)。纵向，在每两个环向千斤顶之间设置一个竖直向的千斤顶，共 30 只竖向千斤顶，每只千斤顶的最大顶力为 850 kN，用以模拟盾构机的推力。环向和纵向千斤顶布置如图 3-11 所示。

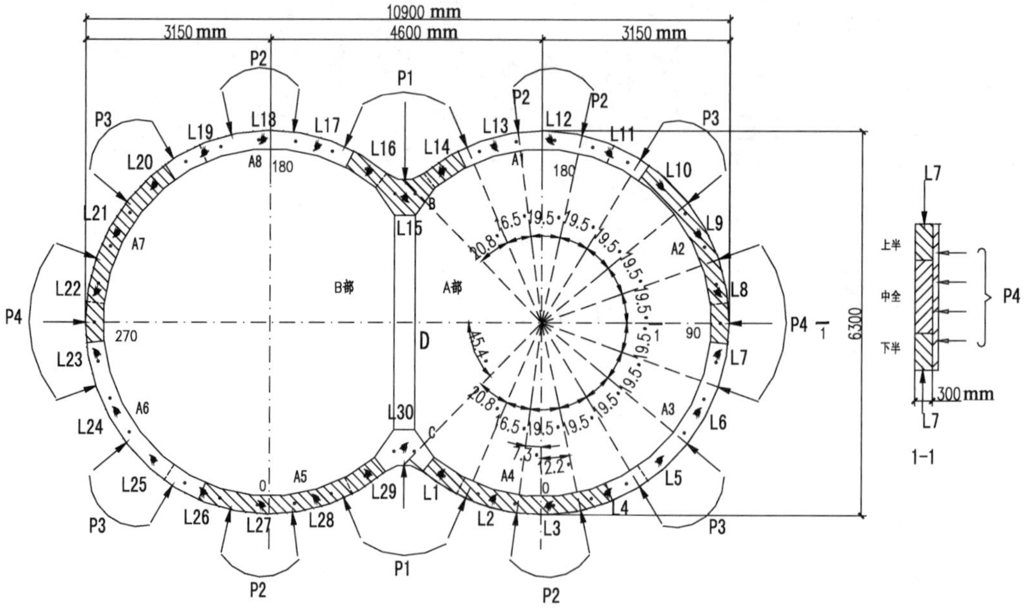

图 3-11　加载千斤顶布置图

P1～P4—环向千斤顶(共 28 组)；L1…L30—竖向千斤顶(共 30 组)

由于计算荷载为分布荷载，试验荷载由千斤顶顶力(集中力)模拟，因此，试验荷载得出的内力不可能与计算荷载的内力完全一致，只能根据某些选定的点进行对比，这些点即为模拟控制点。通过对比三个工况下等效荷载和设计荷载计算的内力结果，发现衬砌环上半部的内力有较好的吻合性，多数点的对比误差不超过 10%。按照对称加载方式，千斤顶顶力由衬砌环上半部的荷载确定，根据计算确定将 28 组千斤顶分为 P1～P4 共 4 组(工况三分为 6 组)，各个工况对应的环向千斤顶顶力设计值见表 3－2。

表 3－2　双圆(DOT)水平整环环向千斤顶顶力设计值

工　况	P1	P2A	P2B	P3	P4A	P4B
	(kN)	(kN)		(kN)	(kN)	
工况一	310	300		270	255	
工况二	775	750		675	638	
工况三	775	750	840	675	638	644.8

3.3.1.4　加荷方法

采用对称加载方式，如图 3－12 所示，千斤顶与衬砌环之间设置垫梁和橡胶传力衬垫，以便千斤顶输出的集中力能均匀地分布作用到衬砌环上，如图 3－13 所示。为了在工况三施加偏载，环向千斤顶分成 7 组(P1、P1－穿、P2－A、P2－B、P3、P4－A、P4－B)，竖向千斤顶为一组，每组千斤顶由一套油泵系统控制加、卸载，为了使荷载能平稳均衡地作用在衬砌环上，采用分级加载和分级卸载，每种工况的荷载均分为 10 级，逐级加载，每级荷载加至预定值，待测试数据基本稳定后即行采集。卸载过程也分为 10 级，每级卸载值达到后大约 10 min 采集测试数据，卸载至零后约 2 h 再采集一次测试数据。

图 3－12　试验现场全景*

图 3 - 13　千斤顶布置及垫梁*

反力装置由对称布置的 2 套反力装置构成，每套共有 13 根型钢反力架、2 块圆环型钢板、13 根钢拉杆构成。型钢反力架与千斤顶相应布置，立柱两端的 2 只穿心千斤顶通过一根穿过立柱中心的拉杆相连对拉，2 套圆环钢板之间通过钢板相连，每根拉杆及型钢反力架均能承受大于 1 000 kN 的千斤顶反力。反力装置照片如图 3 - 14 所示。

图 3 - 14　试验反力装置*

3.3.1.5　试验测试内容及测点布置

本次整环试验测试内容包括：管片主筋应力；环向螺栓应力；纵向螺栓应力；混凝土应力；衬砌变形(径向变形、切向变形、径向水平错动)；接缝张角；衬砌裂缝开展。测试仪器及测点如图 3 - 15～图 3 - 18 所示，测试内容及测点数见表 3 - 3。

图 3 - 15　预埋的主筋应力测点*

图 3 - 16　接缝张角位移计测点*

图 3 - 17　测试系统的数据采集箱*

图 3-18　测试系统控制台*

表 3-3　测试内容与测点数量统计表

测试内容	测试仪器	测点数量(个)
主筋应力	应变计	168
环向螺栓应力	应变计	41
纵向螺栓应力	应变计	21
混凝土应力	应变计	30
径向变形	位移传感器	19
切向变形	位移传感器	19
径向水平错动(纵缝)	位移传感器	19
径向水平错动(环缝)	位移传感器	12
切向水平错动(环缝)	位移传感器	11
接缝张角	位移传感器	38
衬砌裂缝观测	裂缝宽度对比纸	水平向上每 30 cm 一条网格线,垂直向每 10°一条网格线,计 56×8=448 个网格
总　计		378 点

3.3.2　整环试验数据的整理分析及研究

测试数据包括主筋应力、环(纵)向螺栓应力、径(切)向位移、径(切)水平错动、混凝土应力、接缝张角、混凝土裂缝开展情况等。

1) 各工况试验数据整理分析

(1) 最不利工况三条件下,主筋应力仍有较大的安全储备。工况一主筋最大应力为

−28.14 MPa，工况二主筋最大应力为−64.68 MPa，最大值均为压应力，工况三由于存在偏载的最不利条件，主筋最大应力变为拉应力，为 159.8 MPa。主筋应力远小于设计强度(300 MPa)。因此，钢筋强度完全满足设计要求。

(2) 试验变形均小于计算值，试验值仅为计算值的 36%～82%，最大弯矩值与计算值接近，工况一和工况二略大，工况三略小，计算值与试验值相差小于 10%，总体与计算值吻合较好，见表 3－4。表明衬砌环错缝拼装后，通过环间剪力的传递，对隧道的整体刚度起到了很好的补强效果，使得结构变形大大减小，能满足较高的环境保护要求，并为减薄衬砌结构厚度、优化纵缝接头螺栓设计提供了可靠依据，有较好的技术、经济、社会效益。

表 3－4　试验结果与计算值的对比

工　况	数　值	标准块弯矩(kN·m)	飞鸟块弯矩(kN·m)	最大变形(mm)
工况一	计算值	120.9	−138.84	4.03
	试验值	87.19	−143.00	1.464
工况二	计算值	157.95	−178.88	4.98
	试验值	191.4	−181.00	4.085
工况三	计算值	211.90	−227.24	6.71
	试验值	184.30	−211.00	5.281

(3) 计算结果中工况一应该出现可见裂缝，而试验中并未出现裂缝，在工况二、三中出现的裂缝宽度均小于计算值(表 3－5)，表明衬砌管片强度大于设计值。

表 3－5　裂缝宽度对比

工　况	裂缝宽度(mm)	
	计算值	实测值
工况一	0.124	未出现
工况二	0.167	0.10
工况三	0.311	0.20

(4) 工况一结束时最大环向螺栓应力 148.7 MPa，工况二结束时 217.7 MPa，工况三结束时 202.29 MPa，此最大值均位于立柱上，而圆环部分管片的环向螺栓应力即便在工况三偏载情况下最大值也仅为 72.31 MPa，小于所用 4.6 级螺栓的屈服强度(240 MPa)，这一方面表明螺栓强度满足设计要求，另一方面也说明在盾构隧道的圆环部位，管片之间的环向螺栓数量可适当减少。

(5) 工况一结束时最大纵向螺栓应力 62.62 MPa，工况二结束时 68.80 MPa，工况三结束时

19.57 MPa,小于所用 4.6 级螺栓的屈服强度(240 MPa),表明纵向螺栓强度满足设计要求。

(6) 工况一最大接缝张角 2′23″(张开量 0.23 mm),工况二最大接缝张开量为 0.325 mm,工况三为 0.628 mm,远小于设计允许值 2.5 mm,表明衬砌防水能力完全满足设计要求。

(7) 环缝水平错动:工况一径向水平错动最大值为 0.025 mm,切向水平错动为 0.047 mm,工况二分别为 0.145 mm 和 0.15 mm,工况三分别为 0.08 mm 和 0.15 mm。远小于设计允许值 4 mm,表明衬砌环缝具有较好的防水能力。

(8) 纵缝水平错动:工况一径向水平错动最大值为 0.065 mm,工况二为 0.31 mm,工况三为 0.935 mm。远小于设计允许值 4 mm,表明纵缝防水能力满足要求。

(9) 集中力处未发现有混凝土压碎现象,表明混凝土抗压强度满足设计要求。

(10) 工况一混凝土最大拉应变 57 $\mu\varepsilon$,工况二最大拉应变为 399 $\mu\varepsilon$,工况三最大拉应变为 1 687 $\mu\varepsilon$,对应的最大拉应力分别为 1.97 MPa、13.76 MPa、58.2 MPa。混凝土应变测量结果表明,工况一时混凝土应力并未达到混凝土的抗拉强度标准值(2.64 MPa),而工况二和工况三则均超过了混凝土的抗拉强度,因而混凝土表面产生了裂缝。

2) **试验结果分析**

在前一节试验数据整理的基础上,进一步分析试验结果,可得到以下结论:

(1) 即使在最不利工况三(相当于埋深 15 m,并存在 20 kN/ m^2 偏载)情况下,双圆盾构衬砌管片的主筋应力也仅为 HRB335 级钢筋抗拉(压)强度设计值(300 MPa)的 53%;裂缝宽度最大为 0.2 mm;混凝土并未出现局部压碎的迹象。因此,从节约工程投资的角度考虑,设计安全系数可适当减小。

(2) 双圆盾构衬砌管片混凝土设计强度等级为 C50,根据《混凝土结构设计规范》(GB50010),其抗拉强度标准值为 2.64 MPa,但是从试验结果来看,中全环最早出现的可见裂缝在工况二第 6 级荷载,裂缝宽度为 0.08 mm,此时最大混凝土拉应变为 187 $\mu\varepsilon$,按混凝土弹性模量 $E=34\ 500$ MPa 计算,混凝土实际抗拉强度为 6.45 MPa,远大于规范规定的抗拉强度,安全系数为 2.44 以上。

(3) 试验中工况三第 10 级荷载时,最大径向变形为 5.281 mm,约为 0.88‰D,表明错缝拼装对减小衬砌变形非常有利,隧道的整体刚度较好。

(4) 最大环向螺栓应力(工况二)为 217.7 MPa,小于所用 4.6 级螺栓的屈服强度 240 MPa,安全系数为 1.10。从试验结果看,双圆衬砌采用 4.6 级螺栓是合理的。

(5) 纵向螺栓应力在各工况均很小,最大值仅为所用 4.6 级螺栓强度的 28.7%,一方面可能因试验中衬砌环水平放置而影响了纵向螺栓的受力,实际情况下,由于衬砌环垂直置于地层当中,地层中土压力分布的不均匀,隧道的纵向整体刚度将全由纵向螺栓承担。因此,实际情况下的纵向螺栓应力将会比试验值大。同时也表明,纵向螺栓也能满足设计强度的要求。

(6) 管片接缝抗弯刚度 K_θ 和弯矩传递系数 ξ 是分析计算盾构隧道错缝拼装衬砌结构内力和变形的重要参数。通过试验,得出接缝抗弯刚度 K_θ 和弯矩传递系数 ξ 试验值见表 3－6。

表 3－6　接缝抗弯刚度 K_θ 和弯矩传递系数 ξ 试验值

工　况	K_θ^+ (kN·m/rad)	K_θ^- (kN·m/rad)	ξ
工况一	63 953	133 011	0.253
工况二	62 723	127 550	0.226
工况三	94 487	151 969	

注：K_θ^+ 表示圆环内弧张开时的刚度,K_θ^- 表示圆环外弧张开时的刚度。

3.4　理论模型计算值与试验值对比

3.4.1　不同模型的理论计算分析

对盾构法隧道衬砌结构计算模型而言,目前常用的计算模型有修正惯用法和梁-弹簧模型计算法,除此之外,也可采用有限元法计算分析,以下将按三种分析方法进行讨论。

3.4.1.1　修正惯用法

修正惯用计算法是目前使用较多的模型,它将整个圆环视为弯曲刚度均匀的环,将接头部分弯曲刚度的降低评价为圆环整体弯曲刚度的降低,因此在计算时将衬砌的刚度适当折减。另一方面,由于衬砌接头存在一些铰的功能,可以认为弯矩并不是全部都经由衬砌接头传递,其中一部分通过环接头的剪切阻力传递给由错缝拼装连接的相邻衬砌环,故在计算出的截面内力中,对弯矩考虑传递系数 $\xi(<1)$,衬砌主截面上设计用弯矩为 $(1+\xi)M$,接头的设计用弯矩为 $(1-\xi)M$。由此可见,该模型引入了两个经验系数,如果计算时两个系数均不考虑,就是惯用计算法。

计算参数见表 3－7。

表 3－7　修正惯用法计算参数

管片宽度 (m)	管片厚度 (m)	立柱宽×厚 (mm)	容重 (kN/m³)	弹性模量 E (kN/m²)	泊松比	η	ξ
1.2	0.3	0.35×0.7	25	34 500 000	0.167	0.8	0.3

计算工况见本章 3.3 节,各工况计算结果最大值统计见表 3－8。

表 3-8 修正惯用法计算结果统计

计算工况	标准块弯矩(kN·m)	飞鸟块弯矩(kN·m)	最大变形(mm)
工况一	120.9	−138.84	4.03
工况二	157.95	−178.88	4.98
工况三	211.90	−227.24	6.71

3.4.1.2 梁-弹簧计算模型

梁-弹簧模型由于考虑了各种接头的效应,将衬砌主截面简化为梁,将衬砌接头考虑为旋转弹簧,将衬砌环间接头考虑为剪切弹簧,该模型考虑了由接头引起的衬砌环的刚度降低和错缝拼装接头的拼装效应,理论上更具合理性,关键是各种弹簧刚度系数都是通过衬砌试验确定的。

1) 计算参数

计算工况见本章第三节,由于本次试验所用衬砌与日本名古屋双圆盾构隧道所用衬砌相同,根据其试验资料,纵向接头的旋转弹簧常数按如下取值:

正弯矩回转弹簧刚度 $+K_\theta=150\,000$ kN/rad, 负弯矩回转弹簧刚度 $-K_\theta=56\,000$ kN/rad;

环向接头的剪切弹簧常数取为: $K_s=100\,000$ kN/m。

为了反映错缝拼装效应,计算时可以采用两个整环进行错缝拼装,也可用两个半环和一个整环错缝拼装。为了与试验进行对比,本次计算采用后者,即采用两个半环和一个整环进行错缝拼装,计算结果内力和位移代表中间环。纵向螺栓剪力则代表中间环与其中一个半环之间的纵向螺栓。

2) 计算结果

各工况计算结果最大值统计见表 3-9。

表 3-9 梁-弹簧模型计算结果统计

计算工况	最大弯矩(kN·m)	最大轴力(kN)	最大变形(mm)	纵向螺栓最大剪力(kN)
工况一	132.43	1 612.1	4.65	18.249
工况二	167.75	1 968.6	6.109	23.201
工况三	215.98	2 039.5	8.591	29.917

3.4.1.3 有限元法

为了获得衬砌接头部位更详细的受力状况,采用实体单元对衬砌管片进行模拟,螺栓采用梁单元进行模拟,有限元法计算采用大型结构分析软件 ANSYS。

1）计算假定与计算参数

(1) 只考察单环的受力状况，按平面应变问题求解。

(2) 管片为各向同性的线弹性材料。

(3) 考虑接头处管片与管片之间的摩擦作用。

(4) 计算方法仍按荷载-结构模型进行计算，相应的计算工况和计算模型同本章3.3节。

(5) 管片用平面应力单元 Plane42 模拟，螺栓用梁单元 Beam3 模拟，管片之间的接触用面-面接触单元 Targe169 和 Conta172 模拟。

(6) 管片间摩擦系数取 0.3。

计算网格剖分如图 3－19、图 3－20 所示，由于双圆盾构衬砌环左右两侧结构对称，故计算中工况一和工况二只取半个结构进行计算，工况三因有偏载，故取整个双圆进行计算。

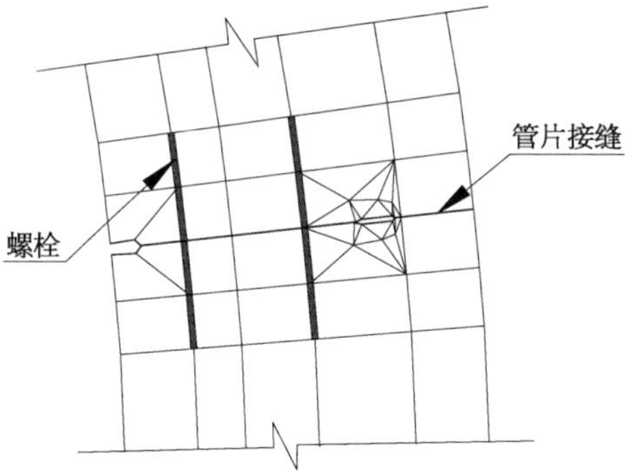

图 3－19　接头处网格剖分

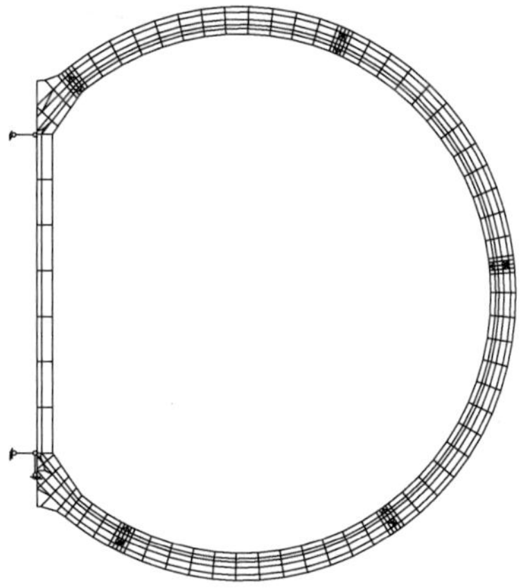

图 3－20　有限元法网格剖分

2）计算结果

各工况计算结果最大值统计见表 3－10。

表 3－10　有限元法计算结果统计

计算工况	最大弯矩 (kN·m)	最大轴力 (kN)	最大变形 (mm)	接缝张开量 (mm)	最大螺栓应力 (拉为正，MPa)
工况一	85.90	1 572.50	2.35	0.022	102.411
工况二	115.69	1 918.20	3.23	0.049	−120.85
工况三	142.19	1 986.10	4.07	0.114	272.87

工况三的计算结果如图 3－21～图 3－25。

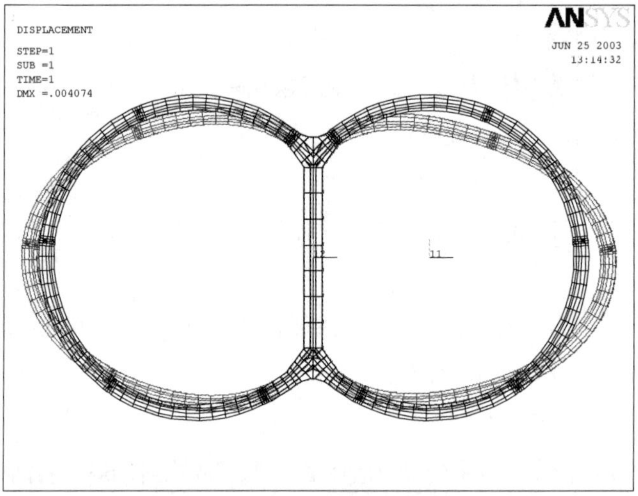

图 3-21　工况三变形图(单位：m)

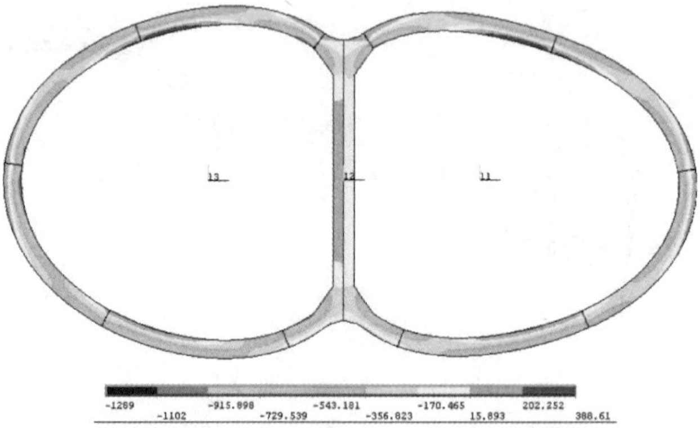

图 3-22　工况三切向应力图(单位：10 kPa)*

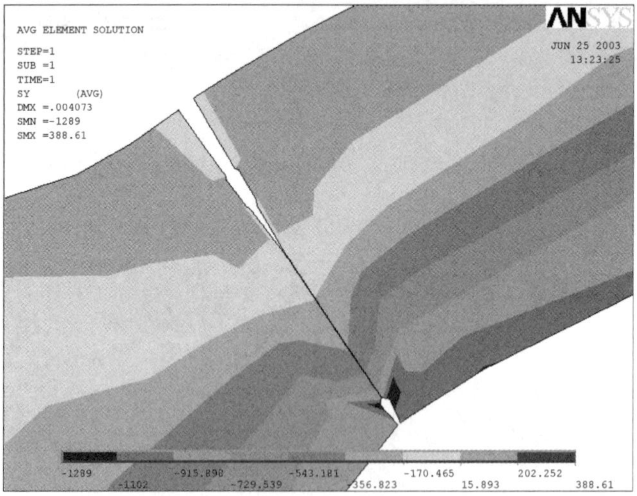

图 3-23　工况三接缝处切向应力图(单位：10 kPa)*

(此处接缝张开量最大，为 0.114 mm；螺栓应力最大，达 272.87 MPa)

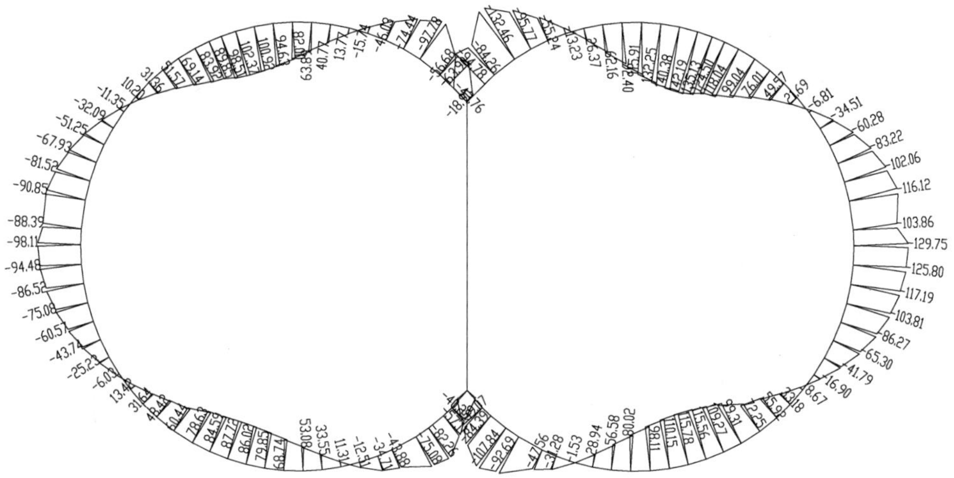

图 3－24　工况三弯矩图(单位：10 kN・m)

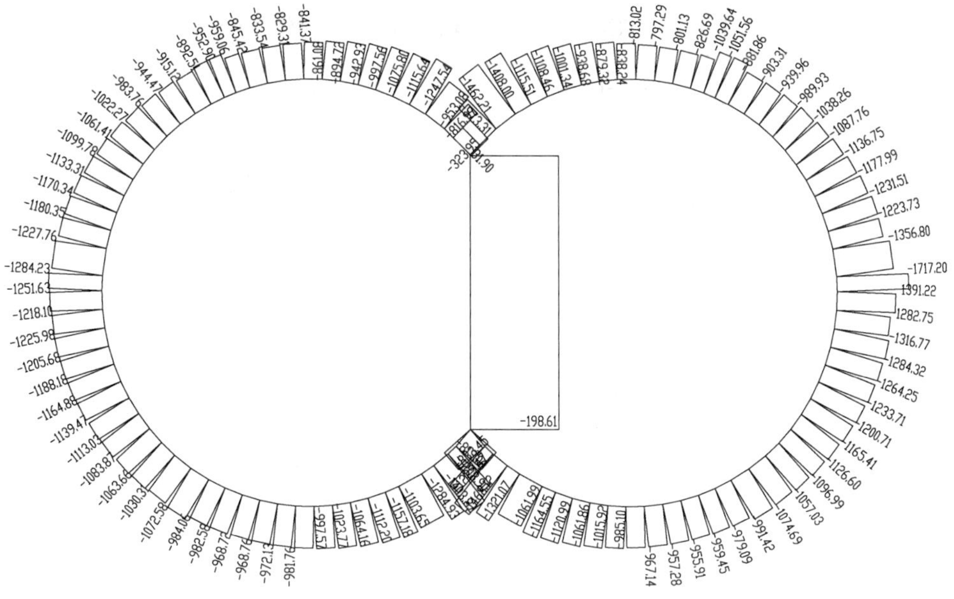

图 3－25　工况三轴力图(单位：10 kN)

3.4.2　理论模型计算与试验结果对比

为了对双圆盾构隧道衬砌结构进行全面综合评价，现将前述三种计算模型的计算结果与整环试验结果进行对比分析，以达到优化设计的目的。由于梁-弹簧模型计算中考虑了错缝拼装对弯矩的贡献，整环试验也是采用三环错缝拼装，而修正惯用法和有限元法计算中只计算单环，没有考虑错缝效果，为了便于比较，将前述修正惯用法和有限元法的计算弯矩均乘以一个弯矩提高系数 ξ(取 1.3)，以此反映错缝效果。对比结果，如图 3－26～图 3－32 所示。

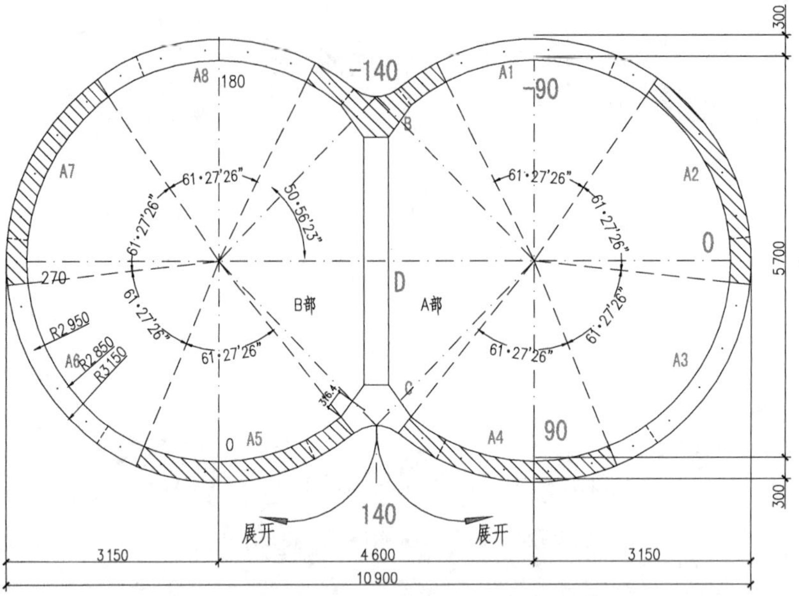

图 3－26　双圆盾构隧道衬砌展开位置示意图(单位：mm)

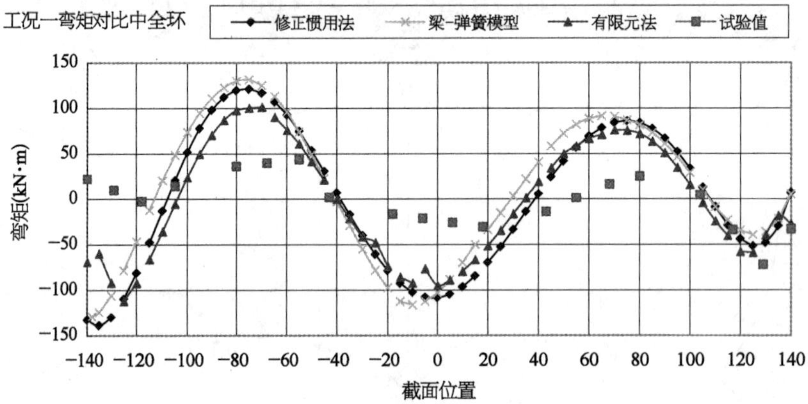

图 3－27　工况一弯矩计算值与试验值对比(A 部)

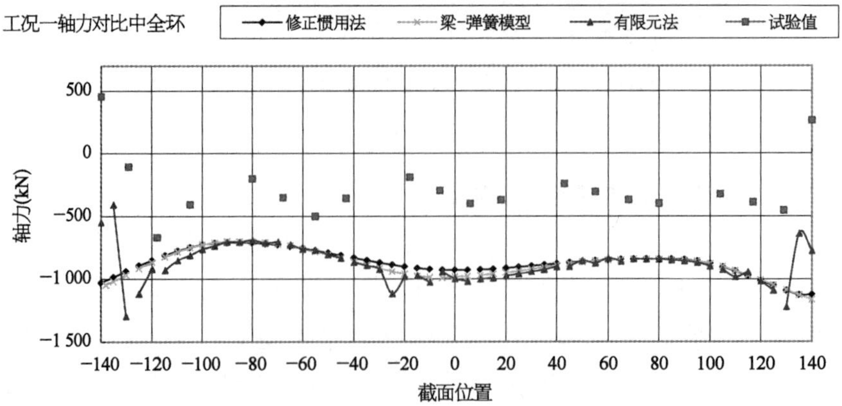

图 3－28　工况一轴力计算值与试验值对比(A 部)

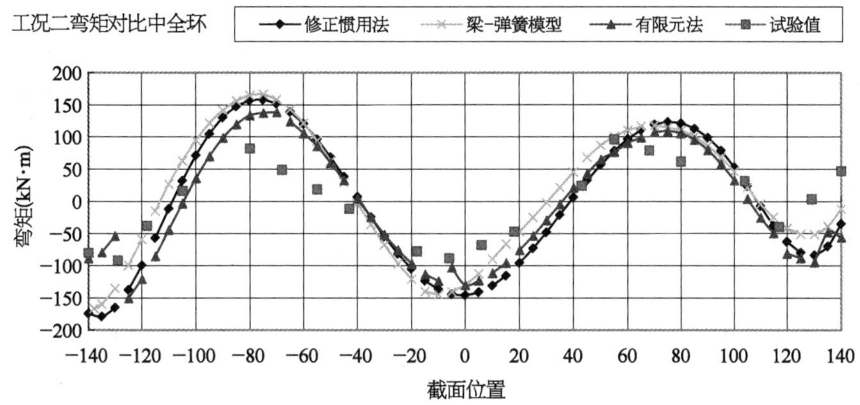

图 3－29　工况二弯矩计算值与试验值对比(A 部)

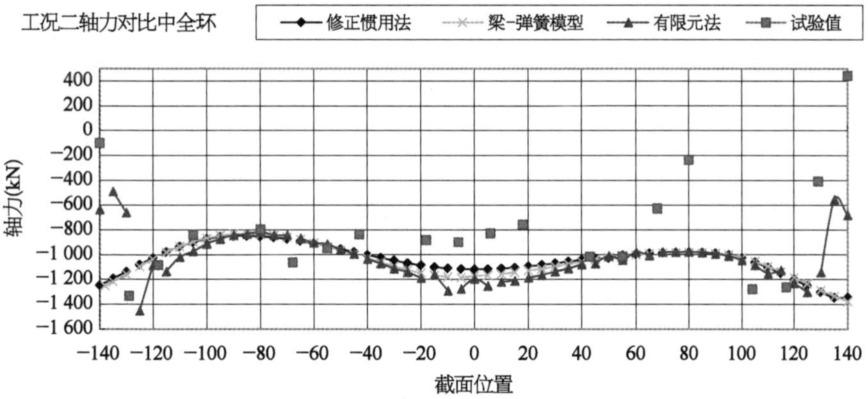

图 3－30　工况二轴力计算值与试验值对比(A 部)

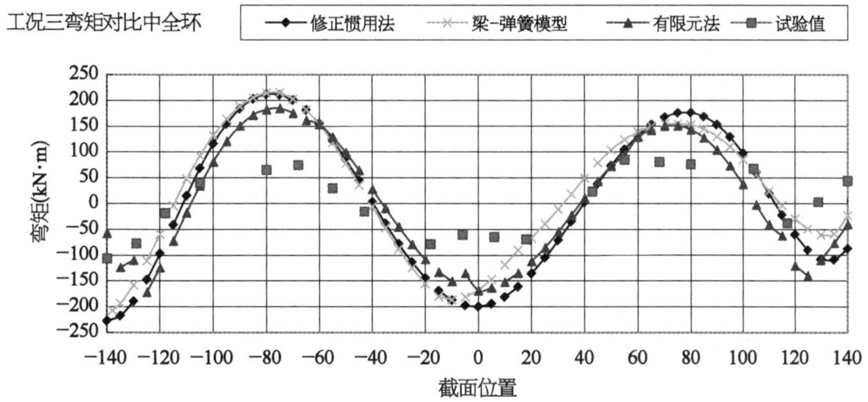

图 3－31　工况三弯矩计算值与试验值对比(A 部,偏载一侧)

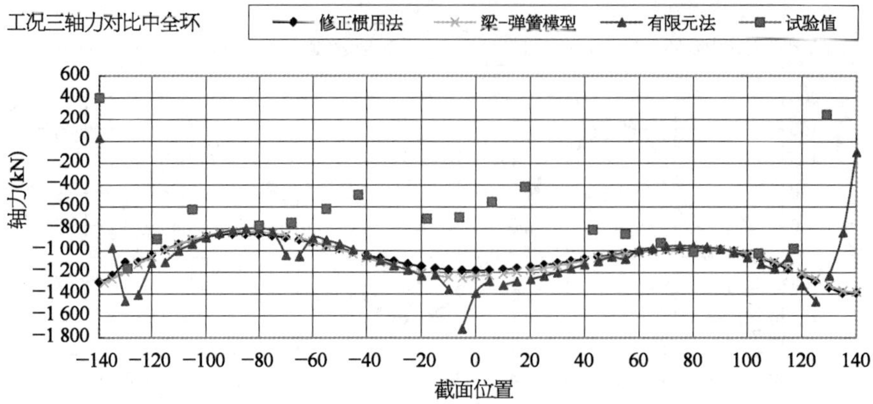

图 3－32　工况三轴力计算值与试验值对比(A 部，偏载一侧)

通过结果的对比，可得出以下结论：

(1) 不同方法的理论计算弯矩和轴力较为一致，弯矩试验值与计算值变化规律一致。

(2) 三种不同计算模型的计算结果中，弯矩和轴力均相近，其中，梁-弹簧模型的弯矩最大，修正惯用法弯矩次之，有限元法计算的弯矩最小，三者正、负弯矩的最大误差为 23.2%和 15.3%。有限元法计算由于同时考虑了管片间的摩擦和螺栓的作用，所以更能反映接头的实际受力状况。弯矩试验值在工况一和工况三比计算值小，而工况二的试验值比计算值略大。轴力试验值比计算值大，且结果较离散，表明管片的实际受力状况更为复杂，影响因素更多。

3.5　双圆盾构侧式车站

由于采用双圆盾构推进，轨道上、下行线设在车站中间，站台设在车站两侧，即侧式车站。在侧式车站中，一般有单层侧式车站、单层带夹层侧式车站和双层侧式车站三种形式。

采用单层侧式车站时对乘客和管理方面带来了很多不便，设计中吸收岛式车站的优点，克服侧式车站的缺点，研究采用了单层带夹层侧式车站。该车站地下一层为站台层，如图 3－33 所示，在车站中部局部布置站厅夹层，如图 3－34 所示，站厅夹层部分主要为付费区和非付费区两部分，安装所需要的售检票机、补票厅等。非付费区设在站厅中部，付费区分两端布置，在付费区内布置少量设备用房，两端付费区均可直接进入两侧站台。站厅层的功能与岛式车站站厅层基本相同。如车站设于路中，则地面道路两侧出入口能与地面设备用房相结合，出入口亦能兼作地面道路过街通道，无障碍升降梯也只需设一处即可，可通站厅层到达所需的站台，如图 3－35 所示。

该类车站的优点是车站埋深较浅，乘客集散方便，乘务管理相对集中，管理人员可相对减少，对设备用房布置可根据规划用地情况调整，灵活性比较大。由于大部分设备用房可布置在地面，相对造价低，施工也较方便。

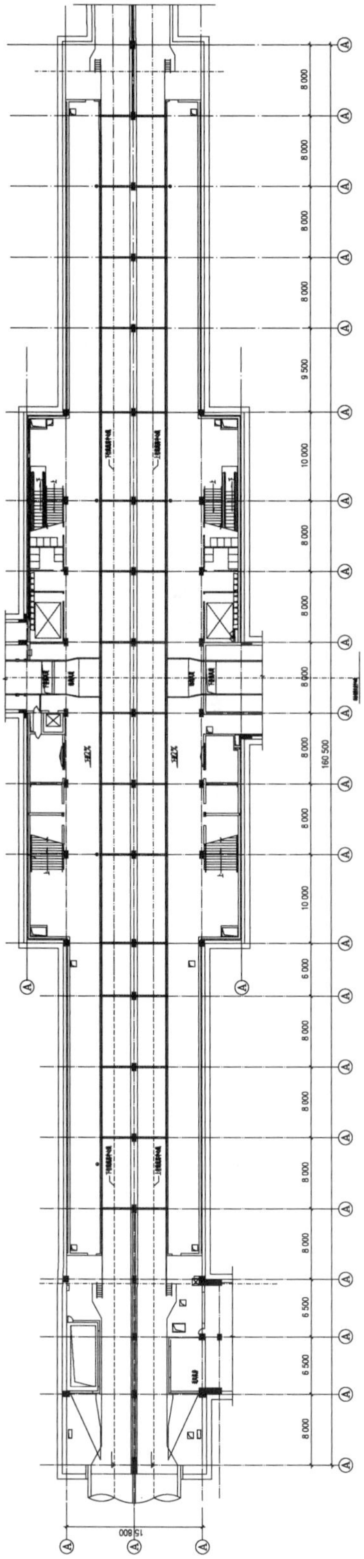

图 3－33　侧式车站站台层平面(单位：mm)

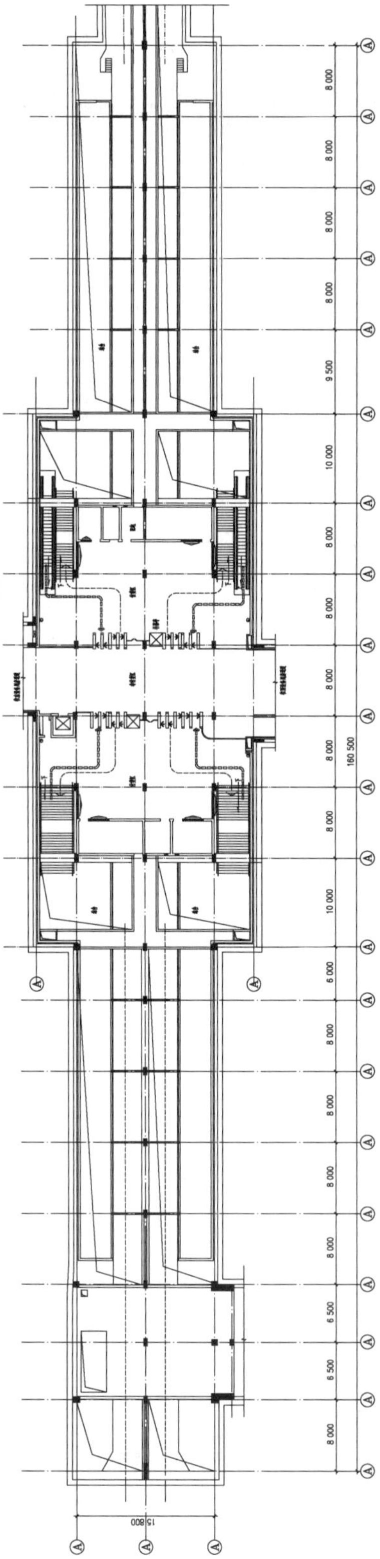

图 3－34　侧式车站站厅夹层平面(单位：mm)

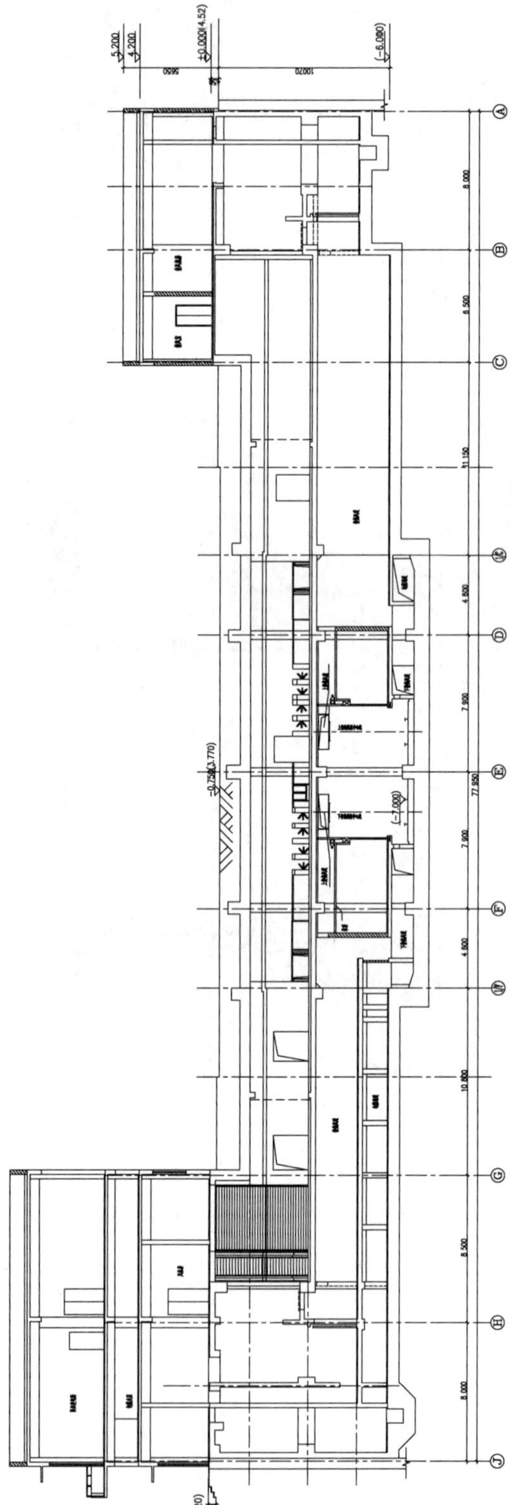

图 3－35　侧式车站横剖面

3.6 双圆盾构区间环控系统

3.6.1 区间通风模式

区间隧道正常运行时，排除列车运行产生的热量是利用列车在区间高速行驶的活塞作用，从列车后方车站的活塞风井吸入地面的新风，吸收热量后由列车运行前方的活塞风井排到地面。由于双圆盾构隧道的断面积约为单向行车隧道断面积的两倍，列车断面阻塞比小，列车活塞作用效能低。为了提高列车活塞作用，把双圆盾构隧道断面中间立柱间的空档进行了封堵，形成两条单向行驶的隧道，适当控制列车阻塞比，并能防止对向列车会车时活塞作用相互抵消，从而提高列车活塞作用的效能，改善地铁系统正常运行时区间隧道的环境温度。设计中利用地铁环境模拟程序(subway environment simulation, SES)对双圆盾构隧道中间分隔和不隔开两种情况分别进行了模拟计算。计算结果见表 3-11。

表 3-11 区间隧道 SES 模拟计算结果汇总表

车 站	无隔断		有隔断			
			上 行		下 行	
	活塞风量(m³/s)	平均温度(℃)	活塞风量(m³/s)	平均温度(℃)	活塞风量(m³/s)	平均温度(℃)
开鲁路站						
	24.9/−24.6	32.3~39.9	113.3/0	30.8~31.7	0/−112.3	31.2~32.1
嫩江路站						
	35.2/−34.4	33~39	110.2/0	31.9~32.4	0/−109.3	32~33
翔殷路站						
	26.6/−24.8	32.7~40.6	112.6/0	31.5~32.2	0/−111.8	31.2~32.1
黄兴绿地站						

注：1. 表中温度为该隧道区间各计算分段的平均温度。
2. 表中活塞风量正值表示活塞风方向是从开鲁路站到黄兴路站方向；负值为相反方向。

从表 3-11 中可以看出：区间隧道有隔断活塞风量要比无隔断大得多，而且有隔断情况隧道内气流是单向流动，无隔断情况气流是双向流动，随行车方向时左时右。单向气流比双向气流更有利于排热通风。从表中可见，有隔断隧道内的平均温度也明显低于无隔断的隧道。因此，上海地铁 8 号线双圆盾构隧道中间立柱间的空档需封堵。

3.6.2 火灾工况通风排烟措施

3.6.2.1 研究目的

双圆盾构隧道相连的车站站台是侧式站台，站台两端的四条区间隧道通过站台层的停车区域互相连通，当列车因故障或火灾而停在区间，通过站端风口向停车区间排烟时，由于站台两端四条隧道连通，而且停车区间阻力比无车区间阻力大，因此排烟效果差。为此在站台两端设四只喷嘴，每只喷嘴对一条区间隧道。对故障停车的隧道通过喷嘴送风，利用喷嘴射流的诱导作用，提高向停车区间的通风排烟效果。

采用喷嘴送风时有以下的技术问题需进行研究：发生火灾时，乘客是朝喷嘴方向疏散，设计时要考虑喷嘴的高速气流对疏散乘客的影响。根据地铁设计规范，乘客疏散区域风速不应大于 11 m/s。喷嘴的出口风速一般是 20～30 m/s。为此设计喷嘴的下沿高度距轨面 2 m，喷嘴喷出的射流核心部分位于乘客疏散区域的上方不会对乘客疏散产生影响，但需研究射流扩散带来的影响；另外由于喷嘴位于车站的端头井内，隧道的断面是圆形，为提高喷嘴的效率，喷嘴出口射流不应被车站和隧道连结处的车站端墙阻挡。

为此进行模型实验，并采用计算流体力学(computational fluid danamics, CFD)软件 Fluent 进行模拟计算，以研究喷嘴射流的特性指导设计。首先将模型实验的结果与 Fluent 模拟计算结果进行比较，以验证数值模拟的可靠性，然后利用数值模拟对实际的地铁系统进行分析。

3.6.2.2 模型实验与 Fluent 模拟计算结果比较

模型实验隧道直径为 0.63 m，长度 36 m，用镀锌钢板制作。模型内铺设木板模拟车轨面，放置木制模型地铁列车，局部表面敷设丝网模拟隧道内电缆桥架等设备产生的粗糙度。实验喷嘴形式有矩形、圆形和椭圆三种。实验系统原理图如图 3-36 所示，实验模型如图 3-37 所示。

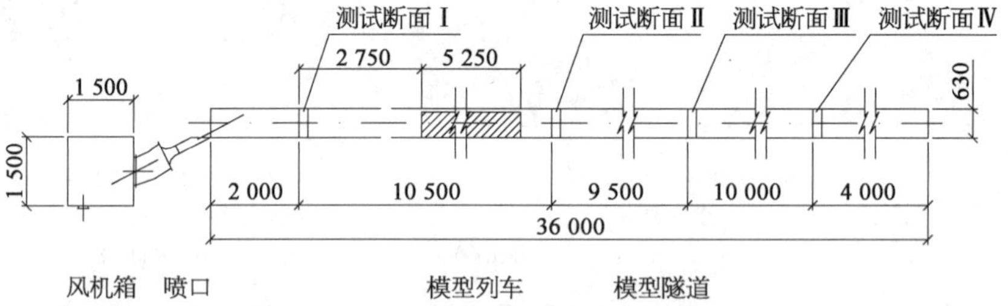

图 3-36 实验系统原理图(单位：mm)

图 3-37 实验模型*

按照实验台的实际情况建立的 Fluent 模拟计算几何模型如图 3 - 38 所示。

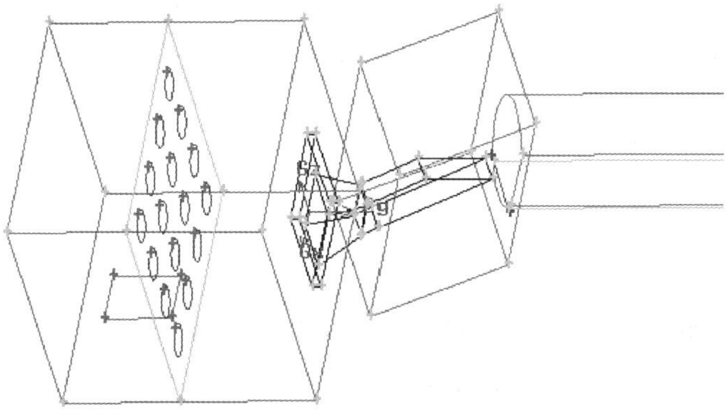

图 3 - 38　实验台几何模型示意图——矩形喷嘴

模型实验测定的断面平均风速与数值模拟计算断面平均风速见表 3 - 12。

表 3 - 12　模拟结果与模型实验结果对比

喷嘴类型	矩形喷嘴		圆形喷嘴		椭圆喷嘴	
出口风速(m/s)	25.0	29.7	24.9	30.0	25.1	31.6
实验结果(m/s)	2.4	2.9	2.1	2.7	2.1	3.0
模拟结果(m/s)	2.5	2.8	2.2	3.0	2.3	3.1
两者相差(%)	4.2	3.4	4.8	11	9.5	3.3

从表 3 - 12 中可以看出数值模拟结果与实验测量结果吻合较好。这证明 Fluent 程序所建立的数学物理模型及所采用的解法是正确的，可以用来模拟计算实验条件无法实现的工况，分析实际地铁系统的运行工况。

3.6.2.3　计算机模拟分析

Fluent 模拟实际隧道火灾时排烟系统的运行模式是利用地铁环境模拟(SES)程序对排烟系统风机各种可能的运行模式计算分析后得到，如图 3 - 39 所示。当区间隧道 b2 发生事故时，启动喷嘴送风。为使喷嘴送风射流空气更有效地进入到事故隧道区间，机械通风口 a2 及 b1 同时送风，机械排风口 b1、b2 和冷凝热排风口(排热风口)同时排风。送排风口的风量由 SES 程序计算确定。

1) 隧道轴向喷嘴射流速度变化

射流速度沿隧道纵向变化的数值模拟结果如图 3 - 40 所示。从图中看到气流从喷嘴喷出后流速的衰减过程。气流在撞击隧道壁面后产生旋涡，所以各点的风速大小比较混乱，由于此处网格画得较密，图中点比较密集。旋涡区以后气流逐渐达到均匀分布，各点风速有明显的分层现象：贴近壁面的点速度较低，隧道中心风速最大，风速分成了几个等级。到达列车停靠位置时，由于列车的堵塞作用，风速突然上升。在列车尾部气流很快重新达到均匀状态。

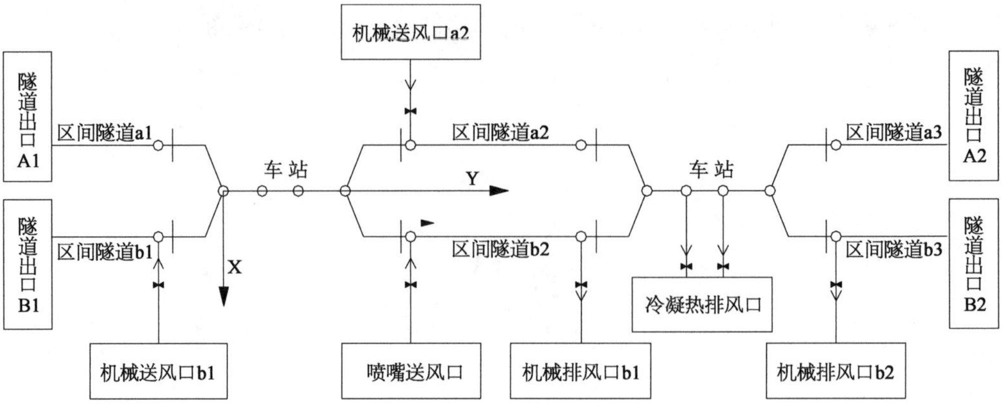

图 3-39 Fluent 模拟地铁系统风机运行模式示意图

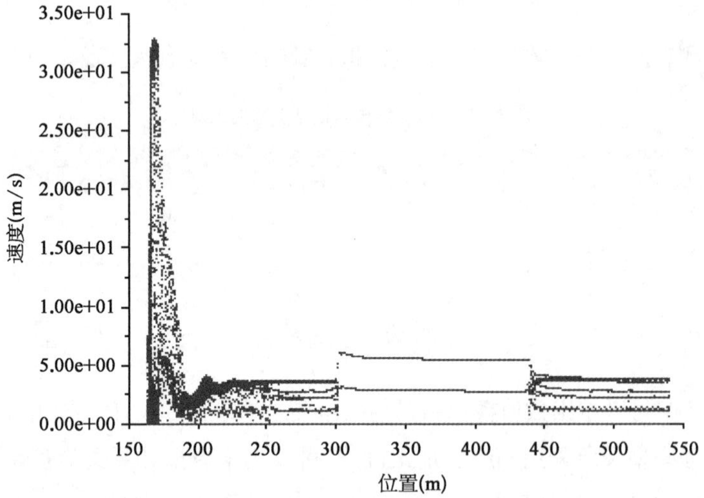

图 3-40 射流速度沿隧道纵向变化

2) 气流高速区对乘客疏散的影响

由于喷嘴中心高于乘客行进时头顶高度,因此选择乘客头顶水平面来分析气流高速区在隧道长度方向上的影响情况,如图 3-41 所示。

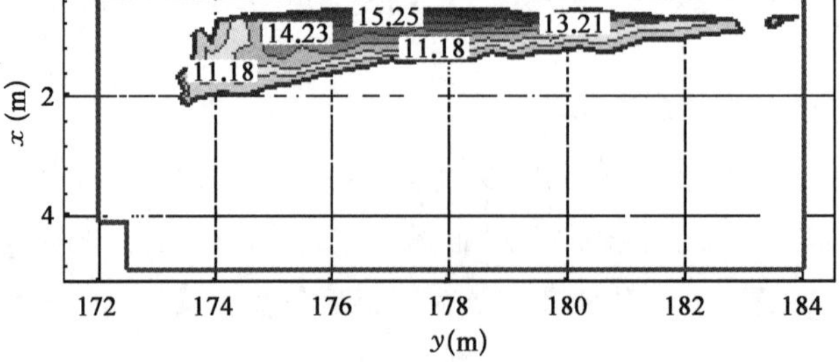

图 3-41 乘客头顶高度气流分布情况

(注:图中 x 为乘客头顶高度处隧道水平剖面宽度,y 为隧道长度方向)

从图 3－41 中可以看出在乘客头顶高度(乘客身高取 1.7 m)的高速气流区域起始位置大约在隧道入口处后 1.0 m 处，结束位置在隧道入口处后 12.5 m 处，区域长度约为 11.5 m，最大宽度约为 1.5 m。此区域内最大风速出现在射流撞击隧道壁面位置附近，约为 15.9 m/s。从图中可以看出乘客头顶高速气流区域的宽度是随着射流核心速度的衰减逐步变窄并消失的。从隧道轴向长度上来讲，气流高速区域对于乘客的逃生影响可控。

乘客疏散空间如图 3－42 所示。在乘客疏散空间，迎风面上气流高速区的影响范围如图 3－43 所示。

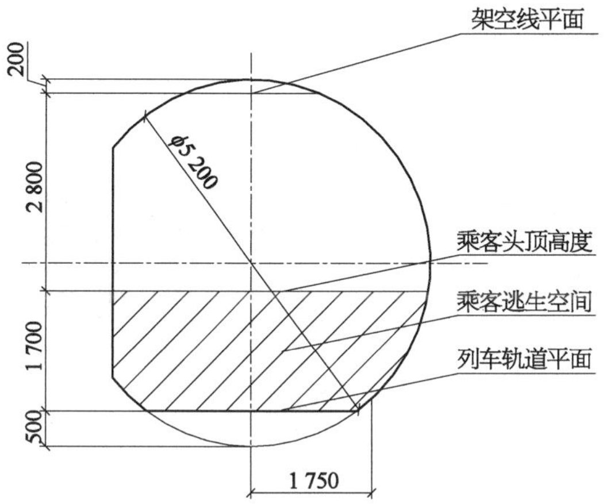

图 3－42　乘客逃生空间示意图(单位：mm)

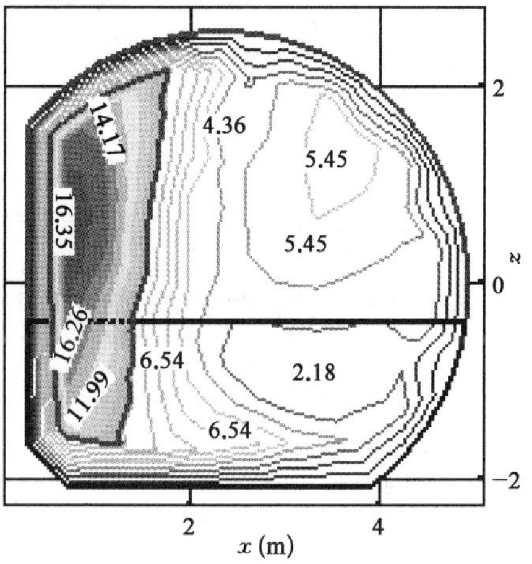

图 3－43　乘客逃生空间高速区分布图

对应图 3－42 中阴影部分所示的乘客疏散空间，在图 3－43 中可以看出气流高速区(图 3－43 中左侧粗实线所围区域)所占的范围不大(约为 13.2%)，并且位于近隧道壁面处，乘客有足够的空间可以避过气流高速区，并且气流高速区只出现在隧道入口处到其后约 10 m 远的范围内。由此可见，射流在长度、宽度和面积方面造成的气流高速区对于乘客逃生的影响不大。

3）射流进入隧道的情况

射流进入隧道的情况与喷嘴相对隧道入口的位置，喷嘴射流方向与隧道轴向的夹角等因素有关。根据本工程喷嘴布置情况，计算所得的喷嘴射流流场分布情况如图 3－44、图 3－45 所示。隧道入口处断面气流速度分布如图 3－46 所示。

从图中可以看出：喷嘴射流出口风速约为 30 m/s 时，气流离开喷嘴后射流扩散，射流核心区内风速保持在 30 m/s 左右，其后进入射流主体段，风速逐步衰减。到达隧道入口处射流中心风速已经衰减到大约 26 m/s，射流中心的高度大约在距轨道面以上 3 m 处，射流的高速区通过防护门的情况较好。射流对隧道气流的扰动使隧道截面下方空间形成了旋流。相邻区间隧道入口处最高风速在 3.5 m/s 左右，并且在整个隧道截面上有旋流现象出

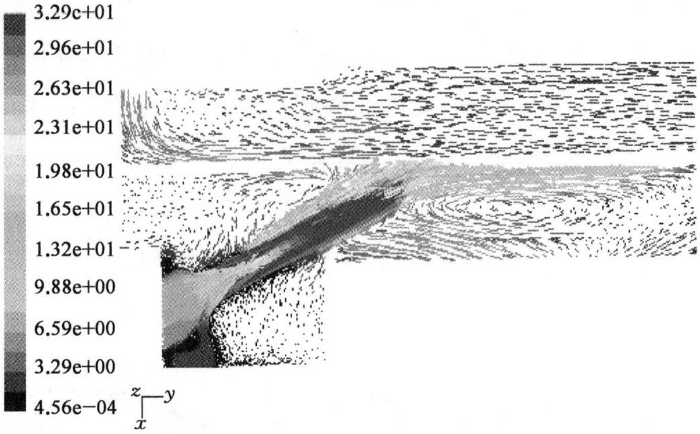

图 3 - 44　喷嘴附近流场速度分布矢量图

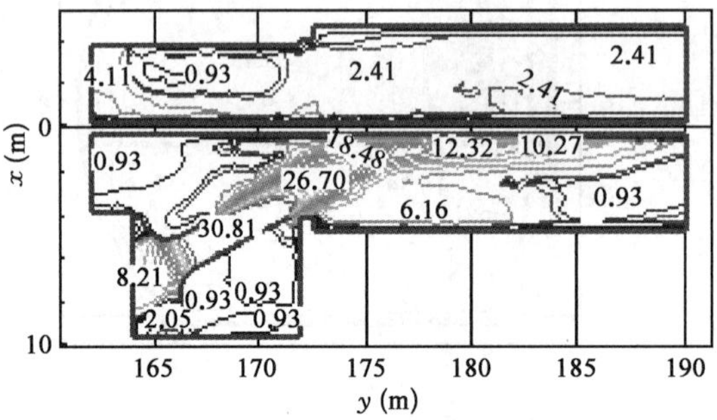

图 3 - 45　喷嘴附近流场速度分布图*

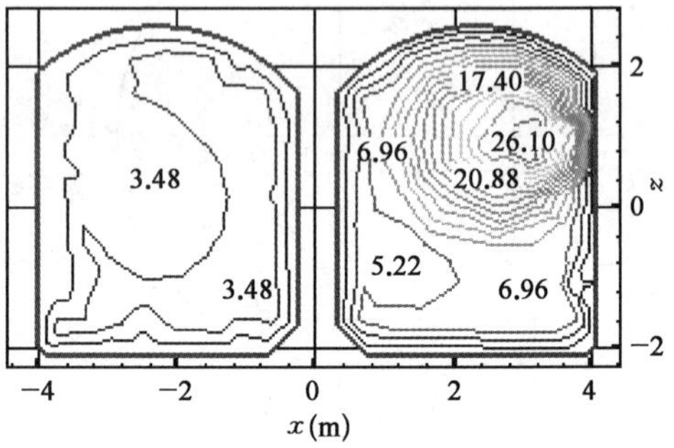

图 3 - 46　防护门处流场速度分布图*

现。绝大部分射流能通过隧道入口进入事故停车隧道，未进入隧道区间的比例很小，流向车站及相邻并列隧道的气流也很少。

对矩形喷嘴，喷嘴出口风速为 25 m/s 时，Fluent 模拟计算在乘客疏散空间风速高于 11 m/s的区域起始于隧道入口处后 1.7 m，结束于 9.3 m，总长度是 7.6 m，所占的断面积最大值是 10.4%。

根据实验和模拟计算的结果，本工程喷嘴设计(矩形喷嘴，喷嘴下沿距轨面 2 m，喷嘴出口风速 25 m/s，喷嘴射流方向与隧道轴线夹角小于 30°)能满足设计要求。本工程双圆盾构隧道设中隔断可提高正常运行时隧道活塞通风效果，喷嘴设计不会影响火灾时乘客疏散。

3.7　施工技术

3.7.1　示范工程概况

上海地铁 8 号线黄兴绿地站—翔殷路站双圆盾构区间隧道工程，全长 866 m，隧道最大坡度 28‰，最小平曲线 $R=495$ m，隧道覆土厚 5.2～12 m，如图 3 - 47 所示。

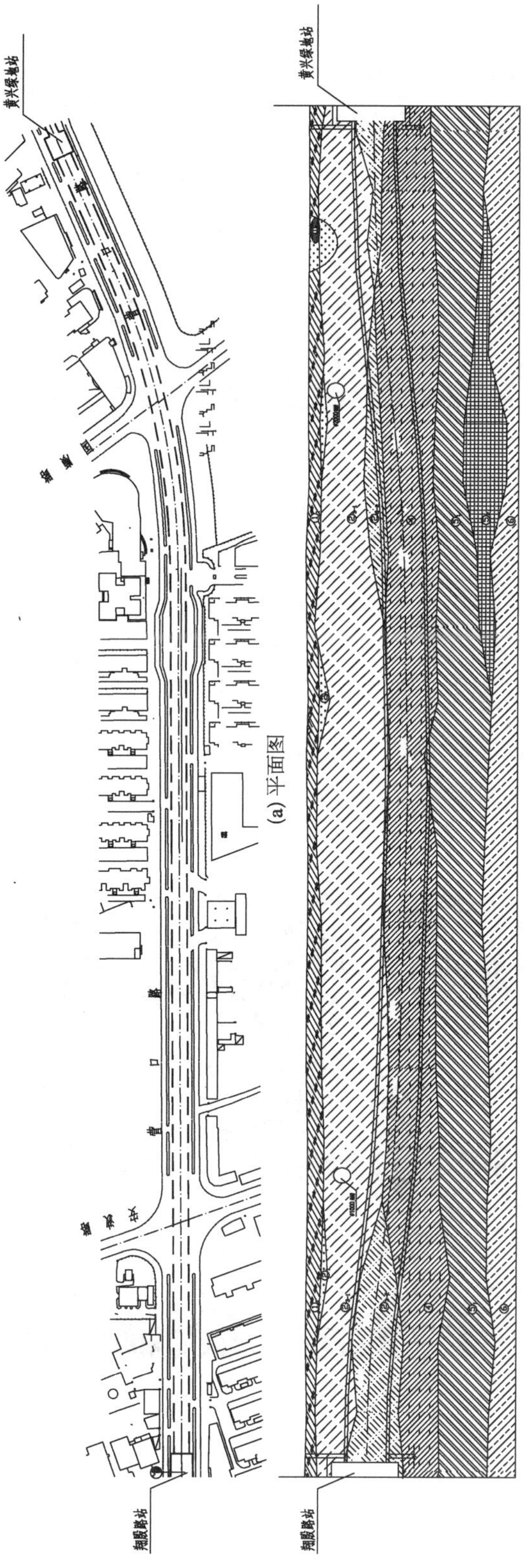

(a) 平面图

(b) 地质剖面图

图3-47　黄兴绿地站—翔殷路站区间平、纵剖面图

3.7.2 工程地质条件

本段区间盾构施工穿越的土层为：②3－1灰色黏质粉土、②3－2灰色砂质粉土、④灰色淤泥质黏土，土层的物理力学性质指标见表3－13。

表3－13 土层物理力学性质指标表

层号	土层名称	层顶标高(m)	含水量 W(%)	天然重度 γ(KN/m³)	孔隙比 e	直剪固快峰值强度		标贯击数 N(击)
						内聚力 C(kPa)	内摩擦角 φ(°)	
$②_1$	褐黄色粉质黏土	3.10～1.60	30.1	18.9	0.874	17.0	31	
$②_{3-1}$	灰色黏质粉土	1.23～0.76	32.2	18.5	0.930	29.6	7	5
$②_{3-2}$	灰色砂质粉土	－1.22～－7.63	27.8	19.0	0.824	31.1	8	7.3
④	灰色淤泥质黏土	－5.45～－9.82	47.7	17.1	1.374	9.0	14	

3.7.3 采用的双圆盾构机

本工程采用一台ϕ6520×W11120加泥式土压平衡双圆盾构机(图3－48)完成掘进任务，双圆盾构机是将以往采用的单圆形加泥土压平衡盾构按左右、上下组合起来的盾构，能将双圆隧道断面一次构筑成形。结构上，刀盘以辐条(加劲肋)形为基本，由于2个刀盘配置在同一平面上，为防止刀盘间冲突，采用同步控制装置控制刀盘旋转速度，并装备了拼装多联型管片的拼装机和管片提升上顶装置。

图3－48 双圆盾构机*

3.7.4 施工技术难点

(1) 双圆盾构出洞施工技术。根据双圆盾构机切削断面较大、两圆间凹槽部止水难度大、出洞口为②$_{3-1}$、②$_{3-2}$、④层土等特点，本工程双圆盾构出洞存在较大技术难点。

(2) 双圆盾构管片拼装工艺。根据双圆形管片的形状、管片首次采用预埋铸铁手孔结合短螺栓的连接形式、单臂式拼装机等特点，确保管片拼装质量、加快拼装速度也为本工程一大难点。

(3) 双圆盾构姿态和隧道轴线控制技术。双圆隧道轴线控制中隧道平面和高程的控制机理和手段与单圆盾构基本类似。但对于双圆隧道转角，由于其对隧道施工质量及施工难度(主要指管片拼装及盾构进洞)产生直接影响，且此盾构刀盘相向旋转的特点决定无法采用单圆盾构利用刀盘正反转控制盾构转角的有效手段，故隧道转角控制为双圆盾构施工的一大技术难点。

(4) 双圆盾构地层变形规律研究和控制技术。综合双圆盾构机辐条式刀盘的构造原理、双圆盾构机形状及宽度特点、同步注浆系统位置和特性、施工区段土层属高含水量、高灵敏度的饱和软黏性土等工况条件，地层变形控制为本工程最大技术难点。

(5) 施工参数的优化，包括土压力设定、出土量控制、推进速度等。

3.7.5　双圆盾构出洞技术

双圆盾构出洞是否成功和顺利是整个工程成功与否的第一步，也是关键一步。双圆盾构出洞主要存在以下技术难点：地基加固处理、洞圈防水技术、管片拼装精度控制技术、出洞段轴线控制技术、地层变形控制技术。

(1) 地基加固处理。本工程出洞地基加固采用 ϕ700 mm 双头单排搅拌桩，搭接 200 mm；加固区域为纵向由工作井外井壁向外 3.8 m，横向以洞圈向左右两侧各延伸 2 m，深度为洞圈往下 2 m；水泥土搅拌桩的强度要求：抗压强度 0.8 MPa，抗剪强度不低于 0.2 MPa。由于施工设备限制，搅拌桩与工作井围护结构间存在一定量的建筑间隙，此建筑间隙在搅拌桩施工完成后采用旋喷桩进行补强加固。

(2) 洞圈防水技术。双圆盾构断面相对较大、形状更为特殊，尤其双圆盾构中间飞鸟块处存在凹槽，故仅依靠传统的帘布橡胶板无法在凹槽处形成较强的密封性，从而影响洞门止水效果。为此，本工程洞门止水装置采用常规帘布橡胶板、铰链板结合气囊形式，在凹槽部位利用气囊的压力将帘布橡胶板紧贴住盾构壳体，同时在洞圈内预留数个注浆管，以备特殊情况下使用，从而确保良好的洞圈止水效果，如图 3 - 49 所示。

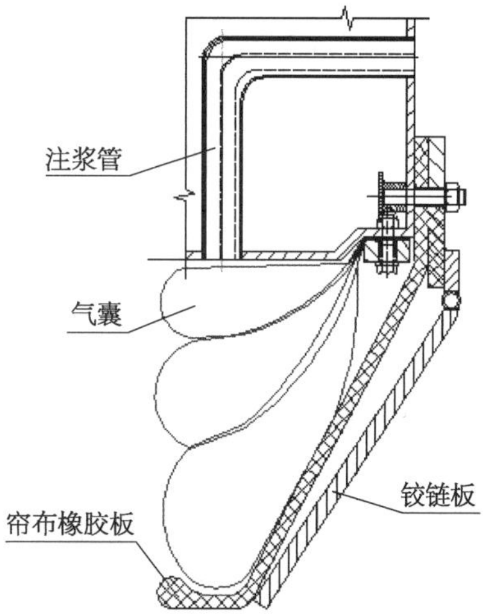

图 3 - 49　出洞防水装置图

(3) 负环管片拼装精度控制技术。作为隧道衬砌拼装的基准面,负环及初出洞段管片的拼装精度将很大程度上影响盾构出洞段管片的拼装质量。为此,在负环拼装阶段必须做好以下工作:① 集中力量、放慢拼装速度,确保负环(特别是第一环)的拼装精度;② 设置相当数量的限位装置,确保管片成环及控制被推动状态下的变形量;③ 合理利用千斤顶编组,尽量降低每块管片间的应力差。

3.7.6 双圆盾构管片拼装技术

双圆管片的连接形式与单圆管片有很大差异,纵、环向均采用球墨铸铁预埋手孔加短螺栓的形式,拼装精度要求高;上下飞鸟形管片和中间立柱的拼装难度大。如何确保管片拼装质量,在施工过程中存在一定的难度,如图 3-50 所示。

图 3-50 管片预埋件图*

隧道衬砌由 11 块预制钢筋混凝土管片拼装而成,双圆盾构由于断面较宽,管片拼装需由 2 台拼装机作业完成。

双圆盾构管片的拼装是一项全新的工艺,主要难点体现在以下方面:双圆管片中大、小飞鸟形管片和立柱管片的拼装难度较大;管片首次采用铸铁手孔结合短螺栓的连接形式,管片精度高,拼装难度大;单臂式拼装机操作方法与以往单圆有显著区别,需要一段时间的适应。

1) 双圆隧道管片拼装顺序

先下部飞鸟形管片→两侧标准管片(同步完成,先下后上)→上部飞鸟形管片→中间立柱。

2) 双圆管片拼装技术

(1) 下部飞鸟形管片属第一块定位管片,其拼装质量将直接会影响整环管片拼装质量,故此块管片的拼装必须严格确保其拼装精度。

(2) 标准块的拼装与单圆管片基本类似,但由于其连接采用预埋手孔形式,故必须确保每根螺栓的到位率。

(3) 上部飞鸟形管片拼装结束、立柱拼装前,紧邻上部飞鸟形管片两侧的管片螺栓不宜拧紧,便于立柱拼装时上部飞鸟形管片有一定的上下调整余地。

(4) 综合利用管片顶托装置、左侧拼装机、盾构千斤顶,扩大立柱拼装间隙。

(5) 立柱拼装时,需时刻观测立柱周边间隙,防止立柱承受过大施工荷载。

(6) 管片纵、环向螺栓必须做到及时拧紧和复紧。

(7) 及时启用整圆器,保证成环隧道圆度。

虽然双圆管片的拼装难度较大,但由于其采用铸铁手孔短螺栓连接形式,在管片拼装成环后其隧道质量较传统的长螺栓连接形式为好,管片环与环、块与块之间的踏步、张开量、隧道的变形情况均较为理想,且当隧道脱出盾尾后其变形量也较小。

3.7.7　双圆盾构轴线控制技术

双圆盾构轴线控制分为：平面控制、高程控制和偏转控制。

1）平面控制

双圆盾构平面控制方法基本与单圆盾构相同,主要利用左或右侧盾构千斤顶推力的调整进行纠正。

由于双圆盾构机宽度相对较大,在左右侧千斤顶推力差相同的情况下产生的力矩也更大,为此盾构平面控制的灵敏度较高,故在工程施工过程中需对盾构平面姿态随时监控并不断调整。

从以下盾构平面控制曲线图可以看出,本工程盾构平面轴线控制情况良好,基本控制在 ±40 mm 以内,如图 3－51 所示。

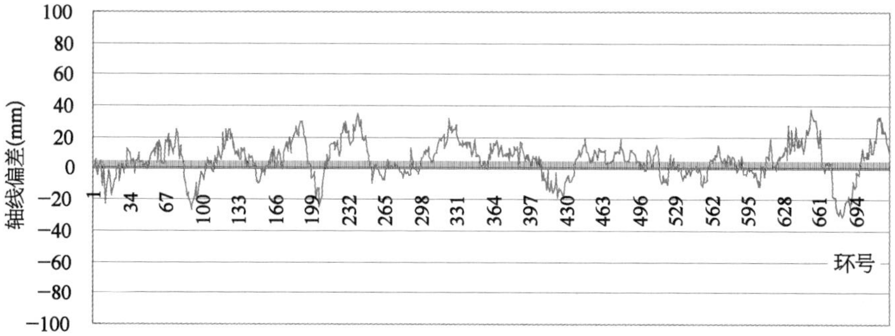

图 3－51　盾构平面控制曲线图

2）高程控制

双圆盾构高程控制方法基本与单圆盾构相同,主要利用上下盾构千斤顶推力的调整进行纠正。为防止可能出现的盾构机"磕头"现象,在双圆盾构机下部设置了 12 个大推力千斤顶。

但通过实际盾构掘进发现,双圆盾构高程主要受盾构机自身偏转因素影响严重,在盾构转角较大时,盾构高程控制情况相对较差;特别在盾构机与管片间存在较大量的转角差时,更将导致左右圆盾壳与管片间的盾尾间隙出现对角无间隙现象(左上、右下无间隙或左下、右上无间隙),如图 3－52 所示,以

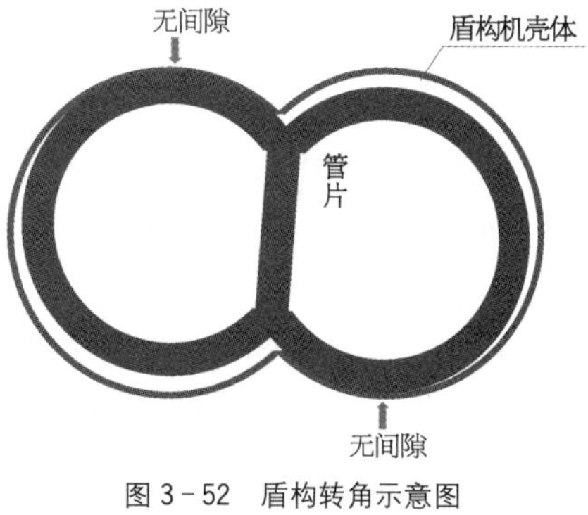

图 3－52　盾构转角示意图

致极难采取利用管片控制盾构高程和调整盾尾间隙的手段。

从以下盾构高程控制曲线图可以看出，在左右圆隧道高程差(即盾构转角)较大时，盾构高程轴线控制情况相对较差，故在控制时需对盾构高程和盾构转角两个因素进行综合考虑，在本工程中盾构高程基本控制在±70 mm以内，如图3-53所示。

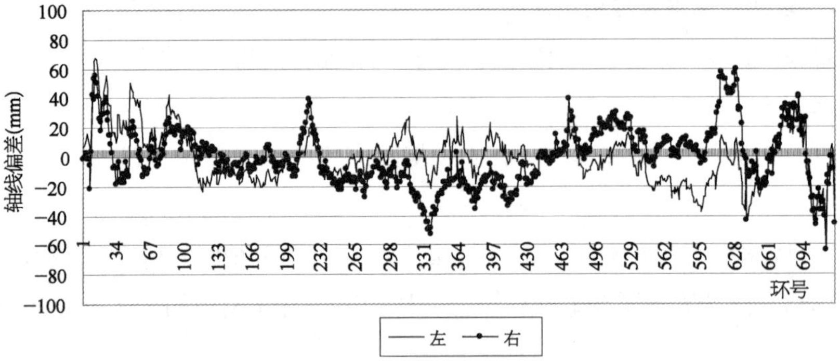

图3-53　盾构高程控制曲线图

3) 偏转控制

在双圆盾构隧道施工中，由于盾构偏转将造成左右隧道的高低差及立柱的倾斜，直接对建成隧道的受力及质量产生影响，为此双圆盾构的偏转控制也是关键的质量控制指标和主要技术难点。

一般情况下，双圆盾构因左右刀盘相互间逆向旋转，扭矩反力和惯性力相互抵消，故不易产生偏转，但一旦产生偏转，纠转难度也更大。

在本工程中，针对双圆盾构的偏转情况，主要采用以下技术措施：

(1) 控制盾构机的制造精度，减少双圆盾构左右外壳体的扭曲量。

(2) 利用修正偏转千斤顶，根据修正偏转千斤顶偏转角度产生在圆周方向的分力来修正盾构偏转。

(3) 通过螺旋输送机调整左右圆的出土量，达到修正盾构转角的目的。

(4) 利用仿形刀的局部超挖进行改变偏转方向的方法。

(5) 在双圆盾构的单侧加压重物，以产生扭矩实现盾构纠转。

(6) 调整左右圆的同步壁后注浆位置和注浆量来调整盾构转角。

(7) 调整左右圆土压力设定值，通过左右圆盾构不同的受力状态控制盾构转角。

在施工过程中，通过对以上单项或组合纠偏对策的综合应用，本工程基本将盾构转角控制在0.6°以内，如图3-54所示。

3.7.8　双圆盾构地层变形控制技术

3.7.8.1　引起双圆盾构地层变形的主要因素

(1) 双圆盾构刀盘为辐条形，无法有效支撑正面土体，一旦土舱内设定压力值与实际土

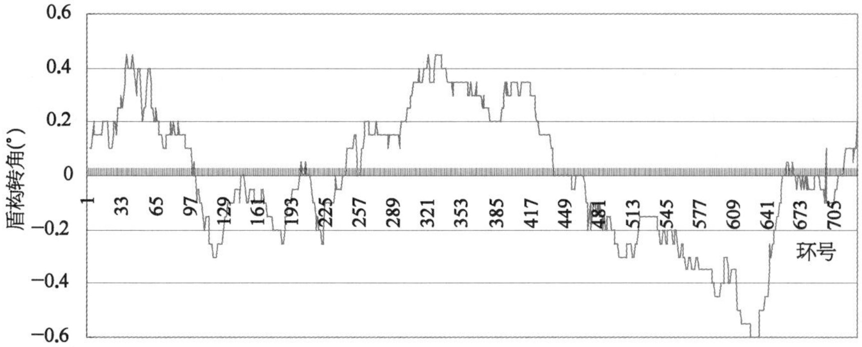

图3-54 盾构转角控制曲线图

体压力值间存在一定压力差,则将直接导致地层变形。

(2) 直径达60 cm的刀盘辐条在旋转过程中,将在辐条背后形成建筑空隙,若盾构土舱内土体的塑流性能较差,无法及时填补辐条后部不断出现的建筑空隙,则将引起盾构正面或上方土体的涌入,最终导致地面变形。

(3) 双圆盾构顶部凹槽处易产生背土现象,造成盾构机背部土体整体随盾构机向前运动,以致出现地面先隆后沉的现象,地面变形严重。

(4) 双圆盾构同步注浆孔设在盾构中心上下两凹槽处,浆液需填满整环双圆盾构后部建筑空隙所经过的路径相对较长,当盾构在地质条件较差、土体较软的地层中掘进时,盾构与管片间的建筑空隙将迅速被周围土体所淹埋,注浆材料无法及时填充到位,最终导致地面变形。

3.7.8.2 控制双圆盾构地层变形的技术措施

(1) 研究并设定与外部原状土相当的土压力值,减少对正面及上部土体的扰动。

(2) 进行土体改良,增加土舱内土体的流动性能,及时填充辐条留下的建筑空隙。

(3) 利用盾构中心顶部的注浆孔及时填充润滑材料,减少凹槽处的背土现象。

(4) 准备壁后注浆系统以备用,确保浆液及时填充盾构与管片间的建筑空隙。

(5) 设置有效的地面变形监测点,及时进行地面变形的监测并同步反馈至盾构控制室,以便及时进行施工参数的调整。

3.7.8.3 实际地层变形情况分析

1) 盾构切口位置

(1) 由于双圆盾构刀盘为辐条形式,盾构土舱内土压力与正面土体关系更直接;实际盾构掘进反馈情况也表明:双圆盾构切口位置土层在切口土压力作用下反应极为迅速、灵敏;反之,在掌握双圆盾构施工规律后,利用盾构切口土压力控制盾构切口位置地层变形的效果也更明显。

(2) 对盾构正面土体的塑流性能要求较高,否则必须进行土体改良,确保盾构正面土压分布均匀且刀盘辐条背部等不断出现的建筑空隙能及时填充,否则对地层影响较大。

(3) 根据管片拼装阶段土压力松弛下降的情况,将导致在此阶段盾构切口位置地面沉降较大。为此,在管片拼装阶段必须采用螺旋机反转等手段始终维持切口土压力值。

2) *盾构背部位置*

从图 3-55 可以看出,受盾构切口穿越时扰动(隆起或沉降)越严重的地层,盾构壳体穿越时其沉降越大。

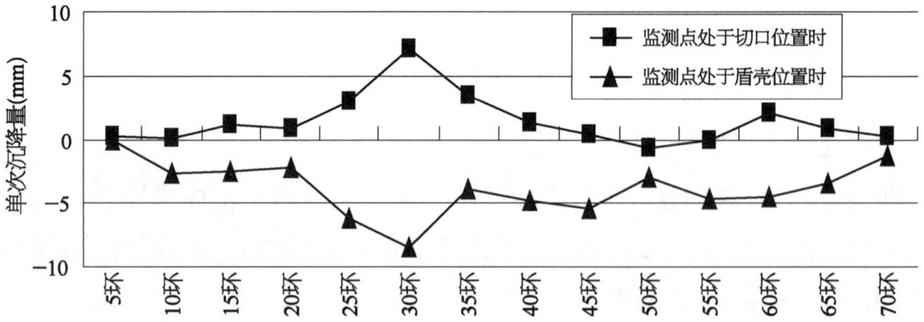

图 3-55 监测点处于切口和盾壳时的变形关系图

3) *盾构盾尾位置*

(1) 考虑到地面沉降和隧道上浮,同步注浆的浆量分配基本以上部注浆管 60%~80%,下部注浆管 20%~40%较为合理。

(2) 由于注浆孔少,当推进速度过快时可能引起上部注浆孔流量过大以致注浆压力过高,此时务必减小推进速度以确保注浆量,控制地表沉降。

(3) 在脱出盾尾后沉降较为严重的部位应及时采用壁后注浆手段控制地面沉降。

3.7.9 主要施工参数

1) *土压力控制*

根据双圆盾构辐条式刀盘的机理特性,双圆盾构土舱内土体与正面地层基本呈直接沟通状态,故盾构正面设定土压与盾构切口地层变形关系更直接、反应更灵敏、更迅速,因此土压管理对于双圆盾构掘进则显得尤为重要。

根据双圆盾构实际土压力设定值情况来看,实际土压力设定值与理论土压力值差异较大,根据实际数据汇总分析,$P_{设定值} \approx P_{理论值} + 50$ kPa;在实际施工中,土的经验系数取值也随着覆土深度的不断加大而减小,在初出洞的浅覆土工况下,静止土压力经验系数达到 1.0 左右,随着隧道覆土的不断加深,静止土压力经验系数取值不断降低,在隧道覆土最深处取 0.8 左右。

通过与类似工况单圆盾构工程的比较发现:单圆盾构的土压力经验系数相对较小,一般取 0.6~0.9;双圆盾构的土压力经验系数相对较大,一般取 0.8~1.1。

从显示的双圆盾构左右圆土压力值情况来看，左右圆土压力值无明显差异，总体较为稳定；当然，在盾构姿态(主要指盾构转角)较差或土质存在一定变化时，左右土压力值存在少量差异。

当然，也正由于辐条式刀盘以致盾构土舱与正面土体直接导通的因素，盾构测得土压值也与正面地层实际土压基本接近，故在准确按地层变形规律设定切口土压力值后，辐条式刀盘型盾构掘进时对外界地层的扰动也更小、更安全。

2) 刀盘扭矩控制

刀盘扭矩在本工程施工过程中一直处于较为稳定的状态，主要随着隧道覆土的不断增大而微量升高，减小而微量降低。除在出洞加固区推进时扭矩较大(最高达 80%)外，在正常掘进时左右刀盘扭矩基本控制在 20%左右。

3) 同步注浆量控制

双圆盾构的同步注浆工艺与传统的单圆盾构存在很大不同，要求也更高。本工程同步注浆位置处于盾构上下飞鸟块凹槽，上、下二点同步注浆，浆液材料采用双液浆，如图 3-56 所示。

图 3-56　盾构上部同步注浆孔位置图*

盾构初出洞穿越加固区时，考虑到盾构背部土体的疏松，同步注浆浆液可能窜至盾构背部壳体并结硬，以致盾构背土引起严重地层变形，故在初出洞时未开通同步注浆系统。盾构推进第 8 环时，开通同步注浆系统对管片周边间隙实施同步填充。

同步注浆量由 140%开始，根据地层变形情况不断进行调整，从总体施工情况来看，在本工程工况条件下双圆盾构同步注浆量控制在 180%～250%时最佳。

双圆盾构主要有上下两个注浆点，通过实际施工发现，除同步注浆总量控制以外，上下注浆孔的浆量分配也相当关键，在本工程中，主要综合考虑到地层变形、隧道上浮等因素，同步注浆量分配一般以盾构上部注浆孔 60%～80%、盾构下部注浆孔 20%～40%为宜。

注浆压力一般控制为小于 0.3 MPa 为宜，由于本区间隧道覆土较浅，路面结构较差，注浆压力还需时刻根据同步注浆过程中地面情况进行调整,防止地面冒浆现象发生。

3.8 综合效益分析

1) 技术创新点

(1) 国内首次将双圆盾构应用于地铁区间隧道的施工,根据限界和盾构设备的要求,同时借鉴了日本的双圆隧道技术,设计了适应上海土层的衬砌结构,并对计算模型和计算参数,提出了针对性的修正。

(2) 通过水平整环试验的研究,对双圆隧道衬砌的计算参数、设计构造提出了针对性的优化建议。

(3) 在试验研究和分析计算的基础上,完成了整套施工图的设计,并且较好地指导了施工。

(4) 根据废水泵站和建筑疏散的要求,针对性地设计了特殊衬砌圆环和钢立柱。

(5) 通过环控系统的研究,双圆盾构隧道设中隔断可提高正常运行时隧道活塞通风效果;在车站站台两端设 4 只喷嘴,对故障停车的隧道通过喷嘴送风,利用喷嘴射流的诱导作用,提高向停车区间的通风排烟效果。

(6) 通过在双圆凹槽处采用局部气囊结合帘布橡胶板和铰链板的洞圈止水等技术,掌握了双圆盾构的出洞施工技术。

(7) 通过实际操作和不断总结提高,提出了综合运用顶托千斤顶、右侧拼装机、微松底部盾构千斤顶扩大立柱拼装间隙等一系列双圆管片拼装手段,熟练掌握了双圆隧道管片的拼装技术。

(8) 通过实际运用和研究,提出了利用修正偏转千斤顶、利用仿形刀的局部超挖、单侧加压重物等 8 项技术,确保有效地控制盾构转角。

2) 社会效益和环境效益

(1) 双圆区间隧道宽度仅为 10.9 m,可在狭窄的地下空间走廊内穿越或使区间隧道沿线地面道路规划红线控制宽度大大缩小,有利于城市用地的合理安排。

(2) 双圆盾构隧道的开挖面可以左右或上下灵活安排,工作环境适应性极强,为线路的选线提供了多种可行的实施方案,使定线自由度增加,有利于获得最佳线路方案。

(3) 两条区间隧道合二为一,有利于提高抗震、救灾能力。同时区间隧道连接通道能方便地形成,避免了传统连接通道的施工风险,且使用更为便捷、安全。

第4章

郑州市下穿中州大道隧道工程

建造下穿城市主干道的下立交工程，常规的工法有明挖法和浅埋暗挖法，但明挖法对地面交通影响较大，浅埋暗挖法对应用的地层条件限制较多，都有一定的局限性。本章主要介绍郑州市下穿中州大道隧道工程应用矩形顶管工法的情况，主要有矩形顶管的结构设计、大断面矩形顶管机的研制及顶管施工的关键技术等。

4.1 工程概况

中州大道是郑州市中心城区快速路系统的纵轴线，是贯穿城市南北向的一条重要快速通道，也是郑州市的中央生态大道，被称为郑州的“香榭丽舍大道”。目前，中州大道从黄河大桥至京广铁路段全长约 30 km，道路红线宽度为 100 m，主线快车道为双向 10 车道，两侧辅道为两车道，辅道外侧还有功能齐备的非机动车道、人行道和宽阔的绿化带。郑州市近年来一直在推行“北移东扩”的发展思路，在北区与东区建立了大量居民区及商业区，郑东新区和老城区之间交通联系日益频繁。由于东西向连接通道较少，大量车流汇集，加剧了沿线各立交和相交路口的交通拥堵情况。该项目的实施可以有效疏解金水路东西方向的交通压力，解决目前郑东新区与中心城区之间连接通道较少的问题，分流黄河路、农业路、花园路、陇海路等现状道路的交通量，完善区域网络结构，改善区域整体交通环境，更好地服务于周边区域用地开发，改善居民交通出行环境，有效推动郑州都市区社会、经济综合发展，如图 4 - 1 所示。

该项目共分为两条隧道，分别为纬四路隧道和沈庄北路—商鼎路隧道。

纬四路隧道工程西起金水河桥，沿纬四路向东逐渐下行，下穿中州大道接商务西三街，至商务外环路转向南接到商务外环路，终点至黑庄路商务西五街交叉口。工程全长 909 m，隧道段全长 775 m。隧道为四孔箱涵，中间两孔为机动车隧道（双向四车道），两侧为非机动车隧道。其中，机动车隧道长 775 m（顶管段 110 m、暗埋段 388 m、引道段 277 m），非机动车隧道顶管段长 110 m，如图 4 - 2 所示。

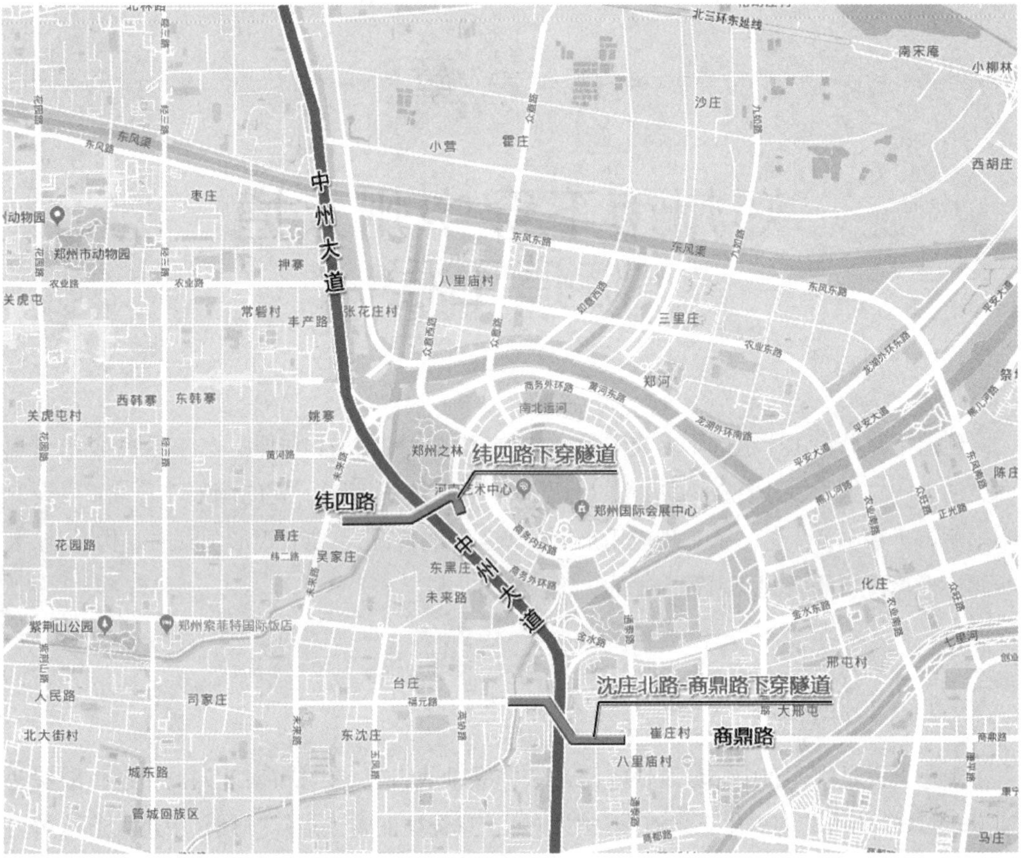

图 4-1　工程地理位置图

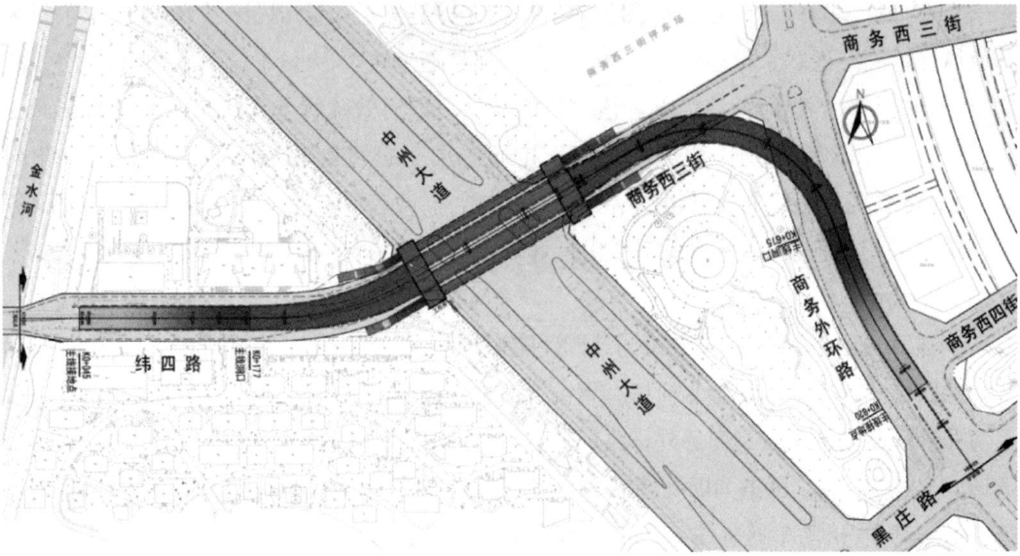

图 4-2　纬四路隧道平面示意图

商鼎路隧道工程西起沈庄北路滨河路交叉口熊儿河桥，沿沈庄北路向东逐渐下行，至中州大道交叉口斜穿过中州大道，同时从现状人非通道的下方穿越，后向东南接至商鼎路，终点至通泰路交叉口。工程全长 1 065 m，隧道段全长 930 m。隧道为四孔箱涵，中间两孔为机动车隧道(双向四车道)，两侧为非机动车隧道，非机动车采用骑行。其中，机动车隧道长 880 m(顶管段 212 m、暗埋段 378 m、引道段 290 m)，非机动车隧道长 930 m(顶管段 212 m、暗埋段 413 m、引道段 305 m)，如图 4－3 所示。

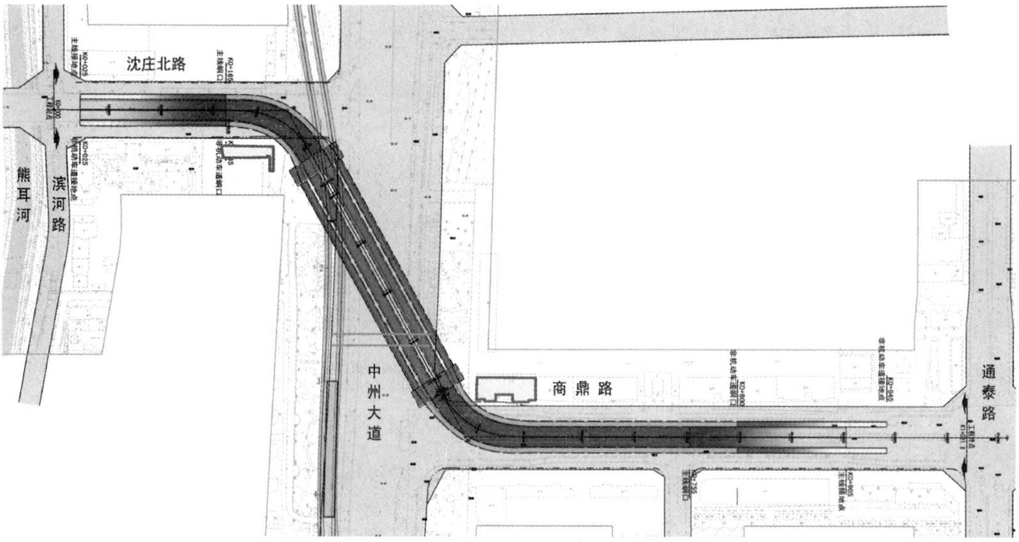

图 4－3　商鼎路隧道平面示意图

4.1.1　工程定位

根据郑州市城市总体规划，纬四路—商务外环路(纬四路隧道)为城市支路，沈庄北路—商鼎路(商鼎路隧道)为城市主干路。根据现状情况和接线条件，设计车速均采用 40 km/h。

4.1.2　工程需求

近年来，郑州市机动车数量迅速增长。据调查统计，截至 2011 年 1 月郑州市机动车保有量突破 160 万辆，机动车年增长率高达 17%。机动车数量的迅速增加给交通带来了巨大的压力，见表 4－1。

根据 2010 年 5 月交通量调查和统计，穿越中州大道高峰时段东西向车流量为 40 793 pcu/h。由于中州大道为郑州市中心城区快速路系统的纵轴线，穿越中州大道的东西连接通道较少，导致金水路、黄河路、农业路、郑汴路、航海路等郑州市东西向交通主干道时常发生拥堵。在保证中州大道主线连续、快速通行的前提下，尽快增加东西连接通道是十分必要的。

表 4-1　郑州市机动车历年增长情况

数　量	2005	2006	2007	2008	2009	2010	2011
机动车保有量(辆)	764 312	887 918	979 384	181 397	1 195 106	1 367 489	1 600 000
机动车增加量(辆)	—	123 606	91 466	102 013	113 709	172 383	232 511
机动车增长率(%)	—	16.17	10.30	10.42	10.52	14.42	17.00

中州大道的东西连接通道，能够大大缓解金水路、黄河路、农业路、郑汴路等郑州市东西向交通主干道的拥堵现象，加强郑州市新区与老区的联系。

4.1.3　设计标准

(1) 道路等级和设计车速。根据郑州市城市总体规划，纬四路为城市支路，沈庄北路—商鼎路为城市主干路。根据现状情况和接线条件，设计车速均采用 40 km/h。

(2) 建设规模和车道宽度。根据路网规划要求，并经交通量预测分析论证，纬四路隧道的建设规模为双向四车道加非机动车道(含人行道)。商鼎路隧道建设规模为双向四车道加非机动车道(不含人行道)。每条机动车道宽度为 3.5 m，非机动车道宽度为 4 m。

(3) 净空高度。机动车道最小净空高度取 4.5 m，非机动车道最小净空高度取 2.5 m。

(4) 荷载标准。计算荷载：以双轮组单轴载 100 kN 为标准轴载。

(5) 隧道主结构设计使用年限：100 年。

(6) 抗震设防要求：按地震烈度 7 度设防。

(7) 主线线形标准见表 4-2。

表 4-2　主线线形标准

项　目	内　容		规范值	纬四路隧道设计采用值	商鼎路隧道设计采用值
设计车速	设计车速(km/h)		40	40	40
平面线形	圆曲线最小半径	一般值(m)	150	70	100
		极限值(m)	70		
	不设超高的最小圆曲线半径(m)		300	300	300
	不设缓和曲线的最小圆曲线半径(m)		500	500	500
	平曲线最小长度(m)		70	≥70	≥70
	缓和曲线最小长度(m)		35	≥35	≥35
	停车视距(m)		40	≥40	≥40
纵断面线形	最大纵坡推荐值(%)		6	3.99	3.99
	机动车最小坡长(m)		110	150	130
	机动车最小纵坡(%)		0.3	0.3	0.3

（续表）

项　目	内　容	规范值	纬四路隧道设计采用值	商鼎路隧道设计采用值
机动车最大合成坡度(%)		7	4.3	4.46
凸形竖曲线最小半径	一般值(m)	400	1 000	800
	极限值(m)	600		
凹形竖曲线最小半径	一般值(m)	450	1 200	1 500
	极限值(m)	700		
竖曲线最小长度(m)		35	35	35
非机动车道最大纵坡(%)		3.5	2.98	0.3%顶管段
非机动车最大坡长(m)		130	130	110

4.1.4　工程周边环境条件

纬四路隧道：中州大道以西为现状纬四路，道路宽度约为 9 m，为双向二快二慢机非混行车道，受中州大道的隔断，目前在交叉口维持右进右出的交通组织，车流以到发性交通为主，兼有部分过境车辆转入中州大道，总体上流量不高；道路北侧主要建筑为建业广场，道路南侧主要是金水花园、未来商务公寓、广发大厦等，高层建筑较多。中州大道以东为商务西三路街，即纬四路东延，道路宽度约为 23 m，道路南北侧均为城市绿地，中州大道以东 200 m 的商务外环路为郑州 CBD 的主要道路。位于纬四路南侧约 80 m 处设置一处人行过街地道，可方便行人及非机动车推行过中州大道。

商鼎路隧道：沈庄北路位于中州大道西侧，北为金水路，南为商城路；商鼎路位于中州大道东侧，金水路和商都路之间，两条道路错位布置，与中州大道交叉口间距约为 285 m。沈庄北路、商鼎路均为规划城市主干路。沈庄北路已按照规划断面实施到位，道路宽度约为 28 m，为双向六快二慢车道，受中州大道的隔断，目前在交叉口维持右进右出的交通组织，由于道路等级较高，路况较好，车流量相对较大；道路两侧多为新建的住宅小区，如锦绣花苑、伟岸栖业、安泰居等，多为高层建筑。商鼎路道路宽度 40 m，位于郑东新区范围，目前也已实施到位，中间设 5 m 的绿化带，机动车道为双向八车道，并设有非机动车道和人行道，道路宽敞，且受中州大道阻隔，在路口只能右进右出，总体上交通量不大。两侧均为新建的居民小区，北侧永威翡翠城目前仍在建，南侧的一品中央已建成。位于商鼎路北侧约 80 m 处设置一处人行过街地道，可方便行人及非机动车推行过中州大道。

4.1.5　工程地质及水文地质

工程范围内各土层性质相对较好，不存在淤泥质土等软弱土层，基坑侧壁涌水涌砂风险较低。从上到下分层描述如下：第①层，杂填土(Q_4^{ml})；第②层，粉土(Q_4^{al+pl})；第②$_1$层，粉砂

(Q_4^{al+pl});第③层,粉土(Q_4^{al+pl});第④层,粉质黏土(Q_4^{al+pl});第⑤层,粉土(Q_4^{al+pl});第⑤$_1$层,粉质黏土(Q_4^{al+pl});第⑥层,粉土(Q_4^{al+pl});第⑦层,粉质黏土(Q_4^{al+pl});第⑧层,粉土(Q_4^{al+pl});第⑨层,细砂(Q_4^{al+pl});第⑨$_1$层,粉砂(Q_4^{al+pl});第⑩层,粉土(Q_3^{al});第⑪层,粉质黏土(Q_3^{al});第⑪$_1$层,细砂(Q_3^{al});第⑫层,粉土(Q_3^{al}),如图 4-4 所示。

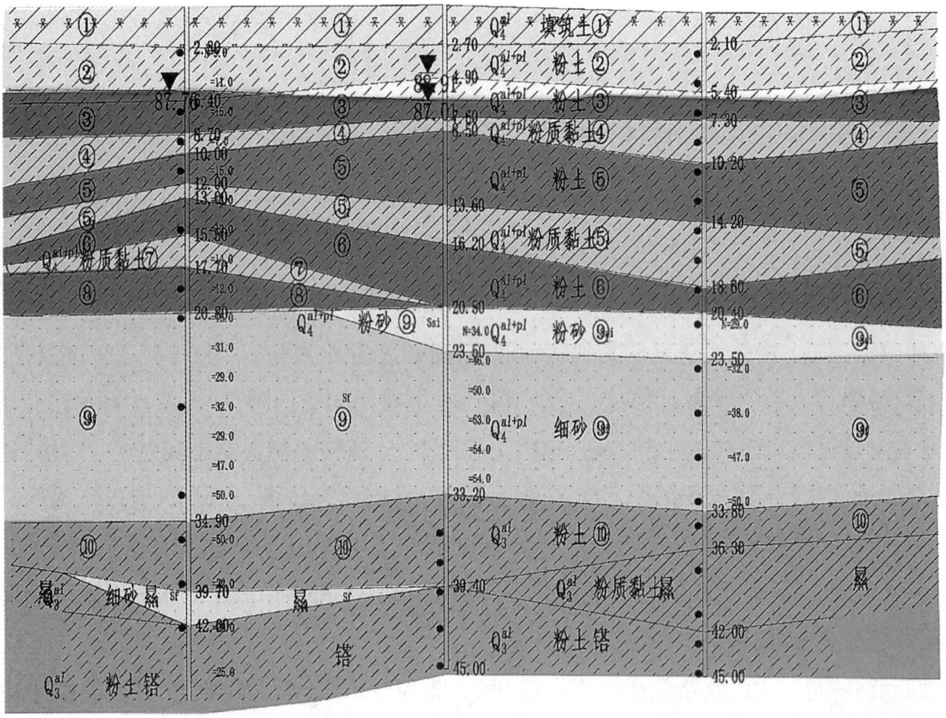

图 4-4　地质剖面图

纬四路隧道水文条件：地下水位埋深为 3.6～8.5 m,近 3～5 年平均地下水水位埋深为 3.0 m 左右,历史最高水位埋深约 1.5 m;砂层微承压水主要埋藏于第⑧、⑨层细砂层中,年变化幅度 1 m 左右;砂层承压水平均水位埋深 15.0 m。

商鼎路隧道水文条件：地下水位埋深为 5.3～6.5 m,近 3～5 年平均地下水水位埋深为 3.5 m 左右,历史最高水位埋深约 1.5 m;砂层微承压水主要埋藏于第⑨层细砂层中,年变化幅度 1 m 左右,砂层承压水平均水位埋深 16.5 m。

4.2　工法比选

施工方法对结构形式的确定和隧道土建工程造价有决定性影响。施工方法的选定,一方面受工程地质和水文地质条件、环境条件(地面建筑物和地下构筑物的现状、道路宽度、交通状况)等多种因素的制约,同时也会对工程的难易程度、工期、造价、使用功能等产生直接的影响。

本项目下穿城市主干道——中州大道,该道路车流量大,管线密集。下穿中州大道段如采用明挖法施工,需分车道围挡中州大道路面,对中州大道交通造成影响;且本工程地下管线密集,明挖施工需临时迁改大量管线。针对本工程各类制约因素,宜采用暗挖法施工。

目前,暗挖工法主要有:顶管法、管幕法、盾构法、矿山法、浅埋暗挖法等。根据本工程的地质、环境情况,下穿中州大道段施工工法在浅埋暗挖法、矩形顶管法、圆形盾构法三者之间进行比选。

4.2.1　浅埋暗挖法

浅埋暗挖法是为适应城市浅埋隧道的施工需要而发展起来的一种施工方法。浅埋暗挖法理论源于新奥法,但强调预支护,及时支护,控制地面沉降,保证施工和周边建(构)筑物的安全。浅埋暗挖法主要靠人工施工,机动灵活,对工程的适应性强,可做成各种结构形式,但其施工速度较慢,在地质情况较差的情况下要采取辅助施工措施,如图4-5所示。

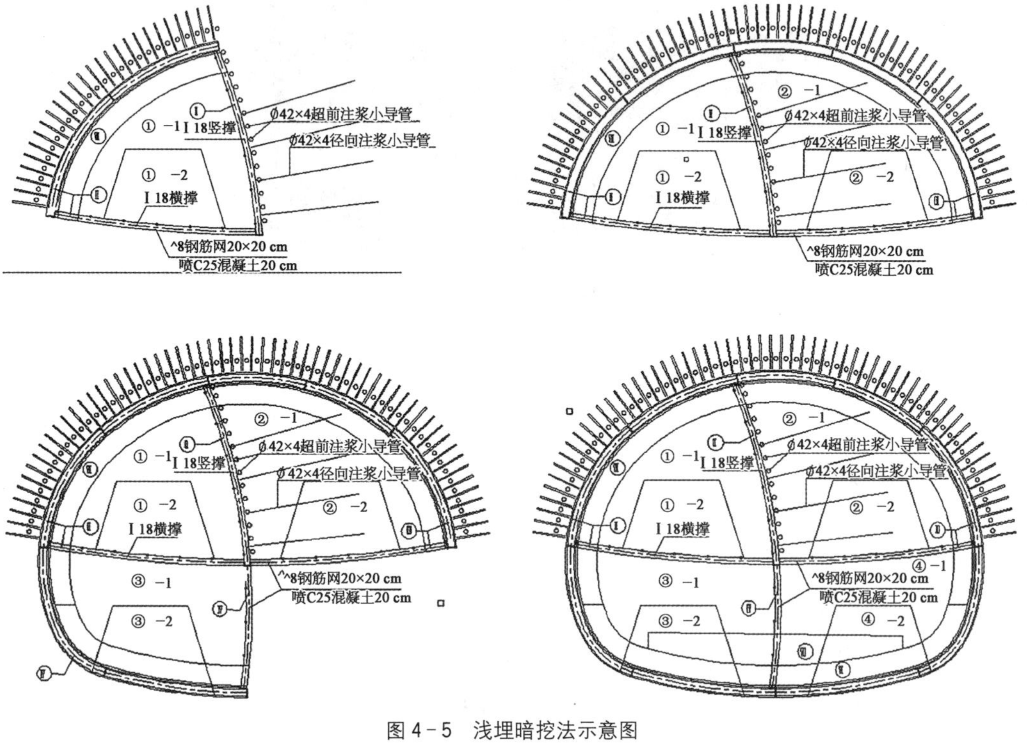

图4-5　浅埋暗挖法示意图

浅埋暗挖法主要适用于土质或软弱无胶结的砂、卵石第四纪地层。对于高水位地层,采取堵水或降水、排水等措施后仍能适用。尤其对地表沉降要求不高、隧道断面不大的情况下，在都市区修建地下过街道等较为适用。

本隧道如采用暗挖法施工，由于在地层中有粉、细砂层，地下水位较高，容易形成流砂。因此需要采用全断面注浆，对地层进行预加固，引起工程造价急剧增加。隧道埋深浅，断面跨度大，施工中产生的变形容易引起道路塌陷、建筑物变形及地下管线开裂，施工风险大。

4.2.2 矩形顶管法

矩形顶管法是近年来在城市地下空间开发中研发的一种先进的施工工法。矩形顶管法采用土压平衡掘进机，利用土压平衡原理进行全断面切削，对周围土体扰动小。顶管机掘进速度快，自动化程度高。不破坏原有的各类地下管线，对道路交通及地面的各类建筑影响小。施工时无噪声、无环境污染。管节采用高精度工厂预制构件，质量易于控制，如图4-6所示。

图4-6 矩形顶管示意图

矩形隧道开挖断面最小，隧道有效利用率最高，断面最接近道路限界。缺点是机械设备造价较高，管节预制需要预制场地。

4.2.3 圆形盾构法

圆形盾构法是另一种暗挖隧道的施工方法，可不使用辅助工法就能适应广泛的地层。采用圆形盾构法施工隧道，具有悠久的历史，已逐步成为城市地下工程重要的施工方法之一，广泛应用于公路隧道、地下铁道及市政公用设施隧道等。圆形盾构法具有施工进度快、作业安全、噪声小、管片精度高、衬砌质量可靠、防水性能好、地表沉降小等优点，如图4-7所示。

采用圆形断面，空间利用率不高，且圆形盾构占用场地大，造价高。圆形盾构受施工工艺限制，隧道覆土需在1倍洞径以上，导致线路埋深较深，出地面引道较长，场地条件限制，实施难度大。

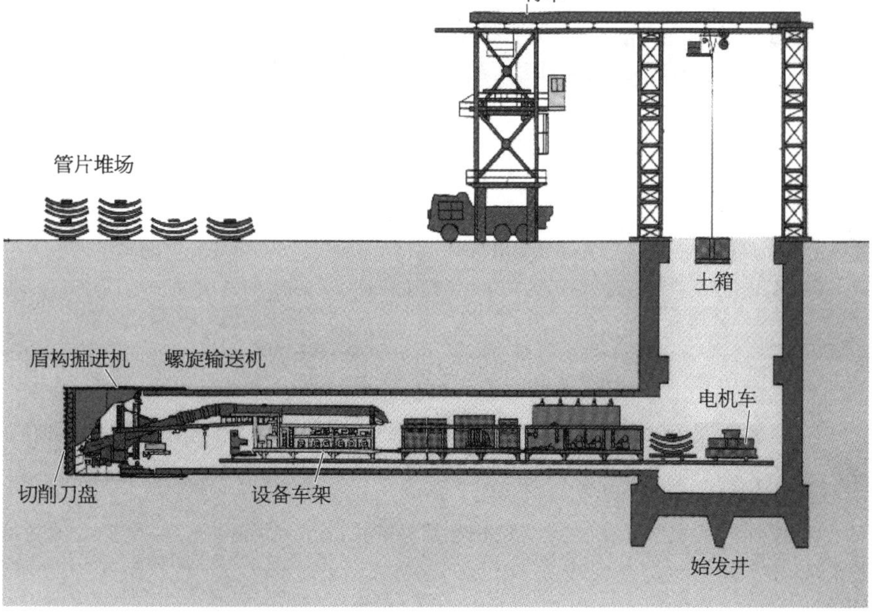

图4-7　盾构法施工示意图

4.2.4　工法比较

从以上三种暗挖工法的特点和对本工程的适用条件可以看出,圆形盾构法占用场地大、断面利用率不高,且局部控制点距离中州大道较近,根据纵坡要求,无法较短距离出地面,不适用于本工程。浅埋暗挖及矩形顶管法均已广泛应用于此类工程实践中,对地层都有较好的适应性,各自显示出了一定的优越性,只是其优越性是分别向两端发展的,即地层越好,浅埋暗挖法越占优;地层越差,矩形顶管法越占优。

本工程下穿道路交通(中州大道)繁忙,为城市南北交通主干道,隧道上方管线密集;施工对地表沉降控制要求高;地层条件较差、地下水位高;施工工期短。针对以上因素,本工程施工工法的选择通过综合比较确定。浅埋暗挖法及矩形顶管法比较见表4-3。

表4-3　浅埋暗挖法与矩形顶管法比较表

项　次		浅埋暗挖法	矩形顶管法
1	施工工艺	技术、工艺简单,无须大型机械	需要有矩形顶管机及其配套设备,技术、工艺较复杂
		施工灵活,在断面变化段、曲线段具有较大的优越性	固定断面尺寸,只能直线推进
2	作业环境	有渗漏水时,作业环境较差	作业环境优越
3	施工进度	作业环节多,施工速度较慢,15～20 m/月	机械化程度高,施工快,100～120 m/月

（续表）

项次		浅埋暗挖法	矩形顶管法
4	覆土要求	对覆土厚度没有特殊要求，最浅可至 1 m	覆土厚度不宜小于 3 m，且距离构筑物结构不小于 1 m
5	结构	一般需要二次衬砌	单层衬砌即可
6	防水	防水质量不易保证	防水可靠
7	施工措施	喷混凝土、支护质量易受人为因素影响 人工开挖支护，需要较高素质的施工组织来保证施工及环境安全 无水地段，施工造价较低；在地下水位较高的地层，需降水或采取注浆止水措施，造价较高	预制管节精度高、质量可靠 在矩形顶管机钢外壳的保护下进行掘进、出渣，管片的拼装等，安全性好 不受地下水限制，造价较高
8	预支护	需超前支护，遇特殊地段需采取辅助施工措施	除始发和接受范围外，不需进行地层改良
9	附属设施	无须特别附属设施	需附建管节预制厂
10	地表沉降控制	断面不大时能够有效地控制地表沉降，在遇到不良地层时，需采取地层加固措施，施工风险大	在大断面隧道施工中能够有效地控制地表沉降，受地层影响小，施工风险小，满足规范要求，确保地表道路正常通行
11	环境影响	施工用地小，对地面环境干扰小	施工用地小，对地面环境干扰小
12	工程造价	15.7 万元/延米，非机动车道(含全断面注浆封水) 21.5 万元/延米，机动车道(含全断面注浆封水)	18.9 万元/延米，非机动车道 36.2 万元/延米，机动车道

浅埋暗挖法在本工程应用，在不良地质环境及高水位环境施工，施工质量易受人为因素影响，施工风险高；断面跨度大，施工进度慢；对不良地质及高水位需采取辅助措施施工，增加投资。矩形顶管法在本工程应用，施工进度快；在矩形盾构顶管机壳保护下，施工过程安全；管片防水好；掘进时土压平衡对地表沉降的控制较好。

从断面利用、工期及经济性、施工对周边环境的影响等各方面考虑，本工程采用矩形顶管法具有较为明显的优越性。

因此，本工程下穿中州大道段推荐采用土压平衡式矩形顶管法施工，采用预制管节，现场安装。

4.3 矩形顶管段设计

4.3.1 建筑横断面设计

1）建筑限界

矩形顶管段采用双向四车道，车道两侧设有防撞侧石，宽度均为 150 mm。机动车道建筑限界为 8 m×4.5 m；非机动车道建筑限界为 4 m×2.5 m，如图 4－8 所示。

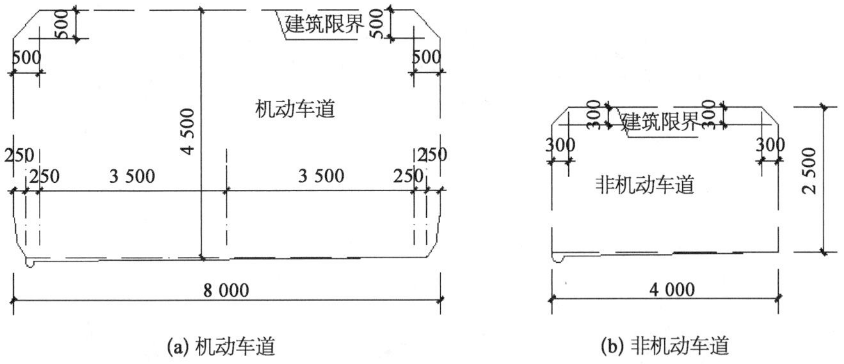

图 4-8　矩形顶管段建筑限界图(单位：mm)

2）横断面设计

矩形顶管段内净尺寸设计，综合考虑了建筑限界、设备限界、安全疏散功能要求、综合误差等因素。

横断面内的设备主要有：射流风机、照明灯具(包括基本照明灯具、应急照明灯具)、火灾探测器、消火栓总管、消火栓箱及各种电缆。布置这些设备的原则：不得侵入建筑限界、满足各设备的工艺要求、维修保养方便。

按照工艺要求，射流风机、照明灯具、漏泄电缆布置在建筑限界的上方；各类设备箱布置在车道两侧侧墙下部(防撞侧石的上面)，如图 4-9 所示。

4.3.2　结构设计

1）结构选型

为了优化结构的受力性能，结构采用两种类型管节：

(1) 机动车道采用类椭圆形钢筋混凝土管节，高 7.5 m，宽 10.4 m，内净高 6.1 m，内净宽 9 m，壁厚 700 mm，混凝土强度等级为 C50，抗渗等级为 P10，整节预制，节宽 1.5 m，单节管节重量约 73 t。

(2) 非机动车道采用矩形钢筋混凝土管节，高 4.2 m，宽 6.9 m，内净高 3 m，内净宽 6 m，顶底板壁厚 600 mm，侧墙壁厚 450 mm，混凝土强度等级为 C50，抗渗等级为 P10，整节预制，节宽 1.5 m，单节管节重量约 42 t。

管片防水采用 F 形钢套环的承插式接口。在管节与管节接缝处采用松木衬垫以利顶力传递。管节外侧设楔形橡胶密封圈，内侧设嵌缝槽。

由于本工程机动车道顶管段顶进断面大，主油缸的顶力不足以克服管壁四周土体的摩阻力和正面阻力，故将整条隧道分段，段与段间设置由一些中继油缸组成的移动式顶推站即中继环，且在管壁四周加注减摩剂以进行隧道的顶推。除标准管节和中继环外还分别设计

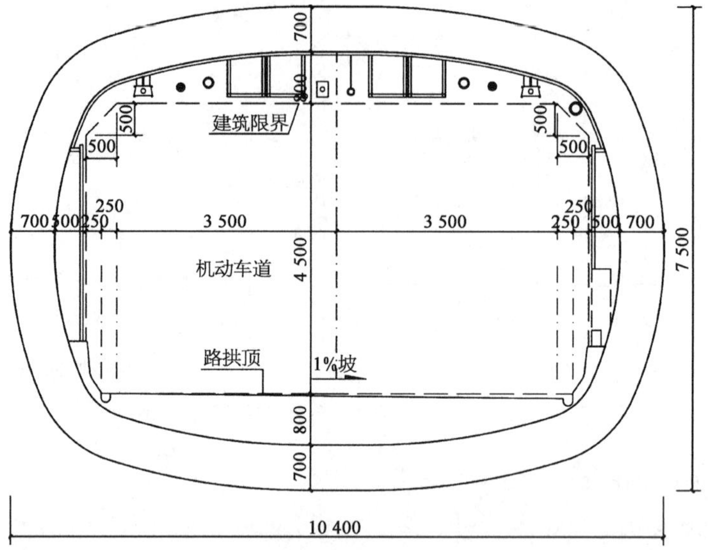

(a) 机动车道

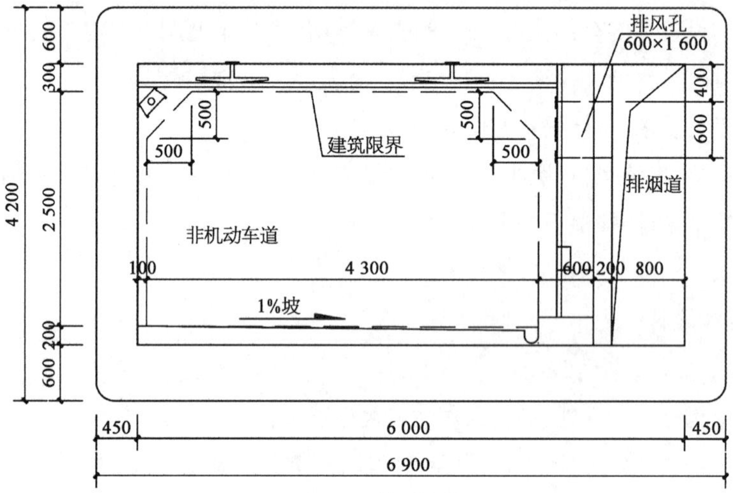

(b) 非机动车道

图 4-9　矩形顶管段建筑横断面图(单位：mm)

了中继环前后节、进洞管节、出洞管节等。

2) 类椭圆形顶管法管节的特性

随着地下空间的日益饱和，为了满足顶管法隧道更大内净尺寸的要求，本工程选用了一种新型管节结构形式，即类椭圆形顶管法管节，它既能满足隧道的各项功能要求，又能提高浅层地下空间有效利用率，减小隧道埋深，最重要的是优化结构受力，减小结构壁厚和断面尺寸。

类椭圆形顶管法管节特性主要包括以下方面：

(1) 类椭圆形钢筋混凝土管节高 7.5 m、宽 10.4 m、净高 6.1 m、净宽 9 m、壁厚 700 mm、

节宽1.5 m，整节预制。

(2) 管节断面为类椭圆形，由两段直线及10段圆弧组成。在矩形管节受力分析的基础上，顶底板及侧墙逆弯矩方向起拱，变通常的直角加腋为圆弧形角部，利于结构受力。

(3) 该断面形状在满足设备、建筑限界的前提下，空间紧凑，减小隧道埋深，有效提高浅层地下空间利用率约20%。

(4) 管节在高精度钢模内制作成型，采用F形承插接口。

(5) 管节顶底板及腰部设置吊装及翻转孔，帮助管节实现制作、运输及吊装过程中的起吊及翻转。

(6) 管节采用工厂预制、现场吊装的施工方式，保证管节施工质量的同时，缩短施工工期，减少了对周边环境的影响。

(7) 该类型管节可广泛应用于城市下立交、地下快速路主线及匝道、过街人行地道、地下管线共同沟等地下空间利用项目，甚至是地铁车站的附属结构等。

3) **结构设计**

(1) 计算荷载。隧道计算荷载分类见表4-4。

表4-4　荷载分类表

荷载分类		荷载名称
永久荷载		结构自重 地层压力(地下水位以上，天然容重；地下水位以下，浮容重) 隧道上部和破坏棱体范围的设施及构筑物压力 静水压力及浮力 设备重量 地基下沉影响力 侧向地层抗力及地基反力
可变荷载	基本可变荷载	地面车辆荷载 地面车辆荷载引起的侧向土压力 隧道内部荷载(车辆荷载、行人荷载等)
	其他可变荷载	施工荷载(设备运输及吊装荷载、施工机具及人群荷载、相邻工程施工等的影响、千斤顶顶力及压浆荷载等)
偶然荷载		地震作用

结构设计时，分别就施工阶段、正常运行阶段可能出现的最不利荷载组合进行结构强度、刚度和裂缝宽度验算，但特殊荷载阶段每次仅对一种特殊荷载进行组合(不需验算裂缝宽度)。

(2) 计算简图。类椭圆形管节计算简图如图4-10所示，矩形管节计算简图如图4-11所示。

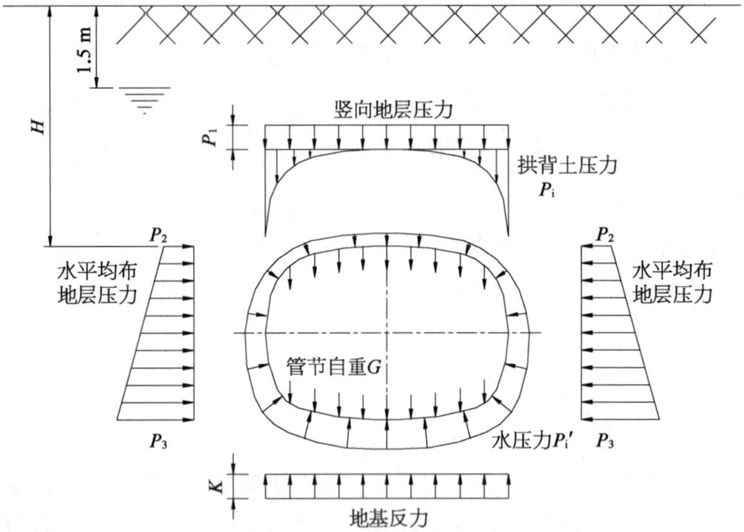

图 4-10　类椭圆形管节计算简图

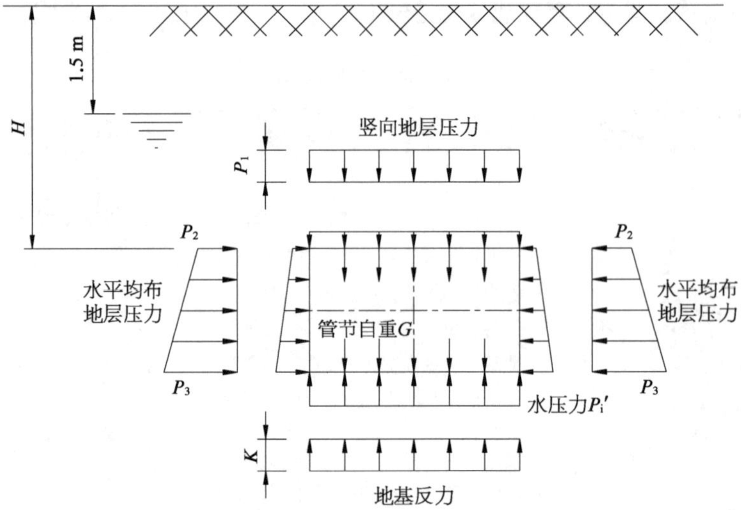

图 4-11　矩形管节计算简图

(3) 计算工况。隧道的结构计算，应根据各区段结构所处工程地质和水文条件、埋置深度、结构特点、施工条件、隧道相邻影响等因素，结合已有的试验、测试资料，选用合适的参数计算，见表 4-5。

表 4-5　计算工况特征条件

断　面	断面一：类椭圆形断面管节	断面二：矩形断面管节
隧道覆土厚度(m)	9.3	9.6
地下水位埋深(m)	1.5	1.5

(4) 计算结果。两个断面的计算内力图分别如图 4－12、4－13 所示。两个断面的计算内力汇总见表 4－6。

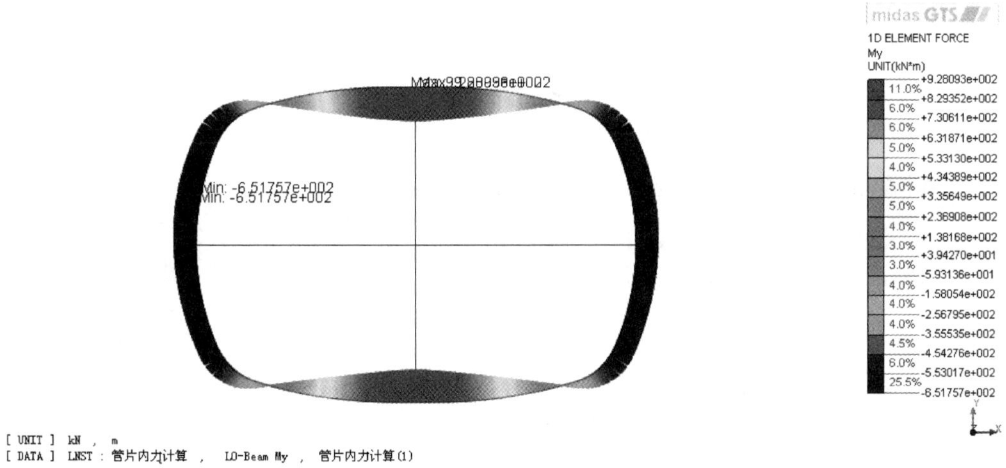

(a) 弯矩(单位：kN·m)

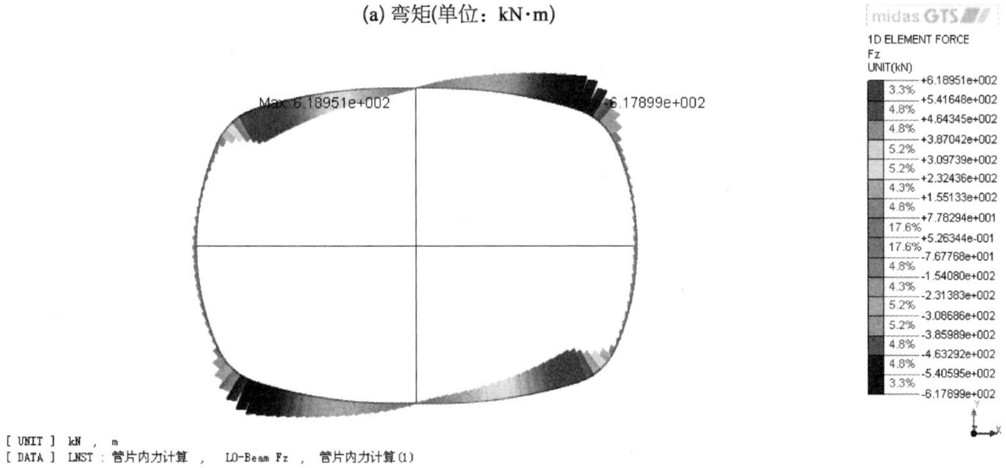

(b) 剪力(单位：kN)

图 4－12　断面一内力计算结果*

表 4－6　断面计算结果表(标准值,每环)

计算断面	位置	最大正弯矩 M_{max} (kN·m/m)	最大正弯矩对应轴力 N(kN/m)	最大负弯矩 M_{min} (kN·m/m)	最大负弯矩对应轴力 N(kN/m)
断面一	—	928.1	563.1	651.8	1 138.4
断面二	顶底板	745.3	301.2	336.6	339.6
	侧　墙	—	—	412.1	782.7

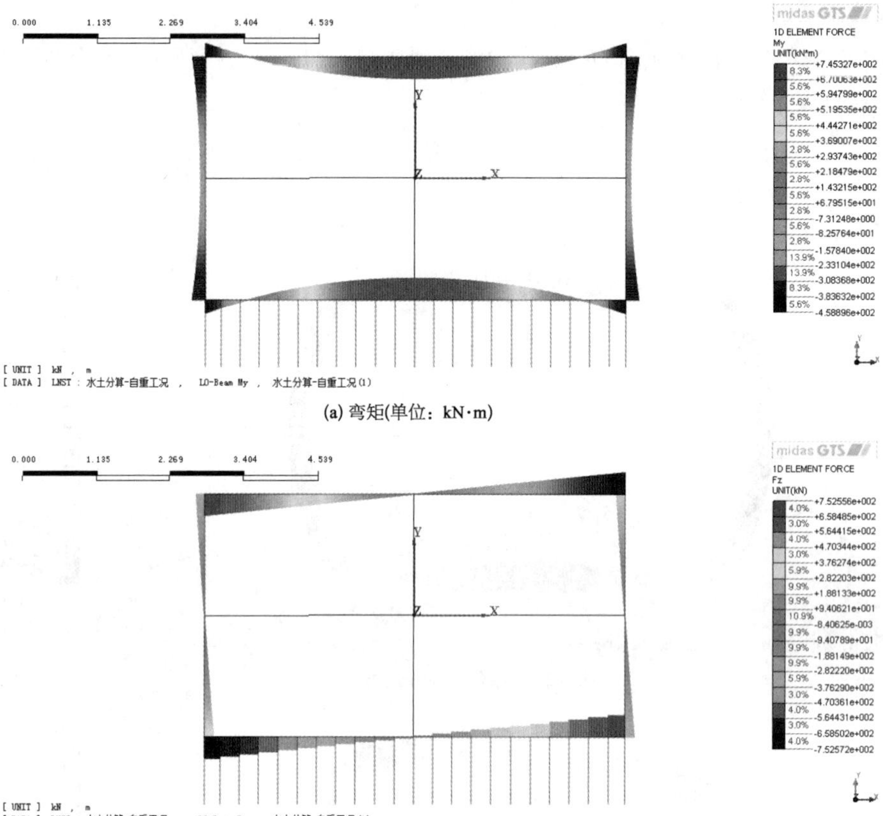

(a) 弯矩(单位：kN·m)

(b) 剪力(单位：kN)

图 4-13　断面二内力计算结果*

4）结构配筋设计

根据计算结果，各位置主筋配筋见表 4-7。

表 4-7　断面计算结果配筋表(标准值，每环)

计算断面	位置	最大正弯矩 M_{max} (kN·m/m)	最大正弯矩对应轴力 N(kN/m)	最大负弯矩 M_{min} (kN·m/m)	最大负弯矩对应轴力 N(kN/m)
断面一	—	928.1	563.1	651.8	1 138.4
断面二	顶底板	745.3	301.2	336.6	339.6
	侧墙			412.1	782.7

顶管段管节按梁的形式配筋。类椭圆形管节的箍筋在 4 个角部(剪力配筋不足处)局部加强，并且梅花状布置拉筋以保证混凝土浇捣。类椭圆形四边起拱，相应减少了主筋的根数，配筋率较合理。

4.3.3　防水和耐久性设计

顶管段隧道防水设计应遵循“以防为主，以堵为辅，多道防线，综合治理”的原则，在确保混凝土管节自防水的前提下，以管节接口防水为重点，辅之以顶管出洞处设置临时防水装置等措施，进行综合防水。

本隧道防水等级应为二级，即不允许漏水，结构表面可有少量湿渍；总湿渍面积≤2/1 000总防水面积，任意100 m^2 防水面积的湿渍不超过3处，单个湿渍的最大面积≤0.2 m^2。整条隧道每昼夜渗水量小于0.05 L/m^2，任意100 m^2每昼夜渗水量≤1.5 L。

根据《混凝土结构耐久性设计规范》(GB/T 50476—2008)，本隧道结构的环境作用等级为Ⅰ-B(局部为Ⅰ-C)，设计使用年限为100年。

顶管段结构混凝土的抗渗等级≥P8。

顶管管节接头F形钢套环以楔形橡胶止水圈作为首道防水措施，其材质为氯丁橡胶，此止水圈应待顶管在井内拼装完成后再整环套装。混凝土相接触的钢套环环面上设置兜绕成环的遇水膨胀橡胶条。钢套环管节端头预留一沟槽，灌注低模量聚氨酯密封胶(应在管节预制场内完成)。当整条顶管隧道施工完毕后，管节接头之间的嵌缝沟槽内嵌填高模量聚氨酯密封胶。管节之间设置松木板衬垫材料，如图4-14所示。

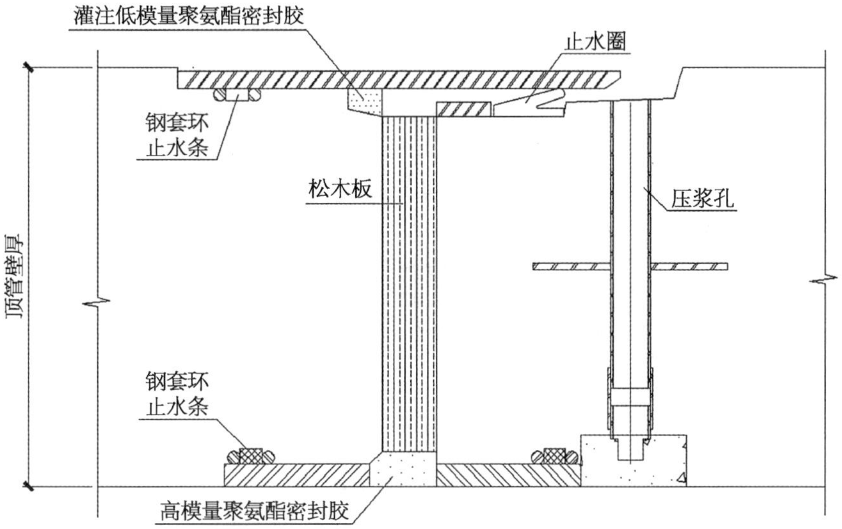

图4-14　管节接头防水构造图

4.3.4　主要节点的分析计算

1) 顶管段下穿现有人行过街地道分析计算

顶管段分为四条平行隧道进行施工，其中中间两段机动车道、两侧各一段非机动车道。隧道需下穿既有人行过街地道，其平、纵断面关系如图4-15～图4-17所示。

下穿隧道主要穿越③层粉土、④层粉质黏土、⑤层粉土。

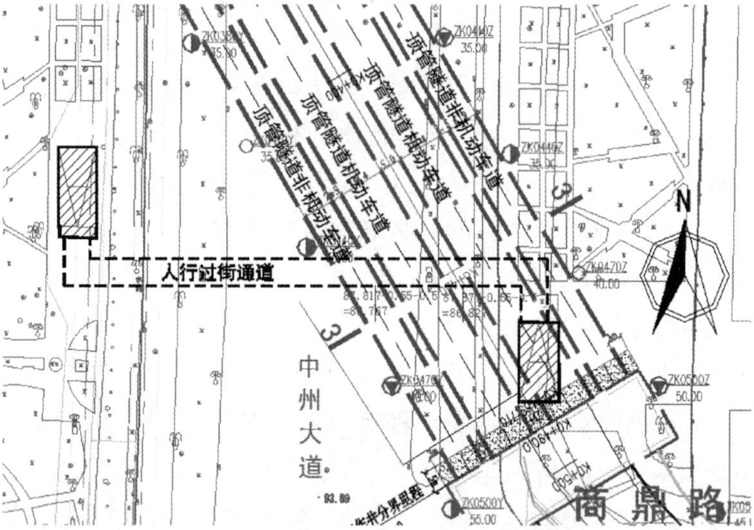

图 4－15　顶管隧道与既有人行过街地道平面关系

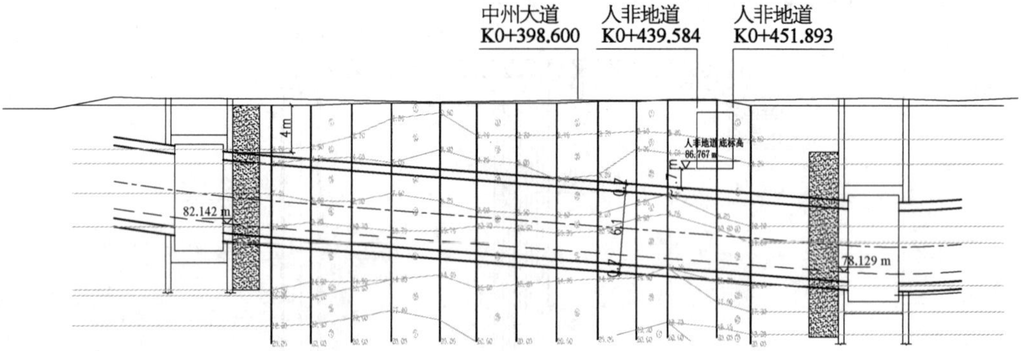

图 4－16　顶管隧道机动车道与既有人行过街地道纵断面关系

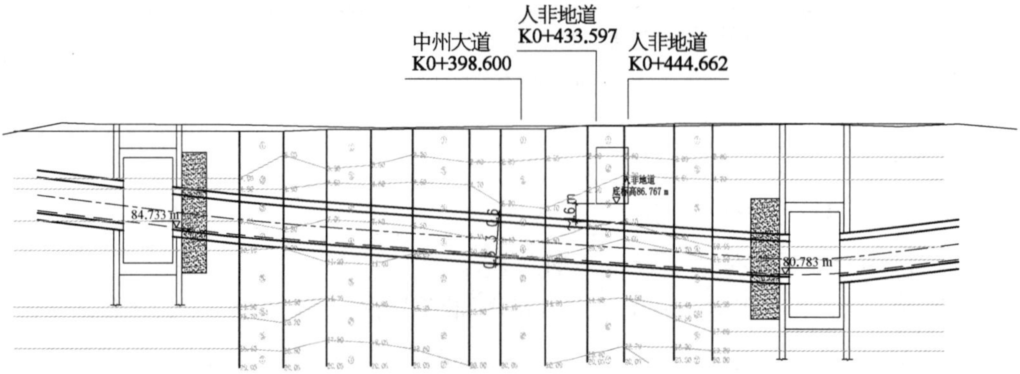

图 4－17　顶管隧道非机动车道与既有人行过街地道纵断面关系

选取平面图中 3—3 截面作为计算截面，不考虑对地层的加固作用，地面车辆荷载取 20 kPa。计算简图如图 4-18 所示。

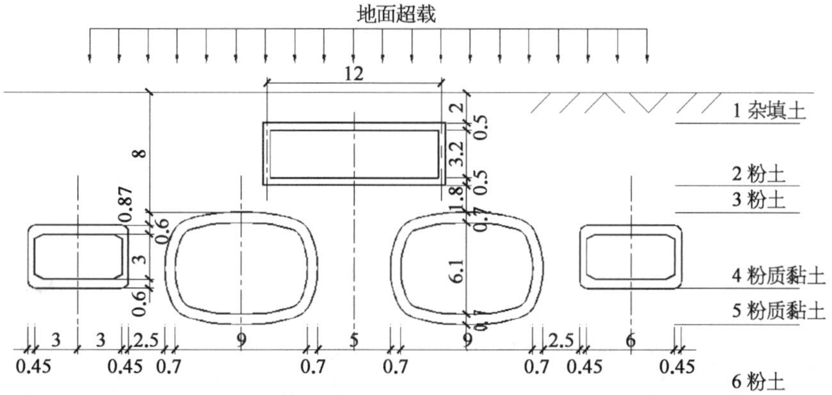

图 4-18　计算简图(单位：m)

采用 Midas/GTS 建立平面有限元模型，进行顶管隧道施工过程的模拟，计算模型如图 4-19 所示。

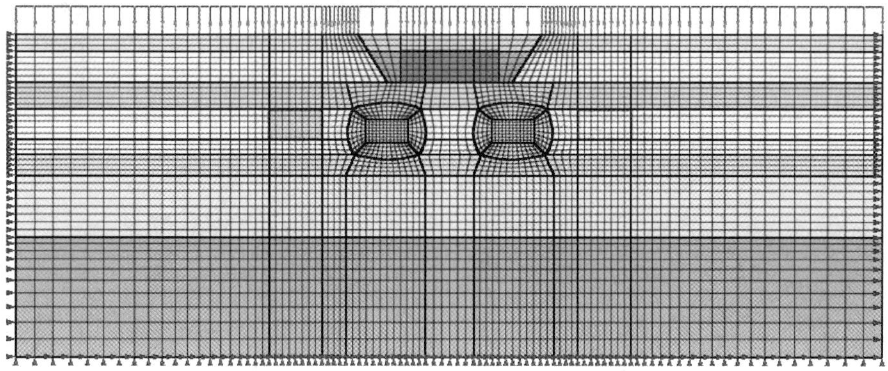

图 4-19　有限元计算模型*

根据既有人行过街通道的竣工资料，该通道采用明挖方法施工，根据基坑深度采用钢板桩、SMW 工法加筋水泥墙进行支护。模型中将其施工过程简化为放坡开挖、施工、回填，并且在顶管隧道开挖前将位移清零。

因此，可建立如下四个工况，见表 4-8，进行模拟。

表 4-8　模拟工况表

工　况	描　述
1	初始地应力场——自重应力场
2	人行过街通道基坑放坡开挖

（续表）

工 况	描 述
3	施作人行过街通道，并覆土，位移清零
4	矩形隧道掘进机掘进

计算得第四工况，地表产生的最大竖向位移为 2.64 mm。竖向沉降云图如图 4－20 所示，地面沉降曲线如图 4－21 所示，人行通道的沉降曲线如图 4－22、图 4－23 所示。

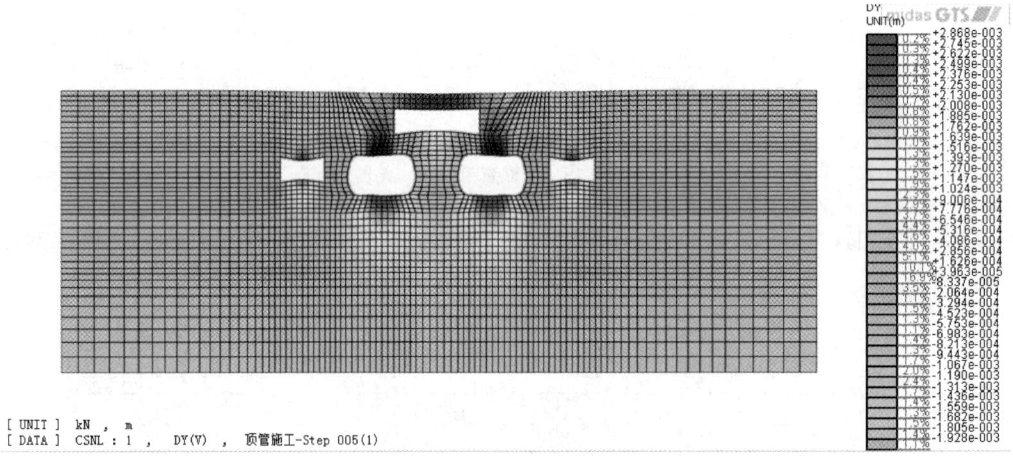

图 4－20 地层沉降有限元计算结果*

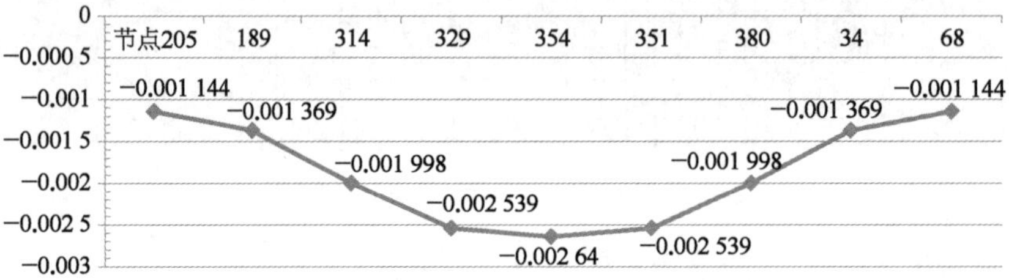

图 4－21 地面沉降曲线（单位：mm）

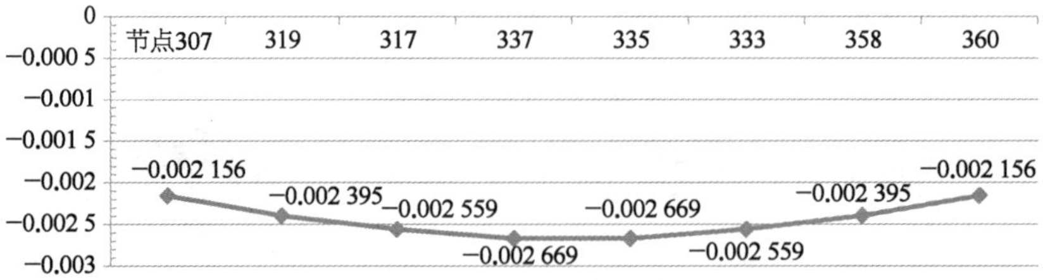

图 4－22 人行通道顶沉降曲线（单位：mm）

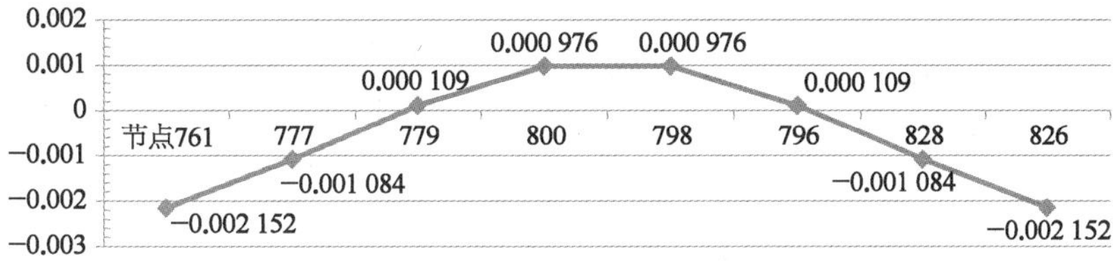

图 4 - 23　人行通道底沉降曲线(单位：mm)

2）矩形隧道掘进机掘进相互影响分析

商鼎路隧道顶管段分为四条平行隧道进行施工，其中一条机动车道与远离其非机动车道同时顶进，剩余两条隧道同时顶进。为考虑各管节间施工影响，建立有限元数值模型。

不考虑对地层的加固作用，地面车辆荷载取 20 kPa，计算简图如图 4 - 24 所示。

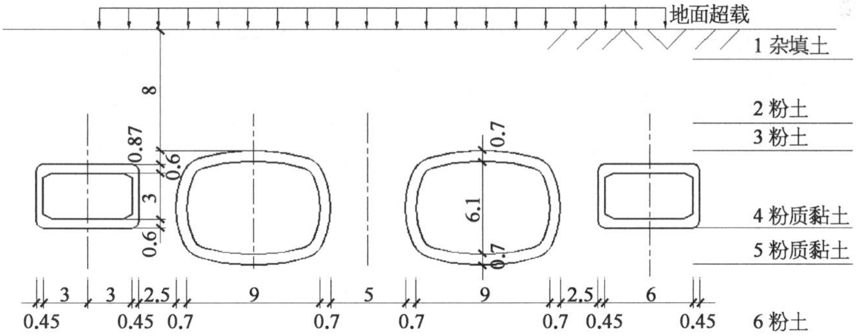

图 4 - 24　计算简图(单位：m)

采用 Midas/GTS 建立平面有限元模型，进行顶管隧道施工过程的模拟。计算模型如图 4 - 25 所示，模拟工况见表 4 - 9。

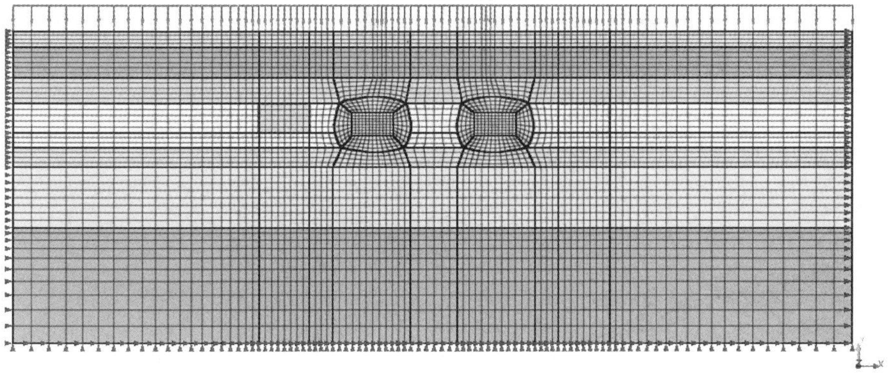

图 4 - 25　有限元计算模型*

表 4-9 模拟工况表

工 况	描 述
1	初始地应力场——自重应力场,位移清零
2	左侧机动车道、右侧人非通道顶管隧道施工
3	右侧机动车道、左侧人非通道顶管隧道施工

工况 2 位移计算结果如图 4-26 和图 4-27 所示。

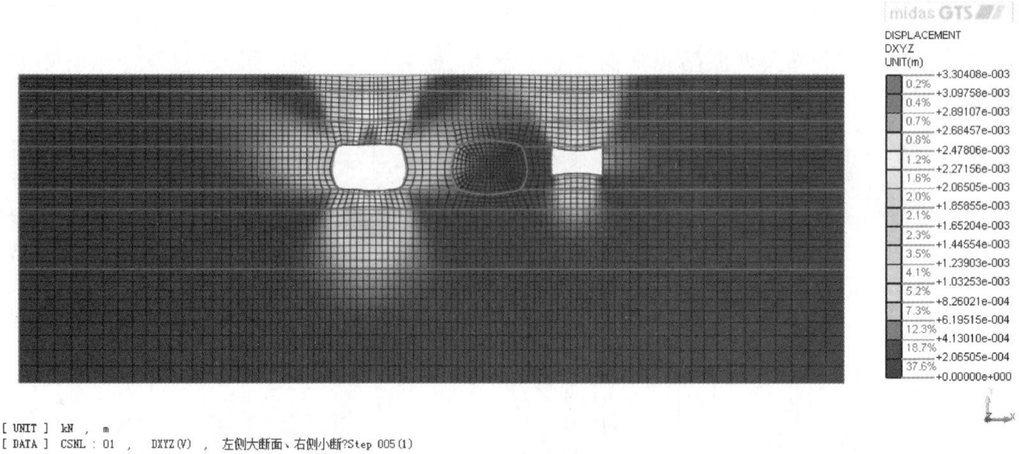

图 4-26 工况 2 位移 *Dxyz* 云图(单位: m)*

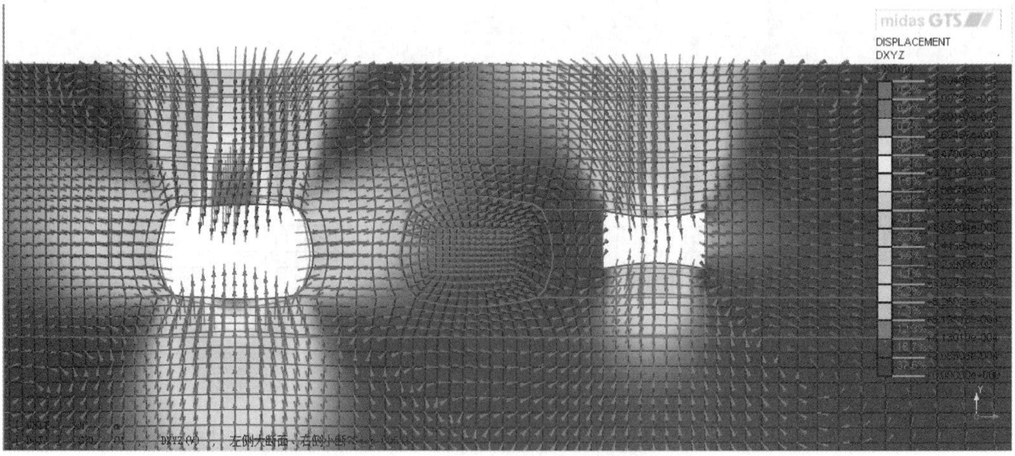

图 4-27 工况 2 位移 *Dxyz* 向量图*

分析工况 2 中开挖扰动引起的应力释放使顶板承受较大的竖向覆土压力,产生显著沉降。侧墙处土层约束作用较弱,产生外扩现象,衬砌底部相应产生隆起。

机动车道顶管结构变形如图 4－28、图 4－29 所示。

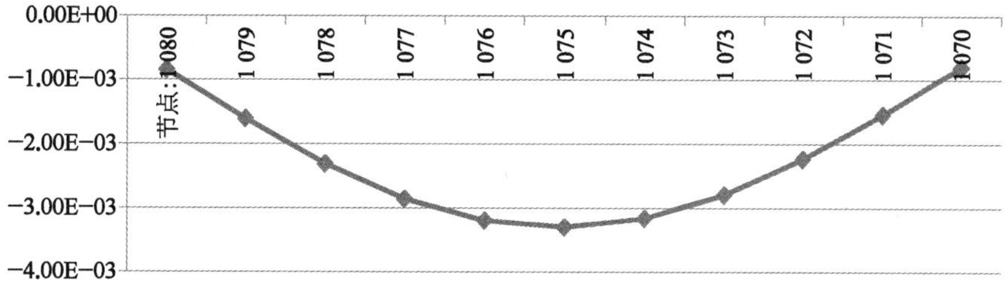

图 4－28　工况 2 机动车道顶管顶板竖向变形 *Dy* 曲线(单位：m)

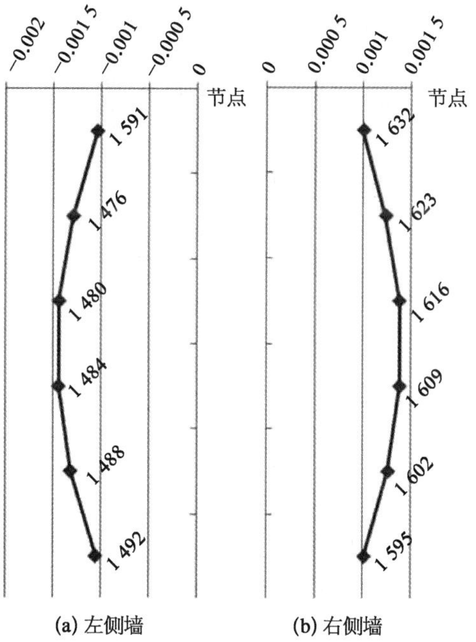

图 4－29　工况 2 机动车道顶管侧墙水平变形 *Dx* 曲线(单位：m)

非机动车道顶管结构变形如图 4－30、图 4－31 所示。

根据以上计算结果，可认为该工况顶管施工时的相互影响较弱。

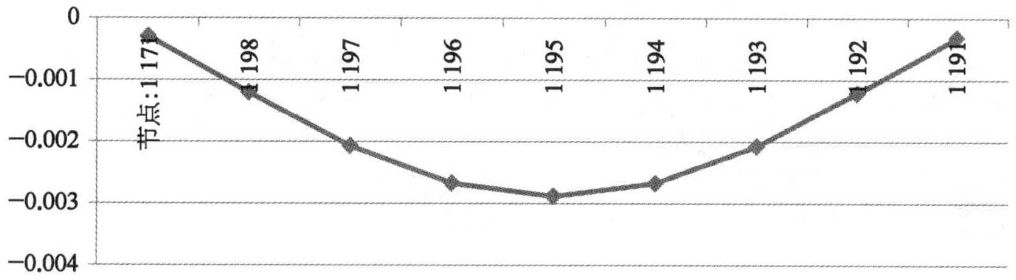

图 4－30　工况 2 非机动车道顶管顶板竖向变形 *Dy* 曲线(单位：m)

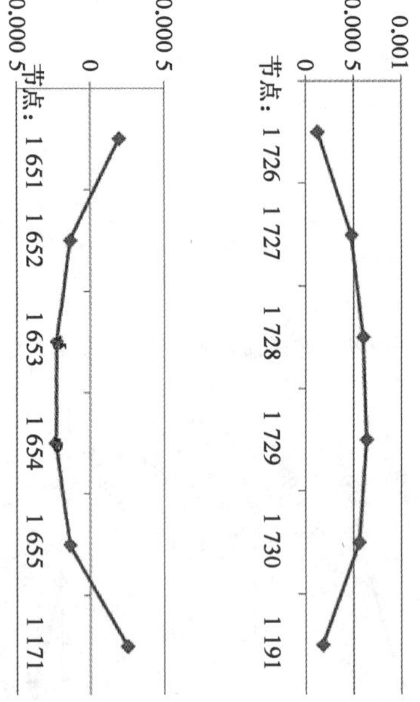

(a) 左侧墙　　(b) 右侧墙

图 4－31　工况 2 非机动车道顶管侧墙水平变形 *Dx* 曲线(单位：m)

工况 3 位移计算结果如图 4－32、图 4－33 所示。

由上述计算结果可知，工况 3 时，余下两个顶管施工时，既有管节的顶板和底板隆起会减少，但侧墙水平位移会增大。

既有机动车道顶管结构变形如图 4－34、图 4－35 所示。

非机动车道顶管结构变形如图 4－36、图 4－37 所示。

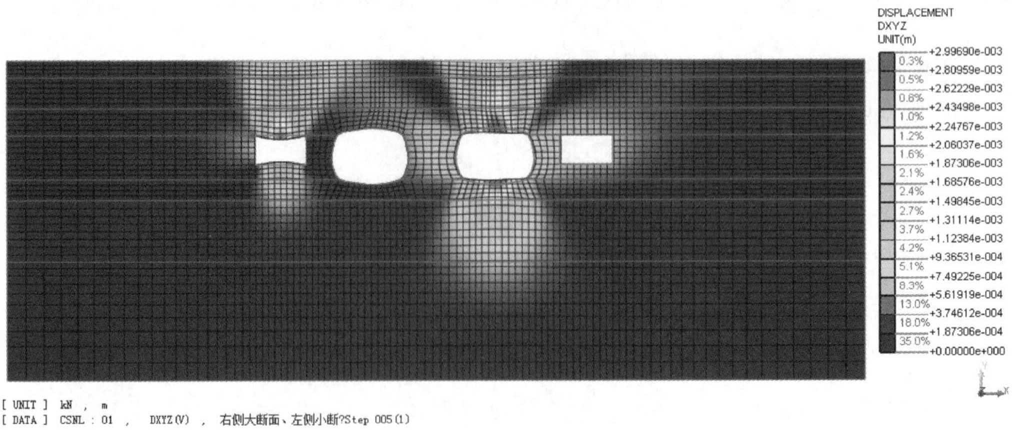

图 4－32　工况 3 位移 *Dxyz* 云图(单位：m)*

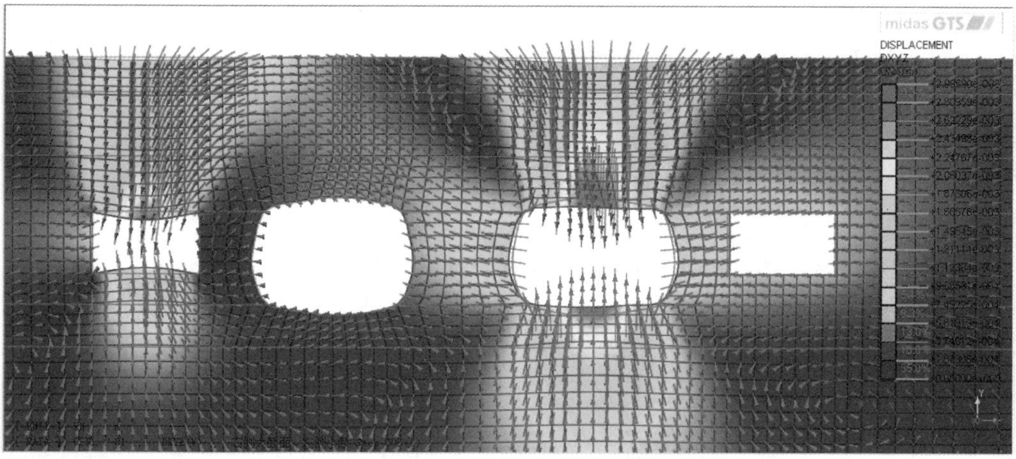

图 4－33　工况 3 位移 *Dxyz* 向量图*

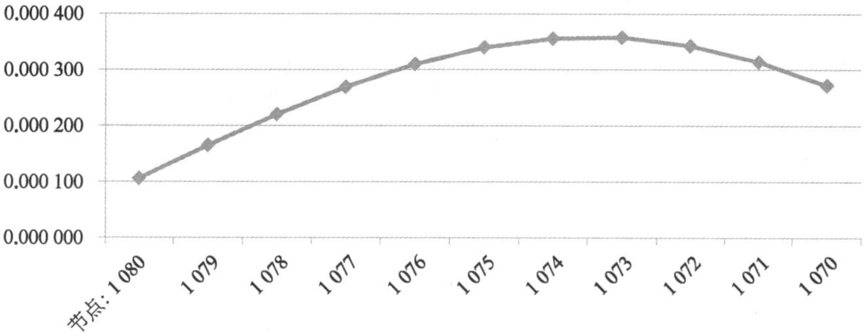

图 4－34　工况 3 机动车道顶管顶板竖向变形 *Dy* 曲线(单位：m)

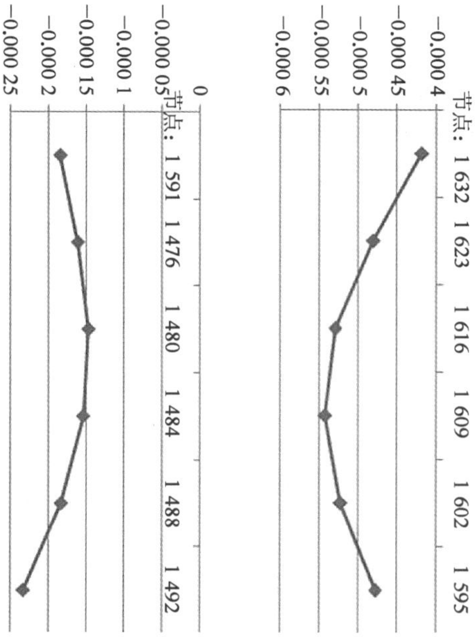

(a) 左侧墙　　(b) 右侧墙

图 4－35　工况 3 机动车道顶管侧墙水平变形 *Dx* 曲线(单位：m)

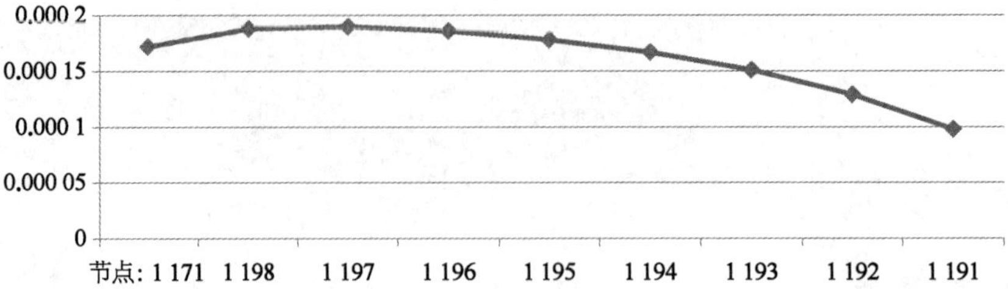

图 4-36　工况 3 非机动车道顶管顶板竖向变形 *Dy* 曲线(单位: m)

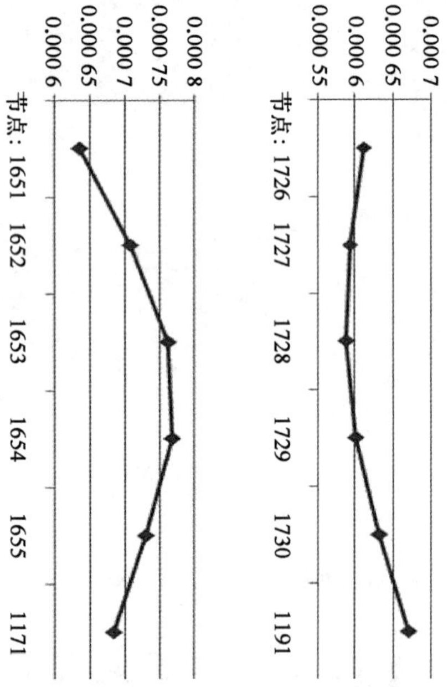

(a) 左侧墙　(b) 右侧墙

图 4-37　工况 3 非机动车道顶管侧墙水平变形 *Dx* 曲线(单位: m)

第二阶段顶管施工引起土体进一步应力释放,扰动其上覆土体并产生沉降,间接导致两侧既有顶管结构顶板发生少量"卸载"作用;对顶管结构间土体挤压,产生较大的水平作用,从而向两侧水平挤压既有管节,增加侧墙水平位移。

由此可知,顶管管节间土体应力较大,容易产生塑性区而进一步破坏,故建议重视后续顶管施工过程控制,以保证前期已施工顶管隧道的安全。

4.4　大断面矩形顶管机

4.4.1　断面 10.4 m×7.5 m 矩形隧道掘进机的选用

顶管及盾构的常见截面均为圆形,在设计刀盘时,通过合理布置切削刀具,很容易达到全断面切削的目的。但是,矩形乃至异形顶管机的切削断面形状并非中心回转对称,如何解决异形刀盘及刀具的布置方式,做到全断面切削无死角,也是矩形掘进机的难点。针对断面为 10.4 m×7.5 m 矩形顶管隧道,主要对下列三种刀具设计方案进行了比选。

(1) 大刀盘+仿形刀组合刀盘式,如图 4-38 所示。

采用两台大刀盘叠交布置及若干个仿形刀组成切削刀组,基本达到全断面切削。大刀盘及仿形刀能正反转,由螺旋输送机出土,可保持土舱内的土压平衡,并维持开挖面的稳定。

使用了圆刀盘组合式方案布置刀盘,优点是圆刀盘切削扭矩大、效率高、技术成熟,缺点是仿形刀组切削能力差、可靠性不高。

(2) 偏心多轴双刀盘式,如图 4-39 所示。

利用平行双曲柄机构的运动原理,由几组偏心曲轴同时驱动刀盘,每把刀具做平面圆周运动,与轴向推进的行程合成来完成全断面的切削掘进。施工时可根据隧道或地下通道所

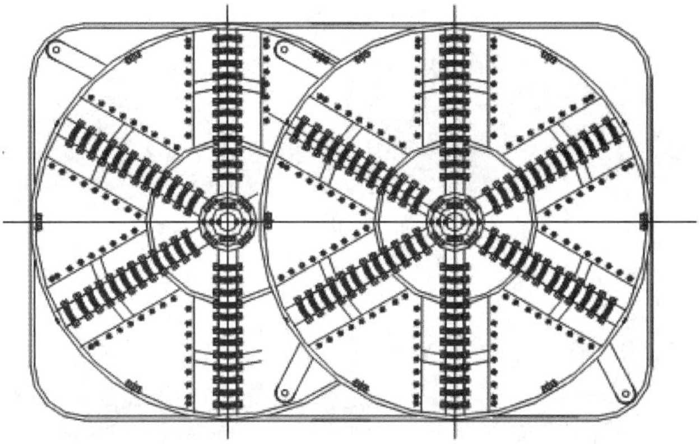

图 4－38　大刀盘＋仿形刀组合刀盘式

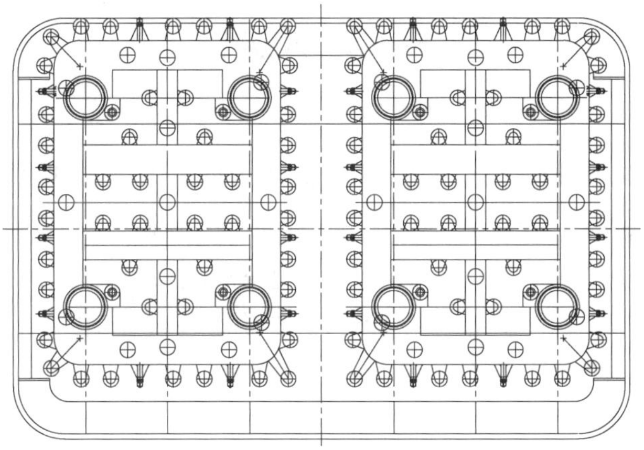

图 4－39　偏心多轴双刀盘式

需截面形状来设计掘进机的外形，由螺旋输送机出土，可保持土压平衡，并维持开挖面的稳定。因为采用了两个相向回转的刀盘，能使两个刀盘所产生的反力矩相互抵消，极大地减少了机头旋转的可能性。

掘进机的切削刀盘有两个，左右各一，均为矩形，由偏心驱动带动，运转时各自切削左右的矩形区域，本方案的优点是切削轨迹为全断面，缺点是偏心驱动的扭矩远小于大刀盘驱动，因此刀盘总扭矩较小，转动惯量小，对利用刀盘反向转动纠偏矩形掘进机左右偏角比较困难。

(3) 大刀盘＋偏心多轴组合式，如图 4－40 所示。

大刀盘＋偏心多轴组合式矩形隧道掘进机，就是将上述两种方案的优点结合起来，采用中心大刀盘＋边缘偏心多轴刀盘的组合式，来达到切削要求。其圆形大刀盘具有适应地质条件广，对开挖面支护稳定性强，切削效率高等特点，偏心多轴切削刀盘可根据地下通道所需截面形状(如矩形、正方形、马蹄形、椭圆形等)完成全断面切削。

中心大刀盘与边缘的偏心刀盘前后错层布置，这样可以保证两者的切削轨迹互补而又不相互干涉。将中心大刀盘靠前布置，是因为中心刀盘承载能力好，施工时可以先一步接触

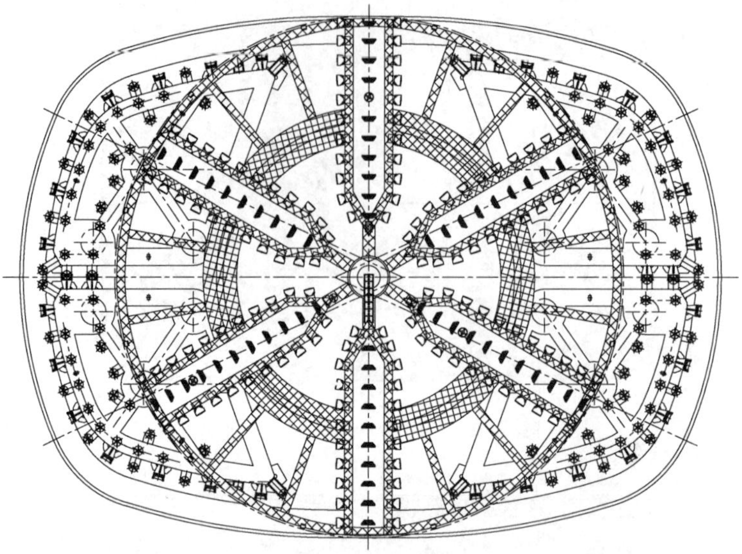

图 4-40　大刀盘＋偏心多轴组合式

土体,能够分担大部分的切削应力,对后侧的偏心刀盘起到一定的保护作用。偏心刀盘外沿与壳体外轮廓相似,偏心刀盘恰好分别与壳体外沿或中线相吻合,这表明:偏心刀盘在各转动位置,都可以保证切削轨迹与负责切削的区域边缘相重合。这样设计的偏心刀盘,在刀盘外形随切削断面外形改变的理念下,不仅能用于矩形掘进机,还可以适用于多种外形的异形掘进机,如椭圆形、马蹄形等,拓展了偏心多轴刀盘的应用空间。

(4) 刀盘选型比较见表 4-10。

表 4-10　刀盘选型比较表

比较内容	大刀盘＋仿形刀组合刀盘式	偏心多轴双刀盘式	大刀盘＋偏心多轴组合式
实现矩形全断面切削	能	能	能
开挖面支护性	较高	高	极高
地层适应性	较好	一般	较好
左右转角控制性能	一般	一般	最灵敏
所配备的总功率	最大	最小	一般
价格	最高	低	一般

针对隧道工程地质条件和工程条件,从矩形全断面切削、开挖面支护性、地层适应性、左右转角控制性能、所配备的总功率、价格等方面综合比较,推荐选用大刀盘＋偏心多轴组合式。

4.4.2　超大断面 10.4 m×7.5 m 矩形掘进机

10.4 m×7.5 m 矩形掘进机各部件可按位置区分为内外两大部分,分别是外部可见的刀盘系统、壳体系统、中继间系统及后顶进系统，以及在内部的驱动系统、螺旋机出土系统、铰接系统、液压系统、密封油脂系统、电气系统及泥水系统，如图 4－41 所示。

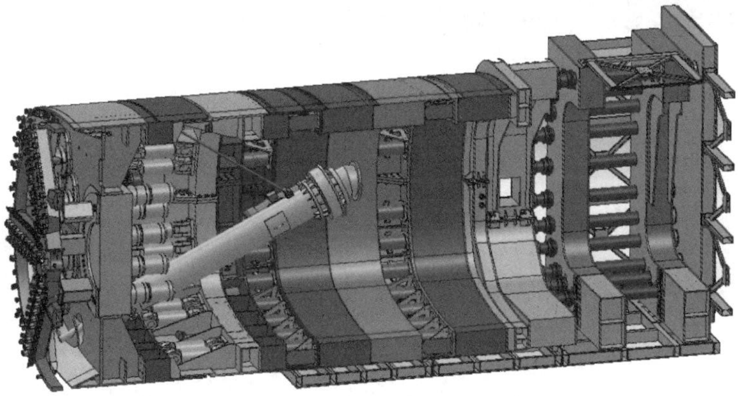

图 4－41 超大断面 10.4 m×7.5 m 矩形掘进机设计模型*

大刀盘(10.4 m×7.5 m)＋偏心多轴刀盘式土压平衡矩形隧道掘进机如图 4－42 所示，是同时驱动 1 个大刀盘和 4 个偏心多轴刀盘做同步运转，进行矩形全断面切削。排土装置通过改变两个螺旋机的旋转速度及顶进速度来控制排土量，使土舱内的土压力值稳定并控制在所设定的压力值范围内，从而达到开挖切削面的土体稳定。

图 4－42 超大断面 10.4 m×7.5 m 矩形掘进机*

4.4.3 10.4 m×7.5 m 矩形掘进机关键部件

4.4.3.1 偏心刀盘及偏心刀盘驱动

1) 偏心刀盘

偏心刀盘位于矩形掘进机正面的四角，负责对大刀盘切削不到的区域进行切削。因为

图 4－43　左上偏心刀盘*

切削断面是中心对称图形,所以四角的切削区域相等,四个偏心刀盘互成中心对称,形状相似。以左上偏心刀盘为例,偏心刀盘结构,如图 4－43 所示。

偏心刀盘由三部分组成：盘体结构、刀具、搅拌棒。盘体是刀盘的主结构,也是承受切削力及扭矩的受力部件,盘体正面及外侧面安装有切削刀,背面则与偏心驱动相连接。刀具有圆柱刀和割刀两种,圆柱刀主要布置在刀盘正面,在刀盘外侧,圆柱刀与割刀交错布置,这是为了使刀具的切削轨迹尽量拟合壳体的外轮廓,减小切削死角。盘面上未布置刀具的区域在装配后位于大刀盘背面,不参与切削。刀盘背面布置有四根搅拌棒,用于将土舱中的切削土搅拌均匀,以便螺旋机出土。

偏心刀盘的转速为 0～2.2 r/min,每个偏心刀盘的额定扭矩为 330 kN·m。

(1) 偏心多轴刀盘切削轨迹。利用偏心刀盘的切削轨迹达到全断面切削,如图 4－44 所示。

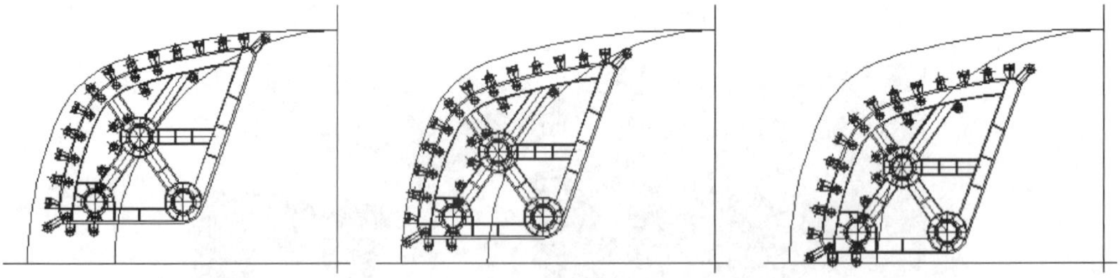

(a)　(b)　(c)

图 4－44　偏心多轴刀盘的运动轨迹

首先验证刀盘轨迹线与壳体外缘的吻合度,图 4－44 中,左上偏心刀盘按逆时针转动,从左至右,刀盘依次经过转动轨迹的最高、最左和最低点,图中的外缘弧线代表掘进机壳体外轮廓线,1/4 圆弧代表大刀盘覆盖区域,大刀盘中心即为掘进机中心,因为矩形掘进机四角的偏心刀盘轨迹类似,所以只选取了矩形掘进机左上 1/4 区域进行说明。从图上可以看出,因为偏心刀盘的外形轮廓是仿照矩形掘进机的外缘轮廓设计,所以刀盘转动时,边缘能很好地沿着掘进机外缘切削,避免产生切削死角。

搅拌棒作为辅助设施位于刀盘盘体的最后方,它通过刀盘盘体偏心旋转的作用,对刀具切削后进入土舱的土体和加入土舱内的泥浆或清水进行充分搅拌,以改良土体的流塑性,便于螺旋机出土。

(2) 偏心多轴刀盘刀具布置。偏心刀盘上布置最多的刀具是正面圆柱刀(图 4－45),与传统切削刀相比，圆柱刀顶端刀刃成辐条式圆周分布，而普通切削刀刀刃都是同方向布置。这是因为当偏心多轴刀盘转动时，圆柱刀将以偏心距为圆心转动，但其本身的姿态是不变的。通过设计多片刀刃圆周分布的形式，每片刀刃间互成角度，保证在任何时刻，都有刀刃能大致正对切削方向，保证切削效率。

图 4-45　正面圆柱刀*

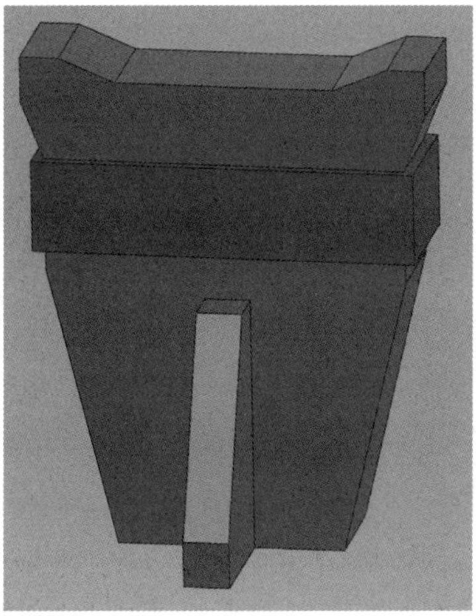

图 4-46　侧边割刀*

因此，偏心多轴刀盘正面的刀具均为圆柱刀，侧边割刀(图 4-46)只安装于刀盘侧面，与主切削方向垂直，来避免因刀具姿态导致的切削效率下降问题。

当确定了使用中心大刀盘＋偏心多轴刀盘的组合式布置方案能达到全断面切削后，接下来必须考虑每个偏心多轴刀盘，在其轨迹所覆盖的切削区域中，偏心刀盘上的刀具轨迹能否达到“全断面”。

对于刀盘的周边侧向区域，侧向刀具将沿断面外沿无死角、不间断地覆盖切削面，可以做到边缘全断面切削。对于正面的圆柱刀，重点研究方向是其切削时的覆盖范围。

在图 4-47 中，阴影部分表示圆柱刀以偏心距为半径转动时，刀具的切削区域，该区域成环形，环宽是圆柱刀直径。可以看出，圆柱刀在切削时，切削范围就是一个圆环，环内及环外都是切削不到的。要使这样一个个圆环状的切削轨迹全断面覆盖切削面，仅靠随意摆放刀具是做不到的，需要找出全断面切削条件下，圆柱刀最经济可行的布置方法，使每把刀圆环轨迹中心的盲区被相邻刀的圆环轨迹交错覆盖。

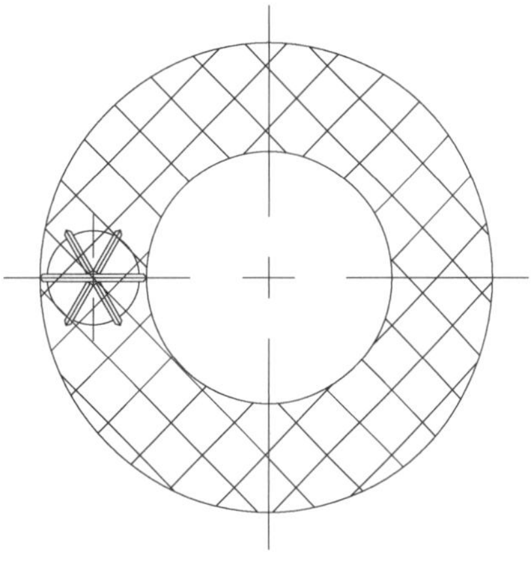

图 4-47　单把圆柱刀的切削轨迹

如图 4-48、图 4-49 所示，将圆柱刀的环形轨迹尝试不同的排列组合，方案 1 中，使用的是最简单的排列方法，即相邻轨迹间圆环的环形区域与中心盲区相交错，因为将轨迹覆盖区域看作长方形，而实际上，在这一长方形区域中，还是有部分边角是覆盖不到的，不过随着刀具数量的增多，不能切削的边角区域占总面积的比例将不断减小。

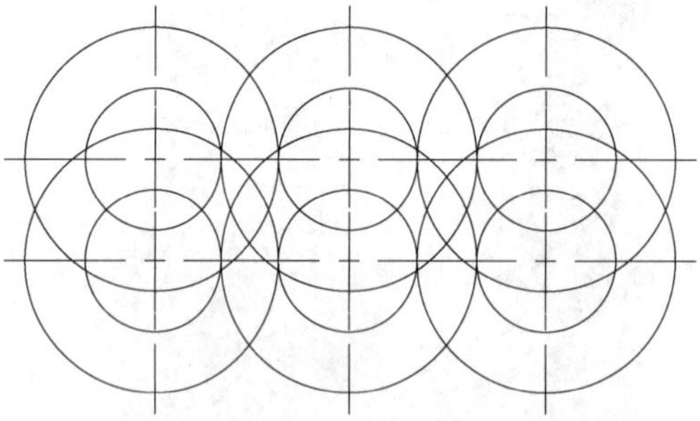

图 4-48　圆柱刀轨迹布置方案 1

图 4-49　圆柱刀轨迹布置方案 2

方案 2 的布置形式，这种布置形式中，圆环的圆心之间组成正六边形。在使用作图法布置后发现，正六边形布置的圆环轨迹相互交错后，中心区域轨迹覆盖率几乎达到 100%，虽然图 4-49 中每个圆环中心的盲区外侧区域没有轨迹覆盖，但这是因为仅画了 6 个轨迹的缘故，如果在外圈持续增加环状轨迹，可以发现圆环中心盲区未被覆盖的地方将被新增加的轨迹圆环覆盖，做到全断面切削。

通过设计，可以看出方案 2 的轨迹覆盖面积要大于方案 1 的轨迹覆盖面积。同时，圆柱刀中心按正六边形布置，要比普通的依次排列布置方法要高效、经济（相同切削面积所需的刀具少）。

2）偏心刀盘驱动

偏心刀盘驱动工作原理及设计参数。偏心多轴驱动方式利用平行双曲柄机构的运动原理，由几组偏心曲轴组成的驱动装置（曲柄长度即曲轴的偏心距，本次设计的曲轴偏心距为 250 mm）同时驱动刀盘（图 4-50），刀盘上的每把刀具绕着以各自的支撑圆心点与曲轴回转支撑点之间的距离为半径做平面圆周运动，以达到全断面切削的目的。每个偏心刀盘由 3 台偏心驱动带动，偏心驱动总数为 12 台。每台偏心刀盘驱动的额定扭矩为 110 kN · m，配 1 台电动机，电机功率为 37 kW。

偏心多轴刀盘的转速及扭矩都是由偏心驱动决定的，每个偏心驱动扭矩为 110 kN · m，转速为 0～2.2 r/min，而每个偏心多轴刀盘由 3 个偏心多轴驱动带动，所以每个偏心多轴刀盘的扭矩为 330 kN · m，转速与偏心驱动转速同步，为 0～2.2 r/min。偏心多轴刀盘转速比

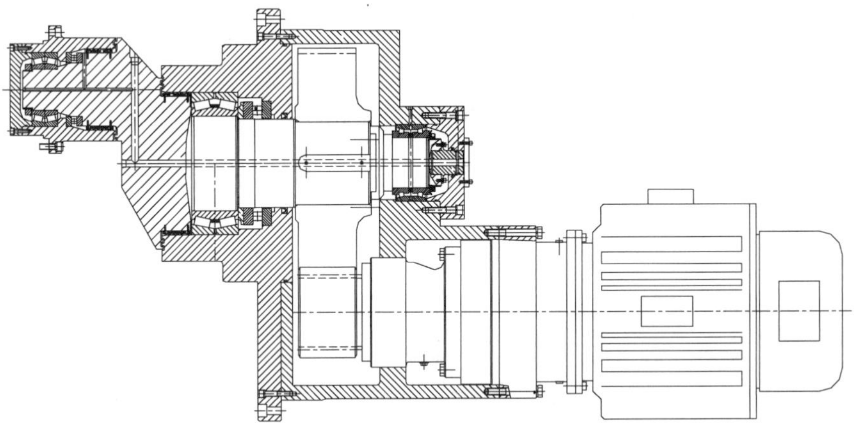

图 4 - 50　偏心刀盘驱动方案

圆形刀盘大，这是因为圆形刀盘的切削刀轨迹密度要大于偏心刀盘，在圆形刀盘切削面上，可能同一轨迹上有两把或三把刀依次切过，但对于偏心刀盘，因为其转动半径仅为 250 mm，每把刀的切削轨迹要小于圆形刀盘上刀具的切削轨迹，所以轨迹间彼此交错重合的密度也小，偏心多轴刀盘必须具备比圆形刀盘更高的转速，才能保证两者的切削效率相近。另外，对于偏心刀盘驱动功率，因为偏心多轴刀盘切削时位于圆形大刀盘后方，主要的土体应力由圆形大刀盘承担，同时偏心刀盘转速快，与圆形刀盘相比，同等推进速率下，每一转切削的泥土量小，受到的切削反力也小，所以偏心多轴刀盘的扭矩要小于圆形大刀盘。

4.4.3.2　壳体

10.4 m×7.5 m 矩形掘进机壳体可分为前壳体和后壳体，如图 4 - 51 所示，前后壳体间以铰接系统相连接，前壳体又可分为前壳体 1、前壳体 2 两部分，以螺栓连接。为便于运输，前

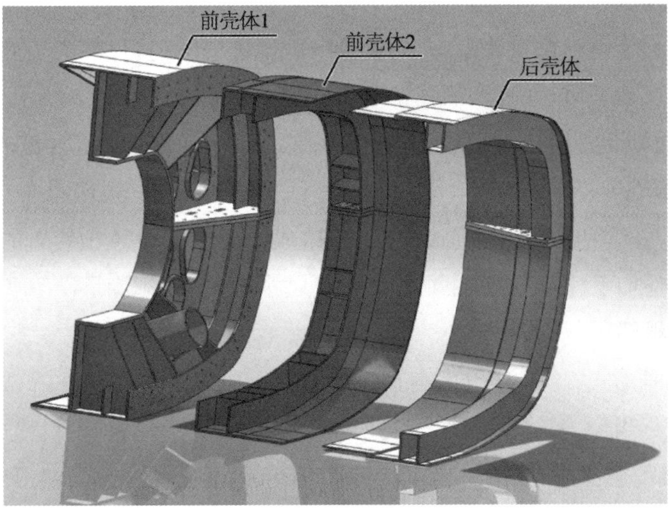

图 4 - 51　壳体

壳体1、前壳体2及后壳体都可拆分为上下两半,减小单件运输尺寸及重量。

每节壳体的中线区域可以看到上下连接法兰,壳体可在法兰处拆分成上下两部分,总装时将法兰面对准后以高强度螺栓连接,并配备有定位销和剪力销来定位及传递剪力,同时将外侧的连接缝隙以水密焊焊实,防止缝隙处渗水。

4.4.3.3 纠偏装置

10.4 m×7.5 m 矩形掘进机纠偏装置主要由两类组件组成：铰接油缸及油缸座、铰接密封圈及密封圈压板。如图4-52所示,左侧为前壳体2,右侧为后壳体,铰接油缸两端的油缸座分别与前后壳体相连接。在前后壳体的搭接处安装有三道齿形密封圈,用压板固定,起到密封止水的作用,密封压板共有四道,其中第二道压板高于其他压板,与前壳体尾板的间隙最小,当铰接油缸纠偏时,该道压板将起到定位支点的作用,以保证密封圈变形均匀,不会产生偏压。

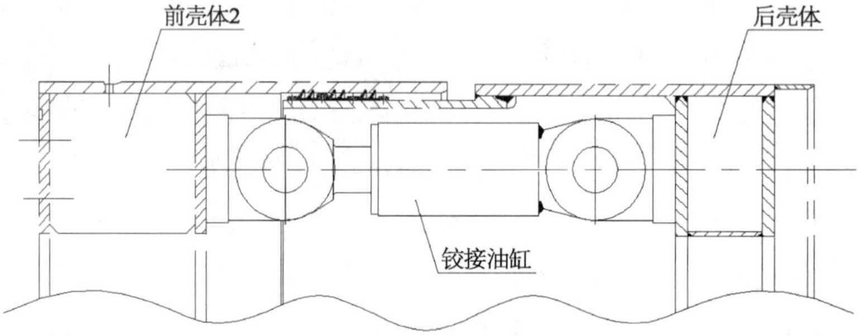

图4-52　纠偏装置平面图

铰接系统共有24只铰接油缸,每只油缸推力为300 t,总推力7 200 t,油缸行程200 mm,纠偏角度为上下1.7°、左右1°。

4.4.3.4 主顶进

主顶装置安装于隧道始发井中,为顶管机向前推进提供顶力,整个装置主要由底座、顶环、U形铁、油缸支座、顶进油缸和钢后靠等多个部件组成,如图4-53所示。根据隧道始发井的尺寸要求,主顶装置的设计总长度为13 m,总宽度为13 m,顶进油缸安装在油缸支座上,一端与钢后靠固定,另一端则作用在U形铁上,通过U形铁、顶环的推力传递,不断地将一节又一节的管节向前推进,从而完成整条隧道的掘进。在设计主顶装置的各个零部件时,在充分考虑零部件加工、安装工艺的同时,其外形尺寸及重量必须满足设备吊装、运输的要求。

4.4.3.5 中继间

中继间有两种形式：纠偏中继间与顶进中继间。纠偏中继间紧靠后壳体,其作用是对顶管机的姿态进行纠偏,调整顶管机的顶进方向;顶进中继间是在顶管机顶进一段距离后使用的,它的前后都是普通管节,通过将中继间前的管节和掘进机一起向前顶进来达到对顶推力进行接力的作用。

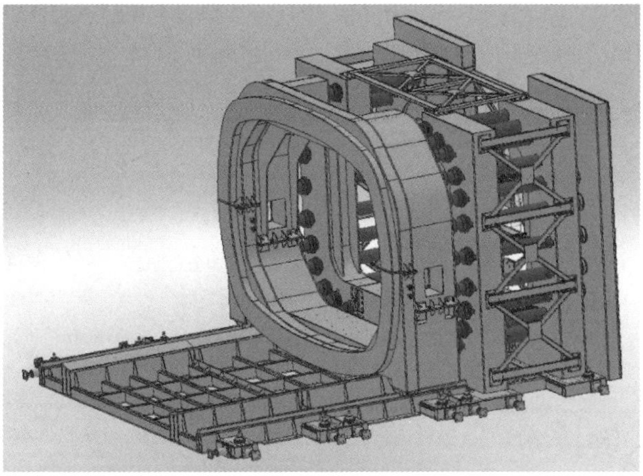

图 4－53　主顶装置三维图*

1）纠偏中继间

纠偏中继间如图 4－54 所示，由前后两部分组成，前半部分类似于钢管节，紧靠后壳体，同时在其结构上设置了润滑泥浆套的注浆孔，顶部的弧形凹槽就是浆液槽。后半部分上安装有 30 个纠偏油缸，前后部分之间是连接，通过分别控制各区域纠偏油缸的伸缩量，可以调整前后部分间的夹角，因为前半部与顶管机后壳体相固定，由此达到了对掘进机姿态纠偏的目的。

针对纠偏中继间前后部分之间的连接，设计了两道密封圈，并在密封圈之间设置密封油脂加注管路，可保证持续补充密封油脂。同时，纠偏中继间的前后部分均可上下拆分，减小了最小结构件的体积，方便运输。

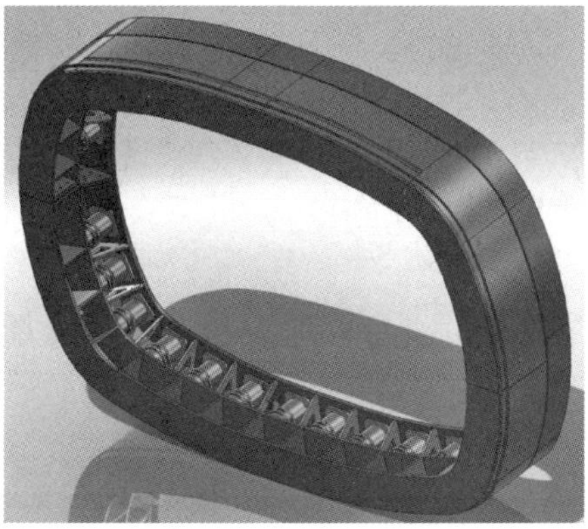

图 4－54　纠偏中继间三维模型*

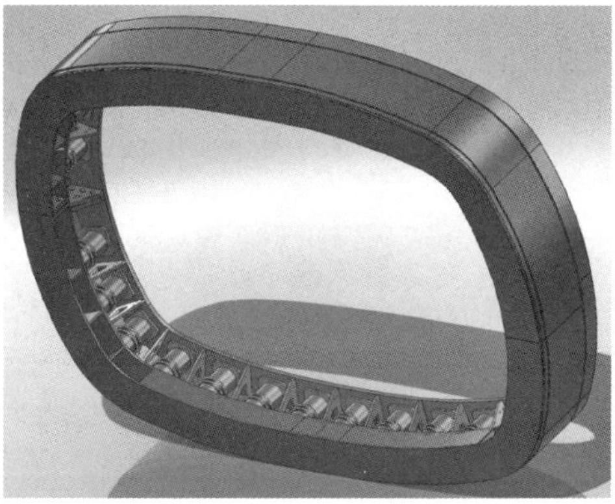

图 4－55　顶进中继间三维模型*

2）顶进中继间

顶进中继间如图 4－55 所示，与纠偏中继间结构相近，分前后两部分，当掘进机顶进一定距离时，随着隧道加长，向前顶进的管节不断增多，顶进摩擦阻力也会线性增长，甚至超过后顶力以致掘进机无法正常推进,这时使用顶进中继间,可以起到分段接力顶进的作用。顶进油缸伸出,将前半部连同之前的顶管机及管节一起向前顶伸一定距离,再由后顶进系统将后半部分及之后的管节向前顶进,此时前半部分保持不动,油缸回缩,如此反复操作,就可以达到对整个隧道分段顶进的目的。每条隧道顶进时需放置的顶进中继间数量根据隧道长度和顶力衰减速率判断,隧道越长,顶进中继间数量越多。

顶进中继间前后部分同样均可上下拆分,以法兰螺栓连接,定位销定位,前后之间的活动连接面布置有两道密封和相应的密封油脂加注管路。

4.5 施工关键技术

4.5.1 超大异形开挖面渣土改良技术

超大断面矩形顶管的大小刀盘有着不同切削的方式,同时由于断面大且土舱底部螺旋机进土口处呈平底状,因此对于渣土的流动性要求极高,必须对土体改良进行针对性研究。主要研究内容包括:① 改良添加剂比选与配比研究;② 砂性土地层土体改良参数、改良施工工艺研究及效果分析。

1) 土体改良目标分析

超大断面矩形顶管顶进施工要求:在顶管机土舱内填满泥土工况条件下保证螺旋机正常、连续地出土。顶管机能顺利出土的关键点是将开挖面上切削下来的土体在土舱内调节成一种比较理想的状态,使土体具有良好的流塑性和一定的均匀度,这样就可以避免土体在土舱内的闭塞与堆积,避免了刀盘和螺旋输送机的旋转力矩与驱动力矩的上升。此外,提高土体流塑性与均质度,对保持开挖面的稳定性与控制轴线也极为重要。依据本工程地质资料,顶管施工穿越的土层及物理力学指标见表 4-11。

表 4-11　顶管施工穿越土层主要物理力学指标统计表

层　号	土层名称	含水量 W(%)	质量密度 ρ(g/cm³)	孔隙比 e_0	液限 WL(%)	塑性指数 Ip	液性指数 Il
(3)	粉土	21.2	1.99	0.630	23.2-5	0.62	6.7
(4)	粉土	22.7	1.99	0.651	24.3	0.77	7.2
(5)	粉质黏土	26.1	1.99	0.760	30.6	0.68	11.2
(2)	粉土	22.2	1.94	0.668	23.2	0.58	7.2
(3)	粉土	22.6	2.01	0.654	25	0.74	7.9
(4)	粉土	25.4	1.99	0.704	29.9	0.61	11.6
(5)	粉质黏土	23.2	2.0	0.665	24.5	0.9	7.5
(5)-1	粉土	28.2	1.96	0.771	28.9	0.64	10.7

根据土层主要物理力学指标参数，本顶管工程土体性质归纳如下：主要土层为粉质黏土～粉土、含水率低、内摩擦角大、黏聚力低。因此，为保证本工程超大异形断面顶管顺利施工，对土体改良的要求如下：① 土体流动性差，需改良提高流塑性；② 减小土体压缩模量；③ 需提高大断面压力舱内土体匀质度。

2）土体改良添加剂比选及配比

（1）改良添加剂材料比选。超大异形断面土体改良施工对改良添加剂的要求如下：容易与土体充分混合，不发生分离，能长时间保持改良效果，不易冒顶、流失，且符合环保无公害要求。一般使用的土体改良材料可以分为五类，见表 4-12。

表 4-12　常用的土体改良添加剂比较

种　类	材　料	主要效果	适用土质	使用缺陷
矿物类	黏土、膨润土	不透水性、流动性	各种土质	制泥设备复杂、出土处理困难
水溶性高分子	CMC	增大黏度	无黏性土	制泥设备复杂、出土处理困难
高吸水性树脂	环氧树脂	胶凝状态、防喷涌	高水位高含水量	适用地层局限
界面活性材料	泡沫减黏剂	不透水性、流动性、防止黏附	各种土质	成本较高
碱性类	纯碱工业碱	降低黏土黏附，平衡酸碱	黏土	对人体危害

国内外研究资料显示，在特殊工况条件下使用改良添加剂材料，其目的主要是保持开挖面土压平衡，减轻机械负荷及刀盘磨损，降低推进扭矩，保证顶管机顺畅地切削排土及匀速推进。针对超大异形断面土体改良施工特点，对各种改良添加剂自身的材料特性、添加剂注入土体后的作用机理及土体改良效果进行分析与比较，主要选取以下添加剂进行研究：① 泡沫剂：提高粉土流塑性、压缩性、匀质度；② 聚合物泥浆：提高土体流塑性，降低摩阻力。

（2）改良添加剂配比。

① 泡沫。地下工程中应用最普遍的是界面活性材料，而最典型的界面活性材料即泡沫。泡沫呈白色流液状，外观类似剃须泡沫，其泡沫平均直径约 0.2 mm，受到挤压后会被压缩而不易破碎。细小的气泡进入土体后，充满在土体颗粒的间隙中，并将土体颗粒包围，从而起到以下作用。

（a）润滑：泡沫将土体颗粒包围后，起到介质作用，润滑性加大，能有效地降低刀盘和螺旋机的转矩，减少刀具的磨损。

（b）稳定土舱内的土压：由于泡沫中的气泡具有较强的压缩性，能减少土舱压力的波动,较好地建立土压平衡,维持开挖面的稳定。

(c) 改善土体的流塑性:对于黏度大的土层,能降低其黏度,使其不易黏附在刀盘和土舱壁上,避免产生堵舱现象;对于内摩擦角大、流动性差的砂土,能增加其塑性流动性。

(d) 阻水:由于气泡填充了土体颗粒间的空隙,使得渗透系数减小,止水性能提高。

(e) 环保:泡沫经过 2～3 h 后会自行消泡,土体恢复原状。由于泡沫原料无毒无害,所以不会污染环境。

在泡沫的使用上,主要有以下参数:泡沫浓度、发泡率、注入率。

(a) 泡沫的浓度。即泡沫剂原液与水混合后形成泡沫混合液中泡沫剂原液的百分数。

(b) 泡沫的发泡率。又称为"发泡倍率",是指一定体积的泡沫混合液所发出的泡沫体积与泡沫混合液体积的比值,即每方体积泡沫混合液所发出气泡的体积:

$$FER = V_f / V_l \tag{4-1}$$

式中 FER——发泡率;

V_f——泡沫体积;

V_l——泡沫混合液体积。

(c) 泡沫的注入率。是指单位时间内注入土体中的泡沫体积与土体体积的比值:

$$FIR = V_f / V_s \tag{4-2}$$

式中 FIR——注入率;

V_f——泡沫体积;

V_s——土体体积。

泡沫改良材料的配合比见表 4-13。

表 4-13　泡沫改良材料配合比

项　目	泡沫浓度	发泡率	稳泡时间
参　数	3	15	>5 min

② 聚合物泥浆。土体改良的另一种典型材料,为聚合物泥浆,早期盾构法隧道施工所用的聚合物泥浆一般采用普通膨润土加纯碱、CMC(羧甲基纤维素钠)等高分子链聚合物材料复配而成。随着地下工程的发展,采用膨润土与纯碱、CMC 等复配而成的聚合物泥浆改良剂已难以满足盾构法隧道的施工要求,具体表现在:

(a) 配置工艺复杂,配合比精度及质量性能指标难以有效控制。

(b) 膨润土品质波动大,所配置的泥浆性能指标差异较大,施工质量与效果难以保障。

超大异形断面顶管施工对聚合物泥浆的一个基本要求就是它能够渗透入土粒内部和土

粒之间，由胶结和固结的膨润土可以演变为一个低渗透性的薄膜，从而可以将地下水压力中的液体压力转化为土颗粒之间的有效应力，这对稳定地层、改善土体流塑性、稳定土压力及保护刀具等起到十分重要的作用。

根据超大异形断面顶管的施工特点，本工程在石油钻井泥浆的基础上，开发了特殊聚合物泥浆材料，其特点及作用机理为：

(a) 配制的泥浆具有良好的流变性，有合理的颗粒级配，能够堵塞砂土层的孔隙，改善土体流塑性，保持土舱压力稳定，防止地面沉降和开挖面垮塌。

(b) 具有抗盐、钙侵的能力，即使在加固区内掘进也能够很好地保持泥浆的性能。

(c) 高分子长链的吸附基团和水化基团在物质表面形成一层致密的水化膜，可以减少刀盘、管路的磨损，并起到防止刀盘包泥和润滑保护利于出土的作用。

在室内实验研究过程中，分别对不同聚合物泥浆配比作研究，对不同聚合物泥浆配比的性能指标进行比较，分析得出适应于工法施工要求的改良剂，主要的测试指标包括初始黏度、滤失量、密度等。

聚合物泥浆原材料采用高分子聚合物 HS-1、钠基膨润土、水；聚合物泥浆原材料的标准见表 4-14。

表 4-14　聚合物泥浆原材料标准

原材料	种　类	指标标准
高分子聚合物	HS-1	由大、中分子量的聚丙烯酸盐类、纤维素盐类、抗盐抗钙剂、改性土、增效添加剂等组成
膨润土	钠基	200 目筛余量小于 95%，膨胀率 18～26 mL/g
水	工业用水	pH=5～9，无杂质

聚合物泥浆材料的配合比见表 4-15。

表 4-15　聚合物泥浆指标

项　目	密　度	黏　度	滤失量
数　值	1.04 g/cm^3	>40 s	<20 mL

3) 土体改良参数

通过大量室内土工试验，对隧道掘进土层(粉砂土为主)进行模拟改良试验，对各种不同的改良添加剂材料进行了比选试验，得出了适应粉砂土地层隧道掘进的改良材料配比及施工参数。

分别对比三种改良材料(水、泡沫、聚合物泥浆)，对不同掺量的改良剂改良效果进行试验，试验结构见表 4-16，试验情况如图 4-56 所示。

表 4-16　不同改良材料的土体改良指标

序　号	项　目	掺量(体积比)	初始流动度	4 h 后流动度
0	原状土	0	10 cm	10 cm
1	水	5%	12 cm	12 cm
2	水	10%	15 cm	15 cm
3	水	15%	19 cm	19 cm
4	聚合物泥浆	5%	11 cm	11 cm
5	聚合物泥浆	10%	13 cm	13 cm
6	聚合物泥浆	15%	18 cm	18 cm
7	泡沫剂 1	40%	13 cm	12 cm
8	泡沫剂 1	60%	18 cm	16 cm
9	泡沫剂 1	80%	21 cm	20 cm
10	泡沫剂 2	40%	15 cm	14 cm
11	泡沫剂 2	60%	19 cm	19 cm
12	泡沫剂 2	80%	22 cm	22 cm

(a) 原状土

(b) 加水

(c) 加聚合物泥浆

(d) 加泡沫

图 4-56　土体改良实验情况

试验以改善土体流塑性为目的，因此以土体流动度指标作为评判依据(根据日本土工试验经验，土体流动度≥14 cm，土体即具备良好的流塑性满足螺旋机出土及土压平衡控制要求)。

试验结论：

(1) 加泡沫改良后的土体整体流塑性、匀质度明显改进，加聚合物泥浆改良后的土体流塑性、黏性有所改良。

(2) 可在加水提高土体含水率的基础上，以泡沫改良为主、聚合物泥浆改良为辅。

(3) 泡沫剂的选用可根据实际推进情况进行参数调整，其中浓度及泡沫剂种类可根据推进速度与土舱出土速度调整，若土体在土舱内置换速率较慢，可采用泡沫浓度为3%～5%的泡沫剂，提高泡沫稳泡时间，保证土体改良效果；发泡率则根据土体含水率情况与土压力设定情况调整，含水率高、土舱压力高，则宜采用低发泡率(9～12倍率)泡沫。

4) 土体改良施工工艺

(1) 土体改良施工工艺比选。已有的顶管机土体改良工艺有两种：第一种不设置改良口；第二种设置改良口，改良口布置于刀盘中心，一根管路连接，胸板所有改良口布置在整个顶管机截面的偏上部位置且无区域划分。现有工艺主要有如下缺点：① 土体改良效果差，塑性流动性差；② 土体改良时间长；③ 施工中刀盘扭矩大，推力大，推进速度慢；④ 容易引起刀盘结构损坏，无法继续顶进。

在总结已有工艺的基础上，本次提出了土体改良口全区域覆盖工艺：大刀盘改良口布置在刀盘4根辐条上，半径方向由内至外尺寸各不相同，共4个口，4根管路。胸板上改良口的布置：在每个偏心小刀盘轨迹后方均匀布设多个口，上下左右兼具；靠近壳体的外周侧水平中心线上半部均匀布置；底部靠近螺旋机进土口均匀布置。按照断面形状划为五个大区，分别为4个偏心小刀盘土体改良口区域＋大刀盘土体改良口区域；每个区由一台泵单独控制，其中大刀盘区域4根管路分成4台泵单独控制。

新的土体改良工艺具有以下优点：① 改良速度快；② 土体的流塑性、流动性好；③ 刀盘扭矩小，推力小，顶进速度快；④ 避免机械结构破坏。

(2) 土体改良施工配合比。顶管施工过程中，泡沫改良材料和聚合物泥浆材料的配合比见表4-17、表4-18。

表4-17　泡沫改良材料施工配合比

项　目	泡沫浓度	发泡率	稳泡时间
数值	3%	15	＞5 min

表4-18　聚合物泥浆材料指标(kg/m^3)

项　目	密　度	黏　度	滤失量
数值	1.04 g/cm^3	＞40 s	＜20 mL

(3) 改良剂注入位置。大刀盘的土体改良口布置于大刀盘4个条幅上，为4根管路，由

2 台螺杆泵和 2 台泡沫泵控制;其余土体改良口布分布在土舱内胸板上,分为 4 个区域,分别由 4 台螺杆泵和 4 台泡沫泵控制,如图 4－57 所示。

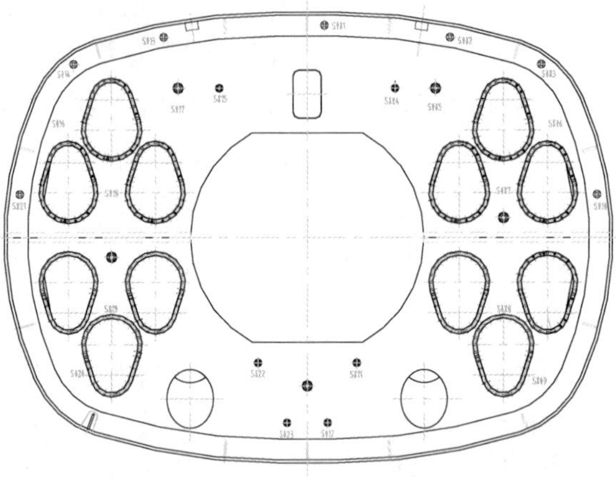

图 4－57　土体改良材料注入孔位置图

(此图从刀盘向后顶进方向所得)

(4) 土体改良施工控制方法。

① 顶管机掘进过程中,对刀盘正面大刀盘土体改良口区域(中间区域)注入泡沫,注入率以大刀盘扭矩<2 500 kN · m 为控制标准,注入率控制在 10%±5%。

② 顶管机掘进过程中,对土舱内 4 个偏心小刀盘土体改良口区域(S001～S007,S008～S012,S013～S018,S019～S023)注入聚合物泥浆,各区域注入率以小刀盘扭矩<150 kN · m 为控制标准,注入率控制在 10%±2%。

5) 实施效果

(1) 推进参数顶进全过程分析。图 4－58 为顶进全过程的大刀盘扭矩曲线,最大扭矩为 2 000 kN · m,且扭矩与顶进速度呈线性关系,顶进速度越大,刀盘扭矩越大。

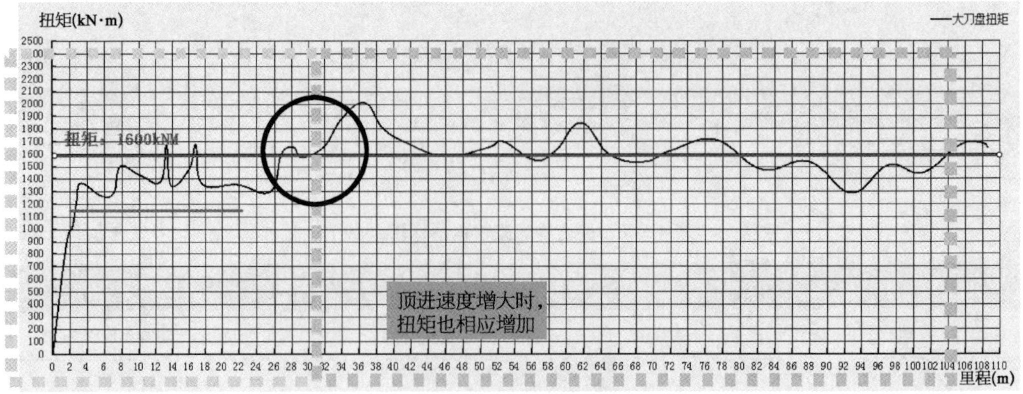

图 4－58　大刀盘扭矩曲线图

通过采用刀盘、土舱多部位组合式的土体改良技术，新型土体改良技术达到了预期效果，实现了超大矩形断面渣土开挖、切削和排送的要求，取得了很好的渣土改良效果。

(2) 与其他顶管隧道推进数据比较。在顶进过程中，大刀盘切口前方土体采用加泡沫剂的土体改良方式，胸板土舱内土体采用加膨润土泥浆的改良方式，通过采用刀盘、土舱多部位组合式的土体改良技术，新型土体改良技术达到了预期效果，实现了超大矩形断面渣土开挖、切削和排送的要求。

纬四路和商鼎路三段顶管隧道施工时的大刀盘扭矩曲线如图 4－59 所示。

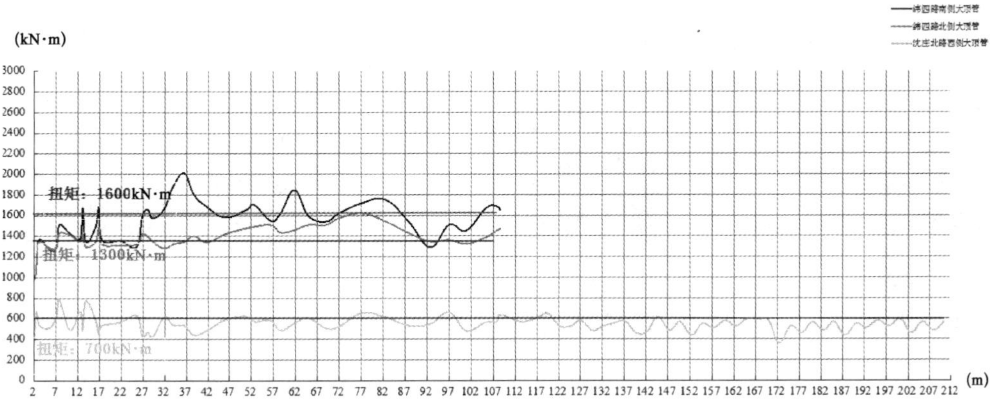

图 4－59　隧道大刀盘扭矩对比分析

改良施工效果详见表 4－19，渣土实测坍落度由接近零提升到 4 cm，取得了良好的效果。

表 4－19　改良效果分析表

项　目	渣土坍落度	大刀盘扭矩	上部刀盘扭矩	下部刀盘扭矩
纬四路南侧大顶管	7～10 cm	1 600 kN · m 左右	90 kN · m 左右	110 kN · m 左右
纬四路北侧大顶管	5～6 cm	1 300 kN · m 左右	80 kN · m 左右	100 kN · m 左右
商鼎路西侧大顶管	0～4 cm	700 kN · m 左右	70 kN · m 左右	90 kN · m 左右

郑州市下穿中州大道隧道工程的顶进过程中，采用了刀盘、土舱多部位组合式的土体改良技术，其中大刀盘切口前方土体采用加泡沫剂的土体改良方式，胸板土舱内土体采用加膨润土泥浆的改良方式。示范工程的施工效果表明：渣土实测坍落度由接近零提升到 4 cm，刀盘扭矩始终控制在额定扭矩的 40%，新型土体改良技术达到了预期效果，实现了超大矩形断面渣土切削和排送的要求。

4.5.2　减摩护壁泥浆技术

减摩护壁泥浆技术是减小顶管顶力、提高长距离顶进效率，以及控制背土和地面沉降的重要技术。对于超大断面矩形顶管的特性，在顶管的顶部和底部存在大面积的减摩护壁泥浆，减摩护壁泥浆的质量优劣更是关系到顶管顶进顺利与否的关键，因此必须对减摩护壁泥浆技术进行针对性研究。

1）减摩工艺目标分析

在顶管顶进施工中，为减少土体与管节间的摩阻力，通过管节内部的注浆孔向管节外注入一种泥浆材料，称为“减摩泥浆”。通过减摩泥浆的充分、均匀注入，使得管节与外围土体之间形成一圈泥浆层，从而使得管节在泥浆套中顶进，一方面降低了后顶力，另一方面也起到支护土体，降低地层损失，控制地面沉降的作用，如图 4-60 所示。

图 4-60　顶管减摩泥浆施工示意图

大断面矩形顶管施工由于断面增大所带来的摩阻力也相应增大，导致主顶顶力增大的同时，后靠也要承受相应的反作用力，增大了施工的难度与成本，特别是对于长距离顶进尤甚。原有顶管减摩注浆通过人工完成，效率较低，且人为操作因素减低了减摩效果，且施工人员高空作业具有一定危险性。

传统的减摩泥浆工艺存在以下不足：

(1) 泥浆黏度不足、黏聚力差、滤失量大，导致保压效果不佳，地表沉降大。

(2) 注入率高，需反复注浆，加剧了地层扰动。

针对超大异形断面顶管施工，对减摩泥浆施工工艺提出了如下要求：① 一定压力的泥浆注入建筑空隙后，能够形成有效的泥浆套，降低地层损失，防止周围土体变形；② 具备高黏度、低滤失率的泥浆，使其能显著降低混凝土管节与周围土体在顶进施工过程中的摩阻力。

2）减摩泥浆材料配比及性能指标

通过大量室内土工试验，对顶管减摩泥浆进行模拟试验，对各种不同膨润土配比掺量进行了比选试验，得出了适应粉砂土地层隧道顶进的减摩泥浆配比及施工参数。实验配比设计及指标测试结果见表 4-20，实验情况如图 4-61 所示。

表 4-20　膨润土浆液配比及性能指标

序号	品种	掺量(kg)	黏度(s)	视黏度(mPa·s)	塑性黏度(mPa·s)	动切力(Pa)	动塑比($m^{-1}·s^{-1}$)
1	A	175	43	10.5	1	1.533	1.533
2	A	200	164	12.5	2	1.022	0.511
3	B	100	65	12	2	1.533	0.766 5
4	B	125	182	16.5	5	2.555	0.511

(续表)

序号	品种	掺量(kg)	黏度(s)	视黏度(mPa·s)	塑性黏度(mPa·s)	动切力(Pa)	动塑比($m^{-1}\cdot s^{-1}$)
5	C	20	128	44.5	8	4.599	0.574 875
6	C	30	204	57.5	8	8.687	1.085 875
7	D	20	67	30	15	15.33	1.022
8	D	30	99	39	7	3.577	0.511
9	A+C	100+10	滴流	28	11	5.621	0.511
10	A+D	100+10	235	22	17	13.286	0.781 529 4
11	B+C	80+10	滴流	31	20	19.418	0.970 9
12	B+D	80+10	269	33	22	36.281	1.649 136 4

图 4-61　膨润土材料实验情况

表内的实验数据中,各测试数据作用:

(1) 视黏度:表示泥浆的黏度,泥浆的流变性能,携带渣土的能力(mPa·s),见下式:

$$\eta_{视}=\frac{1}{2}\times\theta_{600} \tag{4-3}$$

(2) 塑性黏度:表示泥浆的触变性被破坏后的黏度值(mPa·s),见下式:

$$\eta_{塑}=\theta_{600}-\theta_{300} \tag{4-4}$$

(3) 动切力:表示泥浆流动过程中悬浮、携带渣土的能力(Pa),见下式:

$$\tau_0=0.511(\theta_{300}-\eta_{塑}) \tag{4-5}$$

(4) 动塑比(触变值)见下式:

$$动塑比=\frac{\tau_0}{\eta_{塑}} \tag{4-6}$$

式中 θ_n——转速为 n 时,刻盘的读数。

泥浆剪切稀释作用(触变值)的优劣可用动塑比来表示,动塑比越大,表示剪切稀释作用越明显。

减摩泥浆性能指标见表 4－21。

表 4－21　减摩泥浆性能指标

项　目	密　度	黏　度	滤失量
数　值	$1.08\ g/cm^3$	＞60 s	＜12 mL

3）减摩泥浆模拟试验

(1) 试验目的。

① 滤失率试验：分析比较新型减摩泥浆与传统减摩泥浆滤失效果。

② 减摩试验：分析比较新型减摩泥浆与传统减摩泥浆保压及摩阻力降低的效果。

(2) 模拟试验装置如图 4－62、图 4－63 所示。

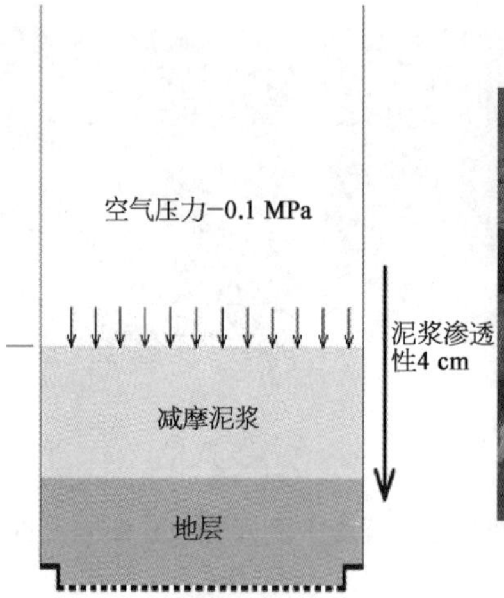

(a) 滤失率装置原理图

(b) 滤失率试验装置

图 4－62　滤失率试验装置示意图

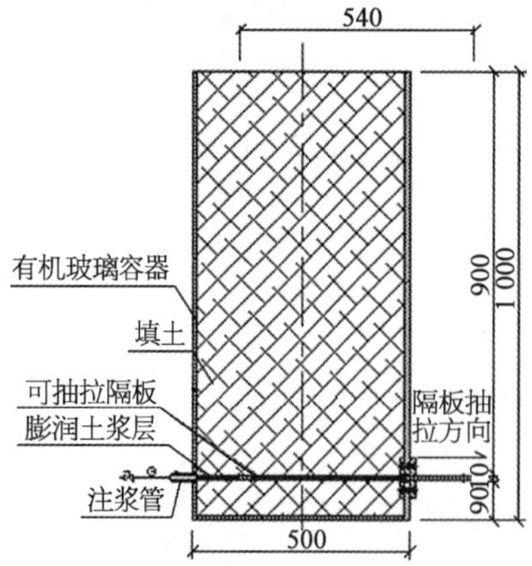

(a) 减摩试验装置设计图(单位：mm)

(b) 减摩试验装置

图 4－63　减摩试验装置示意图

(3) 试验内容。

① 滤失率试验如图 4－64 所示。

(a) 膨润土浆液的拌制。分别拌制传统减摩泥浆及新型聚合物减摩泥浆。

(b) 试验。分别将传统减摩泥浆及新型聚合物泥浆置入滤失率试验密闭容器内，密封后，对密闭容器施加 0.3 MPa 压力，保持 7′30″。

(c) 滤失量测定。将滤失率试验中收集的泌水量进行测定，滤失率＝泌水量体积/泥浆初始体积。

(a) 传统减摩泥浆滤失率试验

(b) 新型减摩泥浆滤失率试验

图 4－64　滤失率试验

② 减摩试验如图 4－65 所示。

(a) 膨润土浆液的拌制。

(b) 将膨润土浆液倒入注浆泵内(手型泵，可控制压力 0～2.5 MPa)。

(c) 将注浆泵与试验装置相连接，并测试整套装置压力密封性。

(d) 抽动拉板形成空隙，并及时在空隙内注入膨润土浆液。

(e) 缓慢拉动抽板，并维持注浆压力保持在 0.2～0.3 MPa。

(a) 加入膨润土

(b) 持续搅拌

(c) 膨润土浆液制备完成

(d) 手型注浆泵

(e) 连接注浆泵与试验装置

(f) 缓慢抽动拉板形成空隙

(g) 空隙内注入膨润土浆液

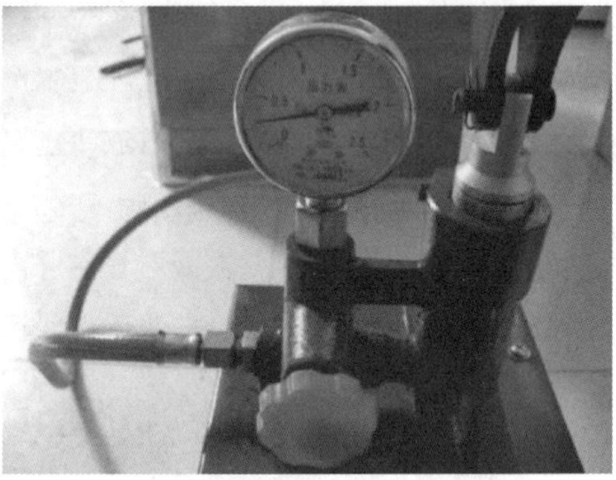

(h) 保持并记录注浆压力

图 4-65 减摩试验*

(4) 分析与结论。

① 滤失率试验。传统泥浆滤失率 28.7%,新型泥浆滤失率 3.2%~8%。新型泥浆较传统泥浆滤失率降低 86.7%。

② 减摩试验。

(a) 保压性(0.3 MPa 压力消散时间)。传统泥浆 42 s,新型减摩泥浆 287 s。新型泥浆较传统泥浆保压性提高 580%。

(b) 降低摩阻力(滑板抽力)。传统泥浆 450 N,新型泥浆 330 N。新型聚合物减摩泥浆较传统泥浆摩阻力降低 26%。

4) *减摩护壁泥浆全断面自动注浆及控制工艺研究*

减摩泥浆注浆是顶管推进施工过程中至关重要的一环。减摩泥浆将管节外壁与土体之间的干摩擦变为湿摩擦,起润滑减摩作用;同时又填充了施工时管节与土体之间的空隙,减少土体变形,起一定的支撑作用。科学合理的注浆方式能大幅减少顶进摩阻力,降低施工难度与成本,对于长距离顶进施工尤甚,因此研发新型注浆系统尤为重要。

(1) 减摩泥浆压注实施方案比选。减摩泥浆的压注方式主要包括手动和自动两种方式,见表 4-22。

表 4-22　注浆方式比选表

项　目	优　点	缺　点
手动注浆	成本低	减阻效果差、效率低、压注不均匀、计量误差大,人员高空作业风险大
自动注浆	减阻效果好、效率高、自动化数据采集、信息化程度高	成本高

自动注浆系统能精确地把控和计量浆液的压注量、注入压力及压注点位的先后顺序,提升操作过程的规范性和科学性。基于本项目的特点,开发了全断面自动注浆控制系统并实际进行了施工应用。

(2) 全断面自动注浆系统。本工程大管节断面尺寸为 10.4 m×7.5 m,管节内共设 12 个 1 in注浆孔。管节内注浆管路分为左右独立 2 套,单边 6 个注浆孔;单边由 2 in 总管接入,通过 G2×G2×G1 异径三通分出支路,串联 6 个注浆孔,形成闭合区间;接入每个注浆孔前加装手动球阀、电动球阀、压力计,如图 4-66 所示。

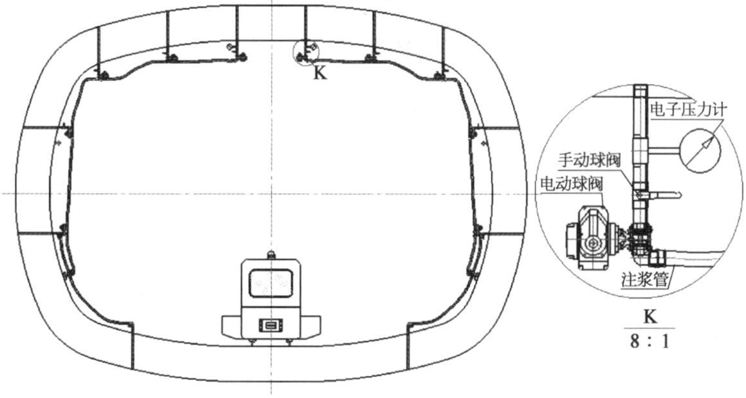

图 4-66　大管节断面自动注浆系统连接示意图

(3) 自动注浆施工方法。

① 靠近机头侧1～5管节注浆远程控制集中到中央控制室,且注浆速度与顶进速度自动匹配,实现浆液沿隧道轴线方向均匀分布。此外各注入口通过电控球阀自动切换依次循环压注,使浆液在管节外围断面方向均匀分布。

② 后续管节,每30环管节设置一套独立控制系统,配置2台泥浆泵向各注入口循环压注,各区域注浆压注相互独立、各不干涉,以保证每节管节注入足够的注浆量。

③ 通过预先设置单孔注入量及压力阈值,逐点定量压注减摩泥浆,且以压力控制优先,即一旦检测到压力超过阈值时无条件切换至下一注入口压注。一套独立系统单一时刻仅有一孔对外压注。

④ 管节序列上间隔布置泥浆压力传感器,检测数据输入控制系统,经由通信系统进入中控室中显示,可实时监测减摩泥浆套状态。

(4) 减摩浆压注参数控制。

① 压注量控制。顶管推进施工过程中,为完整有效形成减摩泥浆套,设计的顶管机外径尺寸就比管节外径大2 cm,留有的建筑空隙由减摩护壁泥浆填充。在减少推进摩阻力的同时,依靠其自身的承压性支撑土体,在一定程度上减少地表沉降。

根据浆液在土体中滤失量数据,通常管节外壁注浆量为建筑空隙的150%～250%。按2 cm建筑空隙计算,单节管节理论注浆量为1.4～2.3 m^3。按照此参数并结合现场实际施工情况,管节浆液压注计量情况见表4-23。

表4-23 管节外壁浆液压注量统计

项目	压注区域	压注量(m^3)	备注
管节注浆	A区域	1.3～1.5	本区域6个注浆孔
	B区域	0.7～0.9	本区域4个注浆孔
	C区域	0.2～0.3	本区域2个注浆孔

② 注浆流量及压力控制。注浆流量及压力均由注浆泵控制。通过调节注浆泵泵送速度及溢值压力来达到施工所需的浆液压注流量及压力,各参数见表4-24。

表4-24 注浆压力及流量控制参数

项目	名称	参数
压力	泵口压力	0.2～0.25 MPa
	注浆口压力	0.1～0.15 MPa
流量	泵送流量	2～2.4 m^3/h

5) 实施效果

封闭式顶进机的顶力R估算由顶进机前端的迎面阻力N和注入减摩泥浆后的管壁外

周摩阻力 F 组成，下式为圆形顶管机经验公式，供参考：

$$R = N + F = S \times Pt + f \times L \times l \tag{4-7}$$

式中　S——机头截面积(m^2)；

Pt——机头底部以上 1/3 高度处的被动土压力(kN/m^2)；

$Pt = \gamma (H + 2D/3)\ tg^2(45° + \varphi/2)$，其中，$\gamma$ 为土的容重(kN/m^3)；H 为顶管上覆土层厚度(m)；D 为顶管机高度(m)；φ 为土的内摩擦角(°)；

f——采用注浆工艺的摩阻系数，可通过实际试验确定，一般取 $f = 9 \sim 11\ kN/m^2$；

L——机头或管节周长(m)；

l——顶进长度(m)。

根据上述计算公式，可得纬四路下立交机动车道顶管理论顶力：

$$\begin{aligned} R &= f \times L \times l + \gamma(H + 2D/3)\tan^2(45° + \varphi/2) \times S \\ &= 30.4 \times 110 \times 9 + 20 \times 10.5 \times \tan^2(65°) \times 69 \\ &= 61\ 409\ kN \approx 6\ 140\ t \end{aligned} \tag{4-8}$$

商鼎路下立交机动车道顶管理论顶力：

$$\begin{aligned} R &= f \times L \times l + \gamma(H + 2D/3)\tan^2(45° + \varphi/2) \times S \\ &= 30.4 \times 212 \times 9 + 20 \times 12 \times \tan^2(65°) \times 69 \\ &= 90\ 506\ kN \approx 9\ 050\ t \end{aligned} \tag{4-9}$$

施工过程中，机动车道顶管最大顶力值详见表 4－25。

表 4－25　两区间机动车道顶管顶力数值表

项　目	名　称	理论主顶力	实际主顶力	与理论顶力比值	备　注
纬四路下立交	南侧机动车道顶管	6 140 t	3 500 t	49%	第一条
	北侧机动车道顶管	6 140 t	3 000 t	57%	第二条
商鼎路下立交	西侧机动车道顶管	9 050 t	4 000 t	44%	第一条

上表中两个区间贯通后的机动车道顶管顶力数值远小于理论计算值，说明减摩效果非常明显。根据理论公式，可以计算出实际施工推进中的摩阻系数 $f = 4 \sim 5\ kN/m^2$，远小于一般情况下摩阻系数 $f = 9 \sim 11\ kN/m^2$，说明本工程中无论是减摩浆液质量还是浆液压注工艺，都达到了预期效果。

6）**实验结论**

减摩注浆是顶管推进施工过程中至关重要的一环：一方面，顶进过程中减摩浆液的压注使得管节与土体之间由“干摩擦”变为“湿摩擦”，起到了润滑减摩作用，降低了顶进过程中的侧摩阻力；另一方面，减摩浆液又同时填充了管节与土体之间的空隙，起到一定的支撑作用，减小了周边地层的变形。科学合理的注浆方式能极大减少顶进摩阻力，降低施工难度与成本，对于长距离顶进施工尤甚。

(1) 针对传统减摩泥浆黏聚力差、滤失量大等不足，通过大量室内土工试验，对各种不同膨润土配比、掺量进行了比选试验，得出了适应粉砂土地层顶管顶进的减摩泥浆配比及性能指标。

(2) 通过减摩泥浆模拟试验，分析了新型减摩泥浆在滤失量、保压性、摩阻力降低等方面的性能，试验结果表明：相比于传统泥浆，新型减摩泥浆的滤失率降低了 86.7%，保压性能提高了 580%，摩阻力降低 26%。

(3) 通过 PLC 程序控制，实现了减摩护壁泥浆的全断面自动注浆控制，减摩浆自动压注系统可以对减摩浆的压注量、压注流量和压注压力进行有效控制。

(4) 从纬四路下立交和商鼎路下立交顶力的数据可以分析，采用新型减摩浆后顶管顶进的摩阻系数(4～5 kN/m^2)，远小于一般的摩阻系数(9～11 kN/m^2)。

4.5.3 超大断面矩形顶管进出洞风险控制装置

由于超大断面的形式，异形矩形顶管进出洞风险不亚于超大直径盾构进出洞；此外，由于矩形的特殊形式，其角部位置在进出洞期间更是渗漏高风险部位。因此必须研究新型的进出洞密封装置，来控制大断面矩形顶管始发、推进直至接收过程中水土渗漏的风险。主要研究内容包括风险控制装置结构形式设计研究和风险控制装置安装及施工工艺研究。

4.5.3.1 顶管始发(出洞)风险控制装置

在顶管法隧道施工中，作为一个比较大的风险源，顶管进出洞止水施工的成功与否关系到周边环境甚至是隧道的安全，尤其是对于大断面矩形顶管进出洞止水施工来说，其风险更大。

1) 方案比选

常用的顶管始发止水方案有两种，见表 4-26。

表 4-26 顶管始发(出洞)止水方案比选表

止水方案	优缺点
橡胶帘布板施工工艺	优点：工艺简单 缺点：1. 橡胶帘布耐磨不耐撕，顶管机在进入铰链布的过程中容易撕裂橡胶帘布 2. 单向铰链板容易卡在管节的拼接缝中，容易被拉断 3. 顶管推进洞口一直是顶进状态，橡胶帘布动态止水效果不明显
止水箱体施工工艺	优点：1. 对顶管出洞止水进行了创新，使得整体顶管机始发施工技术有了突破 2. 多重止水，止水安全系数高，有保证 3. 保压效果提升 4. 通过压注盾尾油脂，既可止水，又可润滑管节 5. 可重复利用，效率更高，对风险的控制能力更强 缺点：工艺复杂

2) 止水箱体控制装置结构形式

(1) 止水箱体部分。止水箱体装置如图 4－67 所示，主要部件有固定连接于围护结构上门洞周边的止水钢箱体、帘布橡胶板、一圈钢板刷和 80 cm 厚的钢环，箱体的一端与洞门固定连接，一端安装橡胶帘布橡胶帘布外设置有压板，通过调整压板的位置可以使橡胶帘布密贴于机头或管节上，箱体内焊接一道钢板刷及一道钢丝刷，在钢板刷和钢丝刷之间设置多个盾尾油脂压注孔，通过盾尾油脂的压注来实现动态止水。

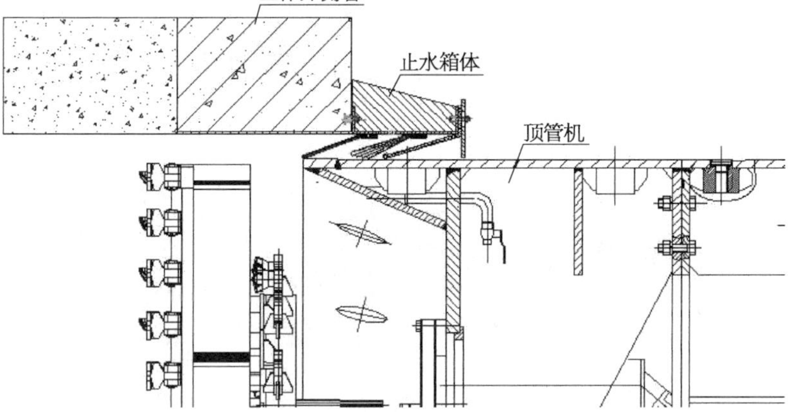

图 4－67　止水箱体与机头上部位置示意图

(2) 盾尾油脂压注系统部分。该盾尾油脂系统借鉴盾构机盾尾油脂系统，又根据超大断面矩形顶管施工的要求做了修改及优化。该系统配合洞门密封刷(一道钢丝刷和一道钢板刷)使用，能有效在管节外表面涂刷密封油脂，起到洞门处封堵减摩泥浆，以及减少管节与土体摩擦力的双重效果。系统设有注入口 16 个、压力传感器量程 6 MPa、压注最高压力 8 MPa、油脂泵排量 5.6 L/ min×2。

① 注入口分布及管路配置。盾尾系统中油脂通过代号分别为 A、B 的两台油脂泵泵送，16 个电动球阀沿两条盾尾刷沟道均匀分布，A、B 油脂泵分别向各自范围内的 8 路球阀供应油脂，如图 4－68 所示。

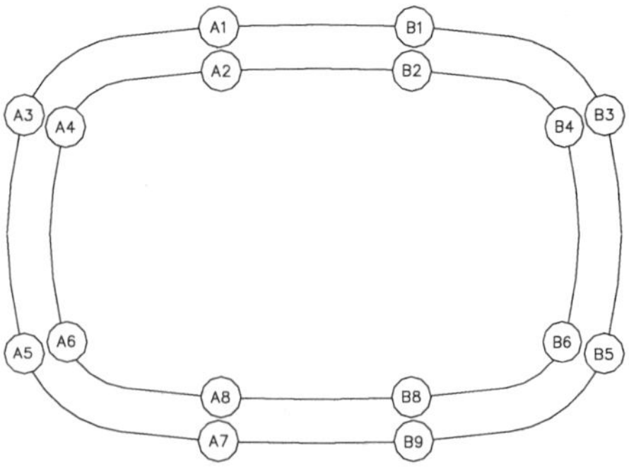

图 4－68　盾尾系统压注孔示意图

② 控制工艺：

(a) 注入口切换分“人工操作”“自动切换”两种模式。“自动切换”模式下气阀按照设定时间依次切换，单一时刻每台油脂泵仅对一路球阀供脂。

(b) 每路管路出口增加油脂压力检测，管路压力达到设定压力时跳过该注入口切换至下一顺序注入口。注入压力极高时给予报警提示，并暂停油脂泵运行。

(c) 盾尾油脂系统作为独立系统,不占用顶管控制资源。

(d) 就地显示采用指示灯配合低分辨率触摸屏,提供友好的人机交互界面。

3) 止水箱体始发止水装置安装及施工工艺

止水箱体装置的安装流程如图 4－69 所示,现场安装照片如图 4－70、图 4－71 所示。

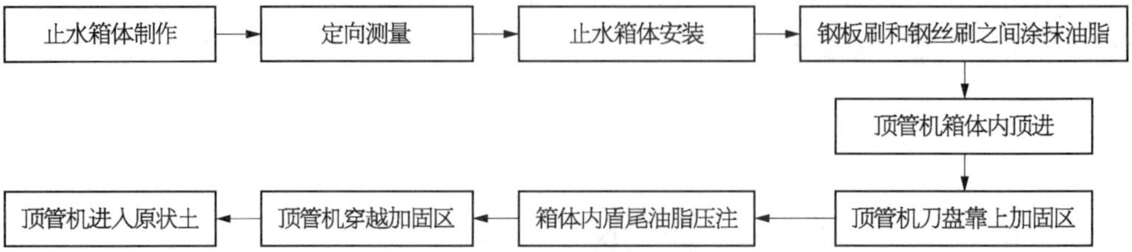

图 4－69　安装流程图

图 4－70　止水箱体现场安装图*

图 4－71　盾尾油脂系统现场安装图*

4）实施效果

该新型进出洞风险控制装置具有更好的出洞止水效果，并且能实现顶进过程中浆液的保压，能有效控制土体沉降；能多重止水，止水安全系数高，有保证；通过压注盾尾油脂，即可止水，又可润滑管节；还可重复利用，效率更高，对风险的控制能力更强。该装置解决了现有工艺所存在的施工局限性、风险控制不确定性及施工效率较低的问题。

4.5.3.2　顶管接收（进洞）风险控制装置

1）顶管接收（进洞）止水方案比选

常用的顶管接收止水方案有三种，见表 4－27。

表 4－27　顶管接收（进洞）止水措施比选表

项　目	优缺点
止水钢板	优点：工艺简单 缺点：1. 顶管机在进入止水钢板的过程中容易撕裂止水钢板 2. 止水钢板变形后无法恢复，无法与顶管机壳体完全贴合，依然存在渗漏点 3. 顶管推出洞口一直是顶进状态，止水钢板动态止水效果不明显
止水钢丝刷工艺	优点：与顶管机壳体密贴性好 缺点：1. 成本较高 2. 由于顶管机进洞时姿态是一直变化的，钢丝刷尺寸固定，顶管机在进入钢丝刷的过程中容易撕裂钢丝刷
止水气囊工艺	优点：1. 气囊不充气状态尺寸较小不用担心顶管进洞过程中撕裂 2. 安装简单便捷 3. 顶管机进洞过程中可以根据顶管的状态选择气囊不同的部位进行充气，可以实现动态止水 缺点：工艺复杂

2）止水气囊结构形式和施工工艺

（1）止水气囊结构部分。止水气囊装置如图 4－72 所示，包括两道焊接于进洞洞圈一周的 14 mm 的挡板，挡板上设置有螺栓孔用于固定气囊固定板，气囊装置放置于两道挡板之间，用气囊固定板固定。

（2）止水气囊施工流程。止水气囊的施工流程主要包括止水气囊挡板加工、顶管进洞姿态测量、止水气囊挡板焊接安装、止水气囊安装、顶管进洞、止水气囊充气等环节，如图 4－73 所示。

新型的进洞止水气囊装置有效地减少了顶管进洞渗漏水风险，控制了顶管进洞段的地面沉降，保护了进洞段的周边环境，实现了顶管进洞的动态止水。

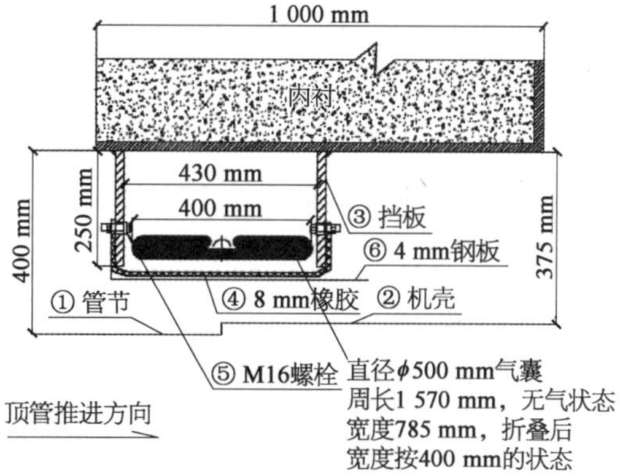

图 4－72　止水气囊在洞圈内安装示意图

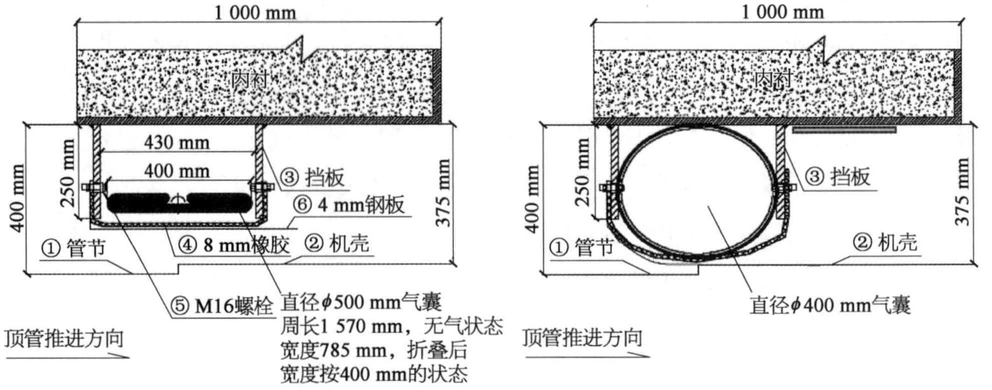

(a) 止水气囊安装状态　　(b) 止水气囊开始充气

图 4－73　止水气囊主要施工流程图

4.5.3.3　研究结论

针对传统橡胶帘布始发止水工艺的不足，研究设计一种简便、有效、安全可靠的顶管出洞止水施工方法，即采用止水箱体出洞止水施工工艺，解决现有工艺所存在的施工局限性、风险控制不确定性及施工效率较低的问题。该装置已在工程中实践使用，实施具有更好的出洞止水效果，并且能实现顶进过程中浆液的保压能有效控制表面沉降；该装置能多重止水，止水安全系数高，有保证；通过压注盾尾油脂，即可止水，又可润滑管节；且该装置还可重复利用，效率更高，对风险的控制能力更强；该研究成果使得整体顶管机始发施工技术有了突破。

针对传统进洞止水钢板、进洞止水钢丝刷工艺的不足，采用新型进洞止水气囊工艺，气囊止水装置安装简单便捷，不充气状态气囊尺寸较小不用担心顶管进洞过程中撕裂；顶管机进洞过程中可以根据顶管的状态选择气囊不同的部位进行充气，可以实现动态止水。该装置已在工程中实践使用，新型的进洞止水气囊装置有效地减少了顶管进洞渗漏水风险，控制了顶管进洞段的地面沉降，保护了进洞段的周边环境，实现了顶管进洞的动态止水。

4.5.4　砂性土地层顶进控制技术

超大断面矩形顶管在砂性土地层中将面临姿态纠偏问题，超大断面矩形顶管的纠偏难度大，如控制不利会影响成型隧道的质量。

1）顶管纠偏措施比选

矩形顶管工艺的施工过程中，轴线及转角的控制是重中之重。郑州市下穿中州大道工程，由于其超大断面、超长距离及浅覆土大坡度等特点，同时在轴线控制的措施中还需结合地面沉降顶力等因素，因此区别于传统的顶管轴线控制方式，本工程的轴线控制需要采取新的措施，在不影响施工质量的前提下有效地控制施工轴线；受大顶管机自身结构、施工过程中土体改良的不均匀及土层的不均匀的影响，施工过程中极易产生转角，能否有效地控制顶管转角关系到顶管的进洞及施工质量。常用的顶管纠偏措施见表 4－28。

表 4－28　顶管纠偏措施表

项　目	措　施	优　点	缺　点
轴线偏差	铰接纠偏 纠偏中继间纠偏	方向控制靠近偏差点 纠偏角度大	纠偏角度小 方向控制远离偏差点
转角控制	土体改良控制 刀盘转向控制 壳体注浆控制 机头压重	施工方便 施工方便 适应多种土层，效果显著 适应多种土层	需要其他措施配合 适应土层单一 工艺复杂 效果慢、效率低

2）轴线控制

(1) 铰接系统纠偏控制。铰接系统主要由两类组件组成：铰接油缸及油缸座、铰接密封圈及密封圈压板。本工程的顶管机铰接系统共有 24 只铰接油缸，每只油缸推力为 300 t，总推力 7 200 t，油缸行程 200 mm，纠偏角度为垂直±1.7°、平面±1°。

(2) 纠偏中继间系统纠偏控制。纠偏中继间共安装 30 个纠偏油缸，与顶管机后壳体相固定，因此达到了对顶管机姿态纠偏的目的。每根油缸顶力为 250 t，总顶力 7 500 t，油缸行程 200 mm，纠偏角度为上下 1.2°、左右 0.8°，总重量约 80 t。

(3) 施工控制方法。

① 当顶管轴线平面(高程)偏差小于等于±50 mm 时，采用铰接系统伸出向对应的千斤顶油缸进行纠偏。

② 当顶管轴线平面(高程)偏差大于±50 mm 时，采用纠偏中继间伸出向对应的千斤顶进行纠偏。

3）转角控制

顶管姿态控制关键是转角控制，研究采用调整顶管机刀盘转向和有针对性地在顶管机相对应壳体内压注改良土的形式控制顶管机转角，如图 4－74 所示。

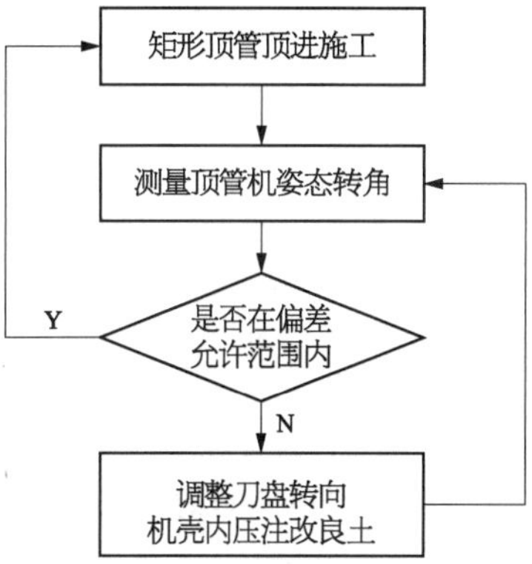

图 4－74　超大断面矩形顶管转角控制流程图

(1) 盾壳压注改良土纠偏。用于转角控制施工的改良土材料是原状土、膨润土和水的混合物，具有良好的黏性和流动性，便于压注且具有一定的减摩作用。改良土压注参数：将改良土压注于顶管机壳体外，压注压力和压注量根据具体的施工参数进行调节起到稳定顶管机姿态转角的目的。

顶管机前后壳体上分别分布一定数量的注浆孔(前壳体 14 个,后壳体 8 个),将前壳体的注浆孔分为四部分区域,如图 4-75 所示。

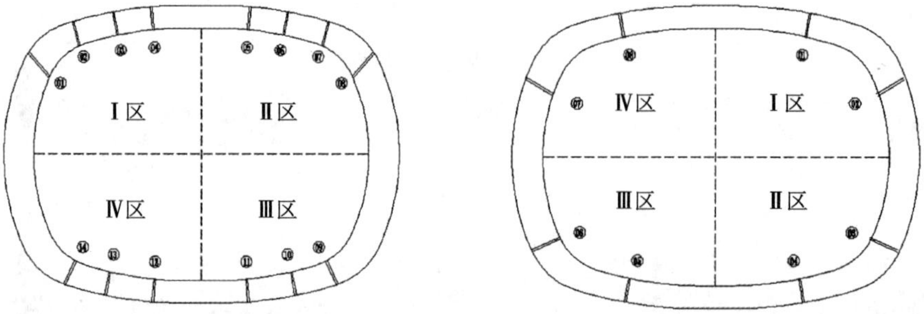

(a) 前壳体区域分布示意图　　(b) 后壳体区域分布示意图

图 4-75　顶管前后壳体区域分布示意图

改良土是原状土、泡沫剂和水的混合物,具有良好的黏性和流动性,便于压注和稳定推进作业面土体。其中泡沫剂为泡沫剂用水配置 2%～8%的稀释液,即泡沫剂加水为 98%～92%(重量比),改良土的配比为原状土∶泡沫剂∶水=3 215∶1∶48(重量比)。

(2) 施工控制方法。

① 当顶管机姿态转角小于±30′时,仅改变刀盘转向进行转角控制,当顶管机产生顺时针(或逆时针)方向转角时,首先调整刀盘的正(反转)方向。

② 将前壳体的注浆孔分为四个区域,1～4 号为Ⅰ区,5～8 号为Ⅱ区,9～11 号为Ⅲ区,12～14 号为Ⅳ区;后壳体的注浆孔也分为四个区域,1 号、2 号为Ⅰ区,3 号、4 号为Ⅱ区,5 号、6 号为Ⅲ区,7 号、8 号为Ⅳ区,如图 4-76 所示。

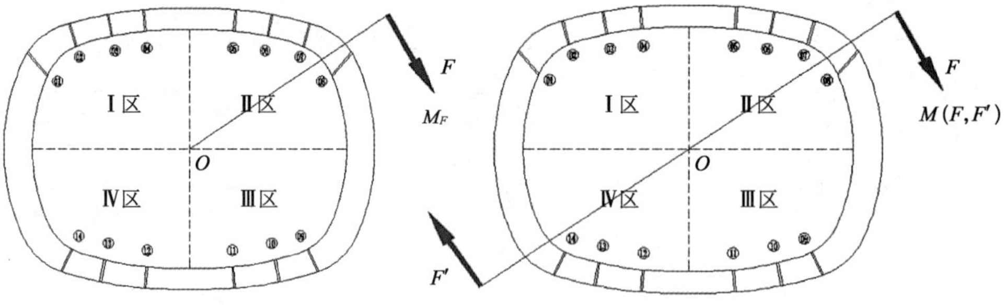

(a) 力矩　　(b) 力偶矩

图 4-76　前壳体受力矩、力偶矩示意图

当顶管机姿态转角大于±30′时,通过砂土泵向前壳体Ⅱ区、Ⅳ区,后壳体Ⅰ区、Ⅲ区的注浆孔内压注改良土,通过压注改良土对顶管机转向施加反力矩、反力偶矩达到控制转角的目的。当对前壳体Ⅱ区压注时(单区域压注),前壳体受到反力矩作用,从而纠正姿态转角;

当对前壳体Ⅱ区、Ⅳ区同时压注时(双区域同时压注),前壳体受到反力偶矩作用,从而纠正姿态转角。针对姿态转角的偏差值和注浆纠偏的效果,可选择前壳体或后壳体或前后壳体压注。

4）实施效果

纬四路机动车隧道的顶进偏差如图 4－77、图 4－78 所示,通过分析可知,纬四路机动车隧道的轴线平面偏差为－36～＋52 mm,高程偏差为－79～＋48 mm,最大转角为 40′,满足施工的精度要求。

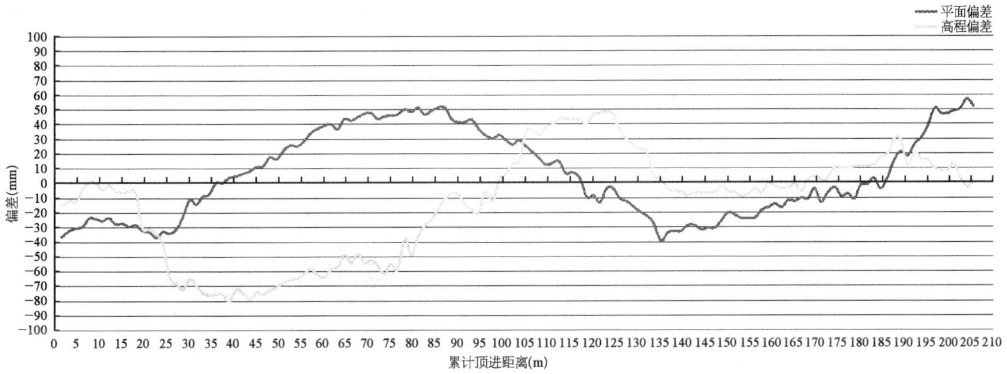

图 4－77　顶管姿态偏差图*

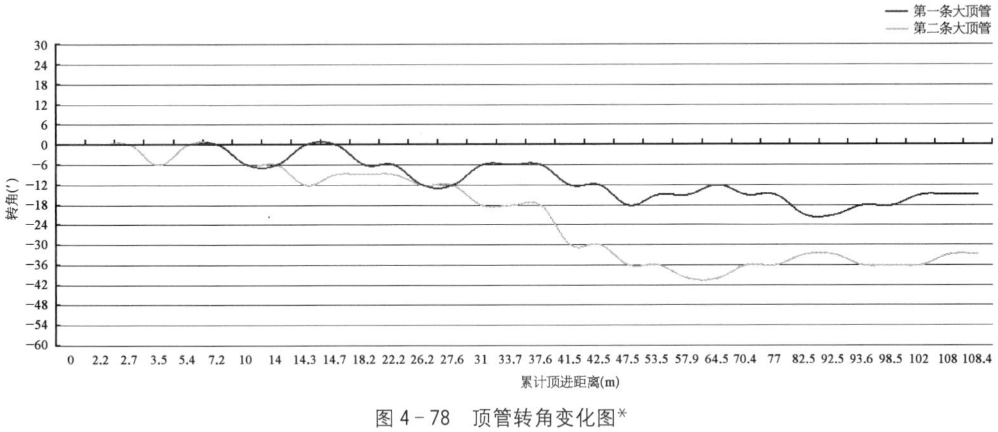

图 4－78　顶管转角变化图*

在大断面长距离的矩形顶管施工中,需要结合新型的纠偏中继间措施,在保证施工质量的前提下更好地完成轴线纠偏。

顶管机转角的控制需要采用综合性的措施,在不同阶段采用不同的针对性措施才能达到最后的控制效果,保证顶管顺利、平稳的推进。

4.5.5　大断面矩形顶管置换泥浆技术

顶管施工过程中使用的减摩护壁泥浆为非固化浆液,待顶管完成后需进行置换处理,但超大断面矩形顶管的断面大,减摩护壁泥浆体量大,减摩浆的有效置换是保证隧道后期稳定及地面后期沉降的关键。主要研究内容包括：① 新型防渗微膨胀置换泥浆配比研究；② 大断面矩形顶管置换泥浆施工工艺研究。

4.5.5.1　新型防渗微膨胀置换泥浆配比

传统的顶管置换泥浆工艺有以下缺点：① 难以完全、均匀置换，置换过程加剧地层扰动；② 反复置换、充填泥浆，造成了对地层的反复扰动。有鉴于此，通过针对性研究，创新引入泥浆固化理念，研制了一种新的浆液，通过后期注入工艺，使其与减摩泥浆产生固化反应。

采用研发的新型固化泥浆材料，在施工过程中不需将减摩泥浆置换处理，直接将新型固化泥浆注入减摩泥浆中，与减摩泥浆混合后，强度等同于周围土体，从而达到减少施工对地层扰动，可减小地面沉降与减少隧道渗漏水。

将不同配比的泥浆与减摩泥浆进行混合，分析混合浆液的固化效果，如图 4－79 所示。

图 4－79　混合浆液固化效果

新研发的固化泥浆和减摩泥浆混合后的浆液其 3 d 的 q_u 可大于 0.1 MPa，高于原状土强度；新型固化泥浆降低水泥浆置换减摩泥浆过程的压力损失，起到保持建筑空隙地层压力的作用；新型固化泥浆降低置换泥浆施工对地层扰动，减小地面沉降，提高隧道防水性能。

4.5.5.2　大断面矩形顶管置换泥浆施工工艺

泥浆置换技术是顶管施工工艺中常用的技术措施，隧道贯通后，通过管节注浆孔向管节壁外压注水泥浆，置换出顶进过程中压注的膨润土浆液。而泥浆固化技术是在隧道贯通后，通过管节注浆孔向管节壁外压注具有一定膨胀系数的水泥＋熟石灰的混合浆液，压注过程中不排出原有膨润土浆液，避免产生二次沉降，有利于控制地面工后沉降。

1）*注入方式*

固化泥浆通过管节上的 1 in 球阀（触变泥浆用）及 2 in 球阀（固化泥浆专用）由上而下通过注浆孔注入土体。注入时分为始发段、中间段、接收段三个区域。在始发段、接收段管节上共布置 12 个 1 in 球阀、9 个 2 in 球阀。在中间段管节上共布置 12 个 1 in 球阀、5 个 2 in 球阀,分别如图 4－80～图 4－82 所示。

2) 注入量

(1) 始发、接收段注入量控制。1 in 球阀每孔压入量 0.2 m^3,共计 2.4 m^3;2 in 球阀每孔压入量 0.4 m^3,共计 3.6 m^3。

(2) 中间段注入量控制。1 in 球阀每孔压入量 0.2 m^3,共计 2.4 m^3;2 in 球阀每孔压入量 0.4 m^3,共计 2 m^3。

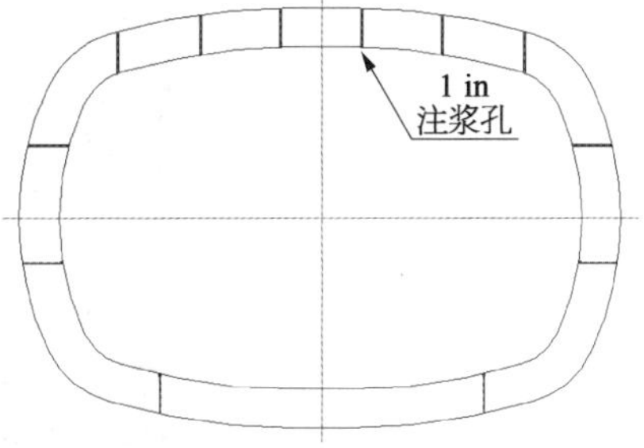

图 4－80　1 in 注浆孔布置图

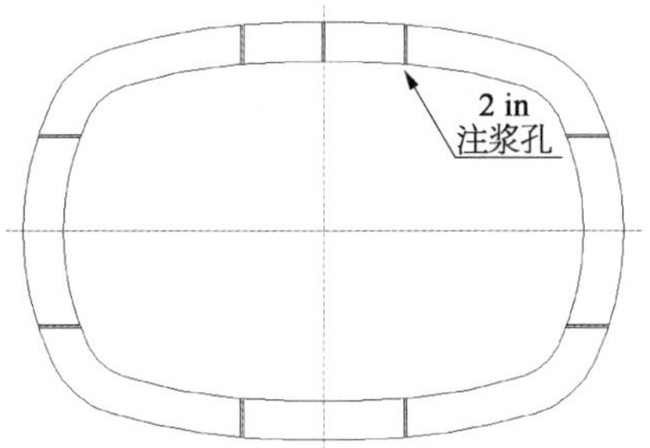

图 4－81　2 in 注浆孔布置图(始发、接收段)

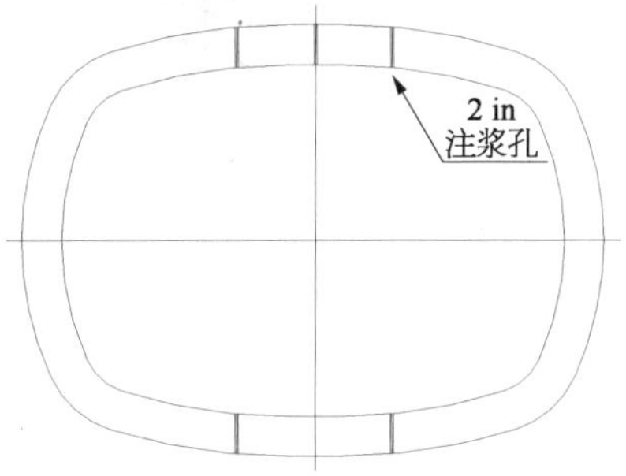

图 4－82　2 in 注浆孔布置图(中间段)

3) 注入压力

为防止固化泥浆在压注过程中对管节结构的损坏,在控制注入量的同时,控制压浆泵的出口压力。注浆压力宜控制在 0.2～0.3 MPa。

4) 压注工艺

注浆工序以一节管节为一施工单元,完成一节管节注浆后,进行下一管节注浆施工;采用活塞式,注浆泵进行固化泥浆的压注;注浆方式采用少量、多点、均匀注浆;施工过程以注浆压力为主要控制参数,各注浆点注浆量根据注浆压力情况而定,注浆压力根据注浆点外部水土压力,一般控制 0.2～0.3 MPa。

不同于以往常规置换泥浆施工方法,非置换处理施工流程图如图 4－83 所示。

4.5.5.3　实施效果

综合分析纬四路下立交南侧机动车道、北侧机动车道;商鼎路下立交西侧机动车道 3 条顶管隧道,在固化泥浆施工后,地面产生了 5～10 mm 的隆起,使隧道上方地面最终沉降稳定在 30 mm 以内,如图 4－84 所示,可知固化泥浆压注效果良好。

新研发的固化泥浆和减摩泥浆混合后,浆液 3 d q_u 大于 0.1 MPa,高于原状土强度;新型固化泥浆降低了水泥浆置换减摩泥浆过程中的压力损失,起到保持建筑空隙地层压力的作用;新型固化泥浆降低了置换泥浆施工对地层的扰动,减小地面沉降,提高了隧道防水性能。

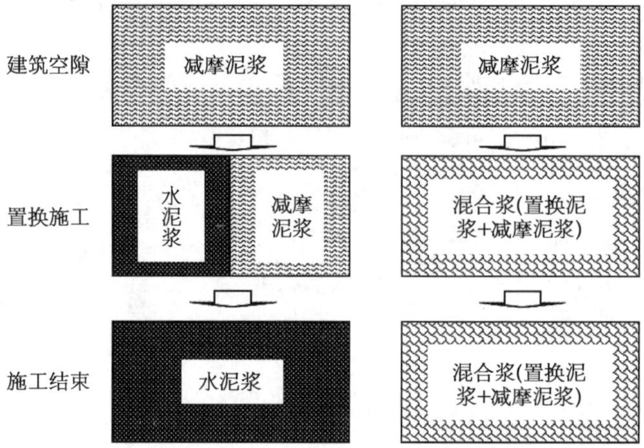

图 4-83　常规置换工艺与非置换处理工艺对比示意图

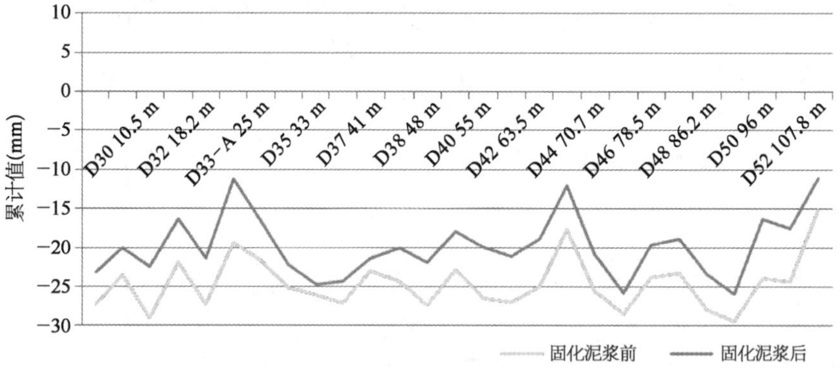

图 4-84　纬四路下立交北侧机动车道地面沉降曲线图

新型的浆液固化技术不仅能有效地固化施工过程中压注的触变泥浆，并且能够有效地控制地面二次沉降，浆液固化技术操作方便，是大断面长距离顶管工程的施工中必不可少的技术措施。

4.6　综合效益分析

针对明挖法隧道建造城市下立交工程产生的建(构)筑物拆迁、道路翻交、管线改排等诸多难题，研发了超大断面矩形顶管法隧道技术，突破了传统矩形顶管法隧道断面及顶进距离的限制，攻克了超大断面矩形顶管结构设计、环境保护、轴线姿态与安全控制等关键技术瓶颈，首次采用超大断面顶管建筑城市下立交车行隧道工程，为城市大型非开挖隧道的建造提供了一种全新的解决方案。与圆形隧道相比，地下空间利用率提高了 35%以上。

第5章

宁波地铁3号线出入段线隧道工程

随着城市地下空间的不断开发,在城市核心区域可供利用的地下空间越来越少,迫切需要寻求新的地下施工技术,解决城市核心区域内隧道工程"放不下""碰不得"的难题。本章主要介绍依托宁波地铁3号线出入段线工程研发的类矩形隧道技术,着重介绍了隧道断面的选择、衬砌结构的设计、结构试验,类矩形盾构掘进机的研制,类矩形盾构的施工技术体系等。

5.1 工程概况

宁波市地铁3号线一期工程出入段线隧道区间起点里程DK0+474.555,终点里程DK0+082.70,区间长度约391.855 m。线路大致为南北走向,周边主要为农田,局部下穿厂房及河道。沿线主要控制性建(构)筑物与区间相对关系见表5-1。

表5-1 沿线控制性建(构)筑物关系与区间关系一览表

建(构)筑物名称	基础形式	与区间隧道相对关系
立佳塑料包装五金厂车间(混7)	车间基础采用ϕ426 mm沉管灌注桩,桩长约32.5 m,桩底标高-30.0 m	区间轨面标高约为-11.27 m,盾构穿越前需做拔桩处理
正宇电机厂厂房	条形基础,基础底埋深约1.5 m	隧道下穿,与基础最小竖向距离约为7.0 m
外塘河	现状河底标高-0.10 m,规划河底标高-1.0 m	隧道下穿,与现状河底的竖向最小净距约为3.39 m,与规划河底最小竖向距离约为2.5 m,需采用抗浮措施

5.1.1 沿线周边环境

本工程周边现状主要为农田,规划为居住、居住商业混合用地,线路沿线控制因素:立佳塑料包装五金厂车间、正宇电机厂厂房、外塘河。周边环境如图5-1所示。

(1) 立佳塑料包装五金厂车间。该厂位于庆元南路与规划广德湖南路交叉口西南象限地块内,出入段线盾构需下穿其车间,车间基础采用ϕ426 mm沉管灌注桩,桩长约32.5 m,桩底

图 5-1　出入段线周边环境*

标高－30.0 m。出入段线施工前需进行拔桩处理。五金厂车间现状照片如图 5-2 所示。

(2) 正宇电机厂厂房。该厂位于现状宁姜公路西侧地块内，邻近立佳塑料包装五金厂，出入段线需下穿该厂两间厂房，厂房均采用条形基础，基础底埋深约 1.5 m。出入段线盾构下穿厂房，隧道顶与基础的竖向距离约为 7.0 m。正宇电机厂现状照片如图 5-3 所示。

图 5-2　立佳塑料包装五金厂车间现状照片*

图 5-3　正宇电机厂现状照片*

(3) 外塘河。外塘河现状河底标高约为－0.1 m，规划河床底标高为－1.0 m。出入段线隧道顶至河底的竖向最小净距约为 3.39 m，与规划河底竖向净距约为 2.5 m。外塘河现状照片如图 5－4 所示。

图 5－4　外塘河现状照片*

5.1.2　区间隧道平纵断面设计

1）线路平面设计

出入段线自陈婆渡站出站后向南穿行，下穿庆元南路后，线路以半径 400 m 略转向西，下穿立佳塑料包装五金厂车间、正宇电机厂厂房及外塘河，最后接入盾构工作井。隧道平面布置图如图 5－5 所示。

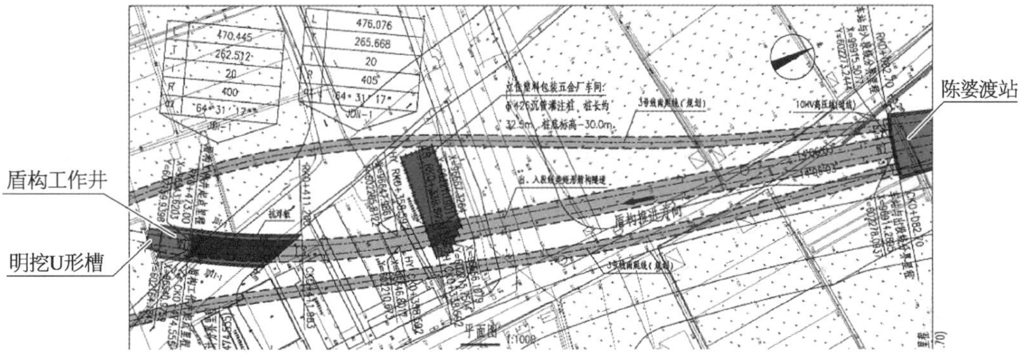

图 5－5　隧道平面布置图

2）线路纵断面设计

出入段线出站后采用 2‰的下坡，接着采用长 205 m、13‰的上坡，最后采用长 280 m、35‰的上坡至盾构工作井。隧道纵断面布置图如图 5－6 所示。

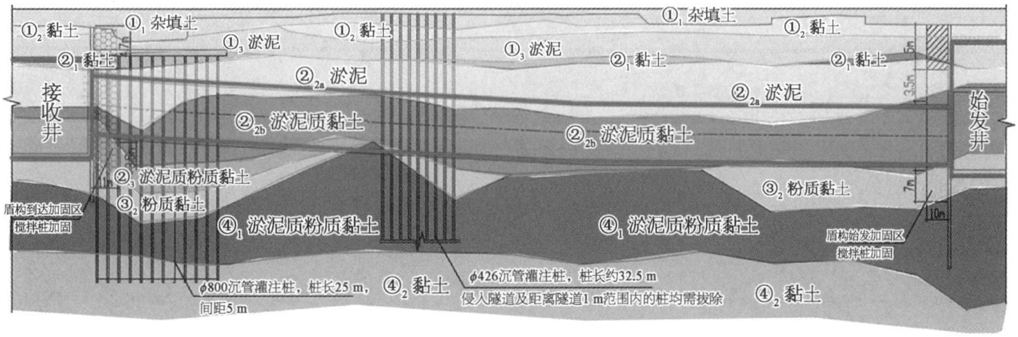

图 5－6　隧道纵断面布置图

5.1.3　工程地质及水文地质

1）地形地貌

宁波市位于浙江省东部，长江三角洲东南角，浙江宁绍平原东端。东临东海，有舟山群岛作天然屏障；北濒杭州湾，与上海隔海相望；西接绍兴市，连天台山脉；南界三门湾，并与台州地区的三门、天台县毗邻。东西宽 175 km，南北长 192 km。

2）工程地质

宁波地区属于滨海淤积和冲湖积平原，为典型的软土地区，广泛分布厚层状软土。

拟建场地地层从上自下主要有：①$_1$层：杂填土(mlQ)，层厚一般为 0.50～1.80 m，平均厚度 1.18 m。①$_2$层：黏土，层厚较薄，为 0.5～2.2 m，平均厚度 0.99 m。①$_3$层：淤泥，层厚 1.4～4.5 m，平均厚度 2.61 m。②$_1$层：黏土，层厚 0.5～1.9 m，平均厚度 0.92 m。②$_{2a}$层：淤泥，层厚 2.5～6.7 m，平均厚度 5.17 m。②$_{2b}$层：淤泥质黏土，层厚 1.1～8.8 m，平均厚度 4.73 m。②$_3$层：淤泥质粉质黏土，层厚 3.0～7.0 m，平均厚度 5.08 m。③$_2$层：粉质黏土，层厚 1.8～4.0 m，平均厚度 2.78 m。④$_1$层：淤泥质粉质黏土，层厚 3.7～13.0 m，平均厚度 7.55 m。④$_2$层：黏土，层厚 3.7～10.6 m，平均厚度 7.34 m。④$_{2a}$层：黏质粉土，层厚 0.6～3.7 m，平均厚度 1.30 m。⑤$_4$层：粉质黏土，层厚 1.2～6.2 m，平均厚度 3.20 m。⑤$_5$层：黏质粉土，层厚 1.0～3.2 m，平均厚度 2.2 m。⑤$_{5a}$层：细砂，层厚 0.5～3.7 m，平均厚度 2.44 m。⑤$_6$层：砾砂，层厚 0.3～7.0 m，平均厚度 3.03 m。⑥$_2$层：粉质黏土，层厚 0.5～6.1 m，平均厚度 3.27 m。⑥$_3$层：粉质黏土，层厚 3.5～5.1 m，平均厚度 4.21 m。⑥$_4$层：粉砂，层厚 0.8～3.8 m，平均厚度 2.13 m。⑥$_5$层：砾砂，层厚 0.6～0.9 m，平均厚度 0.75 m。

软土具有“天然含水量高、压缩性高、灵敏度高、触变性高、流变性、强度低，透水性低”的特点，土体物理力学性质差，地基承载力低，见表 5－2。

表 5－2　工程土层地基土物理、力学性能指标

土层	天然重度 r (kN/m³)	静止侧压力系数 K_0	基床系数		回弹模量 E_{sr} (MPa)	直剪固快		三轴快剪		三轴固快			
										总应力		有效应力	
			垂直 K_v (MPa/m)	水平 K_h (MPa/m)		内摩擦角 φ_c (°)	黏聚力 C_c (kPa)	内摩擦角 φ_{UU} (°)	黏聚力 C_{UU} (kPa)	内摩擦角 φ_{CU} (°)	黏聚力 C_{CU} (kPa)	内摩擦角 φ'_{CU} (°)	黏聚力 C'_{CU} (kPa)
①$_2$黏土	18.3	0.60	11.1	8.6	13.6	12.4	29.0	0.4	32.0	17.7	25.0	25.0	15.0
①$_3$淤泥	16.7	0.72	4.8	5.1	10.2	7.1	11.7	0.1	14.0	18.8	8.5	25.0	5.1
②$_1$黏土	18.4	0.63	7.6	7.8	12.0	11.9	22.8	0.2	22.4	14.5	16.1	24.2	13.3
②$_{2a}$淤泥	16.6	0.72	5.0	5.1	9.2	7.7	14.6	0.0	12.2	13.0	7.8	22.1	4.3
②$_{2b}$淤泥质黏土	17.3	0.67	5.5	5.6	11.6	7.8	14.6	0.1	15.9	13.8	8.4	27.8	5.2

（续表）

土　层	天然重度 r（kN/m^3）	静止侧压力系数 K_0	基床系数		回弹模量 E_{sr}（MPa）	直剪固快		三轴快剪		三轴固快			
										总应力		有效应力	
			垂直 K_v（MPa/m）	水平 K_h（MPa/m）		内摩擦角 φ_c（°）	黏聚力 C_c（kPa）	内摩擦角 φ_{uu}（°）	黏聚力 C_{uu}（kPa）	内摩擦角 φ_{cu}（°）	黏聚力 C_{cu}（kPa）	内摩擦角 φ'_{cu}（°）	黏聚力 C'_{cu}（kPa）
③$_2$粉质黏土	18.4	0.47	9.2	9.5	17.7	9.4	16.9	0.3	23.5	18.2	10.2	29.5	5.5
④$_1$淤泥质粉质黏土	18.0	0.54	7.4	7.2	13.8	9.6	18.7	0.2	20.5	15.8	8.8	26.6	5.2
④$_2$黏土	17.5	0.55	9.7	9.9	14.2	10.4	20.5	0.3	28.5	13.0	16.5	22.7	10.0
⑤$_4$粉质黏土	17.7	0.47	13.9	14.1	22.7	11.5	24.9	1.1	26.8	21.0	39.8	27.0	37.5
⑤$_5$黏质粉土	18.5	0.31	23.9	20.3	35.6	25.8	18.0						
⑥$_2$粉质黏土	18.5	0.43	11.2	13.2	22.3	11.8	23.7	0.7	34.5	14.7	18.8	25.3	9.1
⑥$_3$粉质黏土	19.6	0.41	11.2	12.3	28.3	18.1	28.8	2.3	46.6	18.8	26.5	31.3	7.5

3）水文地质条件

松散岩类孔隙潜水主要赋存于场区表部填土和浅部黏土、淤泥质土层中。表部填土富水性、透水性及渗透性均较好，地表水联系密切，主要接受地表水、管道渗漏水和大气降水的补给。

赋存于表部黏土、淤泥质黏土层中的孔隙潜水，富水性及透水性均较差，渗透系数为5.0×10^{-6}～4.0×10^{-7} cm/s，各勘探孔潜水位埋深为0.2～1.0 m。

根据钻探资料及附近水文地质孔资料，出入段线场地埋藏分布有第Ⅰ含水层组（Q3）和第Ⅱ含水层组（Q2）两层孔隙承压含水层，其中第Ⅰ含水层组又分为Ⅰ1和Ⅰ2承压水。

第Ⅰ1层孔隙承压水主要赋存于⑤$_{5a}$层细砂（局部相变为黏质粉土）、⑤$_6$层砾砂中，含水层厚为2.4～7.0 m，透水性较好，涌水量较大，单井涌水量287～603 m^3/d，渗透系数为4.81×10^{-2}～5.01×10^{-2} cm/s，水位埋深在2.40 m左右，水质为咸水。

第Ⅰ2层孔隙承压水赋存于⑧层砂土中，透水性好，渗透系数为1.81×10^{-2}～2.07×10^{-2} cm/s，水量丰富，单井开采量为1 500～1 800 m^3/d，水温为19.5～20.0℃，水质为微咸水，静止水位埋深一般为5.0～5.5 m，1965—1987年系宁波市区地下水主要开采层之一，2003年后已禁止开采。

第Ⅱ层孔隙承压水赋存于⑨$_2$层砾砂（粗砂）层中，透水性较好，水量较大，单井开采量一般为1 000～1 500 m^3/d，是市区主要淡水开采层之一，水温为20.5～21.0℃，原始水位略高于第Ⅰ含水层，动水位埋深一般为10～20 m。

5.2 工法比选

已有工程实践证明,位于中心城区的轨道交通区间隧道首选施工工法是盾构法,其具有机械化程度高、环境影响小、施工速度快、安全等优点。目前,国内盾构隧道工程采用的结构断面主要为单洞单线小直径圆隧道、单洞双线大直径圆隧道和双圆隧道。

5.2.1 单洞单线小直径圆隧道

单洞单线圆隧道,是在单个盾构隧道内单独设置上行或下行线。1 个区间内布置 2 条并行单圆隧道,隧道内径为 5.5 m,外径为 6.2 m,如图 5-7 所示。

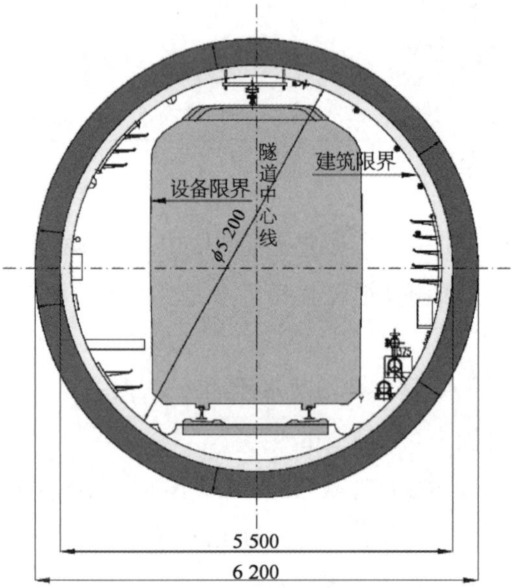

图 5-7　单洞单线圆隧道断面(单位：mm)

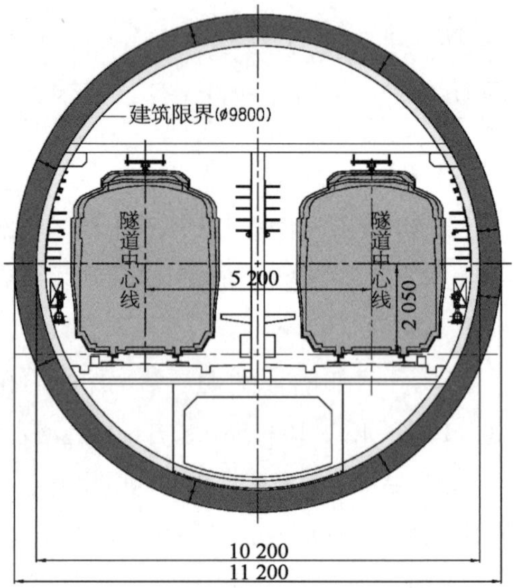

图 5-8　单洞双线圆隧道断面(单位：mm)

5.2.2 单洞双线大直径圆隧道

单洞双线大直径圆隧道,是在单圆盾构隧道内并列设置上下行线。中间设置隔墙,在两侧设置疏散通道,并通过两线之间的安全门进行平面疏散。隧道内径为 10.2 m,外径为 11.2 m,如图 5-8 所示。

5.2.3 双圆隧道

双圆隧道,是在单个盾构孔内并列设置上、下行线。隧道由 2 个单圆组合而成,中间设置立柱。管片内净尺寸(宽×高)为 10.3 m×5.7 m，外包尺寸(宽×高)为 10.9 m×6.3 m，如图 5－9 所示。

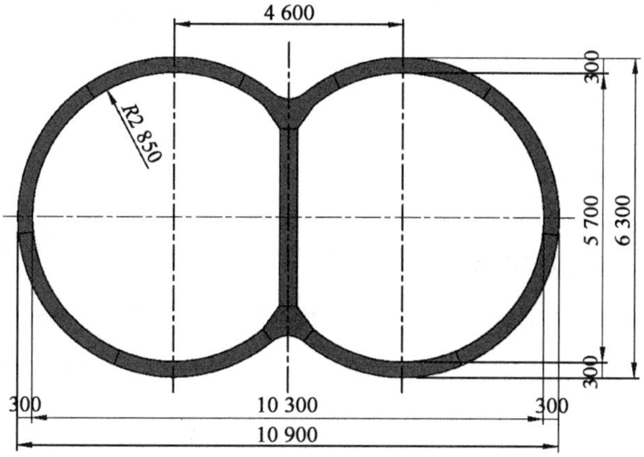

图 5－9　双圆隧道断面(单位：mm)

三种盾构工法的比较见表 5－3。

表 5－3　三种盾构工法的比较

项　目	单洞单线隧道	单洞双线隧道	
	小直径圆隧道	大直径圆隧道	双圆隧道
工程经验	工程经验丰富	工程经验较丰富	有一定工程经验
线间距	≥9 m(如进一步减小线间距，需采取加固措施)	5.3 m(A 型车)、5.2 m(B 型车)	4.6 m
隧道占用空间	6.2 m(高)×15.2 m(宽)	ϕ11.36 m、ϕ11.2 m	10.9 m(宽)×6.3 m(高)
隧道埋深	埋深最浅	埋深最深	埋深较浅
工程进度	分别开挖 2 条隧道	一次开挖，满足 2 条轨道线的空间要求	

单洞单线小直径圆隧道通常最小线间距约为 9 m(如要进一步减小，需采取加固措施)，隧道外边线宽度约为 15.2 m。当在狭窄的道路下穿越时，隧道将下穿或近距离侧穿建筑物，其对建筑物的沉降将产生较大影响。

单洞双线大直径圆隧道由于隧道直径较大，在满足一定覆土厚度的条件下，需增加两端车站的埋深，增加了工程投资。

双圆隧道的中间凹槽，盾构施工时易背土、积浆，隧道易产生偏转，纠偏较难，对于地表沉降的控制难度较大。

上述 3 种断面在特殊地段均存在一定的局限性，因此需寻求一种合适的盾构断面，以达到地下空间集约化利用、高标准环境保护、空间使用灵活的目的。

相较圆形断面，矩形断面更加接近建筑限界的形状，具有更高的空间利用率。日本在类矩形隧道设计、施工等方面领先其他国家，日本地域狭窄、人口密度大，各城市均呈现高密度建设，因此十分重视城市立体空间的综合利用。类矩形隧道起到了缓解城市交通压力、集约土地资源的作用，是实现城市可持续发展的重要手段。

5.3 类矩形盾构隧道设计

5.3.1 类矩形盾构隧道限界

车辆采用国家标准 B2 型车，接触网供电，车体基本宽度 2 800 mm。本着轨道交通网络资源共享原则，确定本工程采用《地铁限界标准》(CJJ 96)所规定的车辆限界、设备限界，以包络鼓形车的限界要求。

两线之间(行车方向左侧)的限界设计主要关注：中隔墙的设置、疏散平台(正线)的设置、强电电缆及电源箱的布置。

两线外侧(行车方向右侧)的限界设计主要关注：外侧结构断面形状、弱电电缆及信号箱盒的布置、给排水管的布置。

根据上述设计标准，确定正线区间建筑限界(R—250 m、含疏散平台)如图 5-10 所示。

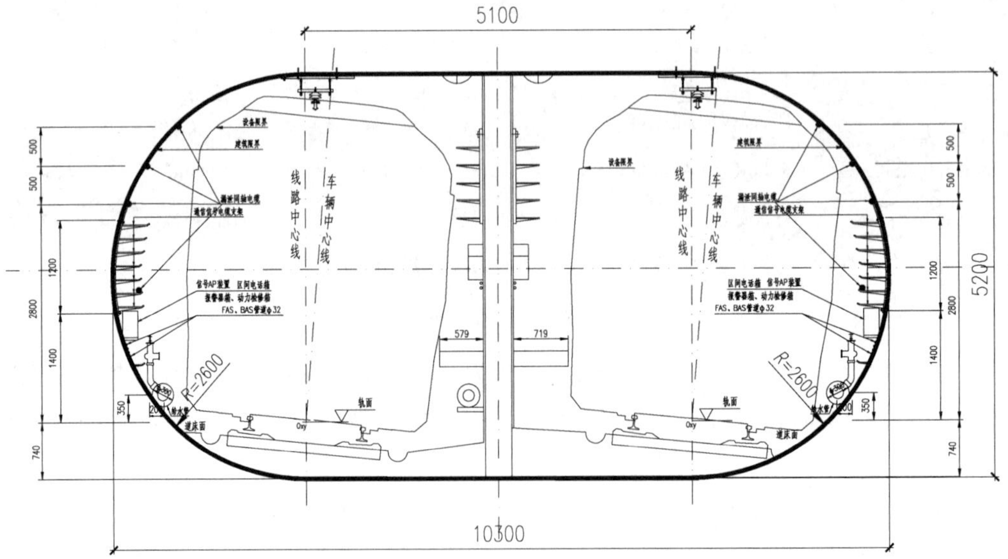

图 5-10　正线区间建筑限界(R—250 m、含疏散平台；单位：mm)

参照单洞单线圆形隧道的建筑限界，类矩形盾构隧道可在两线外侧采用半圆，两线间采用矩形的断面形式。同时，采用隧道中心偏离线路中心线的方法补偿轨道超高产生的旋转加宽量，偏心公式如下：

$$\begin{cases}X = h_0 \sin\alpha \\ Y = -h_0(1-\cos\alpha)\end{cases} \tag{5-1}$$

式中 α——轨道超高角度，$\alpha = \arcsin(h/s)$；

h_0——直线段隧道中心距轨面高度(mm)，取 1 860 mm；

h——曲线轨道超高值(mm)；

s——内外轨中心距离(mm)，取 1 500 mm。

区间正线曲线地段，考虑最小曲线半径 R=250 m，曲线段列车最高通过速度 v=60 km/h，超高设置 h=120 mm，采用隧道中心偏离线路中心线的方法补偿轨道超高产生的旋转加宽量，隧道偏心 149 mm。疏散平台宽度有效宽度不小于 550 mm，中隔墙厚及其施工误差共计 400 mm，对曲线地段设备限界加宽，线间距为 5 100 mm，限界总宽 10 300 mm，高 5 200 mm。

行车方向左侧设疏散平台，宽度不小于 550 mm，平台上方布置动力照明电缆和控制电缆，疏散平台下方设置环网电缆。行车方向布置通信信号电缆支架及其设备箱盒、给排水管等，限界设计断面如图 5-11 所示。

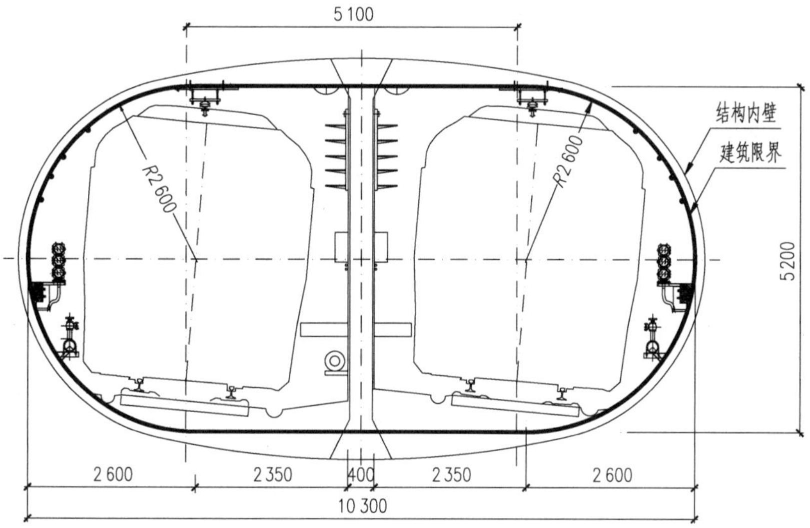

图 5-11 正线曲线地段建筑限界图(单位：mm；R=250 m，h=120 mm)

5.3.2 隧道衬砌结构设计

1) 隧道内径尺寸

隧道内径的确定主要取决于地下铁道的限界(包括车辆限界、设备限界、受电弓限界、建筑限界)，同时还要考虑施工误差、测量误差、设计拟合误差、不均匀沉降等因素。

根据限界要求，本隧道建筑限界尺寸为 10 300 mm×5 200 mm。按已有的设计、施工经验，综合考虑隧道轴线的施工误差(包括测量误差)为±100 mm、隧道后期不均匀沉降为±50 mm，以及结构的受力情况，确定隧道内净尺寸为10 600 mm×6 037 mm。

2）隧道衬砌结构计算

结构计算荷载类型和计算取值见表5-4。结构设计时根据结构类型，按结构整体和单个构件可能出现的最不利组合，荷载组合见表5-5，依相应的规范要求进行分析，并考虑施工过程中荷载变化情况分阶段计算。

类矩形断面区间隧道衬砌按平面问题计算，设计成具有一定刚度的柔性结构，在计算中衬砌环的内力计算按自由变形的弹性均质环进行，对错缝拼装的衬砌结构，还必须考虑接头部位抗弯刚度的下降、环间剪切等对隧道结构总体刚度的补强作用。

表5-4　结构荷载表

荷载类型	荷载名称		荷载计算及取值
永久荷载	结构自重		按构件实际重量计算
	竖向地层压力		盾构隧道黏性土层中的竖向地层压力按全部覆土压力计算，砂性土中可根据具体情况(地层性质、隧道埋深等)按卸载拱理论或全部覆土压力计算
	隧道上部和破坏棱体范围内的设施及建筑物压力		根据实际情况计算
	侧向地层土压力		主、被动土压力按朗金土压力公式计算
	静水压力及浮力		按最不利地下水位计算静水压力及浮力
	混凝土收缩及徐变影响力		混凝土收缩的影响按降低温度的方法计算，对整体浇筑的钢筋混凝土结构相当于降低温度15℃； 对于装配式钢筋混凝土相当于降低温度5～10℃，混凝土徐变的影响按提高温度的方法计算
	设备荷载		设备荷载标准值不得小于8 kPa，对于重要设备按实际设备重量考虑，对动力设备考虑动力系数
	地基下沉影响力		考虑地基不均匀下沉引起的结构受力
	侧向地层抗力及地层反力		按结构形式及其在荷载作用下的变形、结构与地层刚度、施工方法等情况及土层性质，根据所采用的结构计算简图和计算方法加以确定
可变荷载	基本可变荷载	地面车载	按20 kPa的均布荷载考虑
		地面车载引起的侧向力	按20 kPa的均布荷载作用于地层上考虑
		地铁车辆荷载	按地铁车辆荷载所采用的车辆轴重、排列和制动力计算，并按通过重型设备车辆考虑
		人群荷载	按4 kPa计算
	其他可变荷载	施工荷载	施工机具、地面堆材料堆载按20 kPa考虑
		温度荷载	使用阶段温度变化根据宁波地区实际温度情况考虑，施工期间按混凝土内部峰值考虑
偶然荷载	地震作用		7度地震荷载
	人防荷载		6级人防荷载

表5-5　荷载组合表

荷载组合	计算公式
基本组合	荷载系数1.35×永久荷载+荷载系数1.4×活载
裂缝宽度验算	荷载系数1.0×永久荷载+荷载系数1.0×活载
构件变形计算	荷载系数1.0×永久荷载+荷载系数1.0×活载
抗震偶然组合	荷载系数1.2×永久荷载+荷载系数1.3×偶然荷载
人防荷载组合	荷载系数1.2×永久荷载+荷载系数1.0×附加荷载
抗浮稳定验算	荷载系数1.1×永久荷载

采用比较成熟的η-ζ法(即惯用法)进行设计计算。衬砌受力形式如图5-12所示。注浆引起的施工附加荷载如图5-13所示。

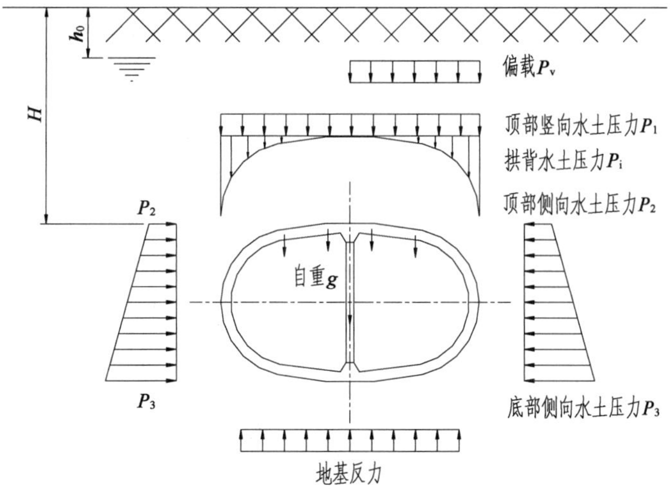

图5-12　计算模型及荷载分布模式

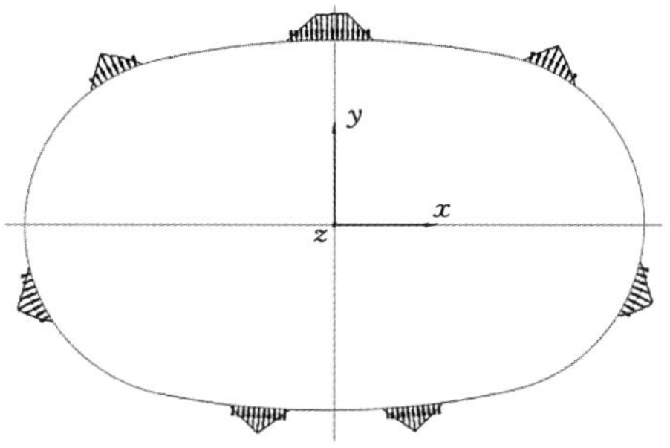

图5-13　注浆引起的施工附加荷载

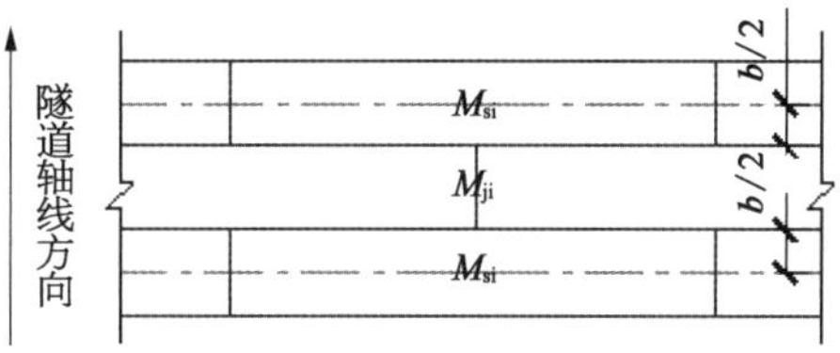

图5-14　错缝拼装弯矩分配示意图

错缝拼装的衬砌结构，还必须考虑整体补强效果，进行弯矩的重分配，如图5-14所示。衬砌环在接头处的内力如下：

接头处内力： $M_{ji}=(1-\xi)M_i$，$N_{ji}=N_i$ (5-2)

相邻管片内力： $M_{si}=(1+\xi)M_i$，$N_{si}=N_i$ (5-3)

式中 ξ——弯矩调整系数；

M_i、N_i——分别为弹性均质环模型的计算弯矩和轴力；

M_{ji}、N_{ji}——调整后的接头弯矩和轴力；

M_{si}、N_{si}——调整后的相邻管片本体的弯矩和轴力。

根据本区间结构所处工程地质和水文地质条件、埋置深度、结构特点等因素，结合试验、测试资料，选用合适的计算参数计算。控制工况内力图(每延米标准值)如图 5-15～图 5-17 所示。

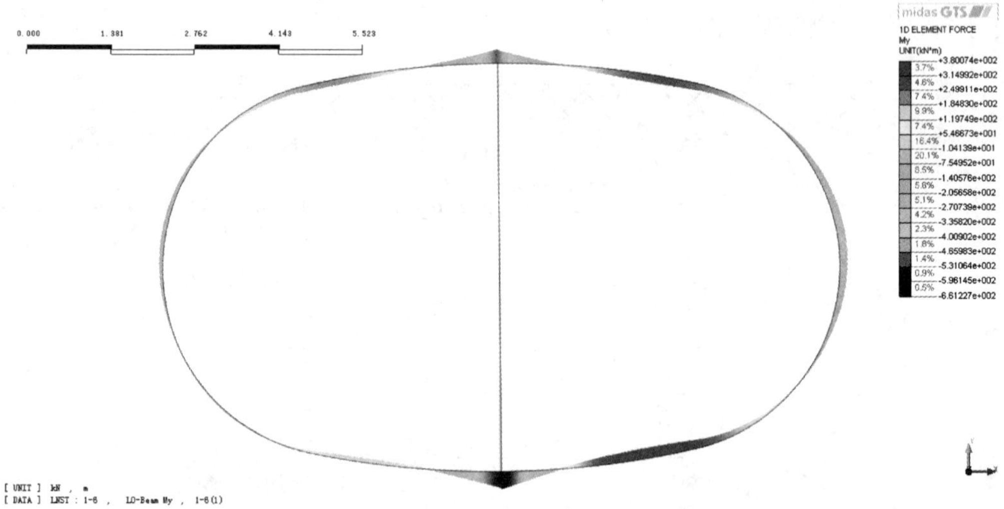

图 5-15 弯矩图(单位：kN·m)*

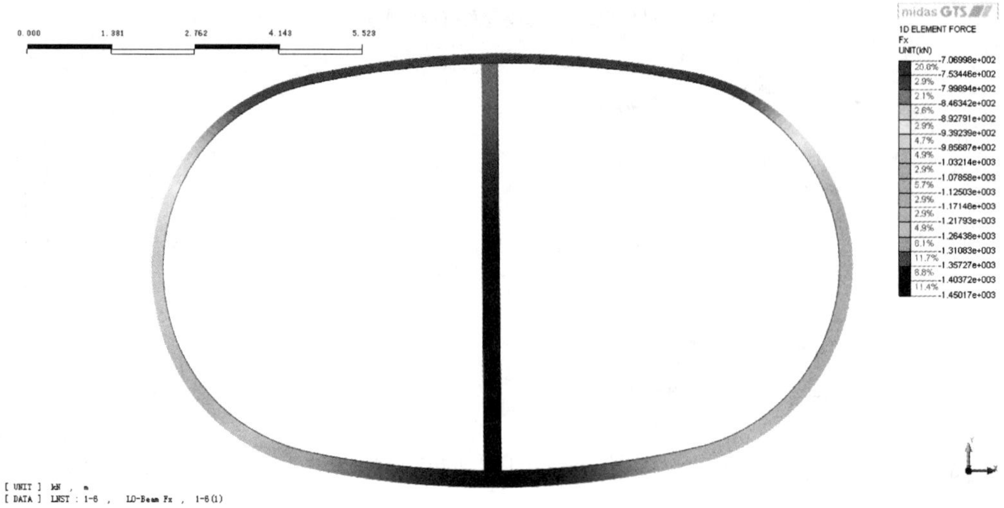

图 5-16 轴力图(单位：kN)*

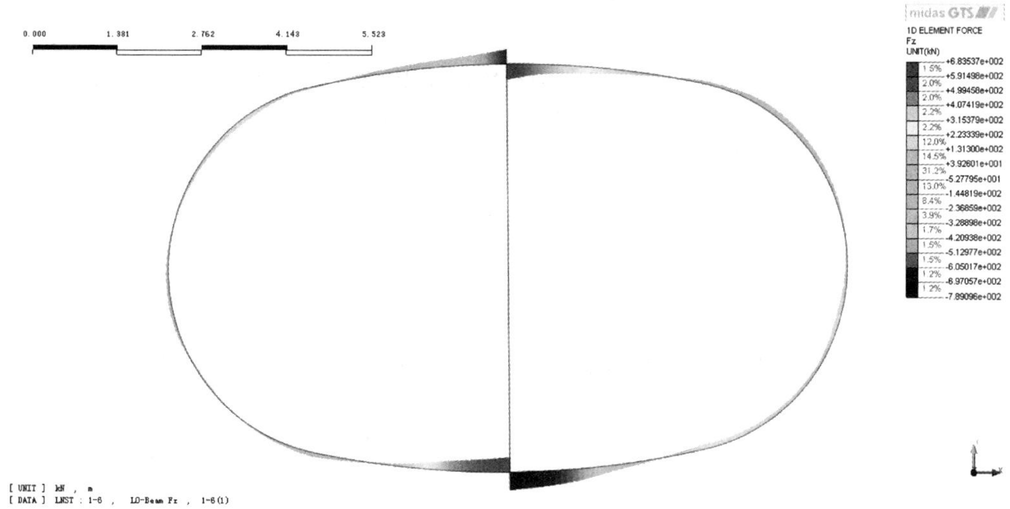

图 5-17　剪力图(单位：kN)*

各分块最大内力统计情况见表 5-6。

表 5-6　各分块最大内力统计

分　块	控制内力	每环弯矩标准值(kN·m)	每环轴力标准值(kN)
F、C1	最大正弯矩	433.2	−870.2
	最大负弯矩	—	—
L	最大正弯矩	334.6	−912.1
	最大负弯矩	−447.6	−1 272.0
T1	最大正弯矩	372.4	−849.2
	最大负弯矩	−474.6	−908.2
T2	最大正弯矩	543.0	−1 576.8
	最大负弯矩	−571.7	−1 666.8
B1～B3	最大正弯矩	—	—
	最大负弯矩	−452.1	−1 284.0
C2、C3	最大正弯矩	593.0	−1 552.8
	最大负弯矩	—	—

抗震计算采用反应位移法。结构自身的惯性力可将结构物的质量乘以最大加速度来计算,作为集中力可以作用在结构形心上,也可以按照各部位的最大加速度计算结构的水平惯性力并施加在相应的结构部位上。结构上下表面的土层剪力采用反应谱法计算土层位移,通过土层位移微分确定土层应变,最终通过物理关系计算土层剪力。

计算采用MADIS/GTS软件，计算结果汇总见表5-7。计算结果如图5-18～图5-21所示。

表5-7 层间相对位移验算结果

	最大水平位移(m)	水平位移差(m)	层间位移限值(m)
顶部	2.159e-3	1.596e-3	0.011 6
底板	5.6273-4		

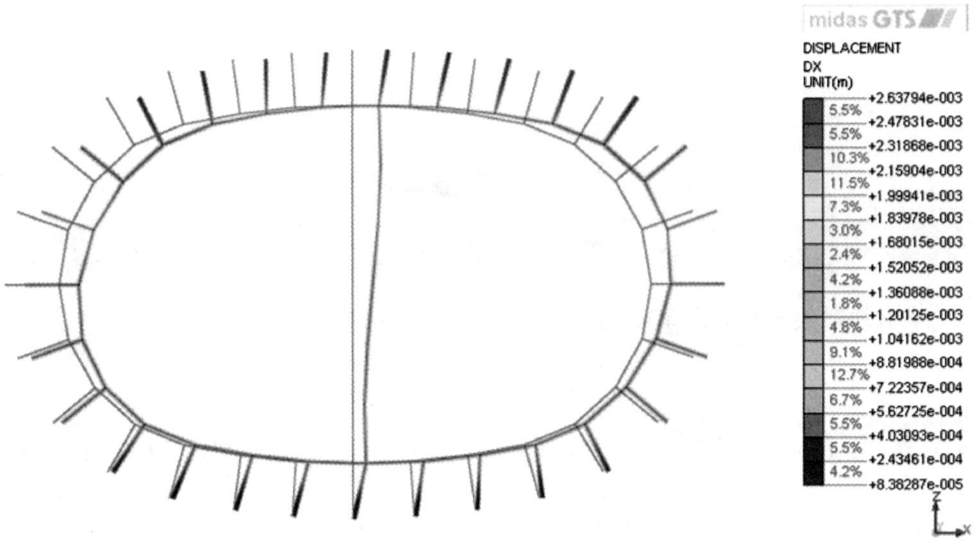

图5-18 水平位移图(单位：m)*

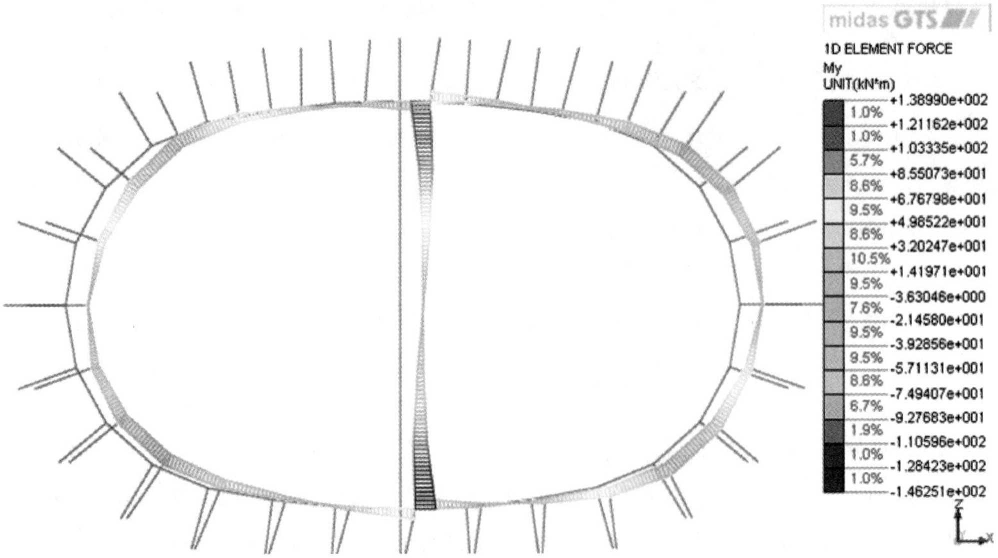

图5-19 弯矩图 (单位：kN·m)*

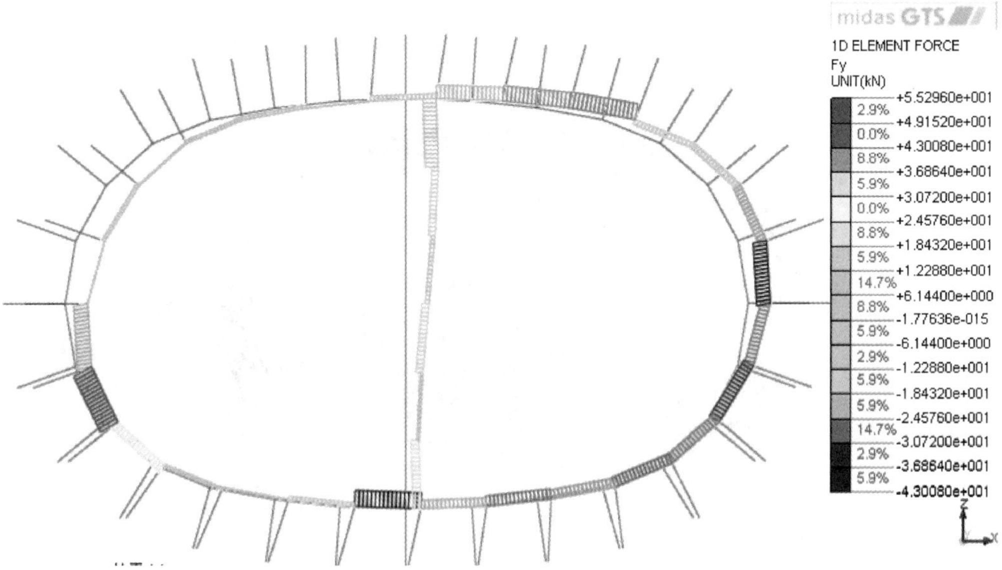

图 5 - 20　剪力图(单位: kN)*

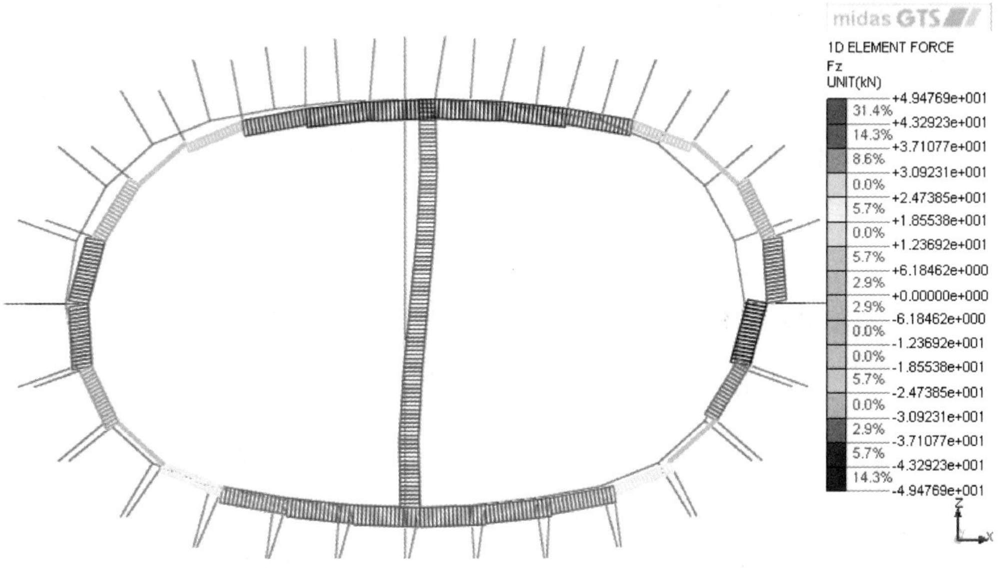

图 5 - 21　轴力图 (单位: kN)*

分析可知,衬砌结构顶、底的水平位移差小于层间位移限制,所以本结构在设防地震作用下变形满足规范要求。通过地震工况计算内力与静力工况计算内力进行配筋对比,地震工况不起决定作用。

5.3.3　类矩形隧道构造形式

1）结构尺寸

根据前述设计和计算的结果,隧道内净尺寸(宽×高)为 10.6 m×6.037 m,外净尺寸(宽×

高)为 11.5 m×6.937 m,管片厚度 450 mm,环宽 1 200 mm,如图 5-22 所示。

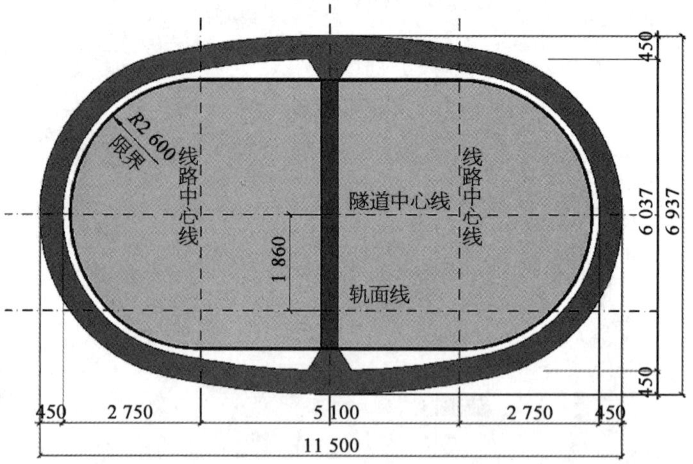

图 5-22　类矩形结构断面图(单位: mm)

2) 衬砌环分块及拼装方式

衬砌环全环共分为 11 块,分别由 1 块封顶块、1 块邻接块、3 块标准块、3 块次标准块和 2 块 T 形块及立柱组成。小封顶拼装方便,施工时可先搭接 2/3 环宽径向推上,再行纵向插入。采用 2/3 搭接长度可以减小千斤顶行程,缩短盾构机长度,降低设备费用。

根据国内多数城市地铁区间隧道的工程实践经验,推荐采用错缝拼装。通过采用 A、B 型衬砌环交错拼装形成错缝,如图 5-23、图 5-24 所示。

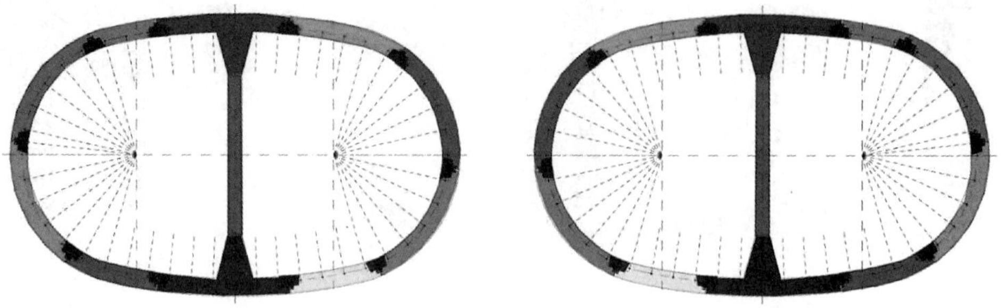

(a) A型衬砌环　　(b) B型衬砌环

图 5-23　类矩形隧道分块图

3) 环缝、纵缝构造

考虑管片环与环、块与块间易产生"错台"现象,在衬砌环面上设置剪力销,如图 5-24 所示。经实践检验,可以较有效地控制因地质、施工、运营条件造成的衬砌环纵向"错台"。

衬砌分块面采用定位棒设计,有效控制管片间的拼装定位,如图 5-25 所示。另外,衬砌分块面端部突出 2 mm,使块与块间以薄榫的形式接触,有效防止管片角部由于应力集中发生破损。

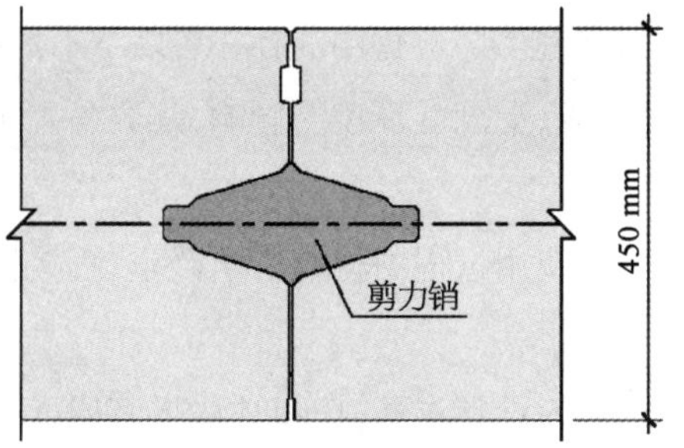

图 5－24　环缝示意图

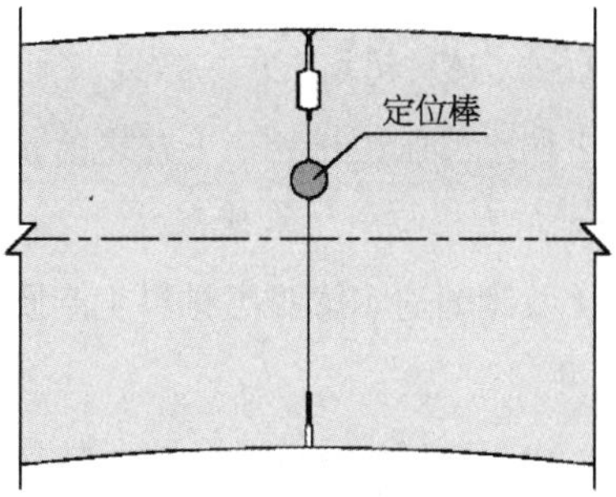

图 5－25　纵缝示意图

管片外弧侧设弹性密封垫，内弧侧设嵌缝槽。整个环面及分块面密贴，环与环、块与块以弯螺栓连接，既能适应一定的环向、纵向变形，又能将隧道环向、纵向变形控制在满足列车运行及防水要求的范围内。

4）环向、纵向螺栓

管片块与块间采用直螺栓相连，如图 5－26 所示，手孔采用铸铁预埋件。管片环间采用斜螺栓连接，如图 5－27 所示。

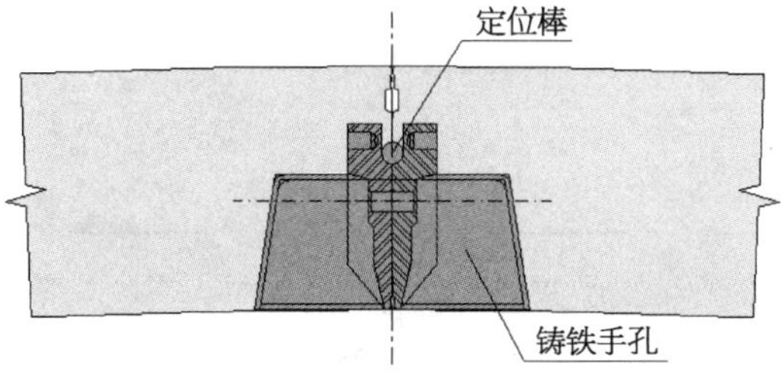

图 5－26　环向螺栓

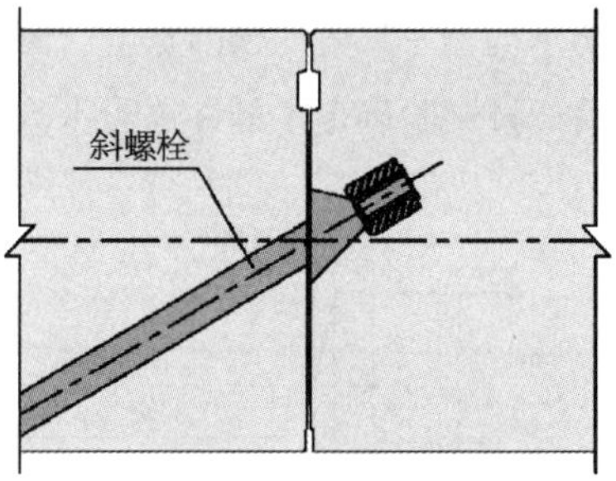

图 5－27　纵向螺栓

5.3.4　防水设计

在结构断面形式上，类矩形盾构隧道与双圆盾构隧道有着类似的特征：都是双洞且存在中隔墙，因此顶部往往是渗漏水的薄弱环节。同时接缝防水的设计也必须考虑施工拼装的便利：在最后阶段由于累积了前期各管片的拼装误差，封顶块能否顺利插入直接影响到拼装施工的进度和施工效果。因此，在我国的双圆盾构隧道的工程实践中，借鉴了日本遇水膨胀类密封垫的设计，如图 5－28 所示。

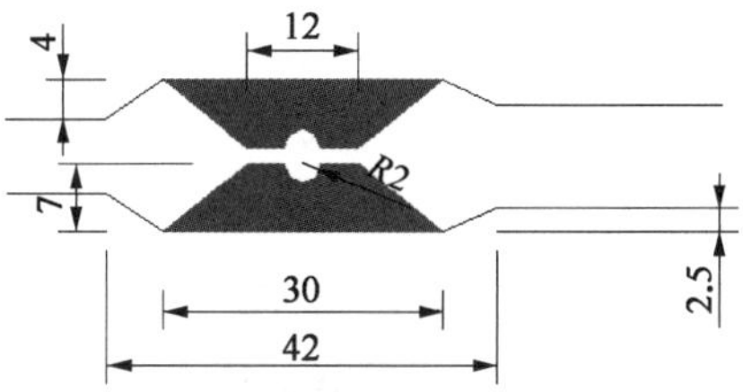

图 5－28　双圆隧道接缝密封垫设计断面图(单位：mm)

该设计在拼装阶段对应的管片拼装力较小，而在管片脱出盾尾后，密封垫遇水膨胀，充满整个防水沟槽，起到止水的效果。但是该防水设计在实际应用中却存在着以下不足：

(1) 遇水膨胀类材料在下井之前就必须嵌套完成，受潮湿环境的影响，其容易发生过早膨胀而无法完全与管片沟槽密贴。

(2) 我国的遇水膨胀类材料生产质量参差不齐，使用过程中材料析出严重，直接影响到防水效果。

(3) 由于过度考虑管片的拼装效果，导致密封垫的设计过薄，在封顶块拼装插入过程中密封垫间的摩擦力会使其自身扯断。

鉴于此，在类矩形盾构隧道的设计中，必须克服这些缺点，达到耐久性较好、满足防水效果，同时必须使得拼装力处于较低水平，密封垫抗扯断能力较强等效果。考虑到三元乙丙材料的稳定性及在单圆盾构隧道的成功应用，因此本工程的接缝防水将采用三元乙丙多孔梳型密封垫。

考虑到宁波地区的水文地质特点，设防压力采用 3 倍于隧道埋深，即 0.51 MPa。根据管片的拼装分析确定了管片接缝变形的极限条件：在环缝错台量达到 15 mm，张开量可达 5 mm，而在纵缝错台量 11 mm 时，张开量将达到 8 mm。由此可以看出类矩形盾构隧道的管片接缝变形特点：管片的错台量对防水设计的影响明显大于张开量的影响，因此应适当加大防水沟槽密封垫的横向宽度。图 5－29 所示为典型的四种盾构隧道防水沟槽设计方案，最后通过试验确定了最终的防水沟槽设计方案。

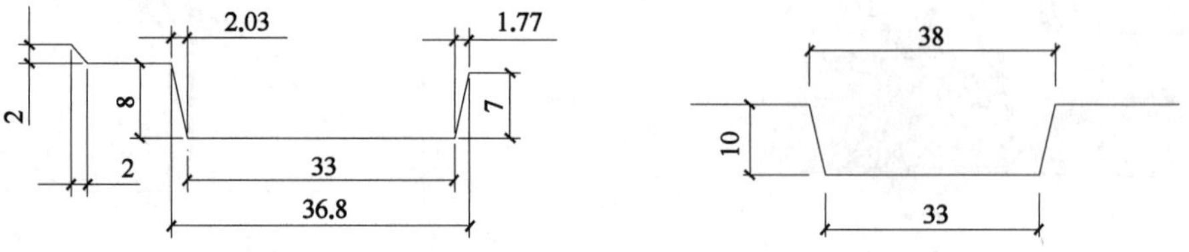

(a) 上海地铁管片纵缝沟槽图

(b) 成都地铁管片沟槽

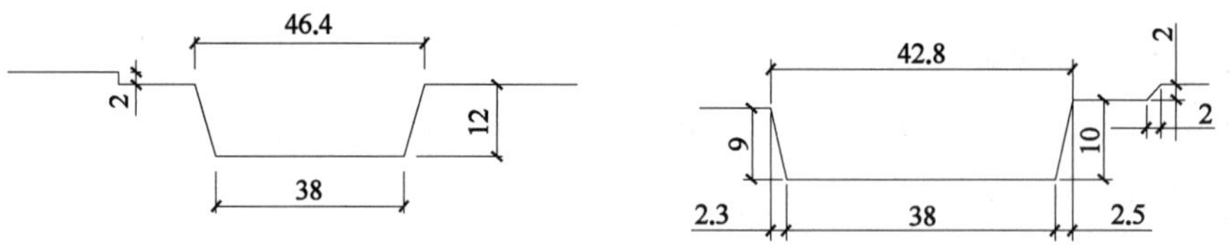

(c) 崇明越江隧道管片沟槽

(d) 类矩形隧道管片沟槽断面

图 5－29　管片沟槽断面优选方案(单位：mm)

5.3.5　废水泵房结构形式

为满足区间排水要求，需在线路最低点设置废水泵房，类矩形盾构隧道废水泵房形式有以下两个方案。

(1) 方案一：体外废水泵房。根据排水专业工艺的要求，废水泵房平面净尺寸为 2.0 m×3.5 m，深度为 3.25 m。体外废水泵房方案如图 5－30 所示。

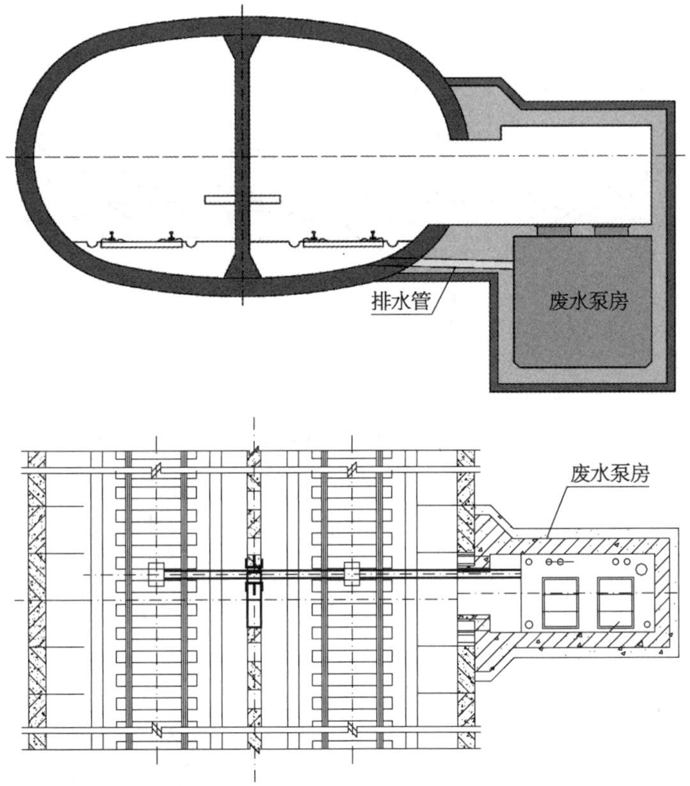

图 5－30　方案一体外废水泵房布置图

(2) 方案二：体内废水泵房。在立柱两侧设置废水集水池，通过预埋管连通。废水集水池的有效容积按不小于最大一台泵 15 min 排水量设计，实际有效容积≥6.40 m²。设置废水泵 2 台，平时一用一备，消防时 2 台同时启动。体内废水泵房方案如图 5－31 所示。

通过比选，相比于方案一，方案二将排水泵房设置在盾构隧道内部，避免了外部泵房开挖施工，减小了施工风险，同时降低了造价，故推荐采用方案二。

5.3.6　区间疏散救援

地铁列车行驶速度快、载客量大，在区间隧道内一旦发生火灾，如何将列车中的大量乘客安全、快速疏散，不仅是隧道设计时必须认真考虑和研究的问题，也是已有隧道进行紧急疏散预案的重要研究课题。

《地铁设计规范》(GB 50157)第 28.2.4 条的规定："两条单线区间隧道应设联络通道，相

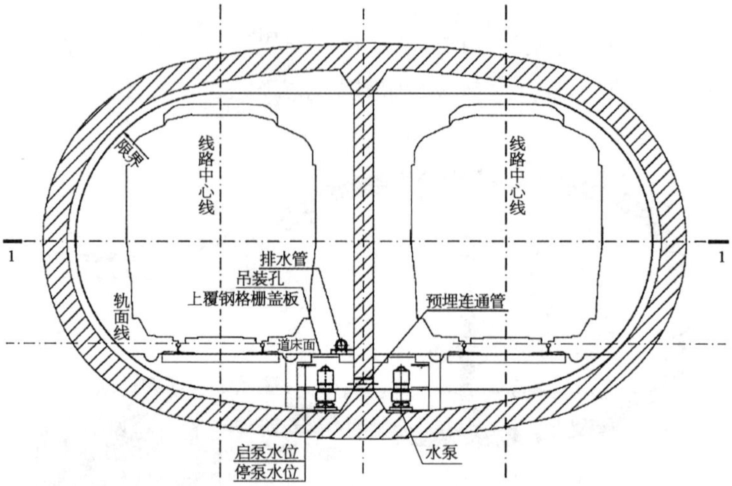

图 5-31　方案二体内废水泵房布置图

邻两个联络通道之间的距离不应大于 600 m,联络通道内应设并列反向开启的甲级防火门,门扇的开启不得侵入限界。"本条款主要针对两条单线隧道的情况。

类矩形盾构隧道中间立柱(隔墙)采用预制拼装方式施工,每隔不大于 600 m 设置一道并列反向开启的甲级防火门,发生突发事件时乘客通过疏散平台到达防火门后转移至另一安全空间,如图 5-32 所示。

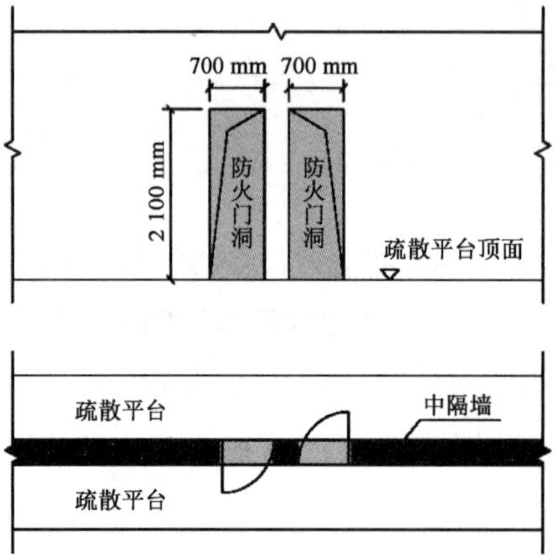

图 5-32　防火门布置图

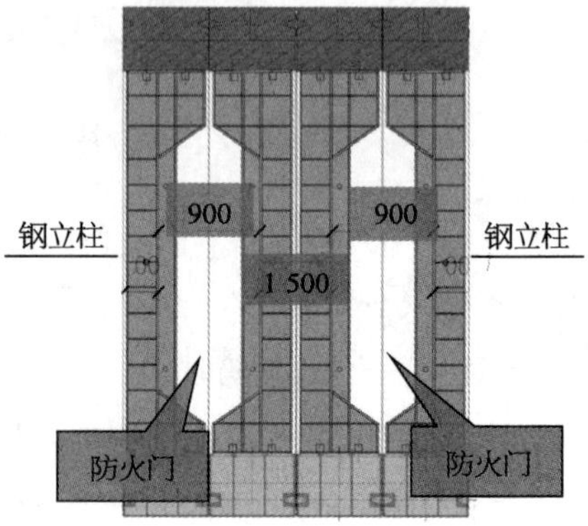

图 5-33　防火门处钢立柱布置图(单位: mm)

标准段中间隔墙采用预制拼装的形式施工,防火门处立柱采用钢管片,如图 5-33 所示。

疏散平台布置要求为:

(1) 上下行线中间立柱处设置疏散平台宽度不小于 550 mm,平台沿线路方向通长布置,在区间端头处断开,并设置钢梯下至道床。

(2) 疏散平台采用现浇形式,与立柱内预埋钢板通过焊接连接,如图 5 - 34 所示。

(3) 立柱间空隙采用防火材料封堵、隔离。

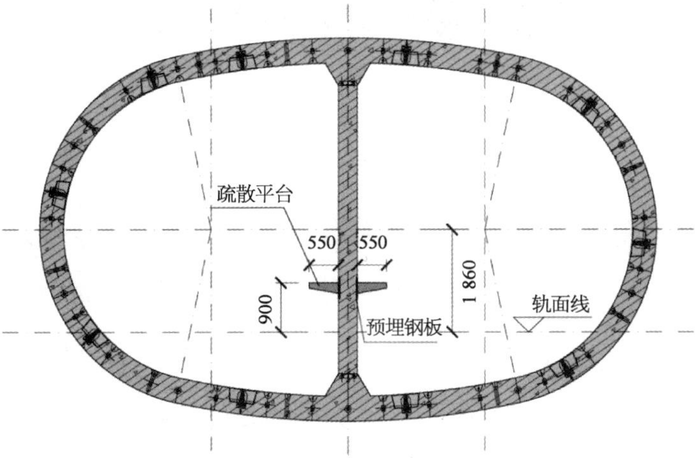

图 5 - 34　疏散平台横剖面布置图(单位: mm)

5.3.7　盾构进出洞加固措施

盾构进出洞是盾构施工中的难点和关键,为防止出现盾构“下沉”“抬头”等现象,保证盾构进出洞安全,应对盾构井端头一定范围内的土体进行加固。

根据地层性质和地面条件,采用搅拌桩结合旋喷桩方式进行加固。土体加固采用 ϕ850 mm 三轴搅拌桩,加固体与车站间空隙采用旋喷桩加固。车站盾构始发端加固长度为 10 m,如图 5 - 35 所示。到达端地基加固长度为 11 m,如图 5 - 36 所示加固范围为盾构隧道周边

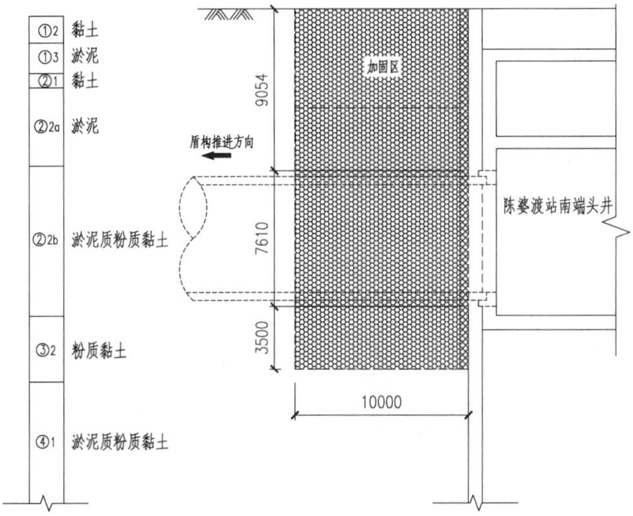

图 5 - 35　陈婆渡站南端头井盾构始发地基加固图(单位: mm)

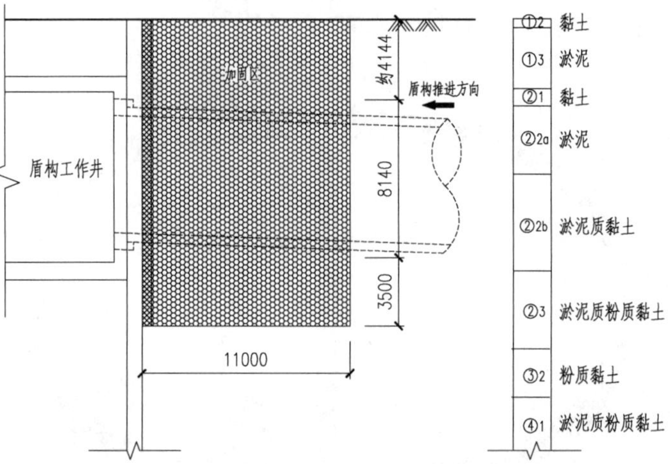

图 5－36 盾构工作井盾构接收地基加固图(单位：mm)

3.5 m。经加固的土体应有很好的均质性、自立性，其无侧限抗压强度≥0.8 MPa，渗透系数≤1×10^{-7} cm/s。

5.3.8 工程主要风险源及技术措施

本区间隧道主要穿越的建(构)筑物为厂房及外塘河。

1) 厂房(混 2、混 3)及立佳塑料包装五金厂车间(混 7)

厂房(混 2、混 3)及立佳塑料包装五金厂车间(混 7)与隧道平面关系如图 5－37 所示。

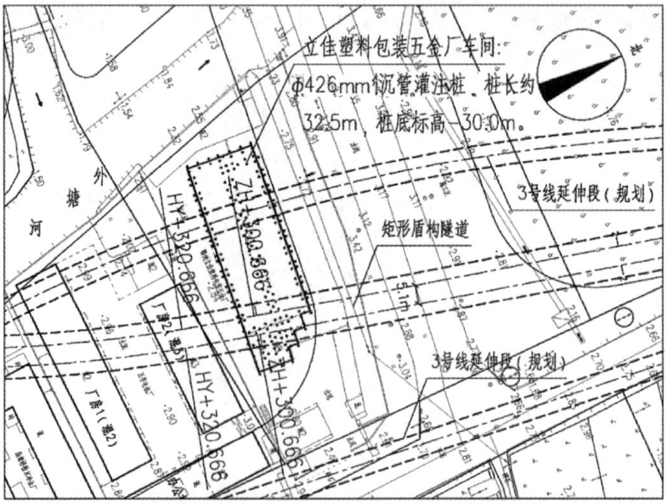

图 5－37 厂房(混 2、混 3)及立佳塑料包装五金厂车间与区间隧道平面关系图

厂房(混 2、混 3)基础形式为条形基础，隧道埋深为 8.2～8.7 m，如图 5－38 所示。

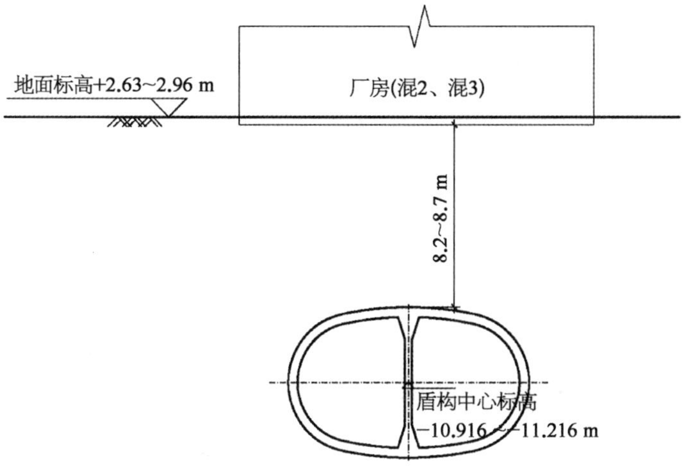

图 5－38　厂房(混 2、混 3)与区间隧道剖面关系图

区间隧道下穿立佳塑料包装五金厂车间(混 7),车间桩基与区间隧道冲突,需要拔除,隧道埋深为 8.8 m,如图 5－39 所示。

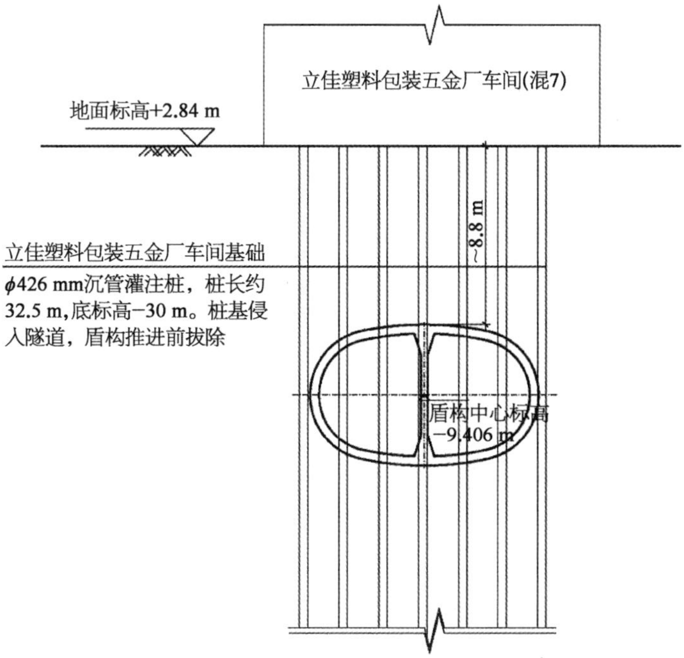

图 5－39　立佳塑料包装五金厂车间与区间隧道剖面关系图

本次设计提出以下技术措施:

(1) 立佳塑料包装五金厂车间侵入隧道及距离隧道 1 m 范围内的桩基均需拔除。拔桩后需对原桩孔进行回填,回填材料应具有良好的均匀性、低渗透性和水密性,保证该桩孔不形成透水通道,强度不低于原状土的强度,确保盾构推进安全。

(2) 预先在建筑物及周边地面上布置监测点,设置盾构施工模拟段,并将监测到的数据立即提供给盾构施工人员,调整盾构推进速度、刀盘转速、正面土舱压力、出土量、同步注浆量等施工参数。

(3) 在盾构到达建筑物前 20 m 处,降低推进速度,严格控制盾构方向,根据监测到的数据及设计反分析的反馈信息,及时调整盾构推进参数,确保盾构机的平稳穿越,保证影响区段内地层损失率≤5‰。

(4) 盾构穿越时,建议单次纠偏量≤2 mm。

(5) 采用同步注浆,减少盾尾通过后隧道外周围形成的建筑空隙,减少隧道周围土体的变形。

(6) 盾构穿越后,根据地面及建筑物变形情况,打开管片内预埋注浆管,及时对周围土体进行壁后注浆加固。

(7) 房屋控制标准: 整体倾斜≤1‰;房屋的沉降、隆起量≤10 mm。

2) **外塘河**

区间隧道下穿外塘河。外塘河现状河底标高−0.1 m,规划河底标高−1.0 m,隧道顶至河底的竖向最小净距约为 3.39 m,与规划河底竖向净距约为 2.5 m。经验算,抗浮安全系数小于 1.10,在隧道施工前需在河底下预先设置抗浮板,如图 5-40 所示。

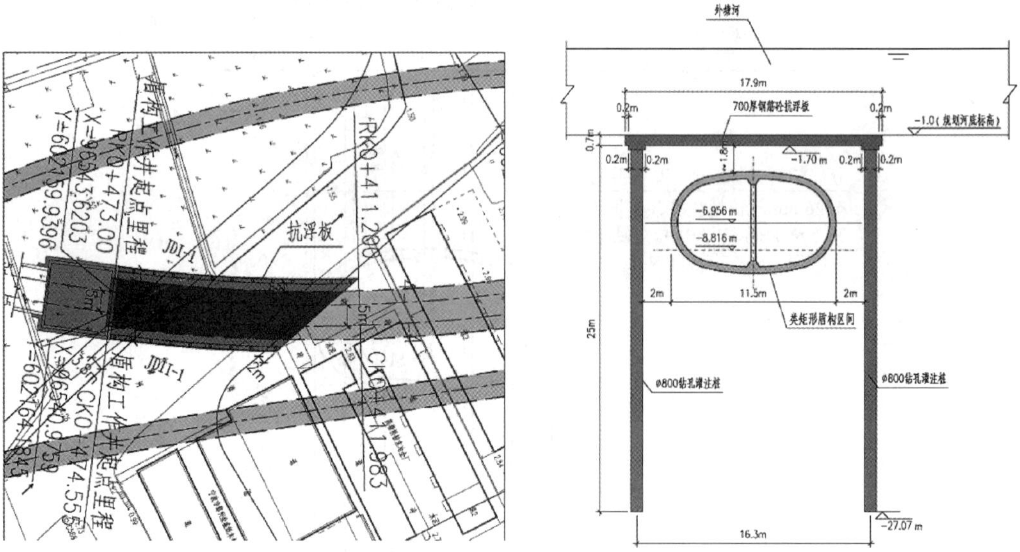

(a) 平面关系图　　(b) 剖面关系图

图 5-40　外塘河抗浮板与区间隧道

盾构下穿外塘河技术措施:

(1) 在隧道施工前需在河底预先施工抗浮板和桩基,抗拔桩距离隧道边最小净距不小于 2 m。

(2) 由于盾构下穿进入河道,正面土压力发生突变,在盾构穿越河道应合理设置正面土压力,防止盾构冒顶。

(3) 防止盾尾漏浆,提高浆液质量,严格控制初凝时间,配制初凝时间较短的液浆。

5.4　衬砌结构 1∶1 足尺试验

国内尚无类矩形断面盾构隧道应用实例,类矩形盾构隧道的结构变形、结构内力等结构受力性能尚未完全明确,相关设计计算理论也不完善,且尚未进行过类矩形断面盾构隧道衬砌 1∶1 整环结构试验,有必要通过系统研究掌握类矩形衬砌结构的受力性能、极限承载力,了解结构的薄弱部位和影响结构承载力的主要因素,确定结构正常使用和结构安全的界限状态。

同时以类矩形盾构隧道纵缝接缝为研究对象,针对地铁运营、施工中涉及的工程活动,开展了正弯矩和负弯矩两类工况下的管片接缝极限承载能力的足尺试验,获取了类矩形盾构隧道接缝受力全过程的试验现象,得到接缝抗弯刚度和破坏链条,为管片计算参数取值,管片接头构造设计等提供理论数据。

5.4.1　试验内容

本次足尺试验针对宁波地铁 3 号线类矩形盾构隧道设计工况中的正常运营工况、施工阶段同步注浆工况和顶部超载极限工况进行试验设计。

1) 正常运营工况

正常运营工况下衬砌结构在地层中的设计荷载如图 5 - 41 所示,衬砌结构承受垂直水土压力、水平水土压力、结构自重、地面超载和地基反力等荷载。

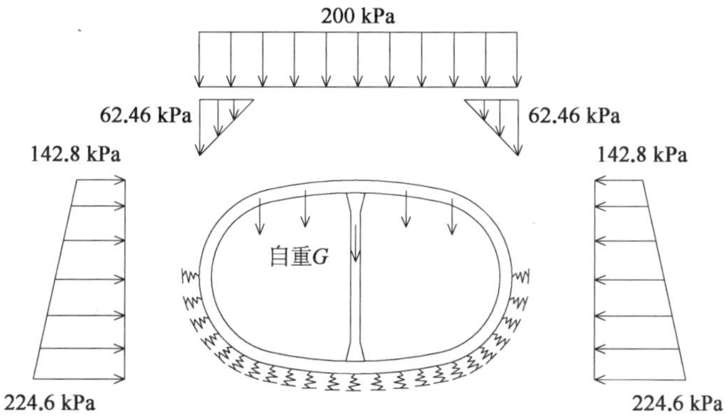

图 5 - 41　正常运营工况衬砌结构设计荷载图

30 个加载点按对称原则分为 3 组,即 P_1(8 个加载点)、P_2(10 个加载点)和 P_3(12 个加载点),如图 5 - 42 所示。

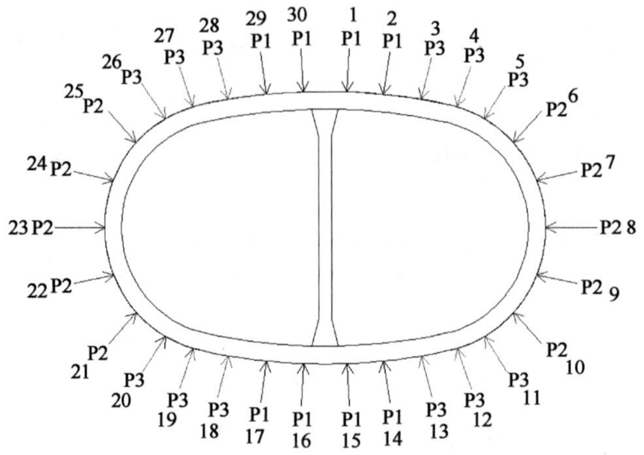

图 5 - 42　正常运营工况下试验荷载分组示意图

试验荷载设计以模拟正常运营状态下结构的实际受荷和控制截面的内力来进行双控，保证控制截面在设计荷载和试验荷载作用下的内力误差在一定范围内，本次试验的控制截面取 0°、90°、180°、270°截面(即图 5 - 43 中的 JM1、JM3、JM5、JM7 截面)和正弯矩较大截面(即图 5 - 43 中的 JM2、JM4、JM6、JM8 截面)。

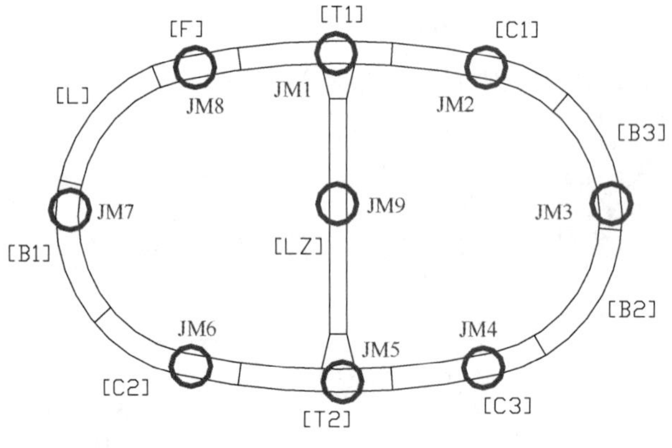

图 5 - 43　内力控制截面位置示意图

2) 施工阶段同步注浆工况

同步注浆工况下衬砌结构在地层中的设计荷载如图 5 - 44 所示，衬砌结构承受垂直水土压力、水平水土压力、结构自重、地面超载、地基反力和注浆压力等荷载。

30 个加载点按对称原则分为 4 组，即 P1(8 个加载点)、P2(10 个加载点)、P3(8 个加载点)、P4(4 个加载点)，如图 5 - 45 所示。

试验荷载设计以模拟施工阶段结构的实际受荷和控制截面的内力来进行双控，保证控制截面在设计荷载和试验荷载作用下的内力误差在一定范围内，本次试验的控制截面取 0°、

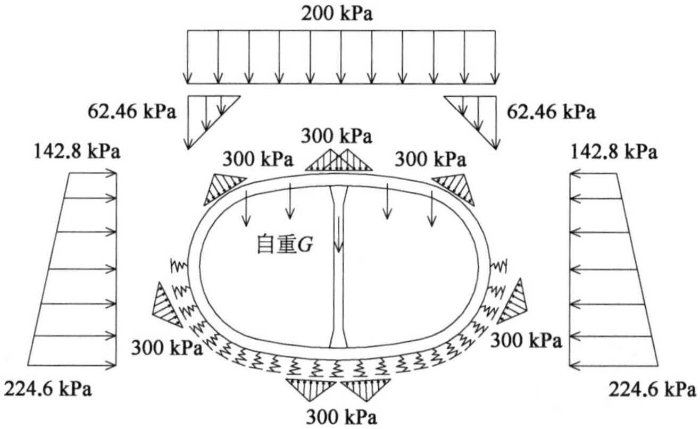

图5-44　施工阶段同步注浆工况实际受力图

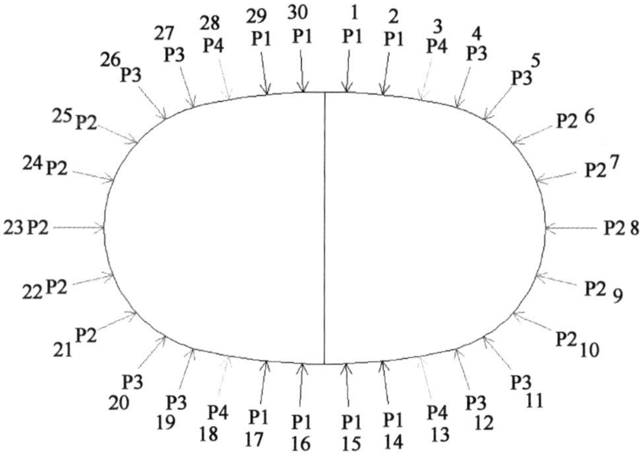

图5-45　施工阶段同步注浆工况试验荷载分组示意图

90°、180°、270°截面(即图5-46中JM1、JM3、JM5、JM7截面)和正弯矩较大截面(即图5-46中JM2、JM4、JM6、JM8截面)。

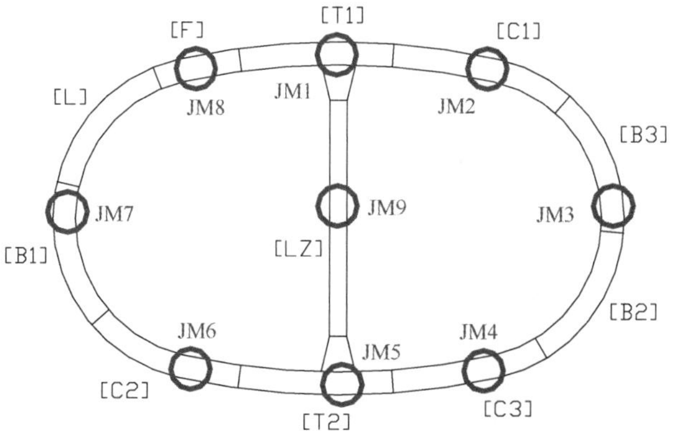

图5-46　内力控制截面位置示意图

3）顶部超载极限工况

顶部超载极限工况是针对类矩形盾构隧道在正常运营状态下，若衬砌结构顶部地面出现堆载情况，则结构顶部所受荷载变大，同时侧向土压力值也相应增大。当顶部堆载增加到一定程度，作用在衬砌结构上的侧向土压力达到被动土压力，之后随着堆载继续增加，侧向土压力大小保持不变，衬砌结构在顶部堆载不断增加的情况下发生破坏，顶部超载极限工况示意图如图 5－47 所示。试件极限状态定义如下：

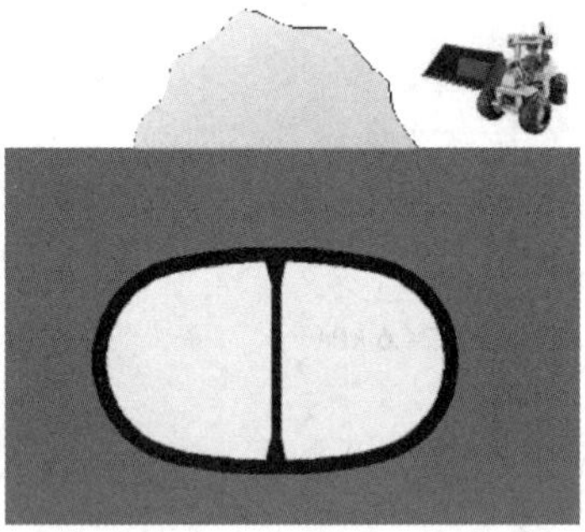

图 5－47　顶部超载极限工况示意图

（1）管片变形极大。

（2）接缝螺栓拉断。

（3）管片整体失去承载能力。

（4）混凝土局部压碎。

5.4.2　试验装置

本次试验装置由上主框、下主框、主框连接块、拉杆及油缸角度调整垫块组成，如图 5－48 所示。加载油缸可通过添加角度调整垫块的方式，满足不同半径的衬砌结构的试验要求，如图 5－49 所示。主框连接块安装于主框的上下两侧时，试验装置长 14.8 m、高 9.9 m、宽 3.8 m，可满足类矩形盾构隧道管片要求；主框连接块安装于主框的左右两侧时，试验装置长 13.7 m、高 11 m、宽 3.8 m，如图 5－50 所示，可满足另一种大断面异形盾构隧道管片要求。本试验平台并不局限于该两型管片，更可通过使用不同长度的主框连接块来兼容其他尺寸管片，还可在内部垫入圆形钢结构，实现对圆形管片的加载试验。本次试验的加载装置共有 30 个加载点，每个加载点由 2 个千斤顶进行加载，加载时完全同步，每个加载点所能提供的最大水平荷载为 2 000 kN，千斤顶的最大行程为 300 mm。

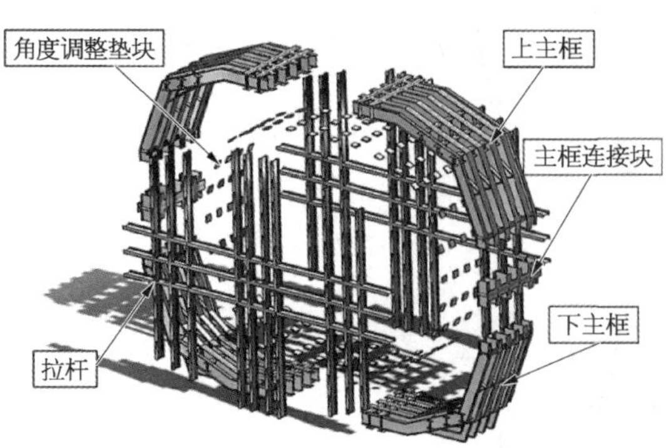

图 5－48　试验平台构造示意图

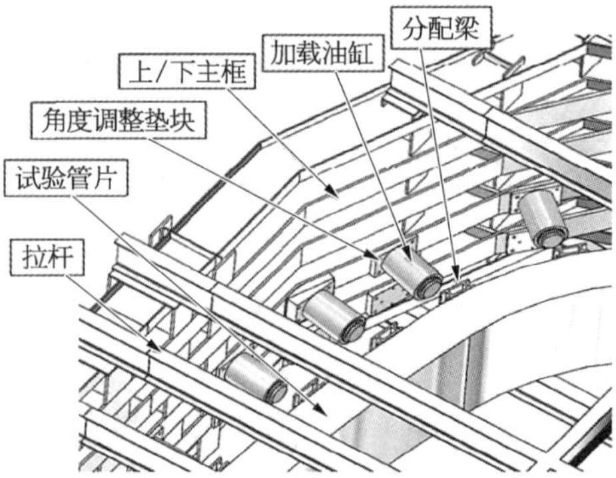

图 5－49　加载油缸细部结构示意图

图 5 - 50　试验加载装置*

5.4.3　设计工况下的结构性能

试验荷载作用下，正常运营工况和同步注浆工况内力控制截面的弯矩分布规律和轴力分布规律分别如图 5 - 51 和图 5 - 52 所示。

正常运营工况试验荷载作用下管片负弯矩最大处为 T2 块管片中柱左侧截面，弯矩为 −260.81 kN・m，腰部管片最大负弯矩为 −160.74 kN・m；正弯矩最大处为 C2 块管片内力控制截面，弯矩为 285.25 kN・m，中柱控制截面弯矩为 32.35 kN・m。管片的轴力最大处在管片腰部 B3 块内力控制截面处，轴力最大值为 −741.05 kN；中柱内力控制截面轴力最大值

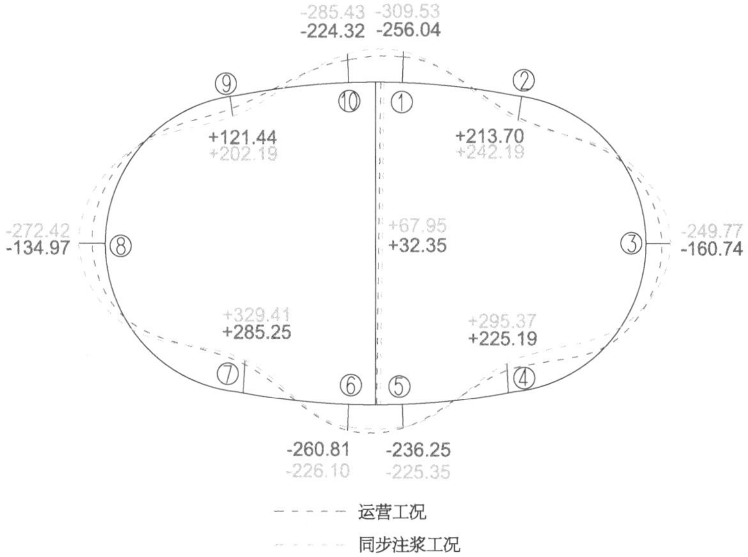

图 5 - 51　试验荷载作用下衬砌结构弯矩图(kN・m)

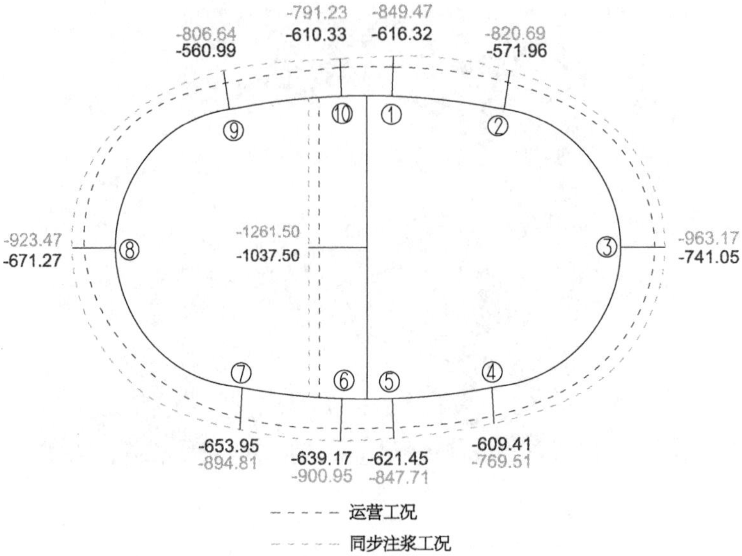

图 5-52　试验荷载作用下衬砌结构轴力图(kN)

为−1 037.50 kN。

同步注浆工况试验荷载作用下管片负弯矩最大处为 T1 块管片中柱右侧截面，弯矩为−309.53 kN·m，腰部管片最大负弯矩为−272.42 kN·m；正弯矩最大处为 C2 块管片内力控制截面，弯矩为 329.41 kN·m，中柱控制截面弯矩为 67.95 kN·m。管片的轴力最大处在管片腰部 B3 块内力控制截面处，轴力最大值为−963.17 kN；中柱内力控制截面轴力最大值为−1 261.50 kN。

以正常运营工况为例，对衬砌结构的控制截面内力采用修正惯用法计算值与足尺试验结果进行比较(表 5-8)，探讨类矩形盾构隧道采用修正惯用法进行设计、计算的合理性。

表 5-8　内力控制截面内力对比表

内力控制截面编号	弯矩			轴力		
	修正惯用法(kN·m)	足尺试验(kN·m)	足尺试验/修正惯用法	修正惯用法(kN)	足尺试验(kN)	足尺试验/修正惯用法
1	−207.18	−256.04	1.24	−634.984	−616.32	0.97
2	228.51	213.70	0.94	−607.104	−571.96	1.01
3	−156.15	−160.74	1.03	−731.608	−741.05	1.00
4	252.29	225.19	0.89	−605.524	−609.41	1.00
5	−207.18	−236.25	1.14	−636.635	−621.45	0.97
6	−207.18	−260.81	1.26	−634.984	−639.17	0.97
7	252.29	285.25	1.13	−605.232	−653.95	1.00

(续表)

内力控制截面编号	弯矩			轴力		
	修正惯用法(kN·m)	足尺试验(kN·m)	足尺试验/修正惯用法	修正惯用法(kN)	足尺试验(kN)	足尺试验/修正惯用法
8	−156.15	−134.97	0.86	−731.608	−671.27	1.00
9	249.93	121.44	0.49	−605.347	−560.99	1.00
10	−207.18	−224.32	1.08	−636.635	−610.33	0.97
中柱	0.00	32.35	#	−1 187.78	−1 037.50	1.00

由上表可知,由修正惯用法计算得到的各控制截面轴力和试验得到的各控制截面轴力基本一致;各控制截面的弯矩和试验得到的弯矩总体较为匹配,误差都小于 30%,控制截面 9 的弯矩相差较大,主要因为截面 9 位于封顶块,邻近接缝,刚度削弱较大。总的来说,足尺试验得到的各控制截面内力与修正惯用法计算得到的各控制截面内力较为吻合,考虑到试验误差及接缝影响,采用修正惯用法进行类矩形盾构隧道设计是可行的,满足工程设计要求。在设计过程中,建议采用考虑接缝效应的梁-弹簧法进行校核,以确保设计安全有效。

整环足尺试验研究结果表明:

(1) 正常运营工况和同步注浆工况下结构表面无裂缝开展,螺栓应力适中,衬砌结构的变形、接缝张开均能满足设计要求。

(2) 同步注浆工况相比正常运营工况受力更为不利,且注浆压力可使荷载作用附近的接缝转角和管片变形出现较大变化,施工中应加强监测。

(3) 试验结果得到的结构内力与理论计算得到的结构内力较为匹配,可采用修正惯用法进行类矩形盾构隧道设计,但建议采用考虑接缝效应的梁-弹簧法进行校核。

5.4.4　顶部超载工况下的结构性能

顶部超载极限工况下衬砌结构的破坏过程特征点与衬砌结构荷载-长轴收敛曲线关系如图 5-53 所示。

当 P_1 加载至 305.99 kN 时,相当于加载到图 5-53 中特征点①,对应运营工况下正常使用极限状态验算荷载;当 P_1 加载至 482.39 kN 时,相当于加载到图 5-53 中特征点②,对应运营工况下承载力极限状态验算荷载;当 P_1 加载 575.95 kN 时,相当于加载到图 5-53 中特征点③,此时衬砌结构表面开始出现裂缝,结构开始进入弹塑性受力状态。

当 P_1 加载至 787.26 kN 时,相当于加载到图 5-53 中特征点④,此时 1 号缝受压侧混凝土开裂,结构收敛变形增长速度加快。

当 P_1 加载至 822.43 kN 时,相当于加载到图 5-53 中特征点⑤,此时衬砌结构 T1 块裂缝宽度达到 0.2 mm,5 号缝受压侧混凝土开裂;当 P_1 加载至 886.95 kN 时,相当于加载到图

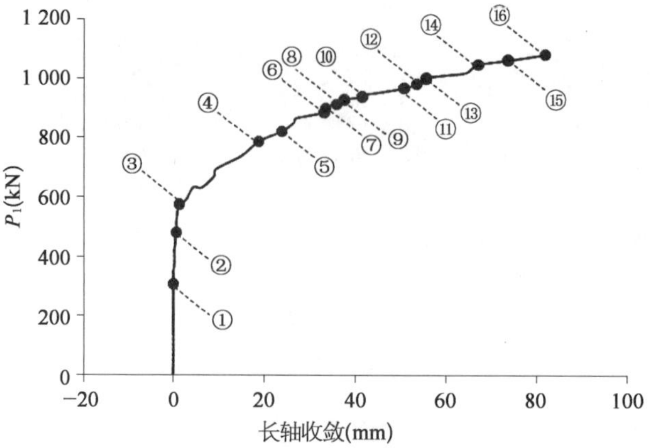

图 5－53　破坏过程特征点图

5－53 中特征点⑥，此时 4 号缝核心区受压混凝土开裂，3 号缝、8 号缝受压侧混凝土开裂；当 P_1 加载至 901.25 kN 时，相当于加载到图 5－53 中特征点⑦，此时 2 号缝外侧混凝土压碎，9 号缝核心区受压混凝土开裂；当 P_1 加载至 915.01 kN 时，相当于加载到图 5－53 中特征点⑧，此时 9 号接缝螺栓屈服；当 P_1 加载至 930.28 kN 时，相当于加载到图 5－53 中特征点⑨，此时 6 号缝核心区受压混凝土开裂，结构收敛变形增长速度加快。

当 P_1 加载至 940.28 kN 时，相当于加载到图 5－53 中特征点⑩，此时 T2 块内力控制截面外侧主筋屈服；当 P_1 加载至 968.78 kN 时，相当于加载到图 5－53 中特征点⑪，此时 6 号缝螺栓屈服；当 P_1 加载至 983.40 kN 时，相当于加载到图 5－53 中特征点⑫，此时 5 号缝、8 号缝、3 号缝螺栓屈服，1 号缝受压侧混凝土裂缝迅速发展；当 P_1 加载至 1 002.11 kN 时，相当于加载到图 5－53 中特征点⑬，此时 5 号缝受压侧混凝土压碎；试验结束后 5 号缝破坏情况如图 5－54 所示。

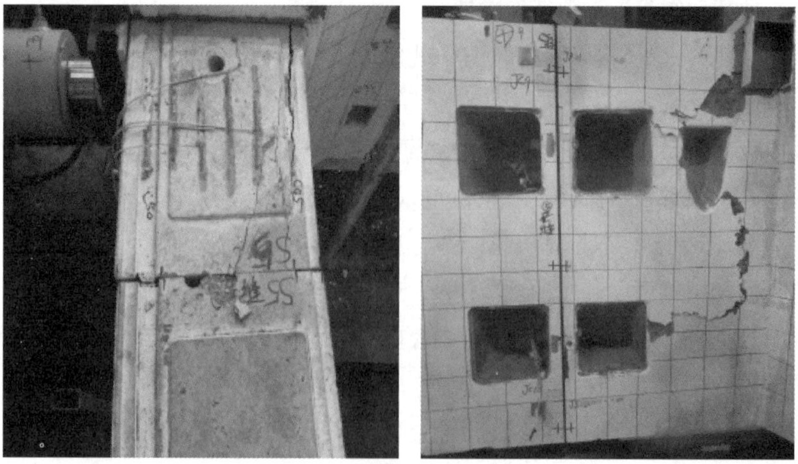

图 5－54　5 号缝破坏情况图*

当 P_1 加载至 1 048.46 kN 时，相当于加载到图 5－53 中特征点⑭，此时 4 号缝螺栓屈服，8 号缝受压侧混凝土压碎；试验结束后 8 号缝破坏情况如图 5－55 所示。

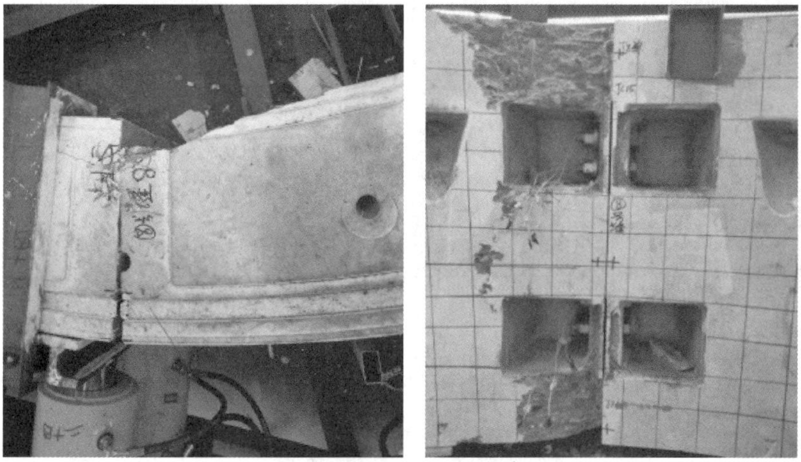

图 5－55　8 号缝破坏情况图*

当 P_1 加载至 1 063.30 kN 时，相当于加载到图 5－53 中特征点⑮，此时 C1 块内力控制截面内侧主筋屈服；当 P_1 加载至 1081.90 kN 时，相当于加载到图 5－53 中特征点⑯，此时 T2 块靠 6 号缝腋角处在弯矩和剪力共同作用下发生破坏，随后 6 号缝受压区混凝土压碎，螺栓断裂，失去承载力，结构失效。6 号缝断裂螺栓如图 5－56 和图 5－57 所示。

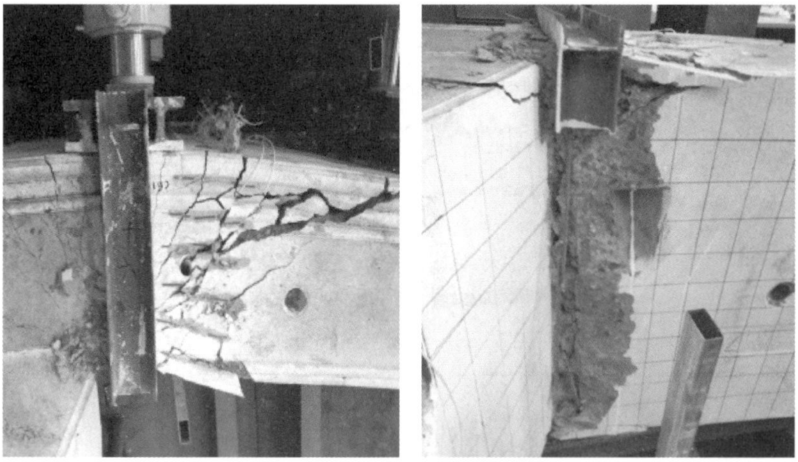

图 5－56　T2 块靠 6 号缝腋角处破坏图*

顶部超载极限工况试验结束后各接缝破坏情况及 T2 块靠 6 号接缝的腋角处破坏情况如图 5－58 所示，图中圆圈标注处为形成塑性铰的部位，左半边结构共形成 4 个塑性铰，右半边结构共形成 3 个塑性铰。本次试验衬砌结构的破坏，首先是接缝受压侧混凝土核心区混凝土先后开裂，随着螺栓的不断屈服，接缝受压侧混凝土裂缝迅速发展，接缝受压混凝土

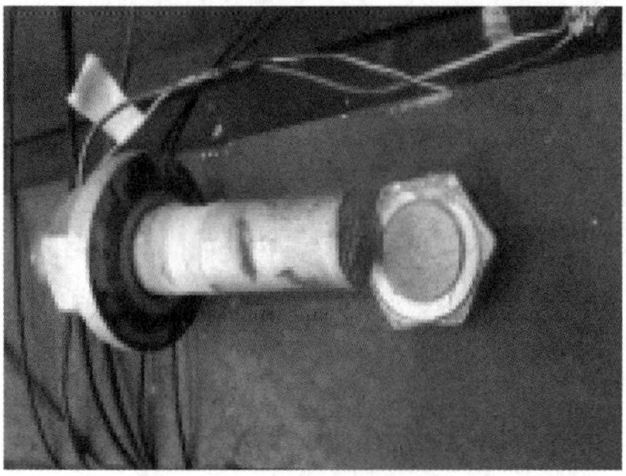

图 5-57　6 号缝断裂螺栓图*

先后压碎形成塑性铰导致内力不断重分配；各内力控制截面的受弯裂缝稳定发展，截面主筋屈服，结构在塑性铰不断形成的过程中成为机构最终破坏。具体破坏原因为 1 号缝、3 号缝、5 号缝、8 号缝、9 号缝先后形成塑性铰，造成内力重分配，导致中柱与 T2 块靠 6 号缝的腋角处在弯矩和剪力共同作用下，截面钢筋屈服，混凝土出现多条贯通裂缝，抗剪箍筋剪断，最终中柱与 T2 块靠 6 号缝的腋角处截面形成塑性铰使得截面内力再次重分配，导致 6 号缝受压侧混凝土压碎，发生破坏，结构成为机构，失去承载能力。

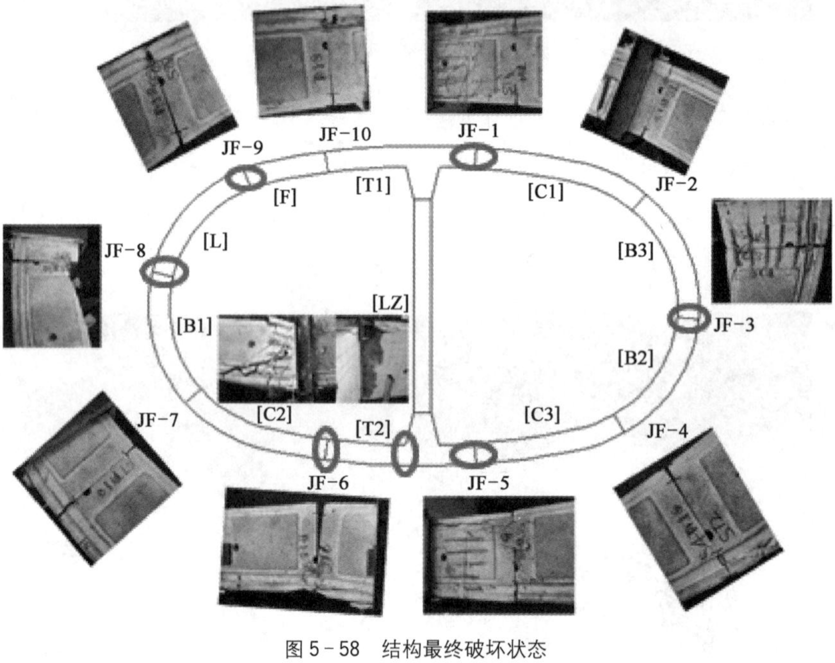

图 5-58　结构最终破坏状态

5.4.5　试验结论

通过整环结构试验，获得类矩形隧道结构的结构内力、变形、接缝张开发展规律，发现结构薄弱环节和结构受力特性：

(1) 通过整环结构试验，类矩形隧道在正常运营工况和同步注浆工况下结构表面无裂缝开展，螺栓应力适中，衬砌结构的变形、接缝张开均能满足设计要求；其中，同步注浆工况相比正常运营工况受力更为不利。试验结果得到的结构内力与设计计算得到的结构内力较为匹配,可采用修正惯用法进行类矩形盾构隧道设计,但建议采用考虑接缝效应的梁-弹簧法进行校核。

(2) 通过整环结构试验,发现衬砌结构的接缝和 T 块长边腋角截面是本次试验衬砌结构的薄弱环节,建议在后续设计中改进;同时发现顶部超载极限工况下类矩形盾构隧道衬砌结构具有鲁棒性。

5.5　大断面类矩形盾构机

5.5.1　设计指标及管片尺寸

(1) 最大埋深：顶覆土 25 m。

(2) 最小转弯半径：350 m。

(3) 管片尺寸：外净宽 11 500 mm,外净高 6 940 mm,11 分块,如图 5－59 所示。

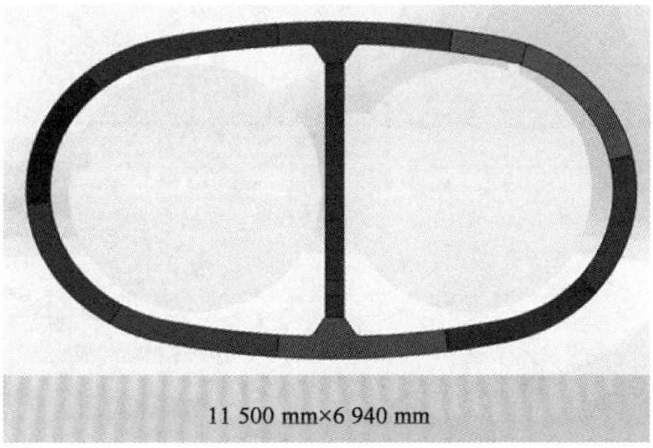

图 5－59　类矩形隧道管片分块 P

5.5.2　类矩形盾构机刀盘选型

顶管及盾构的常见截面均为圆形,在设计刀盘时,通过合理布置切削刀具,可以很方便地达到全断面切削的目的。但是,矩形乃至异形掘进机的切削断面形状并非中心回转对称,如何解决异形刀盘及刀盘的布置方式,做到全断面切削无死角,是矩形掘进机设计的难点。根据工程特点,对下列几种刀盘形式的矩形隧道掘进机进行了比选。

(1) 大刀盘＋仿形刀组合刀盘式,如图 5－60 所示。

采用 2 台大刀盘叠交布置及若干个仿形刀组成切削刀组,基本达到全断面切削。大刀

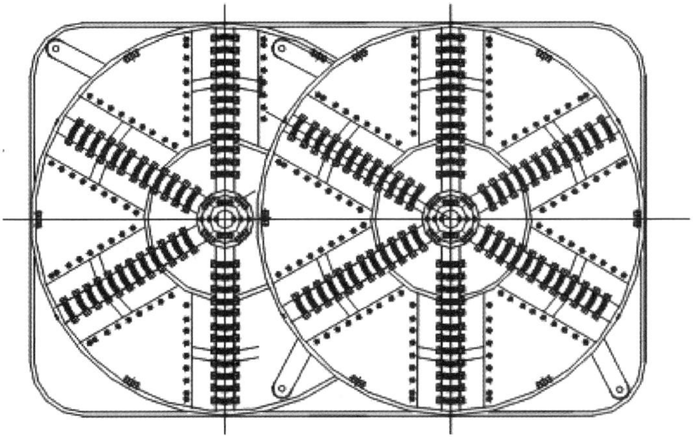

图 5－60　大刀盘＋仿形刀组合刀盘式

盘及仿形刀能正反转，由螺旋输送机出土，可保持土舱内的土压平衡，并维持开挖面的稳定。使用了圆刀盘组合式方案布置刀盘，优点是圆刀盘切削扭矩大、效率高、技术成熟，缺点是仿形刀组切削能力差，可靠性低。

(2) 偏心多轴双刀盘式，如图 5-61 所示。

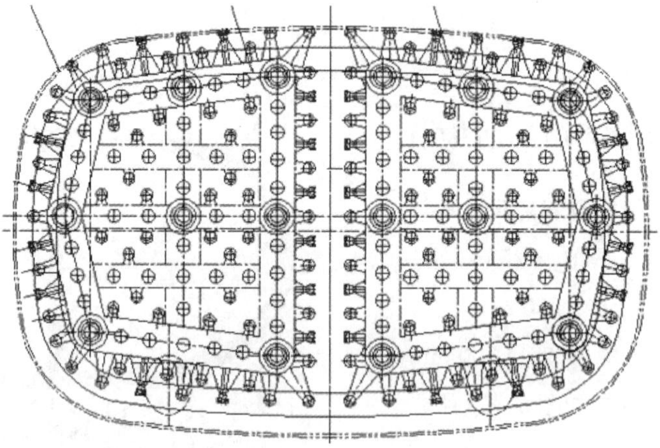

图 5-61　偏心多轴双刀盘式

利用平行双曲柄机构的运动原理，由几组偏心曲轴同时驱动刀盘，每把刀具作平面圆周运动，与轴向推进的行程合成来完成全断面的切削掘进。施工时可根据隧道所需截面形状来设计掘进机的外形，由螺旋输送机出土，可保持土压平衡，并维持开挖面的稳定。因为采用了两个相向回转的刀盘，能使两个刀盘所产生的反力矩相互抵消，大大减少了机头旋转的可能性。

掘进机的切削刀盘有两个，左右各一，均为矩形，由偏心驱动带动，运转时各自切削左右矩形区域，这种设计的优点是切削轨迹为全断面，不足之处在于偏心驱动的扭矩远小于大刀盘驱动，因此刀盘总扭矩较小，转动惯量小，对利用刀盘反向转动纠偏矩形掘进机左右偏角比较困难。

(3) 大刀盘＋偏心多轴组合式，如图 5-62 所示。

大刀盘＋偏心多轴组合式，就是将上述两种方法的优点结合起来，采用中心大刀盘＋边缘偏心多轴刀盘的组合式，来达到使用要求。其圆形大刀盘具有适应地质条件广，对开挖面支护稳定性强，切削效率高等特点，偏心多轴切削刀盘可根据隧道所需截面形状(如矩形、正方形、马蹄形、椭圆形等)完成全断面切削。

中心大刀盘与边缘的偏心刀盘前后错层布置，这样可以保证两者的切削轨迹互补又不相互干涉。将中心大刀盘靠前布置，是因为中心刀盘承载能力好，施工时可以先一步接触土体，能够分担大部分的切削应力，对后侧的偏心刀盘起到一定的保护作用。偏心刀盘外沿与壳体外轮廓相似，偏心刀盘恰好分别与壳体外沿或中线相吻合，这表明，偏心刀盘在各转动

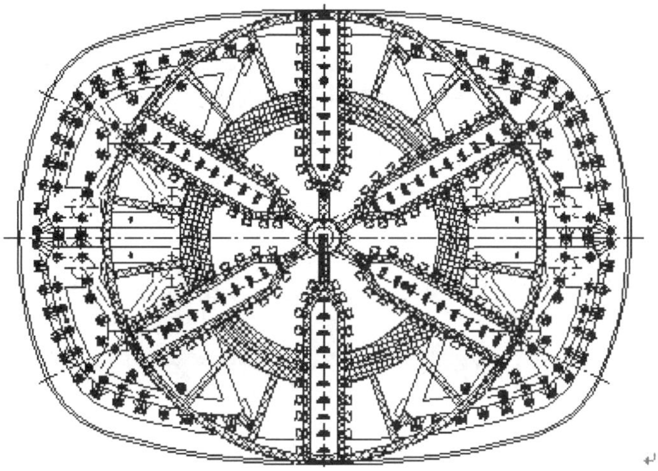

图 5－62　大刀盘＋偏心多轴组合式

位置,都可以保证切削轨迹与负责切削的区域边缘相重合。这样设计的偏心刀盘,在刀盘外形随切削断面外形改变的理念下,不仅能用于矩形掘进机,而且可以适用于多种外形的异形掘进机,如椭圆形、马蹄形等。

(4) 双辐条式圆形大刀盘＋偏心多轴仿形刀组合式,如图 5－63 所示。

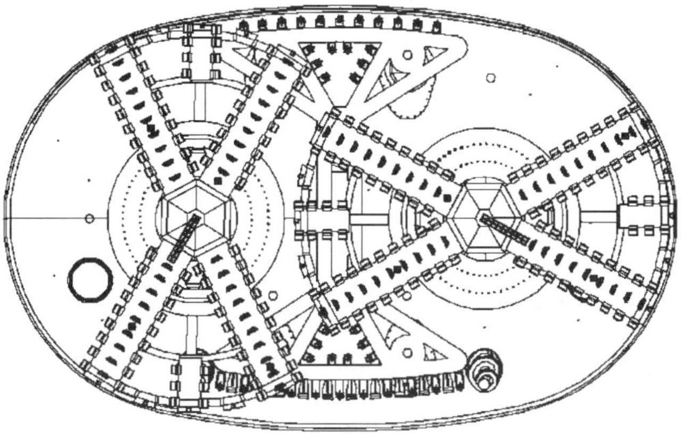

图 5－63　双辐条式圆形大刀盘＋偏心多轴仿形刀组合式

双辐条式圆形大刀盘＋偏心多轴仿形刀组合式刀盘,能够保证全断面切削。2 个大刀盘在矩形盾构机最前端同一水平面上左右分布,偏心多轴仿形刀盘位于矩形盾构机切削面的中央位置,交错置于 2 个大刀盘后面。2 个大刀盘的中心距小于大刀盘半径之和,相位差 90°布置,通过程序控制刀盘的转速,使之保持同步,并保证 2 个圆形刀盘不发生碰撞。由此,2 个 X 形辐条式圆形刀盘在矩形断面中切削最大面积,偏心多轴驱动的仿形刀盘对大刀盘未能切削部分进行切削,从而实现全断面切削。

(5) 刀盘选型比较,见表 5-9。

表 5-9 盾构机刀盘选型比较

性 能	大刀盘+仿形刀组合刀盘式	偏心多轴双刀盘式	大刀盘+偏心多轴组合式	双辐条式圆形大刀盘+偏心多轴仿形刀组合式
矩形全断面切削	能	能	能	能
开挖面支护性	较高	高	极高	最高
地层适应性	较好	一般	较好	较好
左右转角控制性能	一般	一般	灵敏	灵敏
所配备的总功率	最大	最小	一般	最大
价格	最高	低	一般	高

针对宁波地铁的工程地质条件和工程条件,从矩形全断面切削、开挖面支护性、地层适应性、左右转角控制性能、所配备的总功率、价格等方面综合比较,确定采用双辐条式圆形大刀盘+偏心多轴仿形刀组合式。

5.5.3 11.83 m×7.27 m 类矩形盾构机总体集成

11.83 m×7.27 m 类矩形盾构各部件有:2 个 ϕ6 730 mm 圆刀盘+1 个偏心刀盘系统、壳体系统、2 个大刀盘驱动+4 个偏心刀盘驱动系统、2 套 ϕ630 mm 螺旋机出土系统、推进系统、2 套拼装系统、铰接系统、液压系统、辅助系统(包括同步注浆、集中润滑、冷却、盾尾密封等)、2 套皮带机、2 套车架、电气系统等,如图 5-64 所示。

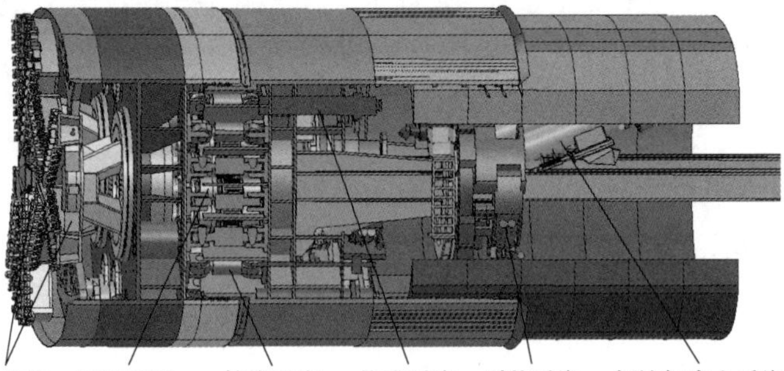

图 5-64 类矩形盾构机主机

在主机正前方,是大刀盘和偏心刀盘,刀盘后端通过牛腿连接着刀盘驱动,驱动后端安装有变频电动机驱动,刀盘驱动安装在顶管机前壳体中,壳体分前壳体和后壳体,两者之间通过铰接油缸相连接,铰接油缸均布在壳体的四周,2 个出土螺旋机,带铰接装置,能随盾构转向而随动;在后壳体中安装有推进系统,由 2 个拼装机组成的拼装系统,以及由 2 道钢丝刷、1 道钢板刷组成的盾尾密封系统。

5.5.4　11.83 m×7.27 m 类矩形盾构机主要部件

1) 异形多刀盘

因为类矩形盾构机的切削断面是近似矩形的椭圆,为保证全断面切削,采用了 2 个 X 形辐条式圆形大刀盘+2 个偏心多轴驱动仿形刀盘的组合切削形式。2 个大刀盘在矩形盾构机最前端同一水平面上左右分布,偏心多轴仿形刀盘位于矩形盾构机切削面的中央位置,交错置于 2 个大刀盘之后。2 个大刀盘的中心距小于大刀盘半径之和,相位差 90°布置,通过程序控制刀盘的转速,使之保持同步,并保证 2 个圆形刀盘不发生碰撞。由此 2 个 X 形辐条式圆形刀盘在矩形断面中切削最大面积,偏心多轴驱动的仿形刀盘对大刀盘未能切削部分进行切削,从而实现全断面切削,如图 5－65、图 5－66 所示。

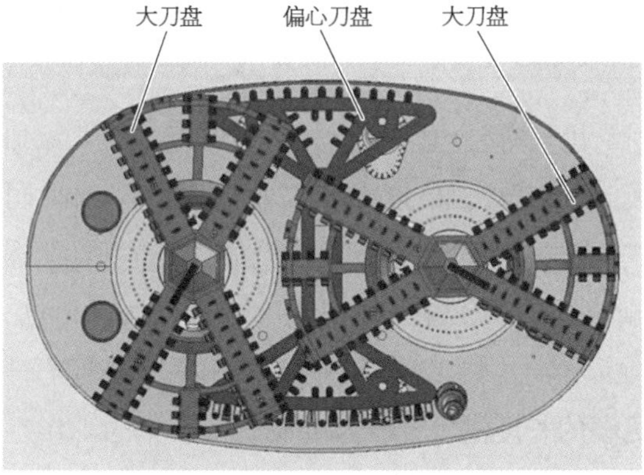

图 5－65　刀盘布置

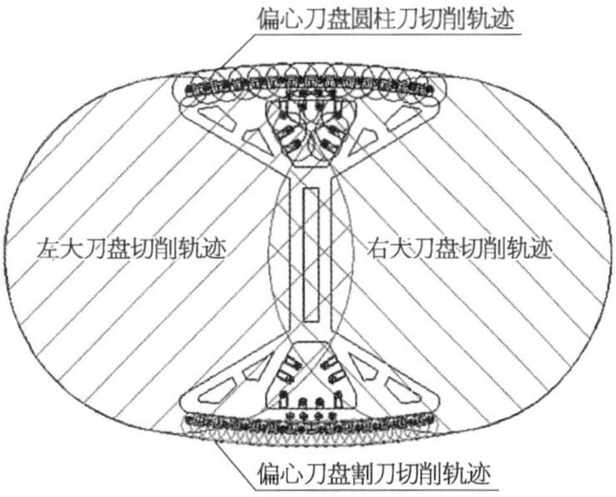

图 5－66　刀盘切削轨迹

(1) 大刀盘。大刀盘采用辐条式结构,由 4 根辐条及环板组成,切削刀具主要安装在辐条上,从内向外依次是中心刀、切削刀、先行刀和周边刀。中心刀位于刀盘中心,切削刀位于辐条两侧,是承担主要切削任务的刀具,数量最多;先行刀安装于辐条中央,高于切削刀,刀盘运转时由先行刀先将土体搅松,随后的切削刀则负责切削;周边刀安装在刀盘外圈环板表面,用于切削刀盘边缘土体、减小边缘土体对外环板的磨损。

(2) 偏心刀盘。偏心刀盘位于盾构的上、下中间部分,负责对大刀盘切削不到的区域进行切削。偏心刀盘由三部分组成: 盘体结构、刀具、搅拌棒。盘体是刀盘的主结构,也是承受切削力及扭矩的受力部件,盘体正面及外侧面安装有切削刀,背面则与偏心驱动相连接。刀具有圆柱刀和割刀两种,圆柱刀主要布置在刀盘正面,在刀盘外侧,圆柱刀与割刀交错布置,这是为了使刀具的切削轨迹尽量拟合壳体的外轮廓,减小切削死角。

2）类矩形盾构壳体

类矩形盾构壳体的钢结构是根据给定的土压、水压、动载荷和在运行时所产生的负载等条件而进行设计的，通过焊接成为一个整体钢结构，密封面和轴承座进行机械加工。所有的矩形盾构运行所需的各类部件均集成布置在盾壳内，盾构壳体由前壳体、后壳体和盾尾组成，如图 5-67 所示。

图 5-67　壳体及盾尾总图

前壳体胸板的上下左右位置装有土压传感器，用来测定土舱内的土压。另外，还有多个添加剂加注口，用来改善土舱内的土体流动性。胸板上设有若干固定搅拌棒，与偏心刀盘搅拌棒共同作用，防止土体在土舱中淤积。其中前壳体可在水平中线处分为上下两部分，分体处以法兰面螺栓连接，使用剪力销传递剪力，上下合并后外侧接缝水密焊。在壳体上预留有多个加注口，加注口主要是用于向壳体外加注浆液防沉降、加固土体、止水、减摩等，所有孔口均配有球阀。

盾尾与后壳体通过焊接连接，盾尾具有足够的长度满足开挖和衬砌管片安装的工作空间。盾尾壳体钢板内设置有 32 根盾尾油脂管、16 根注浆管(8 用 8 备)。盾尾尾部安装 2 道钢丝刷加 1 道钢板刷再加 1 道反向阻浆板，在施工时通过盾尾油脂压注系统向管片和密封刷之间充填油脂来保证密封效果和减少摩擦力，通过注浆管路压入浆液，充填土体与管片圆环间的建筑间隙，防止漏水和地面沉降。

3）可重构分区推进系统

类矩形盾构与圆形盾构在控制轴线上存在很大差别，由于其上、下、左、右的纠偏力矩大小不同，故其各区域的推进油缸的推力均不相同，所以采用可重构分区推进系统，方便推进过程中对推力和轴线的控制。

推进系统由 32 根千斤顶组成，最大总推力达 84 800 kN，平均推力为 1 150 kN/m^2，最大推进速度 6 cm/min，共 8 个分区，推力可以单独调节，推进千斤顶可以分别在控制室操纵面板上和拼装区域操作箱面板上编组、操作；按施工需要，可对推进油缸分区进行重构，如图 5-68 所示。

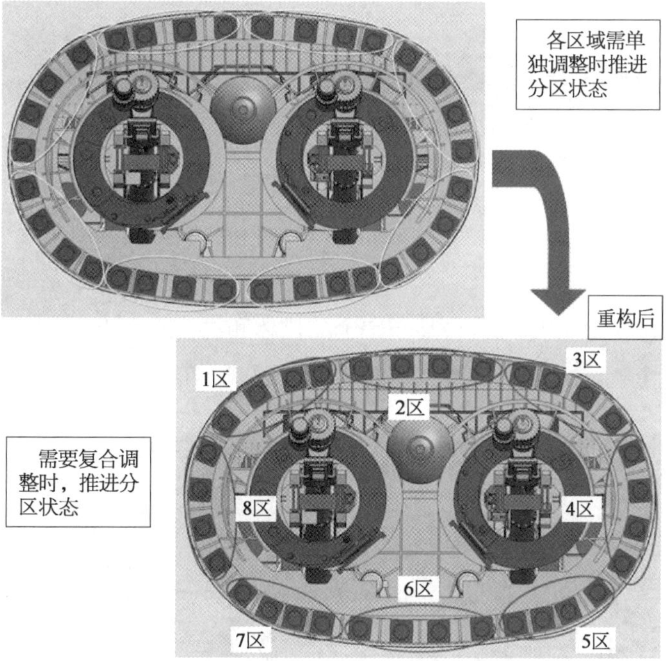

图 5－68　可重构分区推进系统

推进系统油缸采用比例泵供油，用手动调节钮来设定推进速度值，通过对比例泵从零排量到全排量的控制实现推进速度的无级调速。全部推进千斤顶可单独伸缩，并具有快速回缩功能。

4）铰接装置

为了确保隧道曲线段的施工精度要求，类矩形盾构设计成铰接式。采用主动铰接方式，前壳体偏转后，可以既减少推进时土体的超挖，又产生推进分力，方便盾构转弯，同时铰接仍可保证盾构后壳体与管片的同轴度，保护了盾尾刷，又可防止盾构主体挤压管片，致使管片碎裂损坏。

铰接系统采用 28 只铰接油缸，转动角度：上下±1.5°、左右±1.1°，其中 14 个铰接油缸上设有行程传感器，以检测铰接油缸的行程。铰接油缸连接前壳体与后壳体，铰接环部分设有 3 道密封圈＋1 道紧急密封＋1 道止浆钢板刷，3 道密封圈之间由集中润滑系统加注油脂，起到润滑和止水的效果，还有钢板刷密封和可更换紧急密封，起更好的密封保护作用。

由于类矩形盾构在上下左右转弯时，其周边的间隙大小不同，所以采用可调节压密量且可更换铰接密封装置，在 3 道齿型密封后，增加可更换铰接密封装置，其调节功能可满足不同间隙的密封要求，损坏可更换，及时防止浆液渗漏等情况发生，如图 5－69 所示。

5）可随动螺旋机装置

左右对称布置的 2 台螺旋输送机采用径向出土形式，在螺旋机出土口安装滑动闸板门，

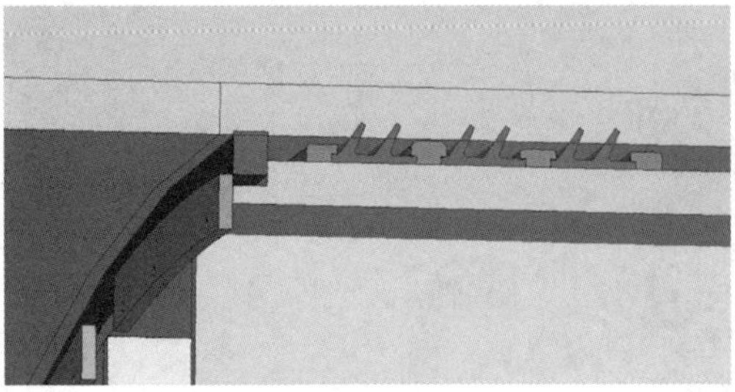

图 5-69 可更换铰接装置

为了防止供电系统故障等紧急情况下的泥砂喷涌，系统设有应急储能器，作为紧急关闭闸门的动力源。

由于采用铰接式类矩形盾构，受拼装结构的限制，要求螺旋机后端的出土口与后壳体保持同一轴线，又因螺旋机前段与前壳体相连，故该螺旋机抛弃了一般螺旋机采用的拉杆悬挂式结构，利用球铰的方式将其固定于前槽体和拼装平台上，当壳体进行铰接时，螺旋机可以跟着铰接随动，满足盾构姿态控制需求，如图 5-70 所示。

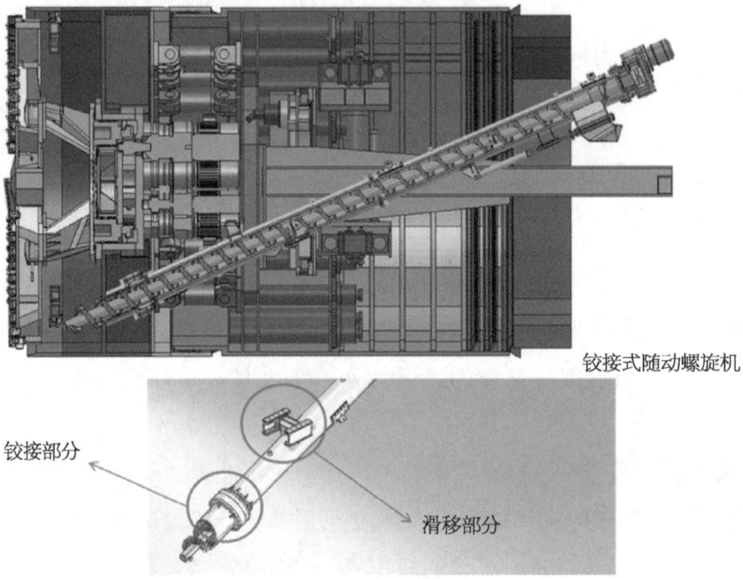

图 5-70 铰接式随动螺旋机

6）带立柱拼装功能的多自由度矩形盾构管片拼装系统

(1) 拼装机选型。根据类矩形隧道管片分块方案，对于三种形式的拼装机进行选型比较，见表 5-10。

表 5-10 拼装机选型比较

内容比较	回转爬行拼装机	双头多自由度拼装机	环臂式双拼装机
优点	拼装容易，只需一个拼装机构	拼装容易，在回转轨迹上可拼装中立柱，控制简单	占用空间小，在回转轨迹上可拼装中立柱，与盾构其他部件安装协调
缺点	与盾构其他部件难以协调安装，需要另外辅助机构拼装中立柱	占用空间大，与盾构其他部件难以协调安装	控制难度大

根据拼装的难易程度，空间占用大小，以及与盾构其他部件安装协调程度，进行综合比较后，确定选用环臂式双拼装机。

(2) 环臂式拼装机。管片拼装机的作用是将管片在隧道内按设计要求拼装成环。在管片拼装过程中，拼装机抓取管片，其盘体可以按顺时针和逆时针方向旋转，钳体可进行径向提升，轴向平移，3个微调动作，将管片调整到最佳位置进行拼装，如图5-71所示。

环臂式拼装机采用2台中空轴式回转拼装机，由回转系统、平移系统、摆动机械臂系统、机械手系统及管片夹取装置组成，2台拼装机既可同时独立运行，也可以协同工作，从而大大提高管片拼装效率。通过拼装运动控制轨迹跟踪技术，实现流程自动化、拼装微调化，通过协同作业完成超长中立柱的拼装，拼装过程如图5-72所示。

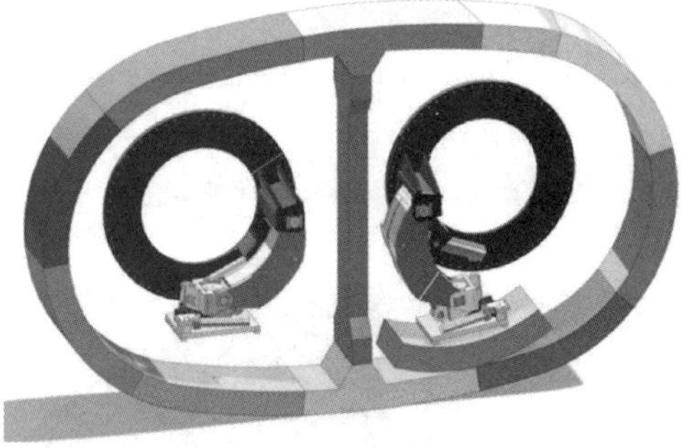

图5-71 管片拼装机

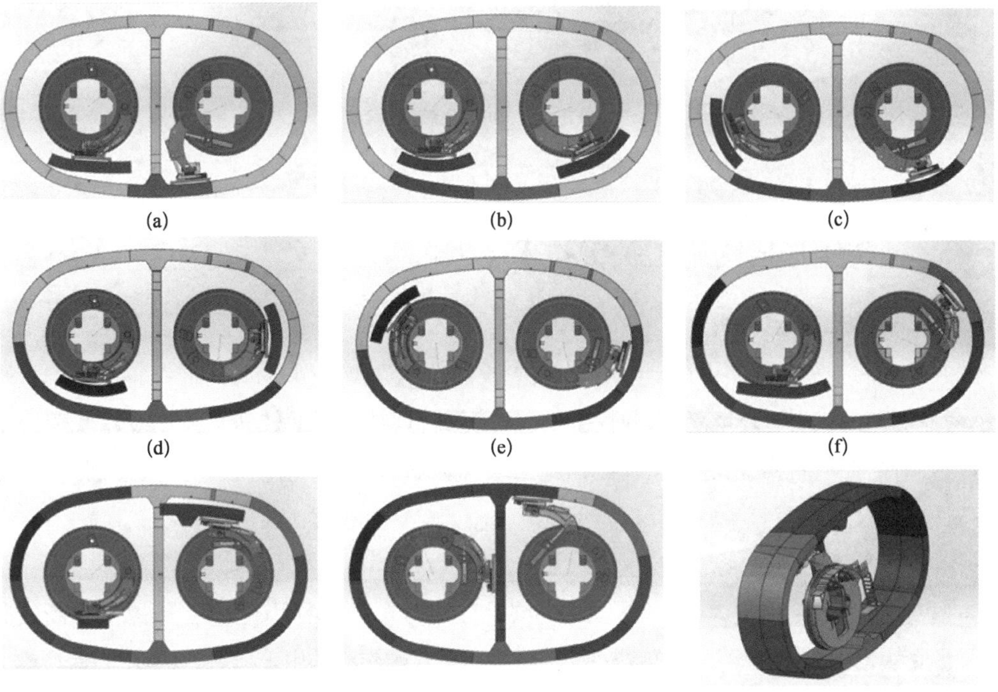

(a) (b) (c) (d) (e) (f) (g) (h) (i)

图5-72 管片拼装顺序*

拼装机的回转机构采用液压驱动，无级调速；平移机构使整个拼装机通过滚轮可沿着支撑悬臂梁前后移动，使拼装机能移动到管片储存区域和插入封顶块，由2只平行油缸驱动。管片的提升由摆动机械臂系统和回转机构通过计算机程序控制组合完，同时具有左右摆动、前后摆动机构(管片沿隧道纵向前后摆动),水平摆动机构(管片水平转动)可使中立柱实现90°旋转,从而实现中立柱的拼装。

7) 防背土装置

11.83 m×7.27 m 类矩形盾构由于断面尺寸大,与传统的圆形盾构相比,壳体顶部的平面面积大,在盾构施工中容易背土,从而造成地面沉降。为控制地面沉降,本次设计采取在前壳体顶部安装有注浆管,并开设压浆槽,使土体与壳体上平面之间形成一层泥浆膜,以减少土体同壳体的摩擦力,防止背土现象的发生,如图 5-73 所示。

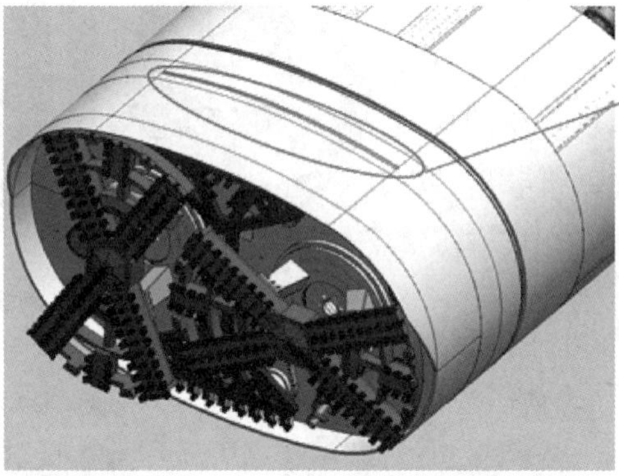

图 5-73 防背土装置

5.6 类矩形盾构施工关键技术

5.6.1 施工难点分析

类矩形盾构隧道的建设在国内尚属首例,没有任何先例可循,因其断面结构形式的特殊性,考虑隧道沿线周边环境复杂、开挖土层灵敏度高,且具有平面转弯半径小及超浅覆土工况等特点,需要从盾构"推、拼、压"、盾构施工环境影响和综合管控等技术重难点着手,开展系统性施工技术研究。类矩形盾构施工技术重难点分析如图 5-74 所示。

类矩形隧道的施工难点主要包括以下几个方面:

(1) 开挖面稳定难度大。类矩形开挖面的土压力分布形式不明,土舱压力设定难;断面底部呈平底状,渣土流动性差,局部易淤积,而且采用了双螺旋机的出土模式,土舱压力保持难。

(2) 管片拼装难度高。类矩形隧道衬砌的结构外形尺寸特殊,宽 11 500 mm、高 6 937 mm,由 10 块圆弧管片和 1 块中立柱构成;另外,拼装机结构功能特殊、拼装区域空间小,尚无成熟的拼装质量控制标准和拼装工艺。

(3) 隧道轴线控制复杂。类矩形隧道断面的宽高比达 1.7,而且管片多达 11 块,拼装精度控制难,施工中轴线控制复杂;除常规的水平和俯仰纠偏外,类矩形盾构还面临转角纠偏

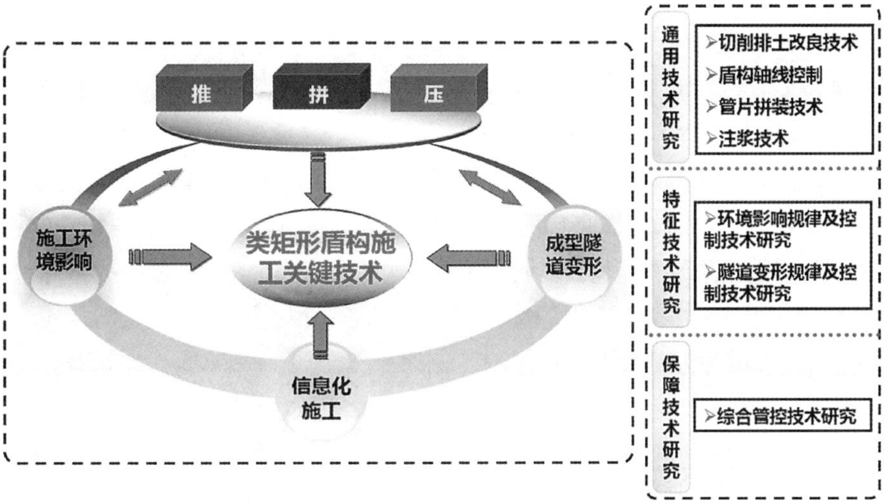

图 5-74　类矩形盾构施工技术重难点分析示意图*

的问题;另外,自动导向系统需实现转角数据的采集及左右双线隧道的导向。

(4) 同步注浆要求高。类矩形盾构顶部和底部的建筑空隙呈平底状,同步浆液注入后的流淌性、建筑空隙的充填率和浆液分布的均匀性较为不利,对浆液的配比提出了新的要求;施工场地属富水软土地层,隧道埋深浅,注浆控制不利易引起隧道变形,加剧地面变形,须加强注浆施工参数的控制。

(5) 施工环境影响保护难。施工场地的地质条件属富水软弱淤泥质地层,结构性强,灵敏度高,隧道埋深介于中埋～浅埋;类矩形盾构的顶部较为缓和,可能产生背土;类矩形盾构隧道施工引发地层变形的影响因素和机理不明,地表沉降槽(横向、纵向)形态和范围的计算预测缺乏相关的经验;类矩形隧道的断面受力特性不同于圆形,隧道变形影响因素和机理不明,隧道收敛和沉降变形控制尚无标准可循。

(6) 施工数据管理难度大。类矩形盾构隧道的施工数据涉及盾构机运行参数、自动导向系统、出土称量系统、盾尾间隙测量系统、周边环境监测和隧道变形监测等众多方面,数据的现场管理难度大;另外,施工数据规模大、种类多、信息关联性强,数据的远程管理复杂。

5.6.2　通用施工技术

5.6.2.1　切削排土改良技术

采用类矩形盾构在软土地层进行施工,土体改良是保证盾构开挖面稳定的必要条件。通过数值模拟仿真、室内实验及工程应用实践,对类矩形盾构土体改良工艺中的改良机理、改良添加剂及配合比、改良工艺等进行研究与分析,从而得出类矩形盾构法隧道施工的成套土体改良技术体系。包括以下研究内容:

(1) 类矩形盾构土舱内土体流动机理分析和计算模拟。

(2) 专用土体改良室内试验研究。

(3) 类矩形盾构土体改良施工关键参数、控制方法和工程应用研究。

1) 类矩形盾构土舱渣土切削数值模拟

盾构法施工时对地基变形的控制是一个很难解决的问题,因为盾构施工时与周围地层的耦合作用是极其复杂的,地基变形因素也是多方面的。土压平衡盾构掘进机主要由盾体、刀盘、螺旋输送机、推进装置等构成。盾构掘进机中部设有一个密封挡板,它与刀盘、盾体和螺旋输送机形成土舱。施工过程中,推进液压缸驱动盾构掘进机向前推进,刀盘切削下的泥土充满土舱和螺旋输送机壳体内的全部空间,形成一定的土压来平衡开挖面土层的水土压力,以此来保持开挖面土层的稳定和防止地壳变形,开挖下来的土体通过螺旋输送机排出盾体。当掘进工作面压力较大时,将会引起地表隆起,此时掘进工作面的压力为被动土压力。在土舱的土压与开挖面的土压保持平衡状态下,随盾构向前推进的同时,启动螺旋输送机排土,排土量等于开挖土量,使开挖面的地层始终保持稳定,排土量一般通过调节螺旋输送机的转速和闸门的开度予以控制。由于刀盘的复杂性,工程实际中,通过在土舱后部的承压隔板上设置压力传感器来获得土舱压力值。

SPH 方法,即光滑粒子流体动力学方法,属于无网格方法的一种,该方法在许多应用中被认为优于传统的基于网格的有限差分法(FDM)和有限元法(FEM)。

在同步注浆过程中,浆液通过注浆泵打入土层和管片间的空隙,即盾尾间隙中,为了保证填充密实,一般注浆压力较大,浆液高速冲击到前序填充的浆液上或者土层中,会产生较大变形。通过分析,SPH 方法相比于传统有限元法,更适合研究。

为模拟分析土舱内渣土运动规律,采用 ANSYS LS - PrePost 前处理软件建立数学模型开展相关分析研究,模型如图 5 - 75、图 5 - 76 所示,考虑了大刀盘与偏心刀盘的共同作用。计算模型可以输出应力、应变、位移、速度等物理量,可以从各方面多角度评估切削的效果。

图 5 - 75　ANSYS LS - PrePost 前处理软件建模*

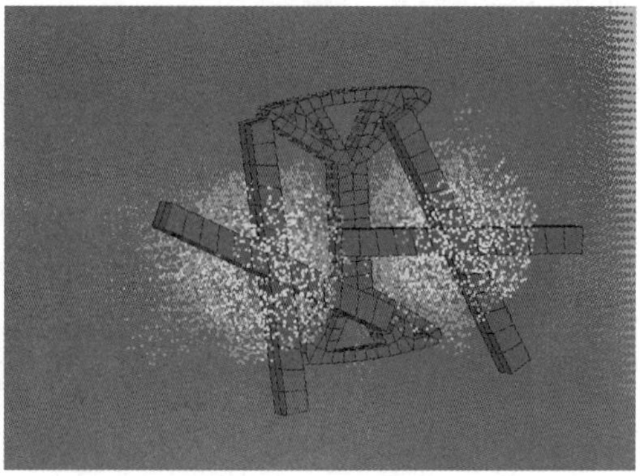

图 5 - 76　切削示意图*

土压平衡式类矩形盾构机实际施工中的参数，见表 5－11。

表 5－11　类矩形盾构机施工参数

项　目	切削直径(mm)	额定扭矩(kN·m)	转速(r/min)	推进速度(mm/min)
参　数	6 730	4 448	0～1	0～60

模拟分析时主要考虑不同切削转速与推进速度，设定见表 5－12。

表 5－12　切削模拟对比分析工况表

工　况	转速(r/min)	推进速度(mm/min)
一	1	60
二	0.5	60
三	1	30
四	0.5	30

以工况一为例，对计算结果的应力图、应变图和速度图开展分析(图 5－77)，工况二～工况四计算结果的分析方法与工况一类似，在此不再赘述具体过程，仅引用其分析结果。

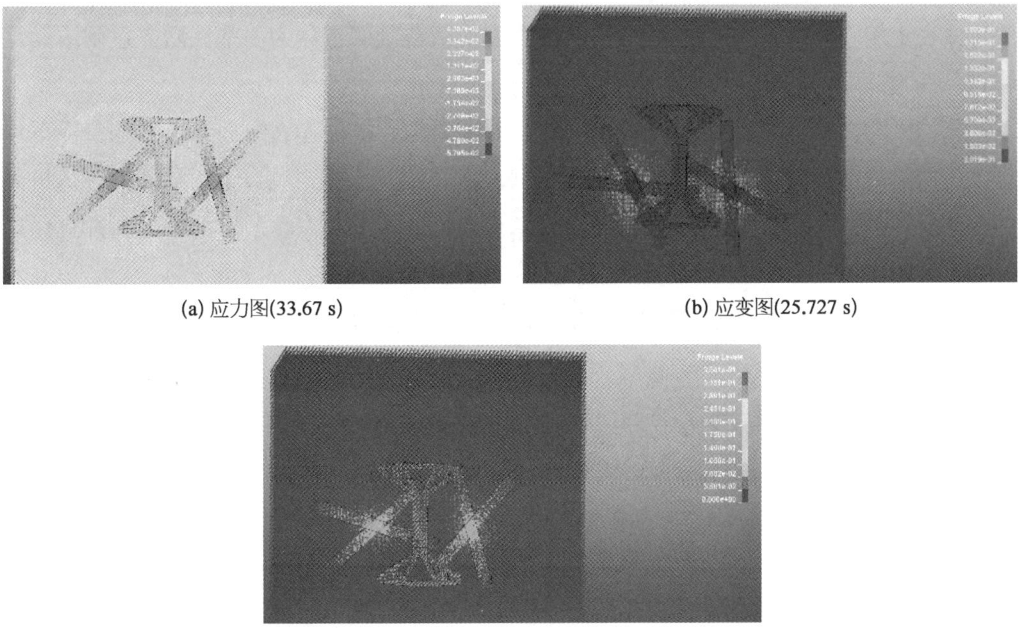

(a) 应力图(33.67 s)　　(b) 应变图(25.727 s)

(c) 速度图

图 5－77　工况一计算结果

从应力图可以看出，切削区域土体受扰动，在近似的类矩形区域内，应力明显大于周围未扰动土体。同时在刀盘轴附近由于切削不充分，有一定程度因为应力集中而出现的应力过大情况。所以刀盘轴附近的土体要加大改良剂注入力度，作为重点改良区域。从应变图可以看出，切削区域土体受扰动，在近似的类矩形区域内，应变明显大于周围未扰动土体。从速度图可以看出，被切削土体的运动速度明显受刀盘线速度影响，与实际情况相吻合。距刀盘轴越远，土体运动速度越大。

基于SPH方法(光滑粒子流体动力学)的土体切削过程模拟方法，分析了刀盘不同转速及盾构机不同推进速度下土舱内渣土应力、应变及运动速度，经过四种工况的对比分析研究，主要得出以下结论：

(1) 类矩形盾构刀盘轴线附近的土体不易切削，流动性差，应力集中，应作为重点改良区域。

(2) 在切削过程中，土体颗粒的运动情况主要受刀盘切削转速影响，且两者近似呈线性相关。转速较低，土颗粒运动情况更加稳定，但实际工程中要综合考虑施工效率与进度情况，选取最优刀盘切削转速。

(3) 在切削过程中，土体颗粒的运动情况与盾构推进速度没有明显关联。实际工程中要综合考虑工程具体要求与现场实际反馈情况，控制盾构推进速度。

2) 土体改良室内试验

国内外诸多施工实例表明，土压平衡式盾构施工成功的关键点之一，是将开挖面切削下的土体在土舱内调整成一种比较理想的“塑性流动状态”(即土体的一些性质需达到或满足输送条件)后，盾构的掘进和排土才能够顺利进行。

采用大断面类矩形盾构进行隧道的施工，要求盾构开挖面在大断面异形结构条件下保证土压力的平衡及双螺旋机正常、连续地出土，为满足这一施工要求，土舱和螺旋输送机内的土体应该具有良好的塑性流动性、均匀性和不透水性(即达到“塑性流动状态”)，并且保证开挖下来的渣土在均衡压力下不断地通过螺旋输送机排出。

基于大量的工程实践经验和文献调研，具备“塑性流动状态”的土体，其物理力学指标应符合以下要求。

(1) 渗透系数 k：在渗透性方面，开挖土体的渗透系数越小对盾构施工中的“喷涌”问题的防治效果越好。一般认为要避免“喷涌”的发生，压力舱内土体的渗透系数至少要小于 1×10^{-5} m/s。

(2) 内摩擦角 φ 和内聚力 c：根据国内外的施工经验，土体的不排水强度小于 25 kPa 时，强度性质已经达到了塑性流动状态的要求。

(3) 坍落度 T：一般对于压力舱内土体的流动性可以用坍落度来衡量。土体的坍落度在 10～15 cm 的范围，认为其状态满足塑性流动状态的要求。

根据盾构施工开挖土体的物性条件，在比选了多种不同类型的添加剂后，初步选择泡沫、膨润土和水作为土体改良试验的外加添加剂，借助室内试验(图 5-78)的抗剪强度、坍落度、流动度和稠度等指标来评价类矩形盾构掘进中土体改良效果，并优化添加剂的配比方案。试验流程如图5-79所示。

图5-78 室内试验

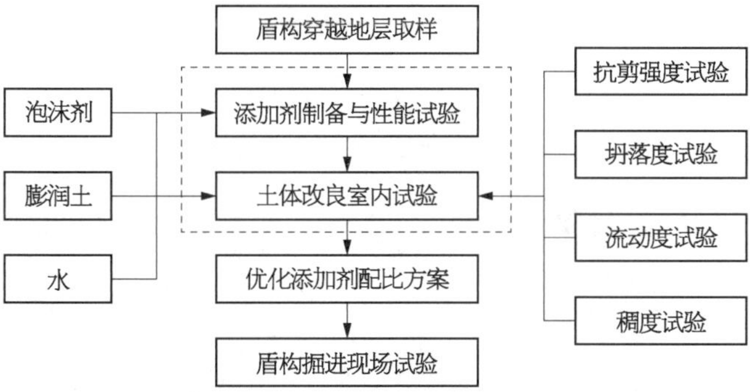

图5-79 土体改良试验流程

具体步骤如下：

(1) 对盾构穿越的地层取样，并对土样进行物理力学试验，如测量土样含水率、黏聚力和摩擦角等。

(2) 进行添加剂性能试验，主要针对泡沫添加剂进行性能试验，通过测量泡沫浓度/发泡率与泡沫半衰期之间的关系来评价泡沫性能，确定其室内试验中的具体数值。

(3) 进行土体改良室内试验(图5-80)，包括抗剪强度试验、坍落度试验、稠度试验和流动度试验。

(4) 优化添加剂配比方案，基于对三种添加剂改良土体室内试验的分析，以及复合材料模式下的研究与评价，初步优化添加剂组合及其配比方案，并给出最为合理的添加剂注入率范围。

(5) 进行盾构掘进现场试验，根据室内试验的结果，把加水改良、泡沫剂改良和复合材料改良应用于盾构掘进现场试验，来对比验证室内配比方案。

图 5-80　土体改良试验

结合宁波地铁隧道所穿越地层的物理力学性质和类矩形盾构的特点，试验得出了适用于类矩形盾构施工的改良剂配比；泡沫改良剂的泡沫浓度为 3%，发泡率为 12～20 倍；聚合物泥浆中聚合物掺量为 0.1 kg/ m^3。

采用全方位、分区域的土体改良技术，解决了矩形盾构土舱底部渣土的流动性不足的问题，实现了开挖面压力的平衡控制。利用盾构机的多点位多方位改良系统、偏心刀盘的搅拌棒(图 5-81)和土舱内渣土导流装置，实现渣土流动性的改良。

图 5-81　盾构机改良系统和搅拌棒*

5.6.2.2　盾构姿态控制

类矩形盾构断面的特殊性，易形成受力不均的现象，造成盾构姿态控制困难。此外，由于类矩形盾构轴线控制难的问题，轴线易超出设计标准，使得有效使用断面相对缩小，影响后期运营；类矩形隧道高宽比小，拟合设计线型掘进困难，产生转角后，很难予以纠偏。解决上述问题，应主要从盾构机针对性设计和施工参数控制两方面入手。

在盾构机针对性设计中，除全断面切削、土体改良功能、铰接装置等，可考虑设计局部小型螺旋机，可在必要时进行排土，以解决局部渣土挤压或流动不畅的问题，使开挖面更利于纠偏控制。在推进系统和铰接系统中,可考虑千斤顶的不均匀布置,如角部多设置可独立控制的千斤顶,以便更好地提供纠偏力矩。

在施工参数控制中,可采用聚合物土体改良剂,既避免了泡沫气压对土舱压力的影响,又可改善渣土的流塑性。可利用壳体注浆的工艺,注入“惰性”浆液,既可用于盾构纠偏,又不产生背土现象。同时,在姿态控制技术中,注重纠偏系统和推进系统的控制,利用盾构机针对性的设计功能,配合测量数据,进行实时调整。

针对类矩形隧道的施工特点,研制盾构姿态自动采集系统,如图 5－82 所示。在提高盾构转角测量精度和频率的同时,可提供左右两条线路各自的盾构姿态;利用图形解析和摄影测量的原理,通过高分辨率的摄像机实时测定盾尾间隙,同时类矩形盾构受到转角影响,管片与盾尾间隙的关系不同于圆盾构,测定盾尾间隙的位置布置需满足实际施工要求。利用安装于盾构车架前部的两台扫描型自动全站仪,完成对已经拼装好的类矩形隧道的实时扫描监测,及时了解隧道的变化情况。

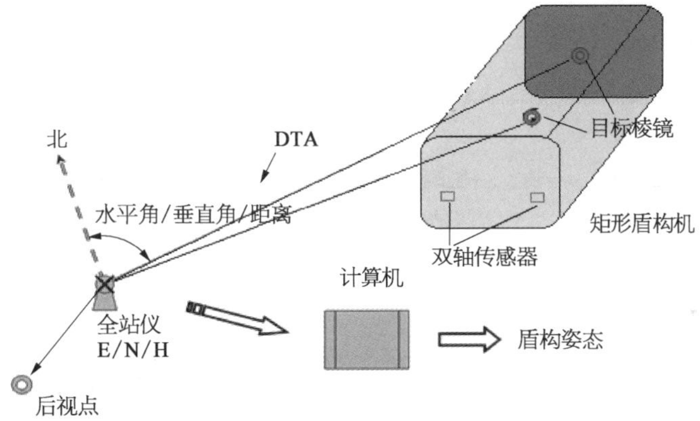

图 5－82　盾构姿态自动采集系统

5.6.2.3　管片拼装技术

1) 基于单环拼装仿真的拼装顺序比选

分析模型定义了两类局部坐标系:管片形心坐标系(以下简称“形心坐标系”)和接触面坐标系。

定义形心坐标系是因为该坐标系能方便地表示和计算管片在 6 个自由度(T、R、Z、rT、rR、rZ)上的位移,并能使管片位移计算结果更直观。

形心坐标系建立在当前拼装块的举重臂螺母位置(由于其与形心位置很接近,因此视此处为形心),方向为径向 R、盾构推进方向 Z 和切向 T(逆时针为正,立柱向下为正),如图 5－83 所示。

定义接触面局部坐标系是为了使接触面位移表示更直观,接触面在此坐标系下的 T、R、Z 三个方向的位移分别表示接触面的切向、径向、纵向位移,如图 5－84 所示。

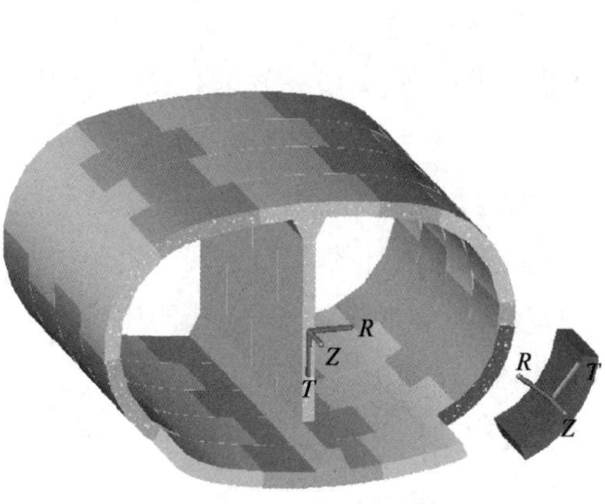

图 5-83 管片形心坐标系

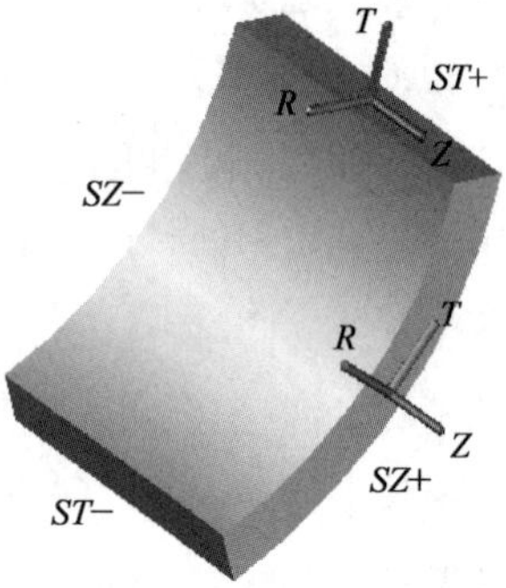

图 5-84 接触面定义及坐标系

环向接触面记为 $SZ+$、$SZ-$面，纵向接触面记为 $ST+$、$ST-$面。接触面位移在接触面坐标系下表示。对形心坐标系做 T、R、Z 方向平移，再在 rZ 方向作转动即可得到接触面坐标系，两坐标系的关系简单，通过平面坐标系转换公式即可换算。

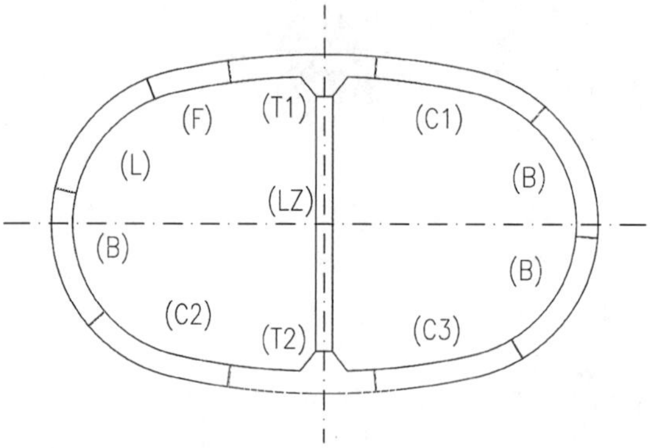

图 5-85 [ZR1]管片组布置图

T1 块、T2 块有 $SR+$、$SR-$面，其定义同理，不再列出。

[ZR1]组管片布置图如图 5-85 所示，本书所有内容以[ZR1]管片组为例([ZR2]组与[ZR1]组为对称关系)。

管片的几何外形数据包括厚度 d、宽度 h、曲率半径 r、转角 a、直线长 l，见表 5-13。

表 5-13 管片数据模型(以 C3 和 LZ 为例)

管片号	厚度 d	宽度 h	曲线描述				举重臂螺母位置	
			弧线序号	曲率半径 r	转角 a	直线长 l	角　度	直线长
C3	450	1 200	1	15 225	7.914 75	0	6.4	0
			2	2 975	18.970 53	0		
LZ	350	1 180	1	inf	0	5 220	0	1 705

管片曲线描述以 C3 管片为例，沿 T 正向依次描述，其中加入了直线长度 l，是为了描述曲线中的直线(如立柱)。所有曲线均为管片厚度平分线处曲线。举重臂螺母位置的描述与弧线描述类似，如图 5-86 所示。

d 为 R 向尺寸，h 为 Z 向尺寸。对 d 和 h 的定义如图 5-87 所示。

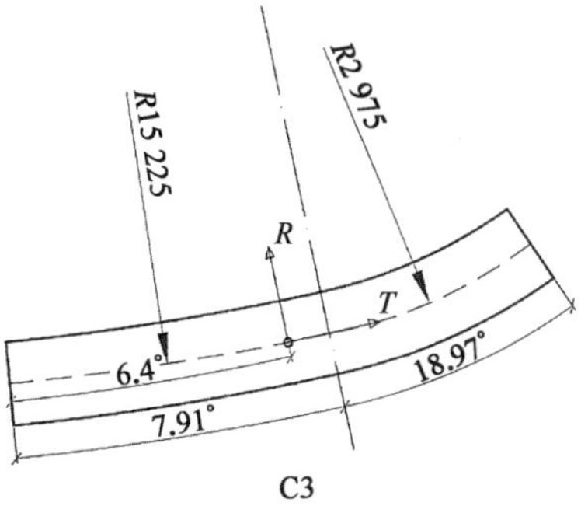

图 5-86　弧线和举重臂螺栓位置描述

图 5-87　d 和 h 的定义

管片的 6 个自由度有 Z_0、T_0、R_0、rZ_0、rT_0、rR_0，其中 Z_0、T_0、R_0 为平动位移，rZ_0、rT_0、rR_0 分别为绕 Z_0、T_0、R_0 轴转动的转动角，转角方向遵守右手法则。加入下标 0 是便于与接触面位移区别。

Z_0 向、R_0 向、T_0 向位移为沿直线方向的平移，以长度计；rZ_0、rT_0、rR_0 为沿各轴转动量，以角度计(以 Z_0 为例)，如图 5-88、图 5-89 所示。

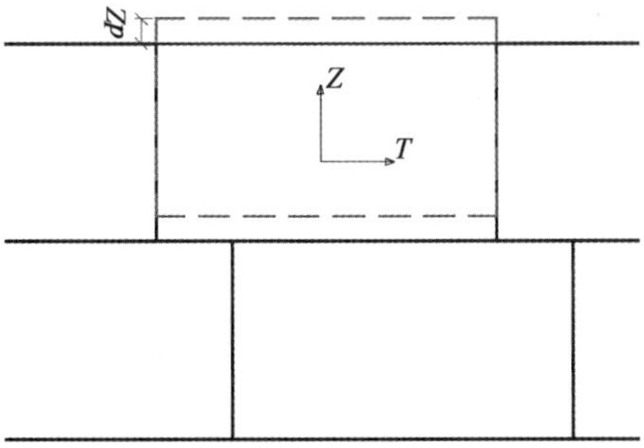

图 5-88　Z_0 向位移

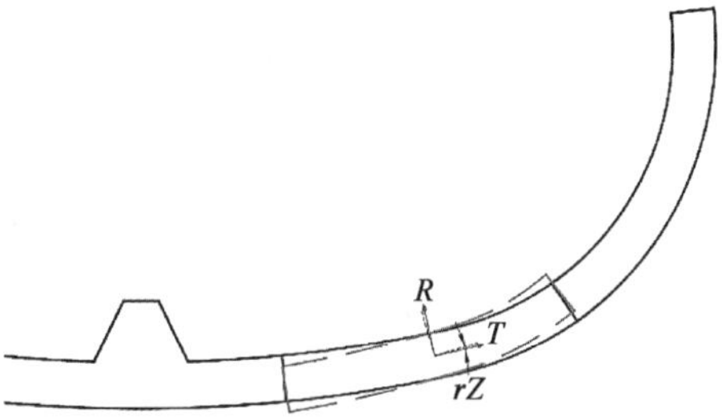

图 5-89　rZ_0 向位移

相邻管片的位移是通过接触面相互联系的，所以在管片拼装仿真计算中，需将管片形心位移转换为接触面位移，从而决定管片的调整量，以及计算接缝错台和夹角大小。

接触面是指纵向接触面 $ST+$、$ST-$ 和环向接触面 $SZ+$、$SZ-$。两种接触面位移的局部坐标系如图 5-90 所示，其建立方法、方向准则、量纲均与形心位移相同，仅坐标系方位不同，原点在接触面形心上，位移也有 6 个自由度，为 Z、T、R 方向的平移和 rZ、rT、rR 方向的转动。

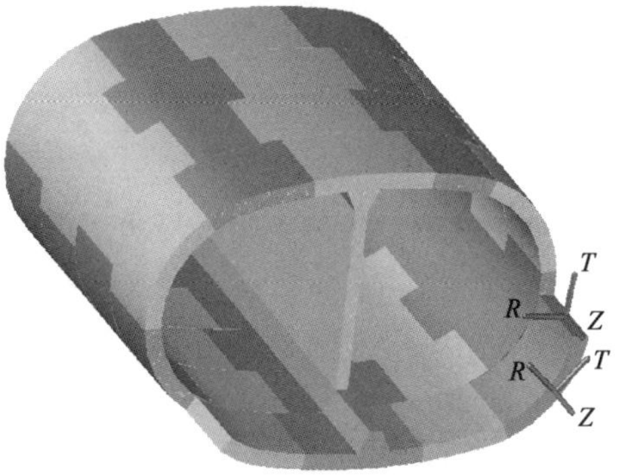

图 5-90　纵、横接触面位移局部坐标系

管片拼装仿真对象为：管片制作误差和拼

装定位误差对管片拼装完成后拼装缺陷的仿真计算。这些拼装缺陷包括接缝的错台、张开，以及管片接触面的相对位移。

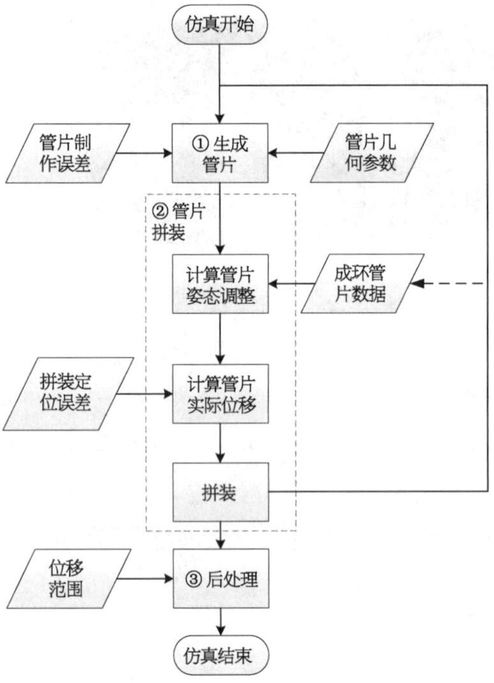

图 5－91　仿真计算流程

计算假定：

(1) 仿真计算为几何计算，不考虑拼装过程中的力学行为。

(2) 由于拼装误差都为小位移，平移和转动形成的管片角点位移值一般均在厘米级以内，因此不计几何非线性的影响，即在根据管片姿态计算接触面位移时，不计管片位移带来的坐标系变化。

(3) 管片制作误差和拼装定位误差服从正态分布。

计算流程如图 5－91 所示。在管片拼装仿真计算中，计算流程按实际施工流程组织，主要分三个部分：① 生成管片，计入制作误差；② 管片拼装，考虑拼装方案，计入定位误差；③ 后处理。

在施工或设计中，给出的误差控制值一般为公差 Tol。本文假定误差 Δ 服从正态分布，$N(0, \sigma)$，绝对值 $|\Delta|$ 超过公差 Tol 的超越概率为 2.5%。通过计算，可得出各管片定位误差标准差 σ_L，见表 5－14。

表 5－14　管片定位误差标准差 σ_L

管　片	σ_L^T(mm)	σ_L^R(mm)	σ_L^Z(mm)	σ_L^{rT}(°)	σ_L^{rR}(°)	σ_L^{rZ}(°)
T	0	0	0	0.042 631	0.017 02	0.017 02
C3	0	0	0	0.042 631	0.016 76	0.016 76
C2	0	0	0	0.042 631	0.016 666	0.016 666
B	0	0	0	0.042 631	0.018 938	0.018 938
L	0	0	0	0.042 631	0.018 62	0.018 62
C1	0	0	0	0.042 631	0.014 364	0.014 364
F	0	0	0	0.042 631	0.030 064	0.030 064
LZ	0	0	0	0.042 631	0.009 8	0.009 8

单环仿真是指令每一环管片在上一环管片完美拼装的情况下模拟拼装，上一环管片所有位移为 0，因此在单环计算中，环缝总能完美贴合，并且各环管片相互独立。不同拼装顺

序会产生不同的纵缝质量，在此条件下反复计算，比较不同拼装顺序下的管片拼装质量的统计规律，为拼装顺序的选择作参考。

由于[ZR2]与[ZR1]组管片为对称关系，对[ZR1]组管片的分析结果同样适用于[ZR2]，因此单环拼装仿真计算对象为[ZR1]组管片，管片分块如图5－92所示。

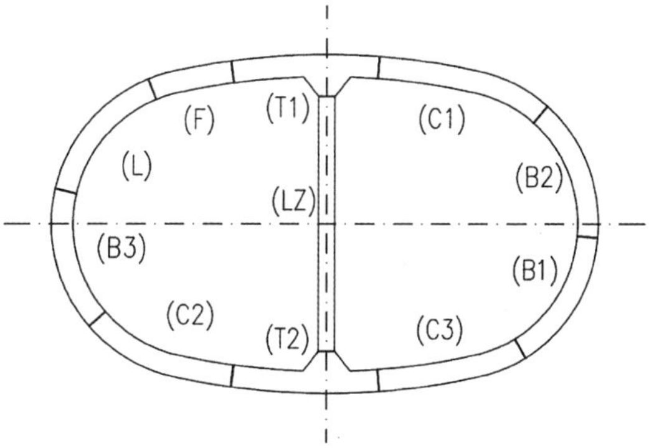

图5－92　[ZR1]组管片分块图

本工程有两种可选拼装顺序：

(1) 方案a：T2 C3 C2 B1 B3 B2 L C1 T1 F LZ。在拼LZ前，拼好其余管片，衬砌管片成环后再插入LZ。该方案存在一定风险：LZ插入前，衬砌的其他管片已经拼装成环，各管片接触状态基本稳定，T1和T2之间的空间尺寸也基本成型，LZ块需插入成型空间的难度较大。如成型空间小于LZ尺寸，则LZ插入困难，甚至无法插入，必须重新调整其他管片的拼装位置关系；如成型空间过大于LZ尺寸，LZ容易插入，但LZ与T1、T2的接触面存在间隙，受荷载作用整体衬砌环的各管片接触状态将重新调整，从而影响衬砌环的拼装质量。

(2) 方案b：T2 C3 C2 B1 B3 B2 L C1 T1 LZ F。方案b中LZ先于F块拼装，在拼装LZ时衬砌管片尚未成环，因此LZ插入会使T1块姿态产生变化，T1、T2块距离改变，从而LZ插入难度减小。该方案也存在一定风险：LZ插入后，改变了原有衬砌管片的接触状态，可能会增加F块插入难度，导致F块插入后与相邻管片接触面相对位移过大，从而影响整体衬砌的拼装质量。方案b在插入LZ时，重新调整T1块姿态以减小T1与LZ纵向接触面$SR+$面与$ST-$面间隙，对此工况的模拟如图5－93所示。

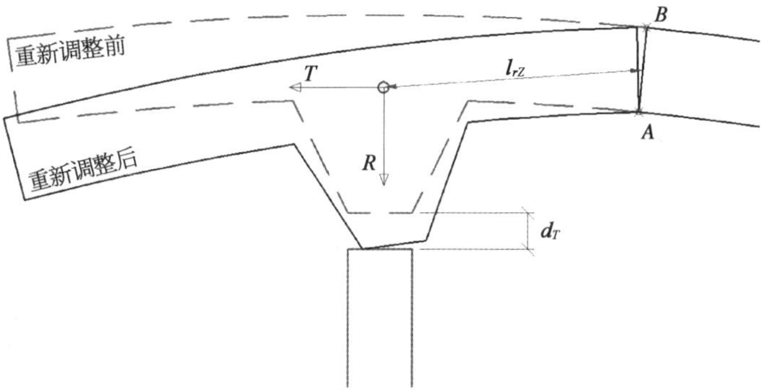

图5－93　LZ插入前调整T1块姿态

$ST-$面相对位移$\overset{OP}{U}ST-$超限频率，见表5－15。

表 5-15　ST－面相对位移超限频率

管　片	先 F 后 LZ	先 LZ 后 F
T2	0	0
C3	0	0
C2	0	0
B1	0	0
B3	0	0
B2	0	0
L	136	150
C1	0	0
T1	0	0
LZ	89	91
F	148	151

从表 5-5 可以看出，除 L 块、LZ、F 块外，两种拼装顺序下管片 ST－面相对位移超限频率均为 0。从数据得知，L 块(与 F 块纵缝)、F 块(与 T1 块纵缝)、LZ(与 T1 块纵缝)位移超限原因为：LZ 和 F 块 ST－面相对位移 T 向分量$\overset{OP}{U}{}^{T}_{S_{T-}}$ 小于零，即插入间隙小于 0，超出了该分量的下限 0，因此计算程序将此情况判定为位移超限，其余分量均在位移范围内。当插入间隙为负时会使 F 和 LZ 插入困难，主要影响为可能使管片在拼装时产生破坏，而不是使接缝相对位移过大造成螺栓插入的困难。因此此处若不计 T 向分量，则所有管片的 ST－面相对位移超限频率都为 0。

在上一环拼装质量良好的情况下，下一环管片拼装质量能得到良好控制，且不会出现接缝位移超限的情况。

两种方案下 LZ 插入间隙分布图，如图 5-94、图 5-95 所示。从图中可以看出，方案 b

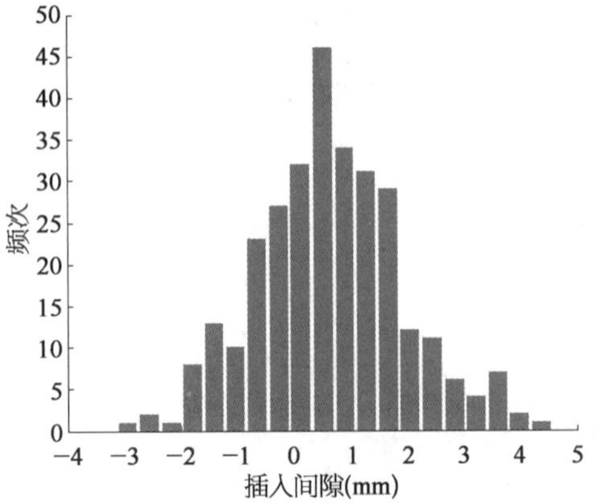

图 5-94　方案 a：LZ 插入间隙频次分布

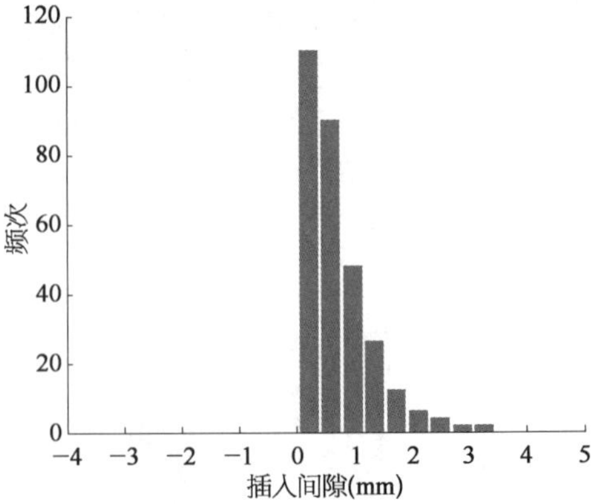

图 5-95　方案 b：LZ 插入间隙频次分布

中 LZ 插入间隙最小值为 0 mm，最大值约为 3.5 mm，分布较方案 a 更集中。方案 b 先拼 LZ 后拼 F 块，在 LZ 插入前预先调整 T1 块，能有效减小 LZ 与 T 块之间的间隙(最大值减小约 70%)，且能消除负间隙，降低 LZ 插入难度。方案 b 能提高 LZ 的拼装质量。

两种方案下 F 块插入间隙分布图，如图 5-96、图 5-97 所示。从图中可以看出，两图中 F 块插入间隙波动范围相似，且分布相似，最小值约为−5 mm，最大值约为 5 mm。方案 b 先拼 LZ 后拼 F 块，在 LZ 插入前调整 T1 块姿态，对 F 块的插入难度影响不大，即先拼 LZ 不会影响 F 块的拼装质量。

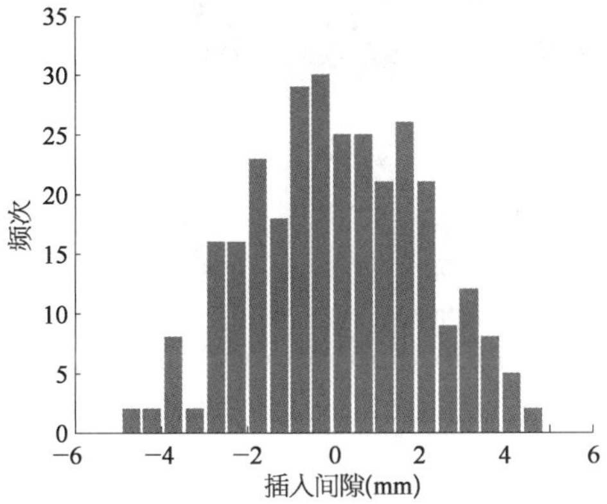

图 5-96　方案 a：F 块插入间隙频次分布

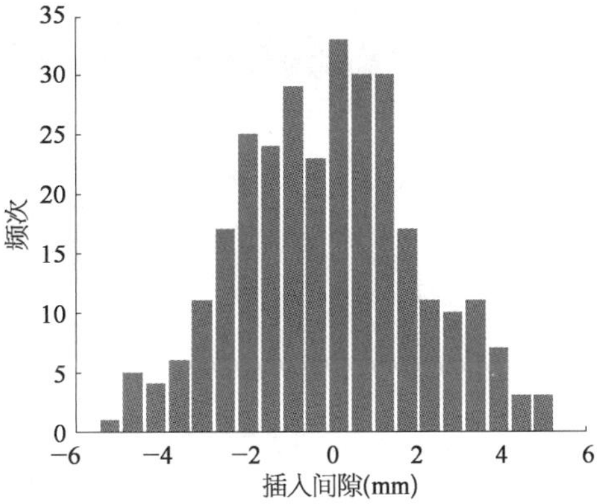

图 5-97　方案 b：F 块插入间隙频次分布

两种方案下环内最大纵缝张开量分布图，如图 5-98、图 5-99 所示。从图中可以看出，两种方案环内最大纵缝张开量分布类似，最小值约为 1 mm，最大值约为 7 mm；方案 a 环内最大纵缝张开量均值为 2.68 mm，方案 b 为 2.48 mm 略低于方案 a。

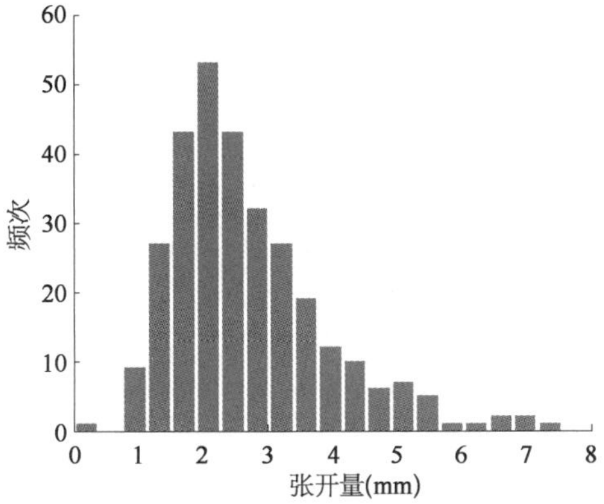

图 5-98　方案 a：环内最大纵缝张开量

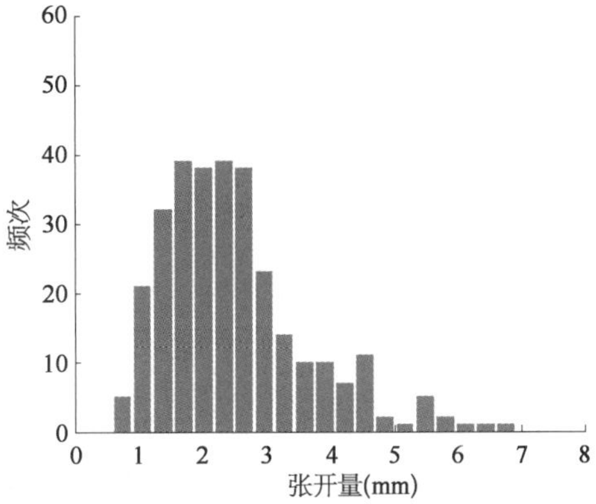

图 5-99　方案 b：环内最大纵缝张开量

2）管片拼装系统

管片拼装系统是盾构关键子系统之一，直接关系到盾构施工的效率与质量。考虑到类矩形盾构管片自身特点和中立柱的形式，需要设置能抓取单块管片较重且力臂较长的拼装机构，最终确定环臂式自动轨迹控制拼装机，如图 5－100 所示，采用该拼装机易于实现拼装，无须其他辅助机构，在回转轨迹上即可完成中立柱的拼装，且占用空间小，不干涉其他机构的安装。

图 5－100　环臂式自动轨迹控制拼装机*

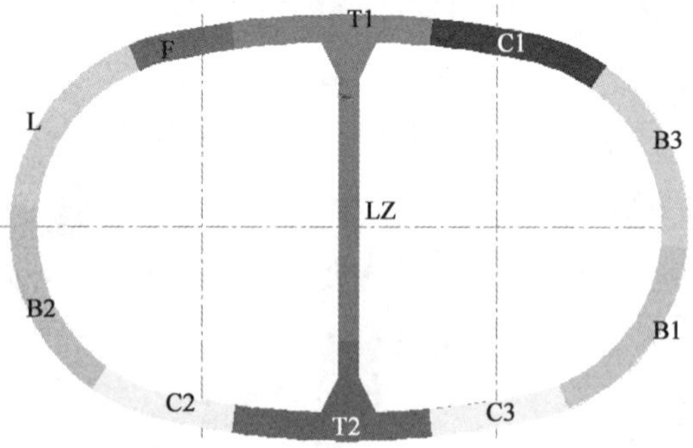

图 5－101　类矩形管片*

宁波地铁类矩形隧道所采用矩形管片一环分为 11 块，如图 5－101 所示，环宽 1.2 m、厚度 45 cm，采用错缝拼装，环向连接采用 40 根 M36 螺栓及 8 根 M27 螺栓，纵向采用 30 根 M30 螺栓。

矩形管片拼装在国内尚属首次，为确保施工质量和隧道的稳定性，首先通过管片结构分块分析合理的拼装顺序，然后建立管片拼装的空间三维模型，模拟盾构拼装机管片拼装过程，得出拼装顺序的优选等级，最后通过管片三环水平试拼装、盾构拼装机试拼装、负环管片拼装，得出最合理的拼装顺序。

经过单环管片拼装几何仿真计算比较先 LZ 后 F 块和先 F 块后 LZ 两种拼装顺序，可得出：① 先 LZ 后 F 块的拼装顺序能有效控制 LZ 插入间隙，保证 LZ 拼装质量，且对 F 块影响不大，不会由于 LZ 的先插入而影响 F 块的拼装质量；② 从拼装误差控制的角度看，先拼 LZ 后 F 块的拼装顺序比先 F 块后 LZ 的拼装顺序更优。

通过管片拼装技术初期成果，确定管片拼装方式。首先拼装 T2 块 C3 块，然后依次拼装 C2、B1、B2、B3、L、C1，最后拼装 T1、LZ、F 三块管片。矩形管片拼装流程如图 5－102 所示。

5.6.2.4　同步注浆技术

采用类矩形盾构在软土地层进行施工，保证盾构同步注浆的施工质量是一项亟待解决

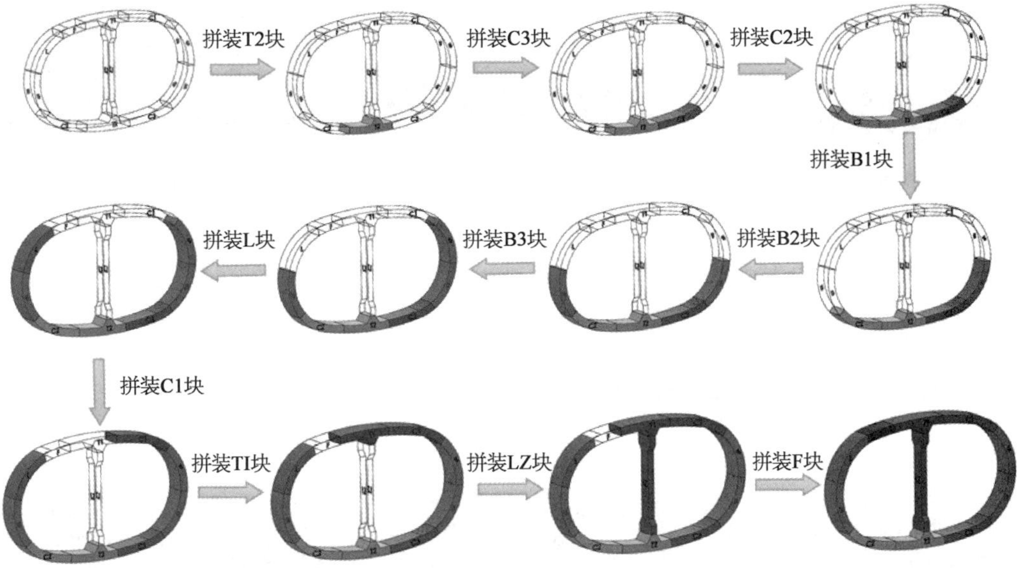

图 5－102　矩形管片拼装流程示意图

的难题。通过大型可视化注浆模拟试验对类矩形盾构同步注浆工艺中的注浆填充机理及规律、施工参数及施工效果等进行研究与分析，从而得出类矩形盾构法隧道施工的成套同步注浆技术体系。

1）大型可视化注浆模拟试验

本次试验采用上海盾构试验中心下沉式盾构掘进机综合模拟试验平台(图 5－103)，模拟土体掘进区域净空尺寸为：长度 10 m、宽度 7 m、深度 8.5 m，最大土压力可模拟 0.6 MPa。

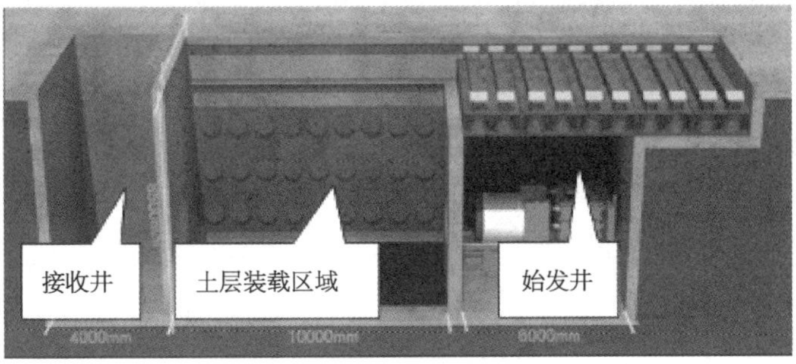

图 5－103　下沉式盾构掘进机综合模拟试验平台

类矩形盾构隧道模型采用宁波地铁类矩形隧道等比例缩尺模型，模拟管片直径为 1 800 mm×1 100 mm，整个隧道模型共分为 6 个试验段，其中 5 环管片由钢板制成，中间 1 环为有机玻璃制成的透明管片，以此进行可视化注浆试验，如图 5－104 所示。

试验共包含 8 个工况，对于不同的注浆孔位分别采用 100%和 120%两种注浆率，分析比较不同工况下浆液的填充情况，推进速度采用 2 cm/ min。注浆压力根据覆土深度设定。

图 5 - 104　钢制内管节模型、钢制外套筒及玻璃内管节模型*

如图 5 - 105 所示，注浆孔附近最先出现浆液填充，浆液充填的峰值即为注浆孔位附近，之后以注浆孔位源点向两侧呈椭圆弧状递减，整个填充的过程较为均匀，且随着推进的行程增加，浆液充填最大距离与最小距离之间的差距逐渐减小，即充填趋向均匀。

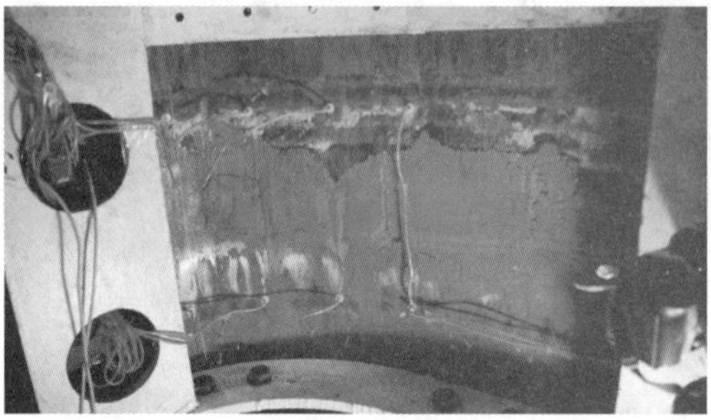

(a) 无染色浆液的状态

(b) 染色浆液由注浆口起始压出的状态

(c) 染色浆液由注浆口压出逐步扩散的状态

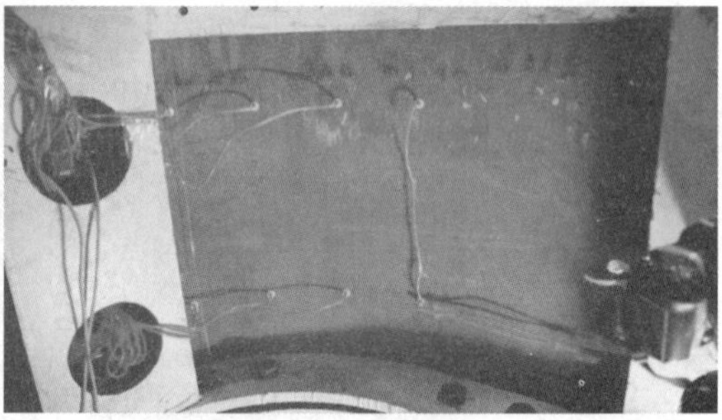

(d) 染色浆液由注浆口压出初步形成注浆层的状态

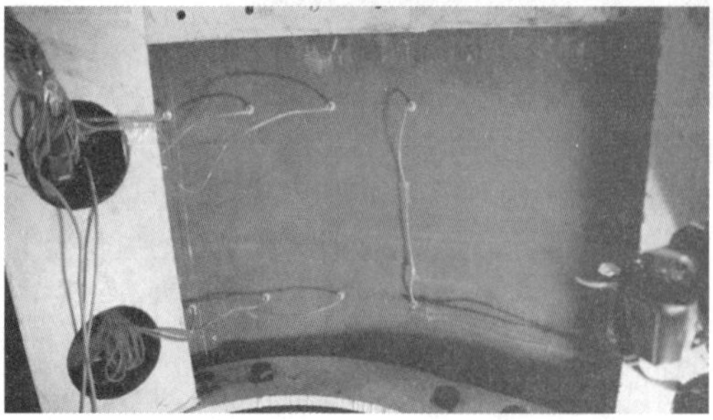

(e) 染色浆液由注浆口压出形成注浆层的状态

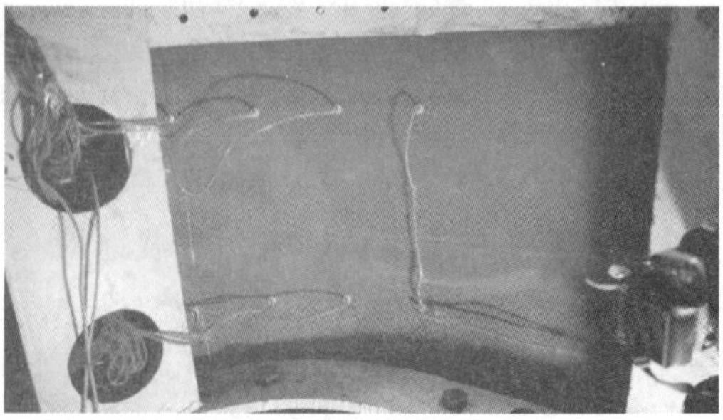

(f) 染色浆液的最终状态

图 5 - 105　浆液纵向填充过程*

通过单点注浆压力脉冲效应分析可知：注浆压力每 20 s 为一周期，该周期与注浆泵注浆频率吻合，说明注浆泵的脉冲会引起注浆压力值的变化。注浆压力最大值与最少值之间相差 3～5 kPa，如图 5－106 所示。由图可知，注浆孔附近区域注浆压力的脉冲效应比远离注浆孔较位置的脉冲效应更为明显。

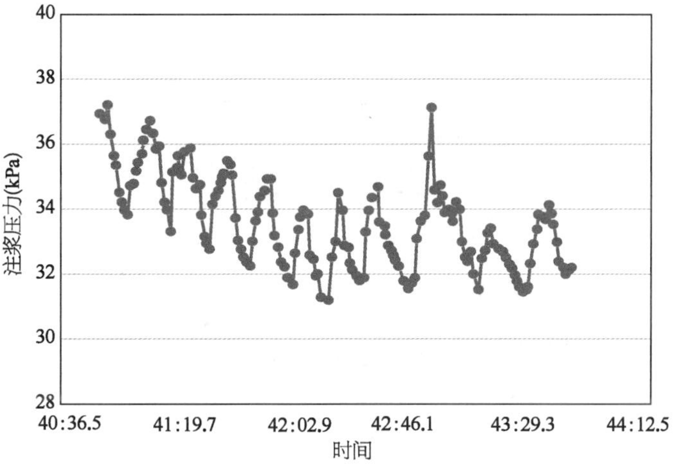

图 5－106　单点注浆压力脉冲效果图

单点注浆压力随时间变化图。图像所呈现的监测时间总时长约为 4 h。从图 5－107 中可以看出：① 管片表面的注浆压力在盾尾通过前相对保持平稳，即为初值；盾尾通过时由于盾尾刷的剐蹭压力出现一定的波动；盾尾通过后，压力值渐渐趋于稳定并伴有 4～8 kPa 不等的回落。② 大部分注浆压力的数值整体位于 20～50 kPa 不等，据统计，所有 190 个测点中也存在 10 kPa 以下的极小数值和 100 kPa 的极大数值。可见，管片周围的注浆压力分布并不均匀。

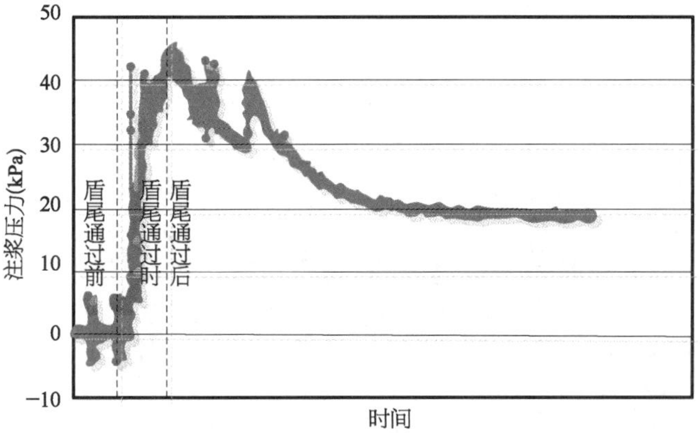

图 5－107　单点注浆压力随时间变化图

通过对已知环向注浆压力的监测数据可以看出,在注浆孔附近的注浆压力要明显大于远离注浆孔位置处的压力,注浆孔位置向远处扩散的模式大体上呈现弦函数或扇形模式扩散,并依此规律,提出环向注浆压力分布新模式。将得出的注浆压力曲线与实验所得曲线进行对比(图 5－108),可知计算所得理论曲线大体包络实验所得的注浆压力曲线。

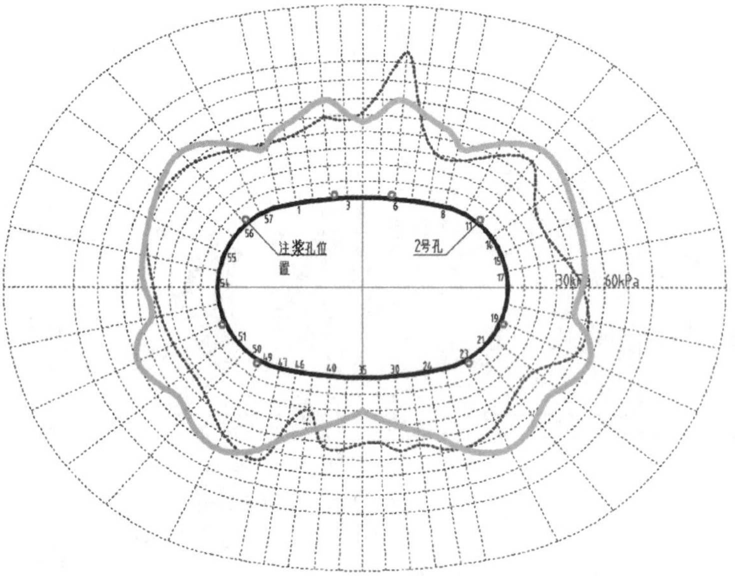

图 5－108　理论曲线与实际曲线对比图(实线为理论曲线,虚线为实际曲线)*

注浆模拟试验结束后,为观察浆液总体形态,先将浅层覆土用挖掘机掘掉,之后人工进行细部挖掘,并对浆液的厚度、形态进行观测和记录,如图 5－109 所示。

通过对注浆形态的初步绘制,可以得出以下结论:

(1) 第二管节注浆过程中,注浆速率过快,导致注浆不匀,并且注浆层厚度明显小于其他管节;而玻璃管节注浆速率较慢,注浆量无法得到精准的控制,因此注浆层厚度明显大于其他管节。因此,同步注浆的速率应适当控制,不可过快,也不可过慢。

(a) 初次尝试剔除部分浅层覆土

(b) 浆液表面基本露出

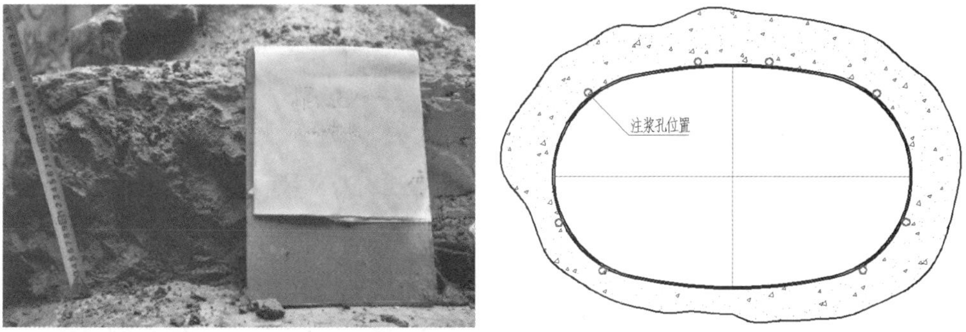

(c) 第一管节开挖至1 000 mm

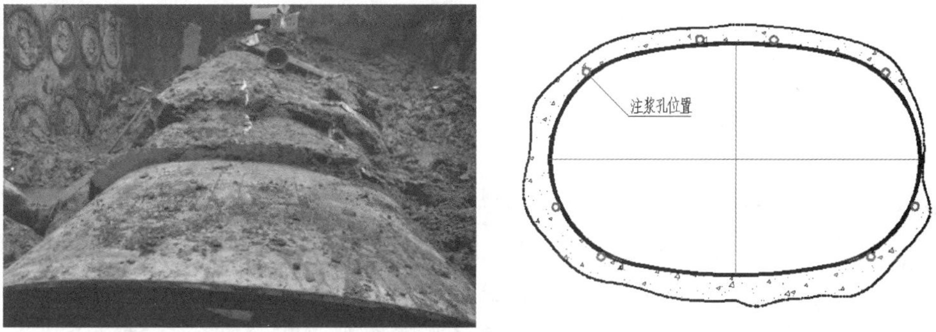

(d) 第二管节开挖至1 000 mm

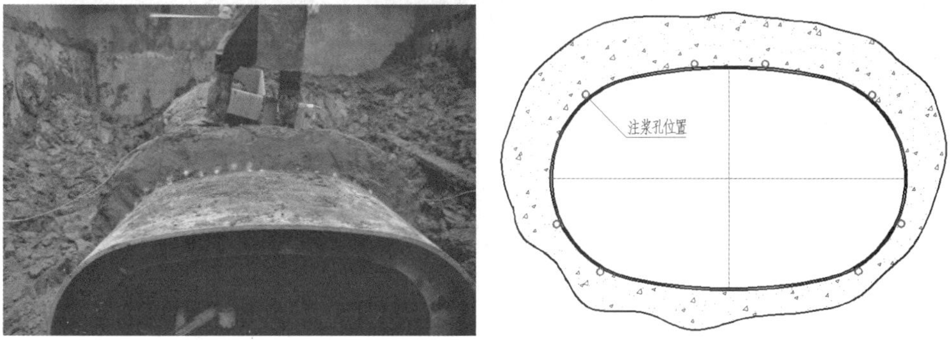

(e) 第三管节开挖至1 500 mm

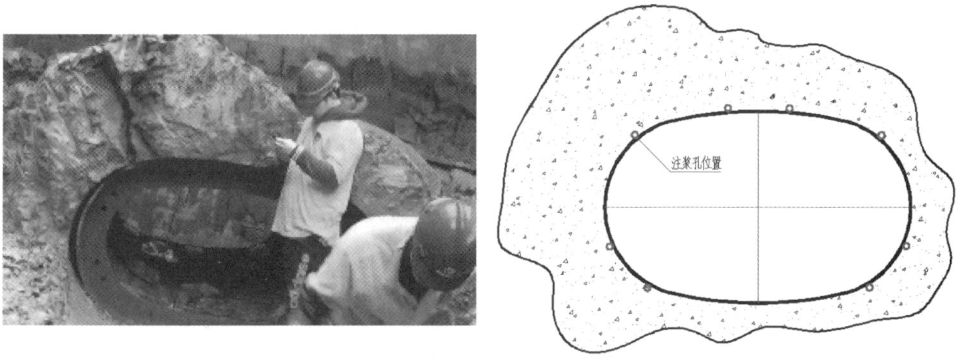

(f) 玻璃管节开挖至1 500 mm

图 5－109　同步注浆层现场开挖观测*

(2) 从注浆效果中看,类矩形盾构隧道同步注浆过程中,由于管片上部相对扁平,容易造成浆液淤积等情况,底部形态较为规则,厚度均匀。

2) *基于 SPH 方法的浆液填充机理分析*

本次计算主要基于两种孔位布置模式(对称注浆孔和非对称注浆孔)下的注浆参数验算来对类矩形环状建筑空隙中浆液的局部和整体流动规律进行数值仿真,并通过矩形盾构同步注浆试验验证该计算方法的合理性和适用性。几何模型采用试验模型 1∶1 全尺寸建模,边界模型由类矩形盾构机尾部壳体、后部边界和内外边界组成。类矩形盾构机尾部壳体具体尺寸为 1 800 mm×1 100 mm×2 000 mm,通过对其施加一定的纵向移动速度 2 cm/min 来模拟真实的矩形盾构同步注浆试验。外边界为周围土体与浆液的交界面,因此在模拟矩形盾构同步注浆试验前先堆积 SPH 粒子,来模拟盾构同步注浆试验土体装载,如图 5-110 所示,其中蓝色部分即为模拟土体装载的 SPH 粒子。

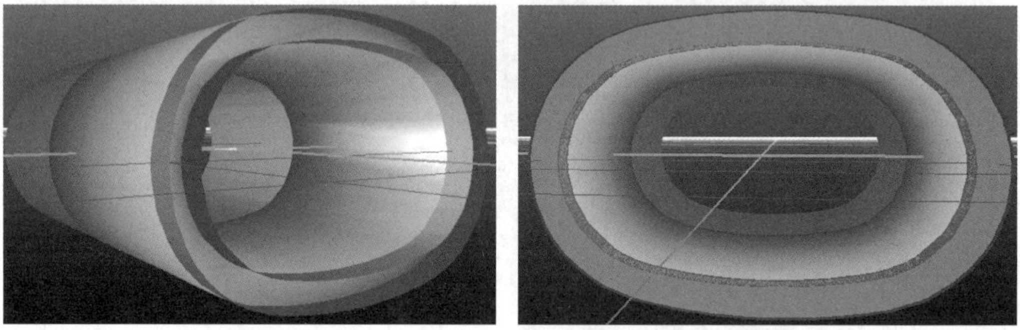

(a) 堆积SPH粒子前　　(b) 堆积SPH粒子后

图 5-110　模拟盾构同步注浆试验土体装载

本次计算的粒子模型主要通过在盾构机尾部壳体上注浆口位置处动态生成和发射来模拟同步注浆工艺,在不同时刻有不同数量的粒子参与计算,其粒子数最多达到 100 000,而粒子发射的初始网格间距可以通过其精度来定义,一般在 10 mm 左右。粒子模型的具体参数(密度、黏度系数、发射速度等)根据不同的验算工况有不同的取值,其最终对应同步注浆浆液的材料参数和施工参数。

本次计算完全按照矩形盾构同步注浆试验的两种管路布置,采用对称孔位和非对称孔位两种布置,箭头表示数值模型中的注浆孔口,如图 5-111 所示。

标准注浆孔位布置,注浆填充率 150%,上下孔位注入比 7∶3 的工况下,针对类矩形盾构同步注浆过程中注浆体填充机理、3D 扩散机理及运动规律开展研究。

图 5-112 所示为矩形盾构标准孔位下各时段处盾尾整环 3D 充填模式图。由图 5-112 可知,浆液注入盾尾间隙是一个空间动态填充过程,由于注浆管路平行于隧道轴线方向,浆液最开始是沿隧道纵向注入,但由于前方土压力使得浆液纵向流动转为环向流动,同时新注

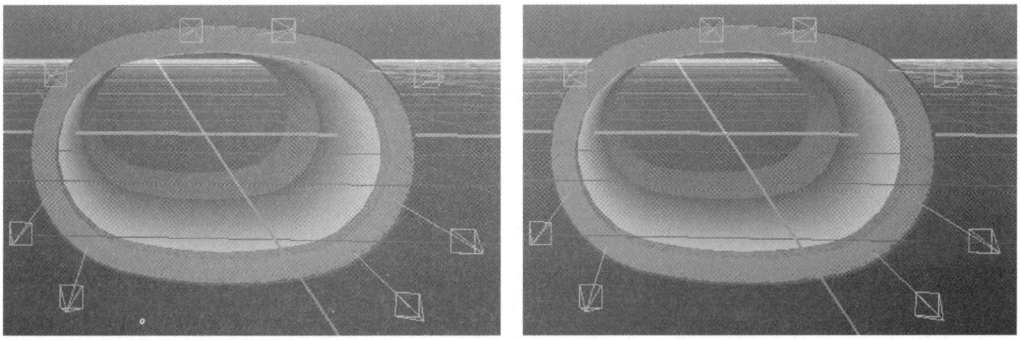

(a) 对称注浆孔位置图　　(b) 非对称注浆孔位置图

图 5 - 111　数值模拟中注浆孔布置图

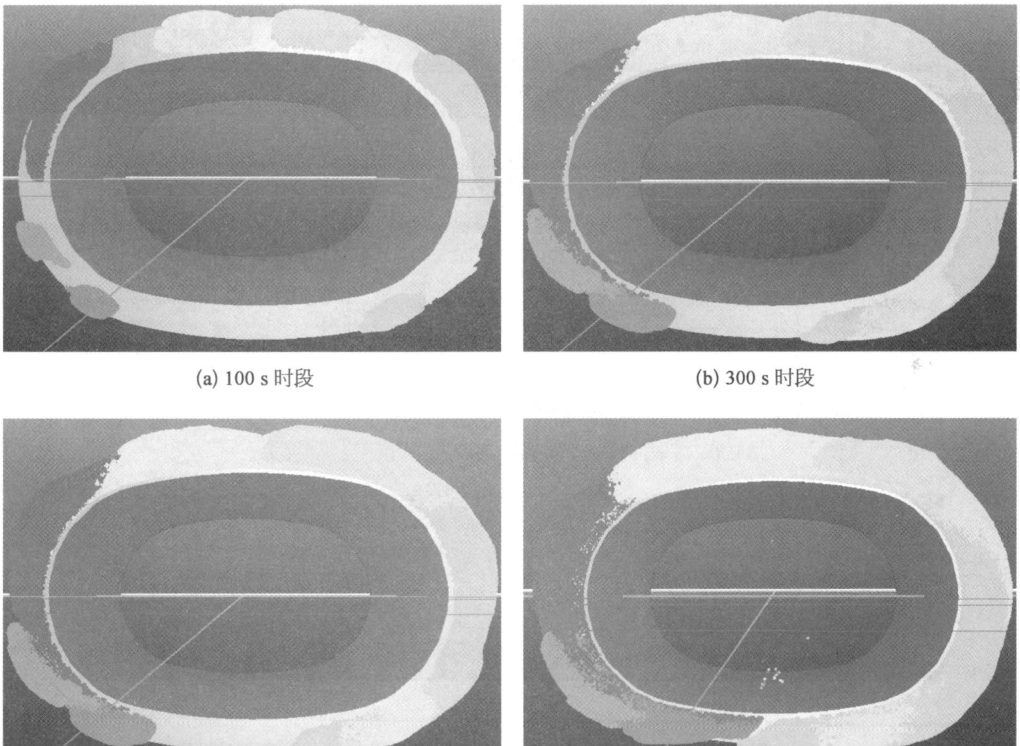

(a) 100 s 时段　　(b) 300 s 时段

(c) 500 s 时段　　(d) 800 s 时段

图 5 - 112　矩形盾构标准孔位下各时段处盾尾整环 3D 充填模式

入浆液带动部分已注入浆液向两侧运动，在注浆孔附近这两种流动模式皆存在。在 100 s 时段，各孔位注浆沿孔位沿四周扩散模式为主。由于盾尾底部的压力比顶部压力大，导致需要远离注浆口损失的填充压力更大，所以顶部注浆扩散面比底部更大，即底部注浆更加集中堆积在孔位四周。2 号和 7 号孔位的注浆由于受重力影响，浆液有明显的下滑。在 300 s 时段，盾尾顶部至腰部孔位的注浆已经汇合，盾尾底部有很大面积没有注浆，并且从盾尾顶部至腰部的注浆要比盾尾底部至腰部的注浆明显厚实。在 800 s 时段，盾尾顶部至腰部孔位的注浆分布非常均匀，盾尾底部至腰部的注浆相对比较细薄，并且底部中线部位仍有一小面积没有得到注浆。在标准孔位注浆过程中，由于之前填充土的压力分布并非完全一样，导致注浆过程中浆液将由压力大的地方往压力小的地方流淌，所以导致对于对称孔位的注浆填充并非完全对称。

1 号孔位和 8 号孔位注浆填充过程，如图 5－113 所示。最开始 1 号和 8 号孔位是以扇形扩展方式。随着时间的推移，1 号孔位和 8 号孔位的浆液碰撞在一起，由于两边的土壤推力，使得两边相互挤压，将原先的土壤都挤压到了外面。

(a) 33 s 时段

(b) 200 s 时段

(c) 300 s 时段

(d) 500 s 时段

(e) 800 s 时段

图 5－113　类矩形盾构标准孔位下各时段处盾尾整环充填模式俯视图(1 号和 8 号孔位)

2、3 和 4 号孔位注浆填充过程如图 5－114 所示。最开始 2 号和 3 号孔位的浆液由于受到重力作用，是以非对称扇形方式扩展。在 500 s 时段，2 号孔位和 3 号孔位的浆液碰撞在一起，并且随着盾尾的推进 2 号孔位注浆堆积在 3 号孔位的注浆上面，并且推动 3 号孔位的注浆向底部流动。

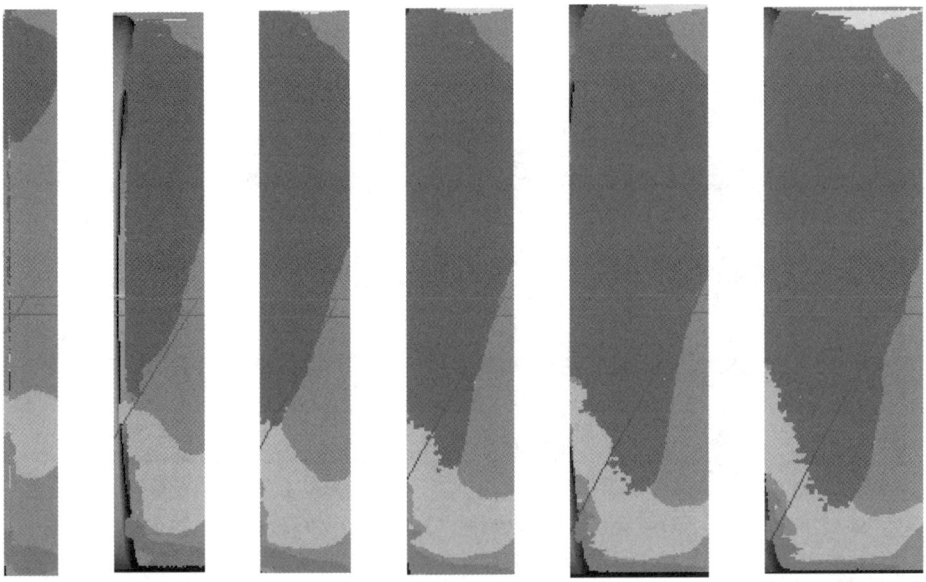

(a) 100 s　(b) 400 s　(c) 500 s　(d) 600 s　(e) 700 s　(f) 800 s

图 5－114　标准孔位下各时段处盾尾整环充填模式右侧面图(2、3 和 4 号孔位)

5、6、7 和 8 号孔位注浆填充过程如图 5－115 所示。最开始 7 号孔位的浆液由于受到重力作用，是以非对称扇形方式扩展。当推进到 100 s 时，7 号孔位和 6 号孔位的浆液碰撞在一起，并且随着盾尾的推进 7 号孔位浆液堆积在 6 号孔位的浆液上面，并且推动 6 号孔位的浆液向底部流动。当推进到 250 s 时，顶部 8 号孔位的浆液由于重力作用流淌下来，与 7 号孔位的浆液汇合，并且开始堆积在 7 号孔位浆液之上。

3、4、5、6 和 7 号孔位注浆填充过程如图 5－116 所示。最开始 7 号孔位的浆液由于受到重力作用，是以非对称扇形方式扩展。在 100 s 时段，5 号孔位和 6 号孔位的浆液碰撞在一起，并且随着盾构的推进 6 号孔位浆液堆积在 5 号孔位的浆液上面，并且推动 5 号孔位的浆液向盾尾底部的中央流动。在 200 s 时段，7 号孔位的浆液由于重力作用及上端 8 号孔位的浆液挤压下流淌至盾尾底部，并与 6 号孔位的浆液汇合，并且开始堆积在 6 号孔位浆液之上。此后，3、4、5、6 和 7 号孔位注浆都受到重力作用以及上端孔位浆液的挤压作用下，不断堆积在盾尾底部。

非对称(偏心)孔位布置，注浆填充率 150%，上下孔位注入比 7∶3 的工况下，针对类矩形盾构同步注浆过程中注浆体填充机理、3D 扩散机理和运动规律开展研究。

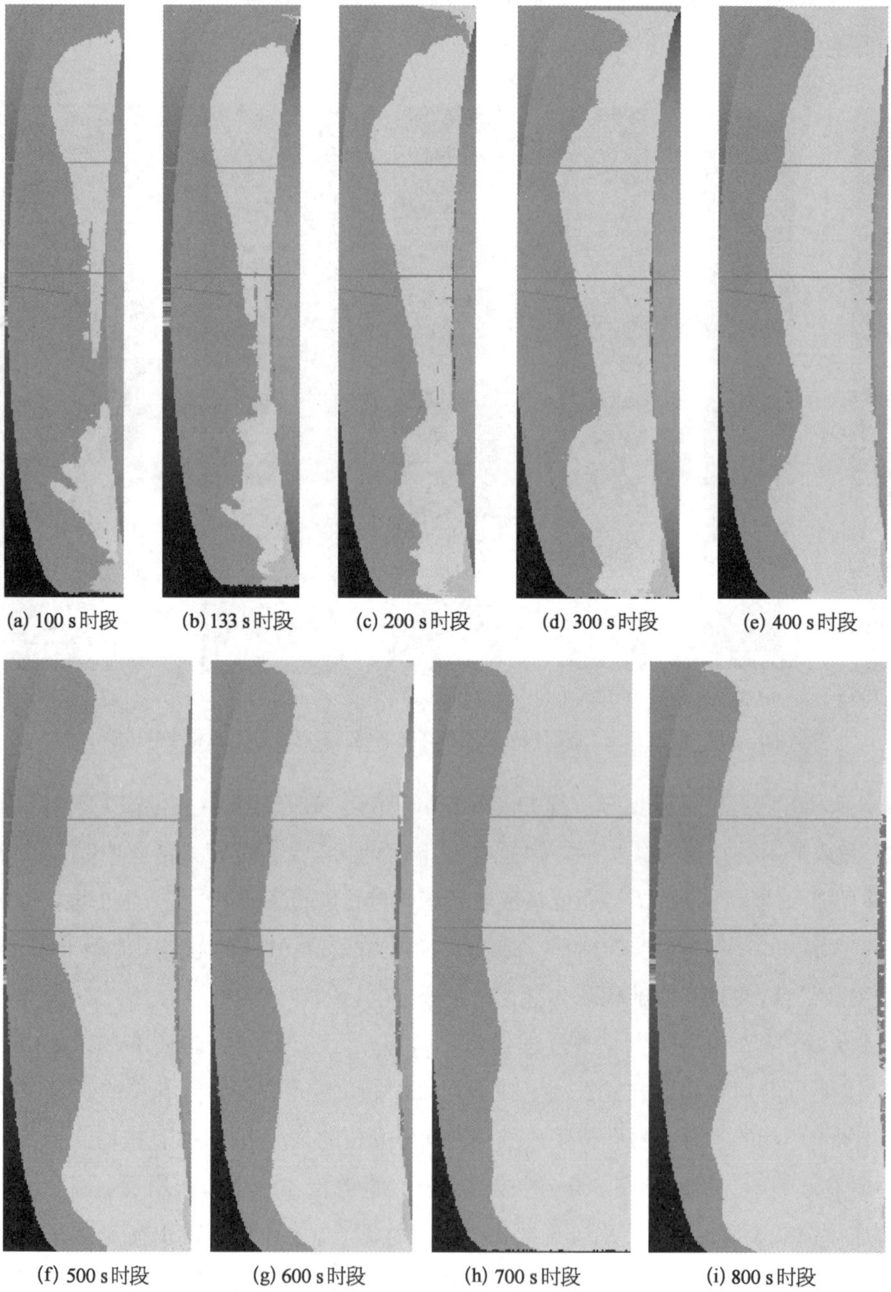

图 5-115　标准孔位下各时段处盾尾整环充填模式左侧图(5、6、7 和 8 号孔位注浆)

(a) 100 s 时段

(b) 200 s 时段

(c) 300 s 时段

(d) 400 s 时段

(e) 500 s 时段

(f) 600 s 时段

(g) 700 s 时段

(h) 800 s 时段

图 5－116　标准孔位下各时段处盾尾整环充填模式仰视图(3、4、5、6 和 7 号孔位)

偏心孔位注浆过程中浆液填充图,如图 5-117 所示。在 100 s 时段,各孔位注浆沿孔位沿四周扩散。由于盾尾底部的压力比顶部压力大,所以顶部注浆扩散面比底部更大,即底部注浆更加集中堆积在孔位四周。2 号和 7 号孔位的注浆由于受重力影响,浆液有明显的下滑。在 300 s 时段,盾尾顶部及左边腰部孔位的注浆已经汇合,但盾尾底部有很大面积没有注浆,同时顶部与腰部的右上角注浆仍未到达。在 500 s 时段,盾尾顶部至腰部孔位的注浆都已汇合,并且注浆也较为厚实。盾尾底部有很大面积没有注浆。在 800 s 时段,盾尾顶部至腰部孔位的注浆分布非常均匀,盾尾底部至腰部的注浆相对比较细薄,并且底部中线部位仍有一小面积没有得到注浆。

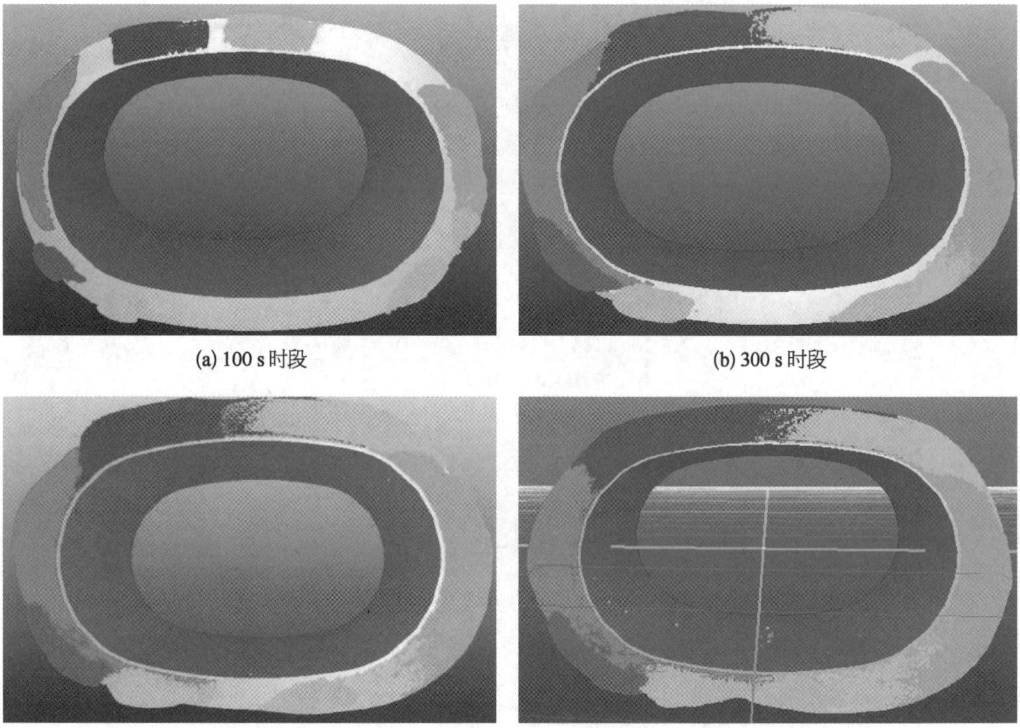

(a) 100 s 时段　　(b) 300 s 时段

(c) 500 s 时段　　(d) 800 s 时段

图 5-117　矩形盾构偏心孔位下各时段处盾尾整环 3D 充填模式

1 号孔位和 8 号孔位注浆填充过程,如图 5-118 所示。最开始 1 号和 8 号孔位是以扇形扩展方式。随着时间的推移,由于孔位非对称布置,并且左边的孔位比右边孔位多一个,势必导致左边注浆量大于右边注浆量,因此注浆过程中,左边的土压力大于右边的土压力,注浆浆液将沿管壁顺时针方向流淌。在 150 s 时段,1 号和 8 号的注浆明显沿管壁顺时针方向流淌,并且 8 号孔位的小部分注浆与 1 号孔位注浆汇合。在 300 s 时段,8 号孔位的注浆以半椭圆形形式分布,由于 1 号孔位和 8 号孔位的浆液相互挤压,将原先的土壤都挤压到了外面。

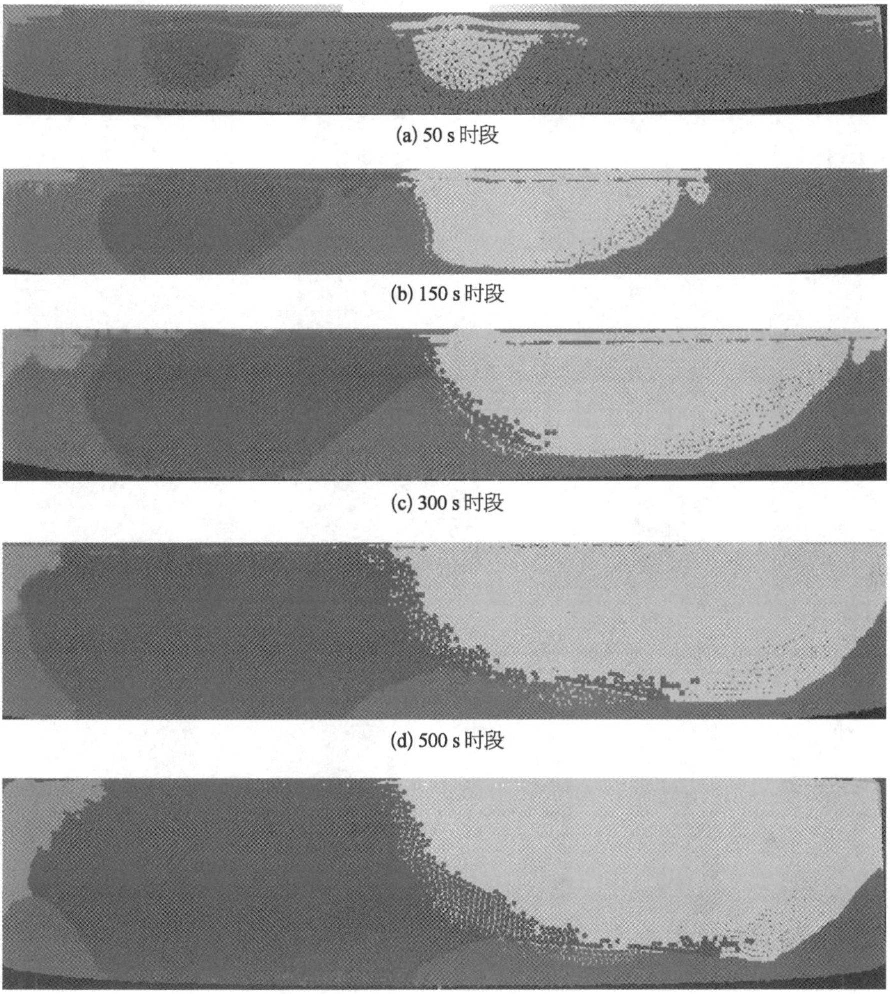

(a) 50 s 时段

(b) 150 s 时段

(c) 300 s 时段

(d) 500 s 时段

(e) 700 s 时段

图 5－118　偏心孔位下各时段处盾尾整环 3D 充填模式俯视图(1 和 8 号孔位注浆)

2 和 3 号孔位注浆中的浆液流淌过程，如图 5－119 所示。最开始 2 号和 3 号孔位的浆液由于受到重力作用，是以非对称扇形方式扩展。随着时间的推移，2 号孔位和 3 号孔位的浆液碰撞在一起，由于两边的土壤推力，使得两边相互挤压，将原先的土壤都挤压到了外面。

5、6、7 和 8 号孔位注浆中的浆液流淌过程，如图 5－120 所示。最开始 7 号孔位的注浆由于受到重力作用，是以非对称扇形方式扩展。当推进到 50 s 时，7 号孔位和 6 号孔位的注浆汇合在一起，并且随着盾尾的推进 7 号孔位注浆堆积在 6 号孔位的注浆上面，并且推动 6 号孔位的注浆向底部流动。当推进到 650 s 时，顶部 8 号孔位的浆液由于重力作用流淌下来，并与 7 号孔位的浆液汇合，并且开始堆积在 7 号孔位浆液之上。

(a) 50 s　(b) 133 s　(c) 300 s　(d) 400 s

图 5－119　偏心孔位下各时段处盾尾整环 3D 充填模式左侧图(2 和 3 号孔位注浆)

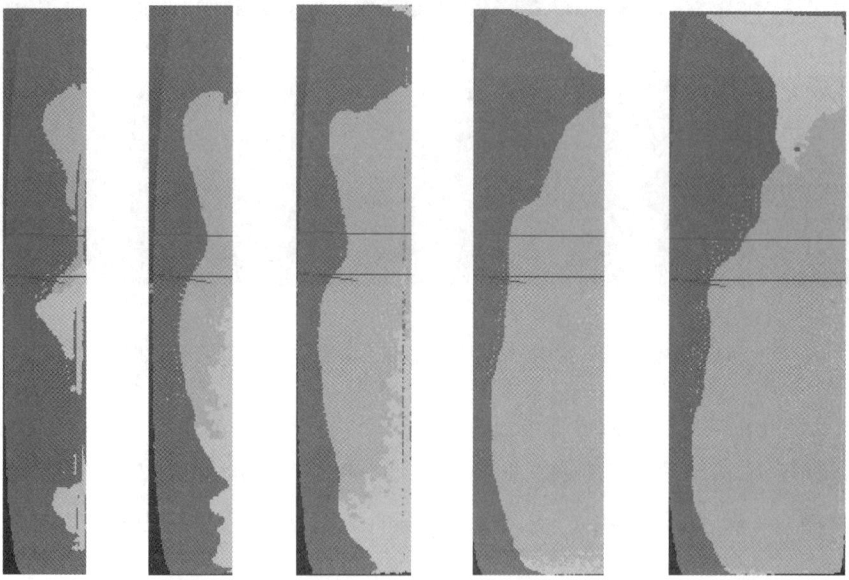

(a) 50 s　(b) 150 s　(c) 250 s　(d) 450 s　(e) 650 s

图 5－120　偏心孔位下各时段处盾尾整环 3D 充填模式右侧图(5、6、7 和 8 号孔位注浆)

综合上述可知，利用 SPH 方法，针对注浆孔对称布置和非对称布置两种工况(注浆填充率 150％，上下孔位注入比 7∶3)，分析了类矩形盾构同步注浆过程中注浆体填充机理、三维扩散机理及运动规律，分析结果表明：

(1) 浆液在盾尾建筑空隙的填充是一个空间动态填充的过程，由于注浆管路平行于隧道轴线方向，浆液首先沿隧道纵向注入，但受周围土压力的制约，浆液转为环向流动，同时新注入浆液带动部分已注入浆液向两侧运动，在注浆孔附近这两种流动模式皆存在。

(2) 由于盾尾底部的压力比顶部压力大，导致底部注浆浆液的动量损失比顶部注浆浆液更大，因此在相同的注浆压力下顶部注浆扩散面比底部更大，即底部注浆的浆液更加容易集中堆积在孔位附近。

5.6.3　特征技术

1) 周边环境影响控制

盈压 10%、土压平衡、欠压 10%工况下的地表横向和纵向变形如图 5-121、图 5-122 所示，从图中可以看出支撑面压力增大能减少地表的最终沉降量，并且地表沉降槽宽度也有所减小。盈压 10%时开挖面前方地表有约 1 mm 的隆起，而欠压 10%会引起开挖面前方 10 m 左右土体产生最大 3.2 mm 的沉降。

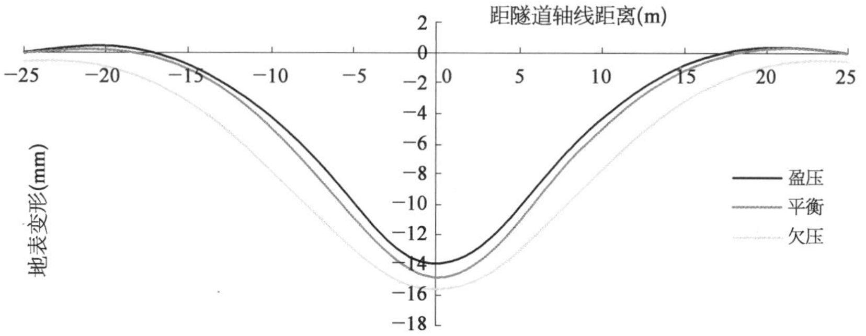

图 5-121　不同开挖面压力下的地表变形图

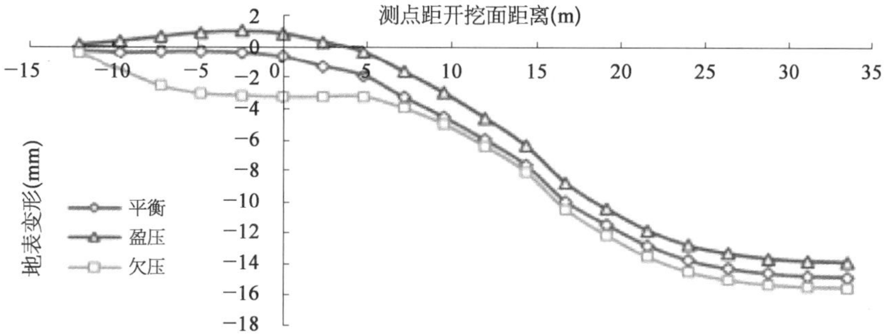

图 5-122　不同开挖面压力下的地表纵向变形图

针对性施工措施：为控制地表变形，在软土地区进行土压平衡盾构施工时采用盈压掘进，盈压量初步定为 10%。

左右开挖面压力差分别为 0%、10%、20%、30%时，地表的横断面沉降曲线如图 5-123 所示,从图中可以看出随着左右开挖面压力差的增加,沉降曲线逐渐向开挖面压力小的一侧旋转。虽然变化的量值并不大,但当开挖面左右存在压力差时,由类矩形断面特征引起的盾构姿态蛇形掘削会造成沉降槽最深点位置的偏移,地表变形的最大位置将偏离隧道轴线位置。

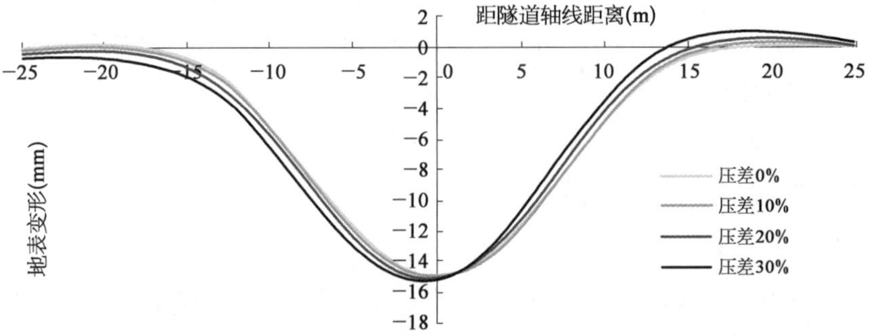

图 5-123　不同左右开挖面压力差下的地表变形图

针对性施工措施:盾构推进中,左右两侧开挖面的土舱平衡压力按照同一个标准进行设定。

2) 同步注浆控制

数值计算中的注浆量假定浆液完全填充盾尾间隙,没有考虑浆液渗透和劈裂等损失,因此与实际施工中的注浆量有一定差别。隧道周围注浆量同步均匀增大时的地表变形情况如图 5-124 所示,从图中可以看出,增大同步注浆量能够很好地减少地表沉降量,当注浆率达到 130%时地表基本上没有沉降发生。

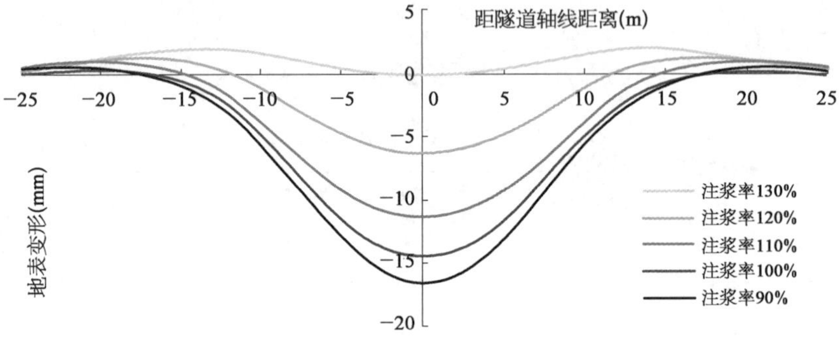

图 5-124　不同注浆量下的地表变形图

针对性施工措施:数值分析表明,较高的注浆率有利于地层沉降的控制,因此结合大型注浆模拟试验的成果,将正常掘进段的注浆率初步设定为 150%,施工时根据实际情况进行调整。

盾构机设计的注浆点位一共有 8 个,为了模拟在不同点位增加注浆量时的地层变形控制效果,把注浆点位分为四组,顶部两个注浆点为组一,上部侧边两个注浆点为组二,下部侧边两个注浆点为组三，底部两个注浆点为组四。分别计算了其中一个组注浆率为 130%，而其他三个组注浆率为 100%时的地层变形，不同注浆点位注浆率为 130%时的地表变形图，如图 5－125 所示。从图中可以看出，增大顶部注浆点位注浆量对于减少地表变形量效果最为显著，而增大下部侧边两个注浆点的注浆量反而可能引起地表沉降量增大；增大上部侧边两个注浆点的注浆量也有利于减少地表变形量，但会引起隧道外侧的土体产生一定的隆起量。

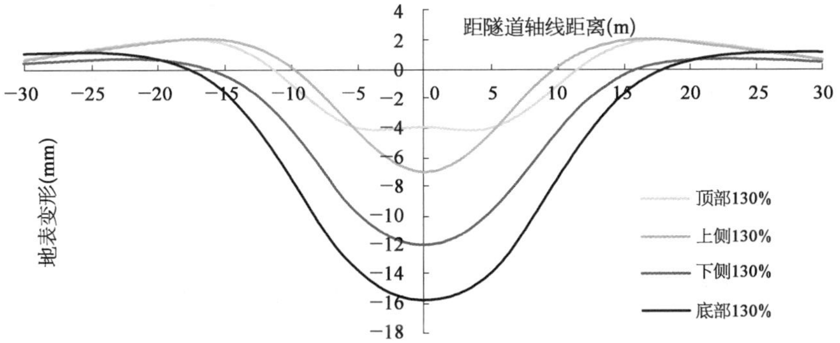

图 5－125　不同注浆点位注浆率为 130%时的地表变形图

针对性施工措施：盾构正常推进过程中，将注浆孔的上下分配比例设定为 6∶4，其中顶部 2 个注浆孔的分配比例各为 20%，其余 6 个注浆孔的分配比例各为 10%。

类矩形盾构为扁平状结构，作用在盾构壳体的法向土压力较大，土体与盾构壳体间的摩擦力较大，在盾构向前推进时，盾壳可能拖拽周围土体一同向前移动。数值计算中通过在盾壳周围土体上施加切向摩擦力来简化考虑这一过程，摩擦力大小为作用在盾壳上的法向土压力与摩擦系数的乘积，摩擦系数取为 0.2，在摩擦力的作用下盾构前部的土体产生隆起而后部的土体发生沉降，盾构背土引起的地表变形图，如图 5－126 所示。

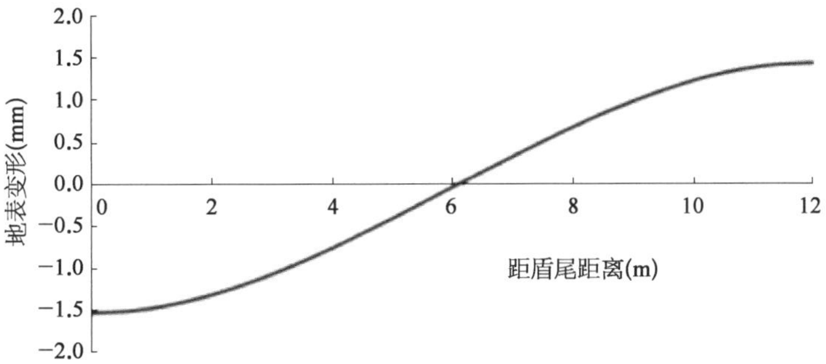

图 5－126　盾构背土引起的地表变形图

针对性施工措施：盾构正常推进过程中，在盾构壳体顶部压注适量的高黏度、低滤失量减摩泥浆，用以提高类矩形盾构背部壳体的减摩效果。

沿线建筑物桩基直径多为 426 mm 和 377 mm 的沉管灌注桩，桩长 20～35 m，数值模拟中分析类矩形盾构隧道施工对邻近桩基的影响时，选取的桩基直径为 426 mm、桩长 20 m，分别分析桩基中心与隧道边缘的距离为 $0.5H$、$1.0H$、$1.5H$、$2.0H$、$3.0H$（H 为隧道高度）时，盾构掘进引起的桩基变形。桩基与隧道边缘距离不同时，桩基的最终水平变形情况，如图 5－127 所示，从图中可以看出盾构施工引起桩基发生背离隧道方向的水平位移，桩基距隧道边缘距离越远，盾构施工对桩基的影响越小，并且桩基水平位移主要集中发生在隧道高度范围（9～16 m）内。当桩基与隧道边缘的距离达到 $2.0H$ 时，盾构施工对桩基水平变形的影响在 2 mm 以内，影响已较小。

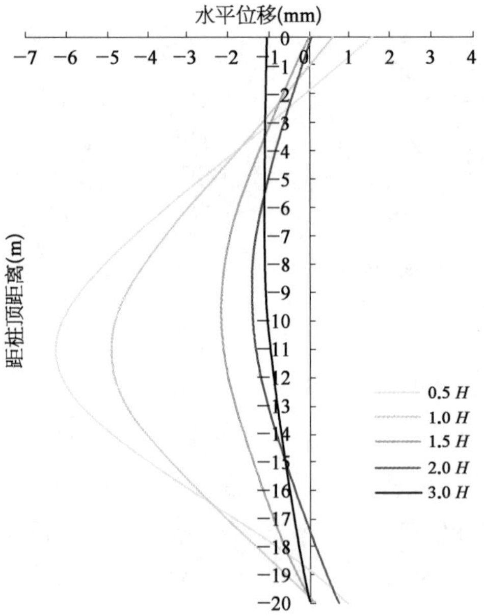

图 5－127　盾构侧穿施工对桩基影响曲线图

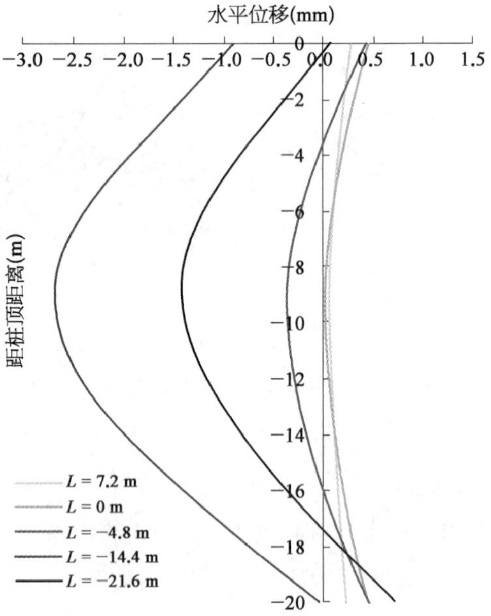

图 5－128　盾构不同掘进阶段对桩基水平变形影响图

盾构不同掘进阶段时，与隧道边缘的水平距离为 $2.0H$ 的桩基变形情况，如图 5－128 所示，图中 L 表示隧道开挖面与基桩在隧道轴向方向的间距，其中开挖面未到达桩基位置处时间距为负值，开挖面超过桩基位置时的间距为正值。不同的 L 值主要反映了开挖面到达桩基位置、盾构机中部到达桩基位置、盾尾通过桩基、桩基位置处浆液凝固等掘进阶段。由图可知，桩基最大变形发生的阶段为盾尾通过桩基时，此时作用在土层上的注浆压力挤压土体和桩基背离隧道方向变形，当注浆压力消散后，桩基变形有所回弹，但不能完全恢复到原来位置。因此，虽然盾构最终通过后桩基发生的变形可能较小，但应注意验算施工过程中桩基变形会不会超过控制标准。

针对性施工措施：盾构侧穿施工时，对于距隧道 $2H$（H 为隧道高度）以上的桩基，不需要采取额外措施；对于距隧道 $2H$ 以下的桩基，应加强穿越过程中桩基的变形控制。

5.6.4　综合管控技术

针对类矩形盾构的多元化数据环境和高要求控制，开发集成类矩形盾构信息、外挂控制系统和外部施工数据等多方面数据的综合管控系统，实现数据的实时采集、实时显示、数据记录、数据查询、数据分析及报表生成等功能，并具有远程监控的功能，如手机、iPad 等终端设备可方便地远程监控施工现场的实时画面、历史数据曲线等信息，便于施工的管理，实现信息化指导施工的目标。

1）总体架构的组成

矩形盾构综合管控系统集成了盾构信息、外挂控制系统（自动导向测量、盾尾间隙测量等）和外部施工数据等多方面数据，为了满足管控系统的各项功能需求，总体架构须由感知层（采集数据）、网络层（数据传输）、应用层（数据处理及展示）三个层组成，如图 5－129 所示。

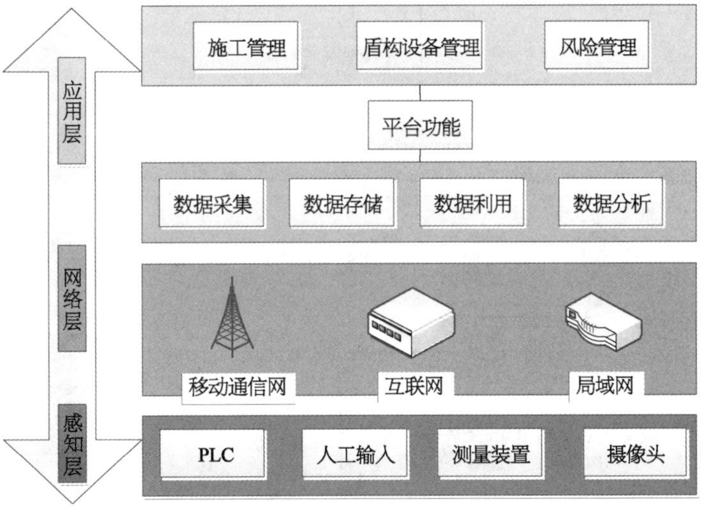

图 5－129　施工管控系统总体架构组成图

在管控系统中单独建立一个和盾构机控制系统相同（并行）的 PLC 站，使用和盾构控制系统相同的总线与其进行通信，同时这个站中另外有一块以太网模块用于管控系统内部的数据交换，如图 5－130 所示。

优点：首先把盾构机的控制系统和管控的数据交换系统做了隔离，管控系统的 PLC 只从控制系统中使用总线的方式读取数据，对于控制系统的运行没有任何影响，同时管控系统的 PLC 又作为数据交换的节点开放给其他子系统使用，由于增加的 PLC 是基于硬件逻辑运算的设备，而数据的存储和读取都由管控 PLC 进行处理或对外通信，其处理速度和可靠性大大提高。

架构涵盖视频和数据采集两大块内容，自下而上包含三大层：感知层、网络层、应用层，满足类矩形盾构管控系统的需求，如图 5－131 所示。

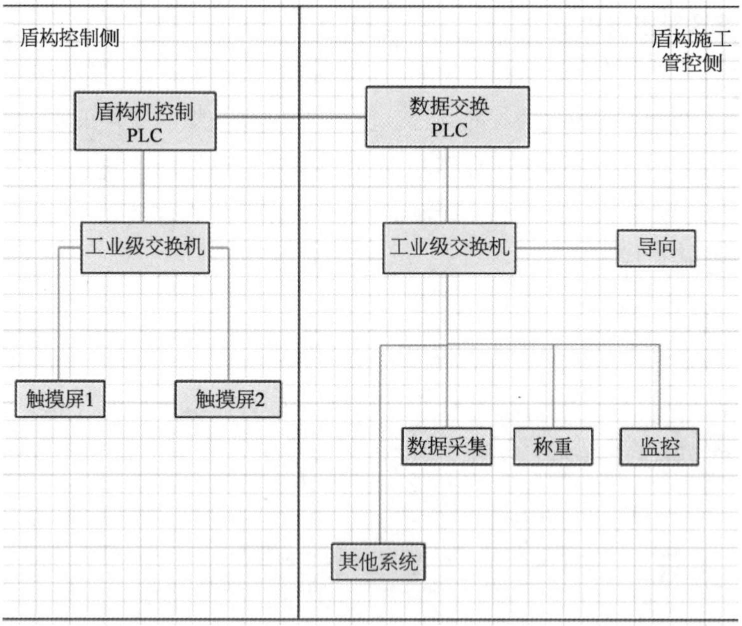

图 5-130　数据采集模式

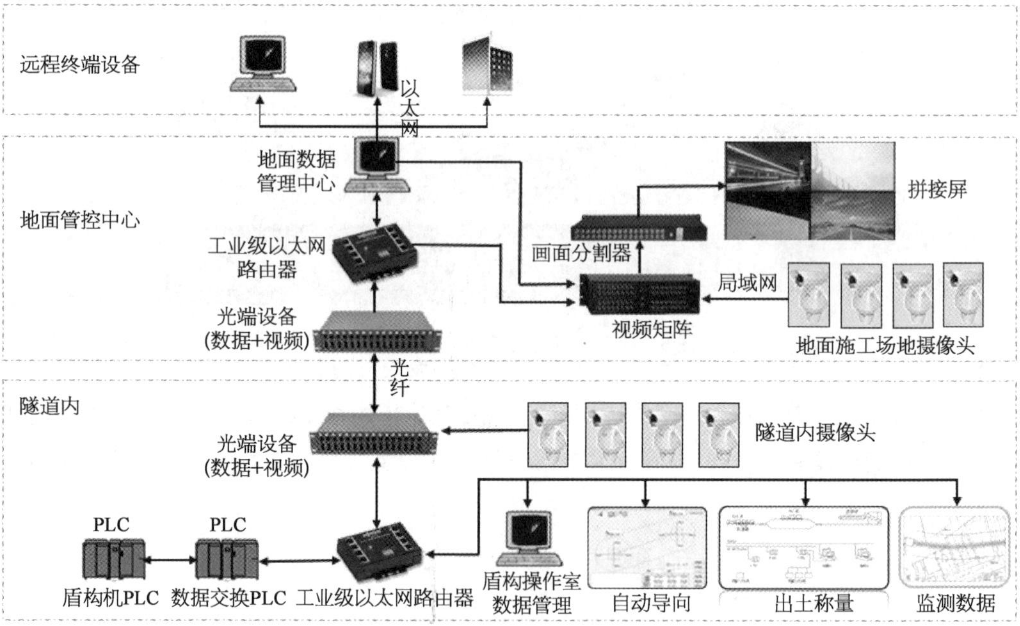

图 5-131　管控系统总体架构图

2）监控界面研发

通过管控系统的数据管理计算机或移动终端可查看工地现场实时的施工数据。矩形盾构管控系统为非标定制，选取了施工中关键的参数在画面中做实时显示（如刀盘、注浆和推进系统等），如图 5-132、图 5-133 所示。

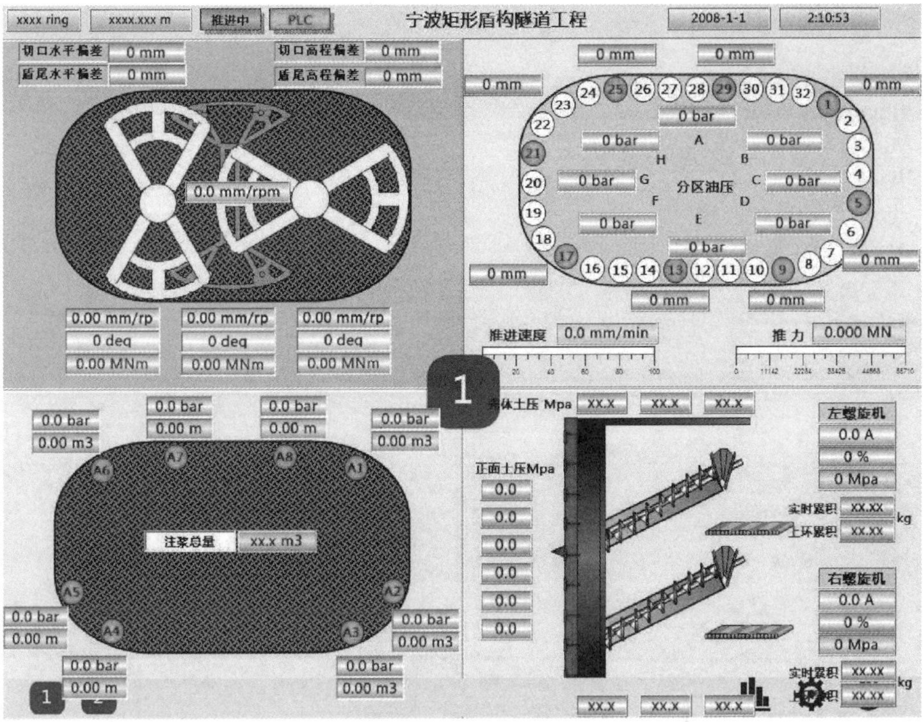

图 5－132　主画面

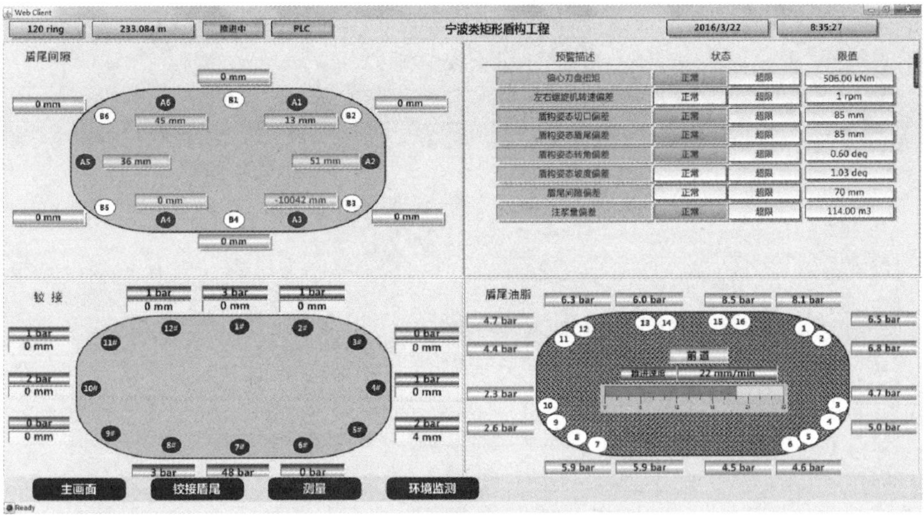

图 5－133　铰接盾尾画面

基于 Movicon 开发的综合管控系统具备强大的图形与报表功能，其集实时与历史趋势于一体的趋势图不仅支持打印、缩放和支持数据的导入、导出等功能，满足了工程施工中对历史数据查询的需要，也满足了工程施工资料存档的需求。

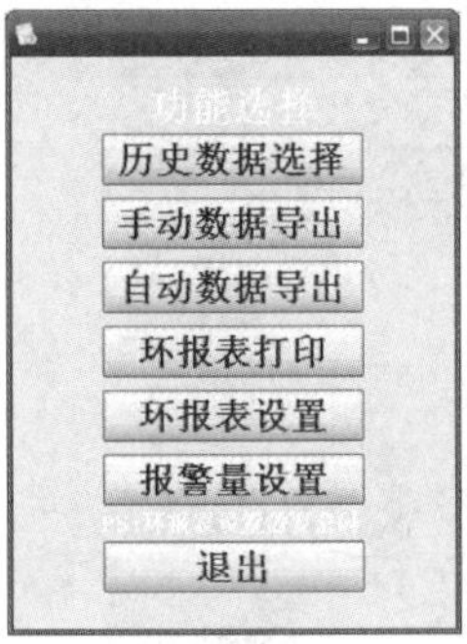

图 5－134 管控系统历史数据分析功能块图

矩形盾构管控系统在历史数据分析方面具备历史数据查询、手动数据导出、环报表等功能，且能保证稳定性、可靠性和准确性。在管控软件主画面下方点击“曲线分析”软按钮即可进入图 5－134 所示的历史数据查询功能。

按照提示选择需要查询的变量及日期、里程或环号后即可生成变量历史曲线图，这一功能对于查找施工中可能存在的问题或者系统间的关联非常有帮助，如将泡沫注入量与刀盘扭矩同时在一个曲线图中显示(图 5－135)，可直观地看出泡沫注入量对于刀盘扭矩的影响程度。

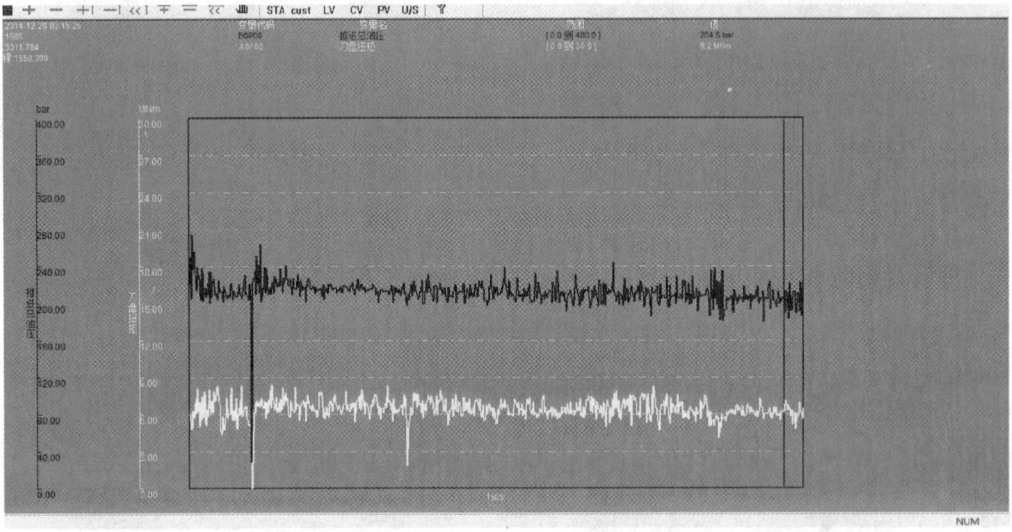

图 5－135 泡沫注入量与刀盘扭矩关系曲线

按照系统提示进行操作后可生成如图 5－136 所示的 Excel 表格，该功能不仅满足了工程施工资料存档的需求，对于日后施工经验的借鉴或施工问题的查找也有帮助。

盾构每推进一环可生成一张环报表，该功能以曲线与文字相结合的方式更加生动形象地展现出每环主要的施工数据，包括推进速度、推进压力、刀盘扭矩等，满足工程施工资料存档的需求。

为了能更加便捷地提供盾构施工实时数据显示及历史数据查询等功能，该工程类矩形盾构的管控系统增加了更符合信息时代应用的网页发布和微信发布的两种远程发布方式，可在手机、iPad 等多种终端设备上远程监控施工现场的实时画面，查看历史数据等信息。通过手机、iPad、计算机等具备上网功能的设备都可随时随地地掌握施工现场情况。

利用 Movicon 自带的 webclient 发布功能实时发布网页版用户界面。Web 发布功能可

	A	B	C	D	E	F	G	H	I	J	K	L	M	N
1	本地时间	环号	里程	净行程	盾构推进	总推力	推进F区压	推进E区压	推进D区压	推进C区压	推进B区压	推进A区压	推进总油	刀盘扭矩
2		ring	m	mm	dimlos	MN	bar	bar	bar	bar	bar	bar	bar	MNm
3	2014/12/20 2:05	1505	3010.235	1	18.239	92.556	135.301	176.042	214.352	185.417	172.338	55.44	249.421	5.961
4	2014/12/20 2:05	1505	3010.236	2	18.239	92.556	135.301	176.042	214.352	185.417	172.338	55.44	188.54	5.99
5	2014/12/20 2:05	1505	3010.237	3	18.239	92.556	135.301	176.042	214.352	181.25	172.338	55.44	181.82	5.43
6	2014/12/20 2:05	1505	3010.238	4	19.52	92.59	138.54	179.63	211.69	185.18	170.25	55.44	278.58	5.97
7	2014/12/20 2:05	1505	3010.239	5	20.79	92.38	138.54	179.63	208.91	182.52	170.25	55.44	211.22	4.8
8	2014/12/20 2:05	1505	3010.24	6	19.67	95.61	141.43	181.94	220.37	189.35	175	57.98	258.91	4.93
9	2014/12/20 2:05	1505	3010.242	8	23.07	93.21	141.43	179.63	206.71	188.88	172.56	55.55	277.43	5.63
10	2014/12/20 2:05	1505	3010.244	9	23.07	92.67	141.43	179.63	206.71	187.03	175.23	55.55	221.06	7.24
11	2014/12/20 2:05	1505	3010.244	10	24.4	92.67	141.43	179.63	203.58	184.72	175.23	55.55	212.03	6.92
12	2014/12/20 2:05	1505	3010.246	12	24.4	93.01	141.43	179.63	203.58	184.72	175.23	55.55	210.88	6.38
13	2014/12/20 2:05	1505	3010.248	14	24.4	93.03	141.43	179.63	203.58	190.27	175.23	55.55	236.57	6.35
14	2014/12/20 2:05	1505	3010.25	16	28.53	93.24	141.43	179.63	203.58	193.98	175.23	55.55	238.54	6.57
15	2014/12/20 2:05	1505	3010.252	18	28.53	93.03	141.43	179.63	200.92	191.43	178.81	55.55	214	7.19
16	2014/12/20 2:06	1505	3010.254	20	28.53	93.5	141.43	179.63	203.12	186.8	178.81	55.55	238.42	8.01
17	2014/12/20 2:06	1505	3010.257	22	30.14	92.82	141.43	179.63	200.92	191.66	178.81	55.55	226.96	6.2
18	2014/12/20 2:06	1505	3010.259	24	28.97	92.73	141.43	179.63	201.96	187.73	176.62	57.75	230.78	6.95
19	2014/12/20 2:06	1505	3010.26	26	28.97	93.01	141.43	179.63	201.27	191.66	176.62	57.75	238.88	6.09
20	2014/12/20 2:06	1505	3010.261	27	28.36	92.88	141.43	179.63	200.23	189.23	178.7	57.75	215.27	5.82
21	2014/12/20 2:06	1505	3010.263	29	28.36	92.49	141.43	179.63	197.91	190.62	178.7	57.75	216.43	5.69
22	2014/12/20 2:06	1505	3010.265	31	28.36	92.15	141.43	179.63	195.6	193.28	176.62	57.75	228	5.66
23	2014/12/20 2:06	1505	3010.267	32	28.36	92.81	141.43	179.63	198.38	195.6	176.62	57.75	222.8	6.46
24	2014/12/20 2:06	1505	3010.268	33	28.36	93.44	141.43	179.63	203.93	192.7	178.81	57.75	215.5	6.97
25	2014/12/20 2:06	1505	3010.268	34	27.88	92.45	141.43	179.63	199.19	190.39	176.73	57.75	231.36	6.03
26	2014/12/20 2:06	1505	3010.27	36	28.89	92.45	141.43	179.63	196.18	190.39	176.73	57.75	214.69	5.85
27	2014/12/20 2:06	1505	3010.272	38	28.89	92.19	141.43	179.63	196.18	187.15	176.73	57.75	206.13	5.61

图 5－136　手动数据导出截图

实现实时网页版用户界面的发布，方便快捷的操作界面与现场系统完全相同，手机、iPad、计算机等终端都可使用该项功能。最终该工程矩形盾构实现的功能如图 5－137 所示，输入网址后即进入所示界面。

图 5－137　网页发布流程图

安卓和 iOS 系统的手机都可使用该项功能，方便随时随地掌控施工信息。手机进入 App Store，安装 Movicon webclient，点击安装好的程序（经授权的用户可登录进入），进行如

图 5－138 所示的参数设置后，即可进入工程进行实时的远程手机监控(以 iOS 系统为例演示说明，安卓系统类似)。

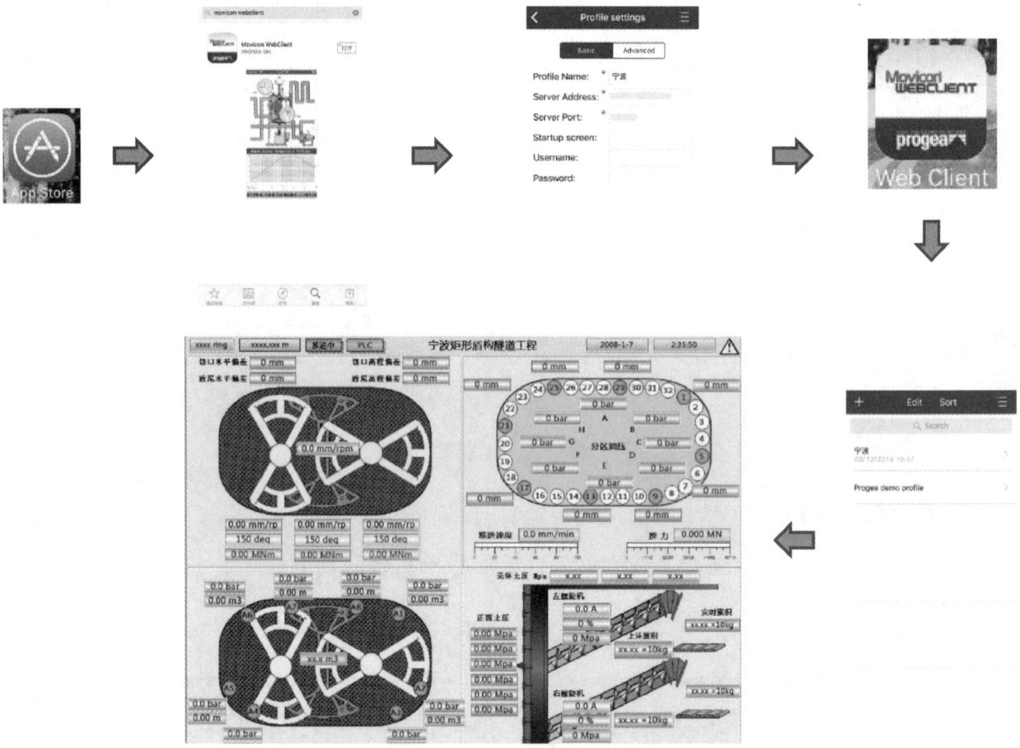

图 5－138　iOS 系统 App 安装流程图

打开主页面，由施工面板、环报表、曲线显示和质量报警四个分项组成，可点开进入相对应的功能，如图 5－139 所示。

5.6.5　施工技术综合评价

类矩形盾构因其断面形状特殊，施工中可能面临如排土困难、开挖面失稳、盾构背土、盾构偏转、轴线偏差、管片拼装困难和盾尾间隙填充不足等难题。另外，类矩形盾构施工环境保护和成型隧道变形控制也有相当的难度，由此引发了大量信息的使用和管理难题。

依托宁波地铁类矩形隧道试验段，利用 11.83 m×7.27 m 类矩形土压平衡盾构顺利完成了约 400 m 的隧道，在最小平曲线半径为 400 m 的不利工况条件下，隧道轴线控制精度满足设计要求，并且隧道管片拼装质量和防水质量均达到了优良。通过整个研究和工程应用，形成了如下主要结论：

(1) 通过室内试验获得适宜的浆液性能和改良配比，结合工程应用验证形成土体改良系统工艺，建立类矩形盾构土体改良技术体系。通过实现盾构推进纠偏量的细化计算，开发

(a)　(b)　(c)　(d)

图 5－139　微信发布流程图

类矩形盾构自动导向系统，实现盾尾间隙的自动测量，形成类矩形盾构隧道轴线控制技术。综合采用误差分析有限元计算模型、三维仿真拼装和管片拼装试验等研究手段，获得管片最优拼装工艺，建立管片拼装质量控制体系和控制标准。基于无网格流体动力学计算方法，对同步注浆施工实时仿真和细观分析，建立类矩形盾构注浆技术体系。通过上述的技术合成，最终实现类矩形盾构隧道“推、拼、压”施工技术体系。

(2) 开发集成类矩形盾构信息、外挂控制系统和外部施工数据等多方面数据的综合管控系统，实现数据的实时采集、实时显示、数据记录、数据查询、数据分析和报表生成等功能，并具有远程监控的功能，便于施工的管理，实现信息化指导施工的目标。

(3) 结合宁波地铁 3 号线出入场段的现场试验，采用高标准施工环境有影响控制要求，综合采用三维有限元计算、现场实验和实测数据等手段，获取了隧道变形和环境影响的影响因素，揭示了影响机理和规律，并由此形成了类矩形盾构隧道施工环境影响控制技术。

(4) 通过现场实测数据分析，提出了软土地区类矩形盾构施工期地层变形和隧道变形精细化预测及控制技术，首次揭示了类矩形盾构掘进施工对周围地层扰动的影响规律与成型隧道的变形规律，实现了施工对周围环境影响的有效控制。

5.7 综合效益分析

类矩形盾构法隧道成套技术针对我国城市化发展进程中，尤其是城市核心区和旧城区存在的“放不下”和“碰不得”两大问题，充分利用结构断面、节约地下空间资源，提高了隧道在狭窄道路或高层建筑间的穿行能力。该项目创新成果在宁波市地铁3号线中得到了成功应用，解决了核心城区旧城区及建筑密集区地下空间开发的难题，有效地提高了地下空间利用率，减少了对现有建筑和市政管线设施的动迁量，将施工对社会的影响降至最低。

依托本工程开展的类矩形盾构法隧道成套技术取得了以下成效：

(1) 确定了满足轨道交通B型车运营、管线、疏散通道和设备安装限界要求的类矩形隧道断面形式，衬砌结构的分块、厚度、环宽等尺寸。

(2) 研发了具备类矩形全断面切削盾构掘进机总体设计技术和系统集成技术，研制了可重构分区的推进系统和带立柱拼装功能的6自由度自动轨迹控制的拼装机。

(3) 研发了适应类矩形盾构法隧道施工的成套土体改良技术，建立了类矩形盾构法隧道推进、拼装、注浆等施工技术体系。

(4) 获得了隧道变形和环境影响的机理和规律，形成了类矩形盾构隧道施工环境影响控制技术。

第6章

总结与展望

异形断面隧道技术与常规圆形隧道技术相比，既有相同点，又有不同点。本章主要从异形隧道断面的选择、异形掘进机的开发、异形隧道结构设计与试验研究及工程运用的拓展等方面，阐述异形断面隧道技术的应用前景。

6.1　异形隧道断面的选择

近年来，随着城市地下空间不断地开发，道路下方既有的地下建(构)筑物越来越多，很多场合下，盾构的宽度或高度都受到限制，而且工程师们不断地提出隧道的断面需与使用目的相吻合，断面要求小而经济。由此，催生了异形断面隧道的需求。

一般来说，异形断面隧道主要用在交通隧道方面，主要有车行隧道、人行隧道、地铁隧道等，根据建筑限界和使用功能的不同，确定相应的隧道断面，并需考虑施工误差、测量误差、设计拟合误差、不均匀沉降等因素。

对于两车道的隧道断面，根据建筑限界的要求，可以布置成矩形、直墙拱形、椭圆形和类矩形(图 6－1)等断面形式，相比圆形隧道，断面的利用率均有较大的提高，其中矩形断面利用率最高，但结构构件尺寸最大，每延米的结构混凝土量最大；类矩形断面的利用率适中，结构构件尺寸最小，每延米的结构混凝土量最小，性价比最优。

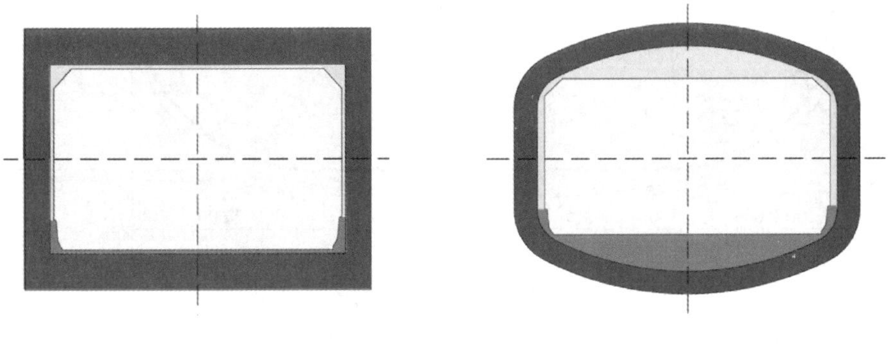

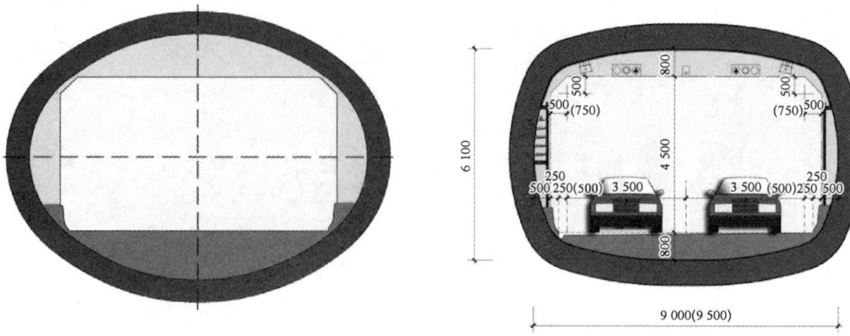

图 6－1　两车道隧道的不同断面(单位：mm)

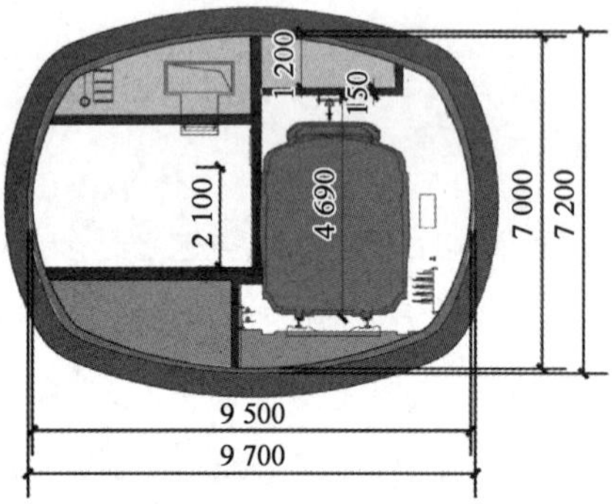

图 6－2　地铁车站断面(单位：mm)

对于布置单线轨道的地铁车站，需考虑列车通行限界、最小站台宽度、轨道高度、通风管廊、电缆桥架等因素，矩形限界尺寸为 8.5 m×6.0 m。类矩形断面的内净尺寸为 9.7 m×7.2 m(图 6－2)。

对于布置双线轨道的地铁区间隧道，需考虑列车通行限界、疏散平台宽度、中隔墙、轨道高度、通风管廊、电缆桥架等因素，类矩形断面的内净尺寸为 10.3 m×5.2 m(图 6－3)，双圆隧道的内净尺寸为 10.3 m×5.7 m(图 6－4)。

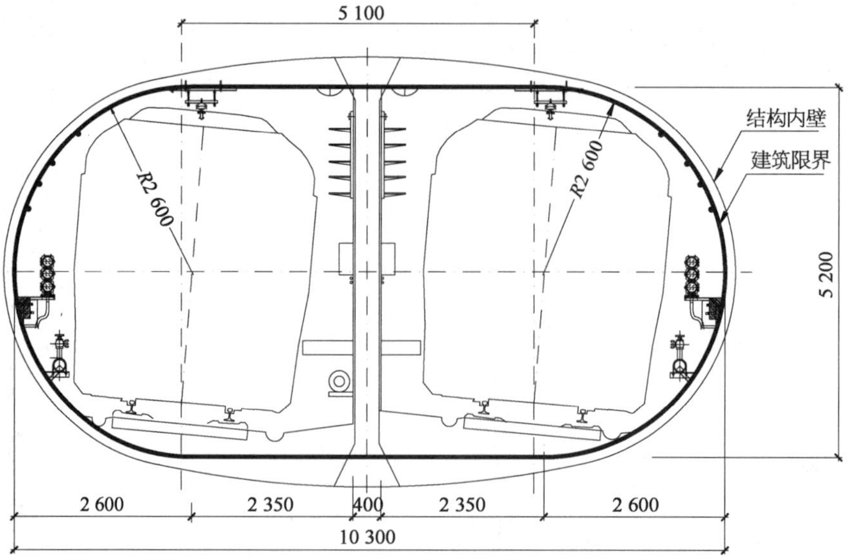

图 6－3　类矩形地铁区间断面(单位：mm)

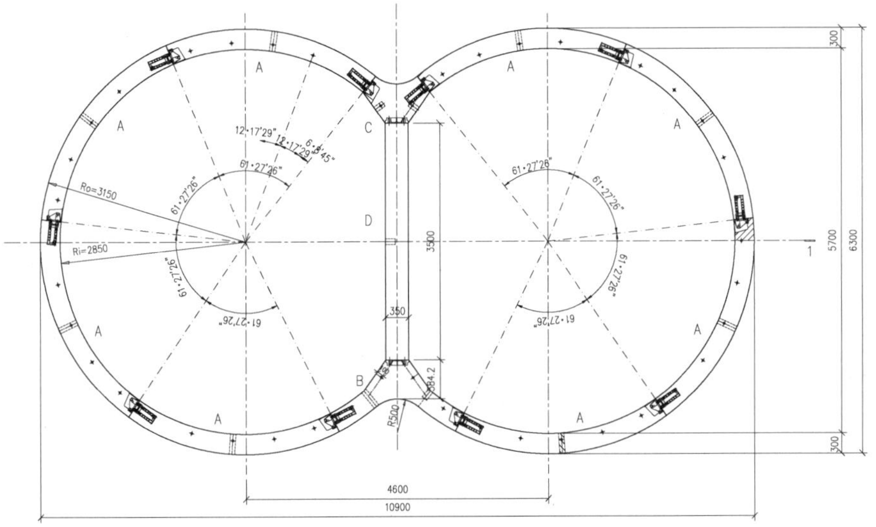

图 6－4　双圆地铁区间断面(单位：mm)

6.2　异形掘进机的开发与运用

异形掘进机主要包括矩形、马蹄形、双圆形等类型，其源于圆形隧道掘进机，是集机、电、液、传感、通信于一体，并且涉及多学科领域的高端智能装备，但又不同于圆形掘进机，隧道断面由圆形到非圆的改变，使装备面临异形全断面切削、异形护盾结构设计、异形管片拼装、异形掘进机施工等诸多难题。对此，国内通过“产学研”协同科研攻关，开启了系列异形全断面切削掘进机的研发之路，自 1999 年国内首台全断面切削矩形隧道掘进机问世以来，至 2013 年的超大断面矩形顶管机(10.12 m×7.27 m)，至 2015 年的类矩形盾构机(11.83 m×7.27 m)，经过 20 年的发展，我国异形掘进机已形成一套全面的技术体系，孵化出众多创新产品。

第一代矩形顶管机主要解决了全断面切削系统切削土体，渣土通过螺旋输送机排出隧道等难题。

第二代超大断面矩形顶管机突破了超大矩形顶管全断面切削开挖技术、超大矩形断面土舱渣土改良技术、超浅覆土施工适应性设计等关键技术。

第三代类矩形盾构机，在双 X 同面＋偏心多轴刀盘、回转式单臂双拼装机及其自动轨迹拼装控制、可调试铰接密封系统等方面取得了创新。

6.3　异形隧道结构设计与试验

由于异形断面隧道结构的特殊性，圆形隧道结构典型的计算模型已不适用，需要进行适当的调整才能应用。

针对新型隧道断面形式，一般采用弹性等刚度体模型或梁-弹簧模型进行计算分析。弹性等刚度体模型中引入衬砌弯曲刚度折减系数和接缝弯矩传递系数。梁-弹簧模型考虑接头对于结构受力的具体效应，在计算模型中把接头视为旋转弹簧。

提供理论计算分析，异形断面隧道结构对于侧压力系数、偏载及隧道的埋深的变化较为敏感；结构设计时必须考虑拱背土压力；重点关注结构偏转方向另一侧管片的内力及结构长轴方向的位移变化；结构内力对于地基的基床系数、计算模型的全周或半周弹簧布置不敏感。

通过管片接头接缝试验，可以得到接缝的转角刚度参数阈值，获得接缝的受力性能和破坏过程。通过衬砌结构足尺试验，研究异形隧道衬砌结构变形、接缝错动张开和管片开裂受损等规律，研究衬砌结构的极限承载力，了解结构的薄弱部位和影响结构承载力的主要因素，确定结构正常使用和结构安全的界限状态等。

6.4 工程应用拓展

异形断面隧道可根据内部使用空间的要求进行断面的选择，隧道内部空间的利用效率最大，但与圆形断面相比，截面内力(特别是弯矩)有所增加。如果隧道断面大而且埋深大，就很难设计出合理的衬砌结构断面，隧道的经济性就无从谈起。因此，异形断面盾构适用于城市浅埋的共同沟项目，城市的道路下立交及给排水管等项目。

参考文献

[1] Barla M, Borghi X, Mair R J, et al. Numerical modelling of pipe-soil stresses during pipe jacking in clays[J]. Department of Structural and Geotechnical Engineering, 2002.

[2] 鲍永亮,郑七振,唐建忠.软土地层矩形顶管推进施工措施分析[J].铁道建筑,2009,(8): 75－79.

[3] 房营光,莫海鸿.顶管施工扰动区土体变形的理论与实测分析[J].岩石力学与工程学报,2003,22(4): 601－605.

[4] 冯海宁,龚晓南,徐日庆.顶管施工环境影响的有限元计算分析[J].岩石力学与工程学报,2004,23(7): 115－116.

[5] 冯海宁,龚晓南,徐日庆.顶管施工环境影响的有限元计算分析[J].岩石力学与工程学报,2004,23(7): 1155－1162.

[6] 冯海宁,温晓贵,龚晓南.顶管施工环境影响的二维有限元计算分析[J].浙江大学学报(工学版),2003,37(4): 432－435.

[7] 黄宏伟,胡昕.顶管施工力学效应的数值模拟分析[J].岩石力学与工程学报,2003,22(3): 400－406.

[8] 林敏,张平之.铁路顶管施工中路基面沉降的研究[J].北方交通大学学报,2001,25(4): 69－72.

[9] 林晓庆.矩形顶管施工对邻近地下管线的影响分析[D].广州: 广州大学,2012.

[10] 吕建中,楼如岳.城市交通矩形地下通道掘进机的研究与应用[J].中国市政工程,2003,1: 39－44.

[11] 潘同燕.大口径急曲线顶管施工力学分析与监测技术研究[D].上海: 同济大学,2000.

[12] 施成华,黄林冲.顶管施工隧道扰动区土体变形计算[J].中南大学学报(自然科学版),2005,36(2): 323－328.

[13] 施文捷,张志勇.矩形顶管施工周边地质环境变化规律分析[J].上海地质,2010,31(3): 53－56.

[14] 宋杰,侯艳春.上海地铁 9 号线七宝站矩形顶管法应用与设计[J].山西建筑,2010,

36(26)：298－300.
[15] 孙钧，袁金荣.盾构施工扰动与地层移动及其智能神经网络预测[J].岩土工程学报，2001，23(3)：261－267.
[16] 王树理.地下建筑结构设计[M].北京：清华大学出版社，2009.
[17] 魏纲.顶管施工中土体性状及环境效应分析[D].杭州：浙江大学，2003.
[18] 温锁林.大断面矩形顶管施工对环境影响研究[J].中国市政工程，2011(5)：37－40.
[19] 吴修锋.顶管施工引起的地层移动与变形控制研究[D].南京：南京工业大学，2004.
[20] 薛振兴.顶管施工顶力计算与力学特性研究[D].北京：中国石油大学，2010.
[21] 尤旭东，吉茂杰.矩形顶管近距离穿越地下构筑物的变形影响研究[C].中国城市轨道交通，2004：379－382.
[22] 张文瀚，谢雄耀，李攀.浅层顶管隧道施工对路基变形影响数值分析[J].地下空间与工程学报，2011(S2)：1619－1624.
[23] 周顺华，廖全燕，刘建国.矩形顶管隧道顶进过程的地层损失[J].岩石力学与工程学报，2001，20(3)：342－345.
[24] Ding W, Gong C, Mosalam K M, et al. Development and application of the integrated sealant test apparatus for sealing gaskets in tunnel segmental joints[J]. Tunnelling and Underground Space Technology, 2017, 63: 54－68.
[25] Peck R B. Deep excavations and tunneling in soft ground[C]. 7th International Conference on Soil Mechanics and foundation Engineering, 1969: 225－290.
[26] Xian L, Zhen L, Yuhang Y, et al. Mechanical behavior of quasi-rectangular segmental tunnel linings: Further insights from full-scale ring tests[J]. Tunnelling and Underground Space Technology, 2018, 79: 304－318.
[27] 陈昂，张雪辉，白云.类矩形土压平衡盾构施工附加应力分析[J].岩石力学与工程学报，2017(07)：258－264.
[28] 黄德中，李培楠，谢东武，等.类矩形盾构施工开挖面变形数值模拟分析[J].现代隧道技术，2016(S1)：284－292.
[29] 黄德中，小野田浩二，正木健太.中国宁波类矩形隧道与日本技术比较[J].土木施工(日文)，2016，57(8)：85－90.
[30] 黄毅，李晓军，洪弼宸，等.类矩形盾构隧道T块相对拼装误差对立柱影响及其控制指标研究[J].现代隧道技术，2016(S1)：222－231.
[31] 季昌，周顺华，朱瑶宏，等.类矩形盾构壳体与土相互作用下周边地层变形模式[J].岩石力学与工程学报，2017(S1)：531－542.
[32] 李刚，庄欠伟，黄德中，等.类矩形盾构同步注浆大型模型试验[J].现代隧道技术，2016

(S1)：201－206.

[33] 李培楠，黄德中，朱雁飞，等.基于 SPH 的类矩形盾构同步注浆扩散机制及参数获取[J].同济大学学报(自然科学版)，2016，45(11)：1592－1601.

[34] 刘建航，侯学渊.盾构法隧道[M].北京：科学出版社，1991.

[35] 柳献，叶宇航，刘震，等.连接螺栓对类矩形盾构隧道结构极限承载力影响的试验研究与分析[J].土木工程学报，2018(8)：81－88.

[36] 柳献，张维熙，王东方.类矩形盾构隧道纵缝受剪性能试验研究[J].铁道科学与工程学报，2016，13(9)：1767－1775.

[37] 桥本正，朱瑶宏，朱雁飞，等.中国大断面类矩形隧道开发与试验施工[J].地下(日文版)，2016，47(6)：49－58.

[38] 秦建设.盾构施工开挖面变形与破坏机理研究[D].南京：河海大学，2005.

[39] 陶建峰，朱瑶宏，覃程锦，等.类矩形隧道单机械臂管片拼装机运动学逆解[J].上海交通大学学报，2016，50(9)：1473－1479.

[40] 杨志豪，沈张勇，朱雁飞，等.类矩形盾构隧道设计方案研究[J].现代隧道技术，2016(S1)：89－97.

[41] 张付林，寇晓勇，黄俊.Peck 及其修正公式在类矩形隧道施工地表沉降预测中的应用[J].现代隧道技术，2016(S1)：195－200.

[42] 朱雁飞，庄欠伟，张衍，等.异形管片综合试验平台研制与应用[J].现代隧道技术，2016(S1)：142－147.

[43] 朱瑶宏，黄德中，朱雁飞，等.类矩形盾构法隧道施工关键技术探索[J].现代隧道技术，2016(S1)：176－186.

[44] 朱瑶宏，石元奇，黄德中，等.11.83 m×7.27 m 级超大断面类矩形盾构研发[J].现代隧道技术，2016(S1)：13－19.

[45] 朱瑶宏，朱雁飞，黄德中，等.类矩形盾构法隧道技术的开发与应用[J].现代隧道技术，2016(S1)：7－18.

[46] 朱瑶宏，朱雁飞，叶宇航，等.类矩形盾构隧道衬砌结构受力性能的足尺试验研究[J].现代隧道技术，2016(S1)：114－123.

[47] 庄欠伟，杨正.类矩形盾构六自由度串联型管片拼装机[J].现代隧道技术，2016(S1)：52－56.